一本书读懂

国学经典

王晓梅◎主编

全国百家出版社
中央编译出版社
Central Compilation & Translation Press

图书在版编目（CIP）数据

一本书读懂国学经典 / 王晓梅主编.

—北京：中央编译出版社，2011.1

ISBN 978-7-5117-0735-2

Ⅰ.①一… Ⅱ.①王… Ⅲ.①国学－通俗读物

Ⅳ.①Z126-49

中国版本图书馆CIP数据核字(2010)第261451号

一本书读懂国学经典

出版人：和　龑

责任编辑：盛菊艳

出版发行：中央编译出版社

地　　址：北京西单西斜街36号（100032）

电　　话：（010）66509360（总编室）　（010）66509246（编辑室）

（010）66161011（发行部）　（010）66509618（读者服务部）

（010）66509364（团购部）　（010）66130345（网络销售部）

网　　址：www.cctpbook.com

经　　销：全国新华书店

印　　刷：北京毅峰迅捷印刷有限公司

开　　本：787×960毫米　1/16

印　　张：22.25

字　　数：400千字

版　　次：2011年2月第1版第1次印刷

定　　价：36.00元

本社常年法律顾问：北京大成律师事务所首席顾问律师　鲁哈达

凡有印装质量问题，本社负责调换，电话：010-66509618

总目录

政治言论

史著史论

权术计谋

哲学宗教

教育教学

文艺论著

文化随笔

科学技术

政治言论

中国传统上把政治看成是智者对愚者的统治，政治言论一般都是站在统治者的立场上，提示统治者如何保持一种安抚平民的状态。《尚书》自汉以来一直被视为中国封建社会的政治哲学经典；《道德经》反映了老子主张“无为”的政治思想；《论语》一书则反映了孔子的思想，他提出了“为政以德”的主张，认为治国要以道德教化为基础；《孟子》发展了孔子“仁”的思想，提出了“仁政”的政治主张；李斯的《谏逐客书》、晁错的《论贵粟疏》、司马相如的《上书谏猎》、诸葛亮的《出师表》、魏徵的《谏太宗十思疏》、苏洵的《管仲论》、王安石的《答司马谏议书》、黄宗羲的《明夷待访录》、洪仁玕的《资政新篇》、康有为的《上清帝第二书》、孙中山的《同盟会宣言》、邹容的《革命军》、李大钊的《危险思想与言论自由》、马叙伦的《国民的责任应该说话》等篇体现各自独特的政治思想。

尚书

（节选）

作品简介

《尚书》书影

《尚书》是我国上古历史文件和部分追述古代事迹作品的汇编。“尚”便是“上”、“上古”的意思。它记载了上起传说中的尧舜时代，下至东周（春秋中期），约1500年的历史。春秋战国时称《书》，到了汉代，才改称《尚书》，因儒家奉其为经典，又名《书经》，包括虞、夏、商、周书，内容大都是一些誓词、政府文诰、谈话、讲演和一些记述文字。

选文

无逸①

周公曰：“呜呼！君子所其无逸，先知稼穑之艰难，乃逸则知小人②之依。相小人，厥父母勤劳稼穑，厥子乃不知稼穑之艰难，乃逸，乃谚。既诞，否则③侮厥父母，曰昔之人无闻知。”

周公曰：“呜呼！我闻曰：昔在殷王中宗④，严恭寅畏⑤，天命自度，治民祗惧⑥，不敢荒宁。肆中宗之享国七十有五年。其在高宗，时旧⑦劳于外，爰暨⑧小人。作其即位，乃或亮阴⑨，三年不言。其惟不言，言乃雍⑩。不敢荒宁，嘉靖⑪殷邦。至于小大⑫，无时或怨。肆高宗之享国五十年有九年。其在祖甲⑬，不义惟王，旧为小人。作其即位，爰知小人之依，能保惠于庶民，不敢侮鳏寡。肆祖甲之享国三十有三年。自时厥后，立王，生则逸。生则逸，不知稼穑之艰难，不闻小人之劳，惟耽乐之从。自时厥后，亦罔或克寿。或十年，或七八年，或五六年，或四三年。”

注释

①本文选自《尚书·周书》，相传是周公归政于成王时对成王的谆谆告诫。 ②小人：老百姓。 ③否则：乃至于。 ④殷王中宗：商朝第七代国君祖乙。 ⑤严恭寅畏：庄严、恭敬、谨慎。 ⑥祗惧：恭敬小心。 ⑦时：是，此，指高宗。旧，通“久”。 ⑧爰暨：爰，于是；暨，和……在一起。⑨亮阴：亦写成“谅阴”，天子守孝之礼。 ⑩雍：和谐，喜悦。 ⑪嘉靖：安定。 ⑫小大：指政府中的大小官员。⑬祖甲：武丁之子，祖庚之弟。

周公曰："呜呼！厥亦惟我周太王、王季①，克自抑畏②。文王卑服③，即康功田功④。徽柔懿恭⑤，怀保小民，惠鲜鳏寡。自朝至于日中昃，不遑暇食⑥，用咸和⑦万民。文王不敢盘⑧于游田，以庶邦惟正之供⑨。文王受命惟中身，厥享国五十年。"

周公曰："呜呼！继自今嗣王，则其无淫于观，于逸、于游、于田，以万民惟正之供。无皇曰：'今日耽乐。'乃非民攸训⑩，非天攸若，时人丕则有愆。无若殷王受之迷乱，酗于酒德哉！"

注释

①太王、王季：周文王的祖父和父亲。 ②抑畏：谨慎小心。 ③卑服：从事卑贱的劳作。 ④即康功田功：即，成就；功，事；意谓成就安定民众和开垦土地的事业。 ⑤徽柔懿恭：徽，善；柔，仁；懿，美。 ⑥不遑暇食：没有空闲进食。 ⑦咸和：普遍和谐。 ⑧盘：乐。 ⑨供：同"恭"。句谓文王恭于邦国间之政事。 ⑩攸训：攸，所；训，训导。

周公曰："呜呼！我闻曰：'古之人犹胥①训告，胥保惠，胥教诲，民无或胥诪张为幻②。'此厥不听，人乃训之，乃变乱先王之正刑，至于小大。民否则厥心违怨，否则厥口诅祝。"

周公曰："呜呼！自殷王中宗，及高宗，及祖甲，及我周文王，兹四人迪哲③。厥或告之曰：'小人怨汝詈④汝。'则皇自敬德。厥愆，曰'朕之愆。'允若时，不啻不敢含怒。此厥不听，人乃或诪张为幻，曰'小人怨汝詈汝'，则信之，则若时，不永念厥辟，不宽绰厥心，乱罚无罪，杀无辜。怨有同，是丛于厥身。"

周公曰："呜呼！嗣王其监于兹⑤！"

注释

①胥：相互。 ②诪张：诳骗。幻：欺骗诈惑。 ③迪哲：通达有智慧。 ④詈：骂。 ⑤监：同"鉴"，鉴戒。

道德经

（节选）

作者简介

老子

老子（约公元前571～前471年），姓李，名耳，字伯阳，谥曰聃，楚国苦县（今鹿邑县）人。春秋时代思想家，道家学派创始人。曾做过周朝的守藏史。

作品简介

老子的著作《五千文》即《道德经》，也叫《老子》，是中国古代先秦诸子分家前的一部著作，为其时诸子所共仰。它是老子用韵文写成的一部哲理诗，是道家的主要经典著作，也是中国历史上首部完整的哲学著作。本文节选了《道德经》第二、三、五十七、五十八、八十章供读者选读。

选文

二章

天下皆知美之为美，斯恶已①；皆知善之为善，斯不善已。故有无相生②，难易相成③，长短相形④，高下相倾⑤，音声相和⑥，前后相随⑦。恒也。是以圣人处无为之事，行不言之教⑧。万物作⑨而弗始⑩；生而弗有⑪，为而弗恃⑫，功成而不居⑬。夫唯弗居，是以不去。

注释

①斯恶已：就有了恶这个概念。斯，就。②相生：有中生无，无中生有。③相成：相互对立而成。④相形：在比较中显现出来。⑤相倾：相互对立而存在。倾，倾倚，此作存在。⑥相和：相互对立而和谐。⑦相随：相互对立而产生顺序。随：随从，此作顺序。⑧行不言之教：不用言辞来教化。⑨作：兴起，产生。⑩始：借为“辞”，即言辞，含义是用语言进行干预。⑪生而弗有：创造但是不占据。⑫为而弗恃：做了，但是不依赖。⑬居：居功。

三 章

不尚贤①，使民不争②；不贵难得之货，使民不为盗；不见可欲③，使民心不乱。是以圣人之治，虚其心④，实⑤其腹；弱⑥其志，强其骨；常使民无知⑦无欲，使夫知者不敢为也。为无为⑧，则无不治。

注释

①尚：尊重，崇尚。 ②争：争功名之意。 ③见：通“现”，暴露。 ④虚其心：使他们的心智虚空。 ⑤实：充实，此作吃饱。 ⑥弱：削减、弱化。 ⑦知：古通“智”。 ⑧为无为：以无为的方式去为。

五十七章

以正[①]治国，以奇[②]用兵，以无事取天下。吾何以知其然哉？以此[③]。天下多忌讳[④]，而民弥贫；人多利器[⑤]，国家滋昏。人多伎巧[⑥]，奇物[⑦]滋起。法令滋彰，盗贼多有。故圣人云：我无为而民自化[⑧]；我好静而民自正；我无事而民自富；我无欲而民自朴。

注释

①正：正道。 ②奇：诡诈。 ③此：指下面的文字。 ④忌讳：禁令教戒。 ⑤利器：指锐利器械。另一解指权谋。 ⑥伎巧：奸诈之意。另一解指工艺技巧。 ⑦奇物：不正之事，邪事。 ⑧自化：自我净化，即无私欲之念。

五十八章

其政闷闷[①]，其民淳淳[②]。其政察察[③]，其民缺缺[④]。祸兮[⑤]福之所倚，福兮祸之所伏。孰知其极[⑥]？其无正[⑦]也。正复为奇，善复为妖[⑧]。人之迷，其日固久。是以圣人方而不割[⑨]，廉[⑩]而不刿[⑪]，直而不肆[⑫]，光而不耀。

注释

①闷闷：昏默，这里作宽大讲。 ②淳淳：淳朴。 ③察察：严苛之意。 ④缺缺：狡黠。 ⑤兮：助词。 ⑥极：究竟。 ⑦正：准则。 ⑧妖：妖孽。一说为灾异。⑨割：伤害。这里有妨碍的意思。 ⑩廉：有棱角之意。 ⑪刿：伤害。 ⑫肆：放肆。

八十章

小国寡民，使有什佰之器[①]而不用，使民重死而不远徙[②]。虽有舟舆，无所乘之；虽有甲兵，无所陈之。使人复结绳[③]而用之。甘其食，美其服，安其居，乐其俗。邻国相望，鸡犬之声相闻，民至老死不相往来。

注释

①什佰之器：十倍、百倍功效的器械。 ②远徙：到远方去。 ③结绳：上古以结绳记事。

论 语

（节选）

作者简介

孔子（公元前551～前479年），名丘，字仲尼，春秋鲁国昌平乡陬邑（今山东曲阜市东南）人。古代著名思想家、教育家，儒家学派创始人。孔子的学说是中国两千多年文化的主流，对世界的思想史、文化史、教育史影响深远。他的思想核心是“仁”。相传其弟子3000人，贤者72人。

孔子

作品简介

《论语》是记载孔子及其弟子言行的语录体散文专集，集中体现了孔子的政治主张、伦理思想、道德观念及教育原则等，也是儒家经典著作之一。

选文

为政①

子路曰：“卫君待子而为政，子将奚先？”子曰：“必也正名乎！”子路曰：“有是哉，子之迂②也！奚其正？”子曰：“野③哉由也，君子于其所不知，盖阙如也。名不正则言不顺，言不顺则事不成，事不成则礼乐不兴，礼乐不兴则刑罚不中，刑罚不中则民无所措手足④。故君子名之必可言也，言之必可行也。君子于其言，无所苟而已矣。”

注释

①选自《论语·子路篇》，记述了孔子的政治思想。 ②迂：迂腐。 ③野：粗鄙、粗野。 ④措手足：行动。

季氏将伐颛臾①

季氏②将伐颛臾③。冉有、季路见于孔子曰：“季氏将有事于颛臾。”孔子曰：“求！无乃尔是过与④？夫颛臾，昔者先王以为东蒙⑤主，且在邦域之中⑥矣，是社稷之臣也。何以伐为？”

冉有曰：“夫子欲之，吾二臣者皆不欲也。”孔子曰：“求！周任⑦有言曰：

‘陈力就列⑧，不能者止⑨。’危而不持，颠而不扶，则将焉用彼相矣？且尔言过矣。虎兕出于柙⑩，龟玉毁于椟中⑪，是谁之过与？”

冉有曰：“今夫颛臾，固而近于费⑫。今不取，后世必为子孙忧。”孔子曰：“求！君子疾⑬夫舍曰欲之而必为之辞。丘也闻有国有家者，不患寡而患不均，不患贫而患不安。盖均无贫，和无寡，安无倾⑭。夫如是，故远人不服，则修文德以来之。既来之，则安之。今由与求也，相夫子，远人不服，而不能来也；邦分崩离析，而不能守也；而谋动干戈于邦内。吾恐季孙之忧，不在颛臾，而在萧墙⑮之内也。”

注释

①选自《论语·季氏篇》。 ②季氏：鲁国大夫。 ③颛臾：附庸于鲁国的小国。在今山东费县西北。 ④无乃尔是过与：恐怕应该责备你。无乃：岂不是。尔是过：倒装句，是尔过。 ⑤东蒙：在今山东省蒙阴县南。 ⑥邦域：在（鲁国）国境之内。⑦周任：周大夫，贤臣。 ⑧陈力就列：能施展才能的则就其位。 ⑨不能者止：不能施展才能就不就其位。 ⑩虎兕出于柙：凶猛的野兽从笼子里出来为患。 ⑪龟玉毁于椟中：贵重的东西毁坏在匣子里。龟：占卜用的龟甲。玉：祭祀用的玉石。 ⑫固而近于费：（颛臾）城池坚固，而且距离费县很近。 ⑬疾：痛恨。 ⑭倾：国家倾覆。⑮萧墙：门屏，古代宫室用以分隔内外的当门小墙。暗指鲁国内部。

孟子

作者简介

孟子

孟子（约公元前372～前289年），名轲，字子舆，邹国（今山东邹城市）人，战国时期的思想家、文学家，儒家学派的主要代表之一。幼年丧父，家贫，曾受业于孔子之孙子思。学成后，讲学授徒，游说诸侯，推行仁政，终未见用。后退居乡里，“序《诗》、《书》，述仲尼之意，作《孟子》七篇”，继承和发展了孔子的思想，并提出一套完整的思想体系，对后世产生了极大的影响，被尊奉为仅次于孔子的“亚圣”。

作品简介

《孟子》一书包括《梁惠王》、《公孙丑》、《滕文公》、《离娄》、《万章》、《告子》、《尽心》共七篇，其文章以对话体为主，言简意赅、说理畅达、章法巧妙、文采生动，富有浓郁的艺术感染力，是先秦诸子散文的代表之一，深刻地影响了后世散文的发展。

选文

寡人之于国也①

梁惠王②曰：“寡人之于国也，尽心焉耳矣③。河内凶，则移其民于河东，移其粟于河内④。河东凶亦然⑤。察邻国之政，无如寡人之用心者。邻国之民不加少，寡人之民不加多⑥，何也？”

孟子对曰：“王好战，请以战喻。填然鼓之⑦，兵刃既接⑧，弃甲曳兵而走。或百步而后止，或五十步而后止。以五十步笑百步，则何如？”

曰：“不可，直不百步耳，是亦走也⑨。”

曰：“王如知此，则无望民之多于邻国也。”

注释

①本文选自《孟子·梁惠王章句上》。②梁惠王（公元前370～前334年）：即魏惠王。魏国原来的都城在安邑（今山西夏县西北），因受秦威胁，迁都大梁（今河南开封

西北），所以又称梁惠王。 ③焉：于是，作兼词用，兼起介词“于”和代词“是”的作用。耳：而已。矣：句末语气词。 ④河内：魏国的黄河以北地区，今河南济源一带地方。凶：指灾荒。粟：小米，这里泛指粮食。 ⑤亦然：也这样办。 ⑥加少：更少。加多：更多。 ⑦好：作动词，喜欢，爱好。填然鼓之：咚咚地敲起鼓来。填：摹声词，这里用来模拟鼓声。 ⑧兵：兵器。刃：刀口，这里指锋利的兵器。接：接触，交锋。甲：铠甲。曳兵：拖着武器。走：跑，这里指逃跑。 ⑨直：仅，只。是：这，此，指跑五十步的人。

“不违农时，谷不可胜食也；数罟不入洿池①，鱼鳖不可胜食也；斧斤以时入山林②，材木不可胜用也。谷与鱼鳖不可胜食，材木不可胜用，是使民养生丧死无憾也③。养生丧死无憾，王道之始也④。”

“五亩之宅，树之以桑，五十者可以衣帛矣⑤；鸡豚狗彘之畜⑥，无失其时，七十者可以食肉矣；百亩之田⑦，勿夺其时，数口之家，可以无饥矣；谨庠序之教⑧，申之以孝悌之义⑨，颁白者不负戴于道路矣⑩。七十者衣帛食肉，黎民不饥不寒⑪，然而不王者⑫，未之有也⑬。”

注释

①数：细密。罟：网。洿：低洼地，这里指池塘。 ②斤：斧头的一种。以时：按照一定的季节、时节。 ③养生：供养活着的人。丧死：为死者办丧事。 ④王道：孟子主张用仁政来治理天下，称之为“王道”。 ⑤五亩之宅：相传古代一个成年的农民可分得五亩住宅地。衣：穿。帛：丝织品的总称，这里指丝绸衣服。 ⑥豚：小猪。彘：猪。畜：牲畜。 ⑦百亩之田：相传古代一个成年农民可分得一百亩田地。⑧谨：谨慎从事，认真办好。庠序：古代乡学的名称。 ⑨申：重复，一再。这里有反复教导的意思。悌：敬爱兄长。 ⑩颁白者：须发花白的人。负：背上驮东西。戴：头上顶东西。 ⑪黎民：指老百姓。 ⑫然：这样。王：即王天下，指以仁政来统一天下。 ⑬未之有也：即未有之也，从来不曾有过的。

“狗彘食人食而不知检①，涂有饿莩而不知发②；人死，则曰：‘非我也，岁也。’是何异于刺人而杀之，曰：‘非我也，兵也。’王无罪岁③，斯天下之民至焉④。”

注释

①检：约束，制止。 ②涂：通“途”。莩：饿死的人。发：指开仓放粮以赈救饥民。 ③无罪岁：不归罪于年成不好。无：同“毋”，不要。岁：指一年的农事收成。 ④斯：这样做。

天时不如地利[①]

孟子曰："天时不如地利，地利不如人和[②]。三里之城，七里之郭[③]，环而攻之而不胜。夫环而攻之，必有得天时者矣；然而不胜者，是天时不如地利也。城非不高也，池[④]非不深也，兵革[⑤]非不坚利也，米粟非不多也；委[⑥]而去之，是地利不如人和也。故曰：域民[⑦]不以封疆之界，固国[⑧]不以山溪之险，威天下不以兵革之利。得道者多助，失道者寡助。寡助之至，亲戚畔[⑨]之；多助之至，天下顺之。以天下之所顺，攻亲戚之所畔；故君子有[⑩]不战，战必胜矣。"

注释

①选自《孟子·公孙丑章句下》。 ②天时、地利、人和：孟子在这里所说的"天时"则指尖兵作战的时机、气候等；"地利"是指山川险要，城池坚固等；"人和"则指人心所向，内部团结等。 ③三里之城，七里之郭：内城叫"城"，外城叫"郭"。内外城比例一般是三里之城，七里之郭。 ④池：即护城河。 ⑤兵：武器，指戈矛刀箭等攻击性武器。革：皮革，指甲胄。古代甲胄是用皮革做的，也有用铜铁做的。 ⑥委：弃。 ⑦域民：限制人民。域，界限。 ⑧固国：巩固国防。 ⑨畔：同"叛"。 ⑩有：或，要么。

谏逐客书

作者简介

李斯（？～公元前208年），秦代书法家。字通古，楚上蔡（今河南省上蔡县西南）人。从荀卿学帝王术，西仕于秦，为客卿。始皇定天下，斯为丞相。定郡县之制，下禁书令，变仓颉籀为小篆，后世称为“小篆之祖”。李斯篆书“画如铁石，字若飞动，作楷隶之祖，为不易之法”。李斯佐秦灭六国，后为赵高构陷，腰斩咸阳。著有《仓颉》七篇，已佚。传世书迹有《泰山刻石》、《琅玡台刻石》等。《泰山刻石》的篆书，世称“玉筋篆”，对后世影响深远，历来习小篆者无不奉为圭臬。

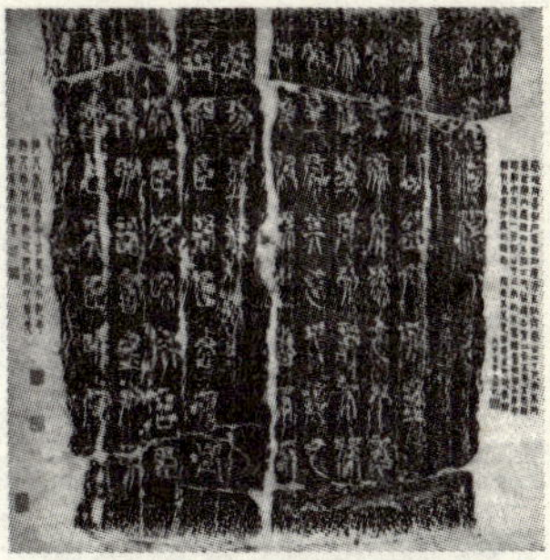

《琅琊台刻石》故宫博物院藏拓本

作品简介

韩人郑国为削弱秦国国力，说服秦王修建大型水利工程，计谋被识破后，秦王大怒，要将一切非秦国之人驱逐出境，楚人李斯也在被逐之列。李斯为说服秦王收回成命，便上书了这篇著名的《谏逐客书》。

选文

臣闻吏议逐客，窃以为过矣。

昔穆公求士，西取由余于戎，东得百里奚于宛，迎蹇叔于宋，求丕豹、公孙支于晋。此五子者，不产于秦，而穆公用之，并国二十，遂霸西戎。孝公用商鞅之法，移风易俗，民以殷盛，国以富强，百姓乐用，诸侯亲服，获楚、魏之师，举地千里，至今治强。惠王用张仪之计，拔三川之地，西并巴、蜀，北收上郡，南取汉中，包九夷，制鄢、郢，东据成皋之险，割膏腴之壤，遂散六国之从，使之西面事秦，功施到今。昭王得范雎，废穰侯，逐华阳，强公室，杜私门，蚕食诸侯，使秦成帝业。此四君者，皆以客之功。由此观之，客何负于秦哉？向使四君却客而不内，疏士而不用，是使国无富利之实，而秦无强大之名也。

今陛下致昆山之玉，有随、和之宝，垂明月之珠，服太阿之剑，乘纤离之马，建翠凤之旗，树灵鼍之鼓。此数宝者，秦不生一焉，而陛下悦之，何也？必秦国之所生而然后可，则是夜光之璧不饰朝廷，犀象之器不为玩好，郑、卫之女不充后宫，而骏马駃騠不实外厩，江南金锡不为用，西蜀丹青不为采。所以饰后宫、充下陈、娱心意、悦耳目者，必出于秦然后可；则是宛珠之簪、傅玑之珥、阿缟之衣、锦绣之饰不进于前；而随俗雅化、佳冶窈窕赵女不立于侧也。夫击瓮叩缶、弹筝搏髀①，而歌呼呜呜快耳者，真秦之声也。郑、卫、桑间，《韶虞》、《武象》者，异国之乐也。今弃击瓮叩缶而就郑、卫，退弹筝而取《韶虞》，若是者何也？快意当前，适观而已矣。今取人则不然，不问可否，不论曲直，非秦者去，为客者逐。然则是所重者在乎色乐珠玉，而所轻者在乎人民也。此非所以跨海内、制诸侯之术也。

臣闻地广者粟多，国大者人众，兵强则士勇。是以太山不让土壤，故能成其大；河海不择细流，故能就其深；王者不却众庶，故能明其德。是以地无四方，民无异国，四时充美，鬼神降福，此五帝三王之所以无敌也。今乃弃黔首②以资敌国，却宾客以业诸侯，使天下之士，退而不敢向西，裹足不入秦，此所谓藉寇兵而赍盗粮者也。

夫物不产于秦，可宝者多；士不产于秦，而愿忠者众。今逐客以资敌国，损民以益仇，内自虚而外树怨于诸侯，求国无危，不可得也。

注释

①筝：古代秦地的一种乐器。搏：拍击。髀：大腿。 ②黔首：百姓。

论贵粟疏

作者简介

晁错

晁错（公元前200～前154年），西汉文帝、景帝时期著名的政治家、文学家。颍川（今河南禹县）人。汉文帝时，曾担任太子家令。汉景帝即位后，深受信任。他针对当时匈奴不断侵扰西汉边境的情况，极力主张移民戍边，这样既可以对移民进行军事训练以巩固边防，又可以节约朝廷开支，并改变“中国贫苦而民不安”的状况。同时鉴于当时同姓诸侯势力过重，他提出“削藩”建议，以巩固中央集权。公元前154年，吴楚七国借口“请诛晁错，以清君侧”，发动“七国之乱”，叛军声势浩大，直指国都长安。汉景帝畏惧七国，下令腰斩晁错。他的政论文章以议论犀利，分析深刻著称，《汉书·艺文志》中法家有《晁错三十一篇》，今有清代马国翰等人辑本。

作品简介

西汉建国初期，汉高祖刘邦由于采取了罢兵归家、抑制商人、轻徭薄赋等一系列措施，使秦朝末年因连年战争而遭到严重破坏的农业生产逐渐得以恢复。文帝即位后继续奉行“与民休息”的政策，重视农桑，促进了农业的繁荣和商业的发展。但由此也产生了因商业发展而导致谷贱伤农、商人对农民兼并侵夺加剧、农民流离失所的社会现象。针对这一问题，晁错上了这篇奏疏，全面论述了“贵粟”（重视粮食）的重要性，提出重农抑商、入粟于官、拜爵除罪等一系列主张。

选文

圣王在上而民不冻饥者，非能耕而食之①，织而衣之②也，为开其资财之道也。故尧、禹有九年之水，汤有七年之旱，而国亡捐瘠者③，以畜积多而备先具也。今海内为一，土地人民之众不避④汤、禹，加以亡天灾数年之水旱，而畜积未及者，何也？地有遗利，民有余力，生谷之土未尽垦，山泽之利未尽出也，游食之民未尽归农也。民贫则奸邪生。贫生于不足，不足生于不农，不农则不地著⑤，不地著则离乡轻家，民如鸟兽，虽有高城深池，严法重刑，犹不能禁也。

夫寒之于衣，不待轻暖；饥之于食，不待甘旨；饥寒至身，不顾廉耻。人情一日不再食则饥，终岁不制衣则寒。夫腹饥不得食，肤寒不得衣，虽慈母不能保其子，君安能以有其民哉！明主知其然也，故务民于农桑，薄赋敛，广畜积，以实仓廪⑥，备水旱，故民可得而有也。

注释

①食之：给他们吃。“食”作动词用。②衣之：给他们穿。“衣”作动词用。③捐瘠：被遗弃和瘦弱的人。捐：抛弃；瘠：瘦。④不避：不让，不次于。⑤地著：定居一地。⑥廪：米仓。

民者，在上所以牧之①，趋利如水走下，四方亡择也，夫珠玉金银，饥不可食，寒不可衣，然而众贵之者，以上用之故也。其为物轻微易藏，在于把握，可以周海内而亡饥寒之患。此令臣轻背其主，而民易去其乡，盗贼有所劝，亡逃者得轻资也。粟、米、布、帛生于地，长于时，聚于力，非可一日成也；数石之重，中人弗胜②，不为奸邪所利，一日弗得而饥寒至。是故明君贵五谷而贱金玉。今农夫五口之家，其服役者不下二人，其能耕者不过百亩，百亩之收不过百石。春耕夏耘，秋获冬藏，伐薪樵，治官府，给徭役；春不得避风尘，夏不得避暑热，秋不得避阴雨，冬不得避寒冻，四时之间，亡日休息；又私自送往迎来，吊死问疾，养孤长③幼在其中。勤苦如此，尚复被水旱之灾，急政暴虐④，赋敛不时，朝令而暮改。当具有者半贾而卖，亡者取倍称之息⑤，于是有卖田宅、鬻子孙以偿责者矣。而商贾大者积贮倍息，小者坐列贩卖，操其奇赢⑥，日游都市，乘上之急，所卖必倍。故其男不耕耘，女不蚕织，衣必文采，食必粱肉。亡农夫之苦，有阡陌之得⑦。因其富厚，交通王侯，力过吏势，以利相倾。千里游敖，冠盖相望，乘坚策肥⑧，履丝曳缟⑨。此商人所以兼农并人，农人所以流亡者也。

注释

①牧：养，引申为统治、管理。②弗胜：不能胜任，指拿不动。③长：养育。④政：同“征”。虐：王念孙以为当作“赋”。⑤倍称之息：加倍的利息。称：相等，相当。⑥奇赢：利润。奇：指余物；赢：指余利。⑦仟伯之得：指田地的收获。⑧乘坚策肥：乘坚车，策肥马。⑨履丝曳缟：脚穿丝鞋，身披绸衣。

今法律贱商人，商人已富贵矣；尊农夫，农夫已贫贱矣。故俗之所贵，主之所贱也；吏之所卑，法之所尊也。上下相反，好恶乖迕①，而欲国富法立，不可得也。方今之务，莫若使民务农而已矣。欲民务农，在于贵粟。贵粟之道，在于使民以粟为赏罚。今募天下入粟县官②，得以拜爵，得以除罪。如此，富人有爵，农民有钱，粟有所渫③。夫能入粟以受爵，皆有余者也。取于有余，以供上用，则贫民之赋可损，所谓损有余补不足，令出而民利者也。顺于民心，所补者三：一曰主用足，二曰民赋少，三曰劝农功。今令："民有车骑马④一匹者，复卒三人。"车骑者，天下武备也，故为复卒。神农之教曰："有石城十仞，汤池百步，带甲百万，而亡粟，弗能守也。"以是观之，粟者，王者大用⑤，政之本务。令民入粟受爵至五大夫⑥以上，乃复一人耳，此其与骑马之功，相去远矣。爵者，上之所擅⑦，出于口而亡穷；粟者，民之所种，生于地而不乏。夫得高爵与免罪，人之所甚欲也。使天下人入粟于边，以受爵免罪，不过三岁，塞下之粟必多矣。

注释

①乖迕：相违背。②县官：汉代对官府的通称。③渫：散出。④车骑马：指战马。⑤大用：最需要的东西。⑥五大夫：汉代的一种爵位，在侯以下二十级中属第九级。⑦擅：专有。

上书谏猎

作者简介

司马相如（约公元前179～前118年），西汉文学家。蜀郡成都（今四川成都）人。字长卿，汉景帝时为武骑常侍，后免官游梁，与枚乘、邹阳等为梁孝王门客，梁孝王死后归蜀，后被汉武帝召入宫。其文学成就主要表现在辞赋上，代表作有《子虚赋》、《上林赋》等，并最终确立了典型汉代大赋的体制。

司马相如

作品简介

司马相如曾作为汉武帝的随从行猎长杨宫，武帝不仅迷恋驰逐野兽的游戏，还喜欢亲自搏击熊和野猪。司马相如呈上这篇谏猎书，非常委婉地劝谏了汉武帝。

选文

臣闻物有同类而殊能者，故力称乌获①，捷言庆忌②，勇期贲、育③。臣之愚，窃以为人诚有之，兽亦宜然。今陛下好陵阻险④，射猛兽，卒然遇逸材之兽⑤，骇不存之地⑥，犯属车之清尘⑦，舆不及还辕⑧，人不暇施巧，虽有乌获、逢蒙之伎，力不得用⑨，枯木朽株尽为害矣。是胡越⑩起于毂下⑪，而羌夷接轸⑫也，岂不殆哉！虽万全无患，然本非天子之所宜近也。

注释

①乌获：战国秦武王的力士，传说能力举千钧。 ②庆忌：春秋时吴王僚之子，传说他奔跑速度极快，能追奔野兽，接近飞鸟。 ③贲、育：孟贲和夏育，都是战国时卫国的著名勇士。 ④陵：登。阻险：这里用作名词，险要之地。 ⑤卒然：突然。卒：同“猝”。逸：通“轶”，超越，这里指野兽凶猛异常。 ⑥骇不存之地：即“骇于不存之地”。骇：此指受惊。 ⑦属车之清尘：不敢直言皇帝，故以“属车之清尘”指代。清尘：车马腾起的尘土，言“清”，是一种美化的说法。 ⑧还辕：掉转车头。这里指躲避。还：通“旋”，转。 ⑨逢蒙：古代善射者，相传曾向后羿学习射箭。 ⑩胡越：古代对北方少数民族统称为“胡”，对南方少数民族统称为“越”。这里指敌人。 ⑪毂下：指皇帝的车驾之下。毂，车轮中心用来镶轴的圆木，这里指代车。 ⑫羌夷：古代对西方少数民族统称“羌”，对东方少数民族统称“夷”。轸：车厢底部四周的横木。这里指车。

且夫清道而后行①，中路而后驰，犹时有衔橛之变②，而况涉乎蓬蒿，驰乎丘坟，前有利兽之乐而内无存变之意，其为祸也不亦难矣！夫轻万乘之重不以为安③，而乐出于万有一危之途以为娱，臣窃为陛下不取也。

盖明者远见于未萌，而知者避危于无形④。祸，固多藏于隐微而发于人之所忽者也。故鄙谚曰："家累千金，坐不垂堂⑤。"此言虽小，可以谕大。臣愿陛下留意幸察。

注释

①清道：古代帝王高官出行，要驱逐路上行人，叫"清道"。 ②衔橛之变：车马发生意外。衔：马嚼子。橛：车的钩心。 ③轻：以……为轻。万乘之重：天子的尊贵重要。万乘：周制天子万乘，诸侯千乘，故用"万乘"来指代天子。 ④知：同"智"。 ⑤垂堂：靠近屋檐下。因檐瓦落下易伤人，故比喻险地。

出师表

作者简介

诸葛亮

诸葛亮（181~234年），三国时期杰出的政治家、军事家。字孔明，琅琊郡阳都（今山东沂水）人。年轻时隐居于南阳隆中，被人们称为“卧龙”。刘备闻其名，三顾茅庐，他在著名的“隆中对”中为以后的蜀汉制定了总的战略。此后协助刘备、孙权取得了赤壁之战的胜利，然后佐定益州，使蜀与魏、吴鼎足而立。刘备称帝后，诸葛亮出任丞相，总理国家大事。后主刘禅即位，他受封武乡侯，又兼任益州牧，掌管蜀汉的军、政、财各方面事务。他七擒孟获，安定后方，并先后6次北伐，意图驱逐曹魏，恢复中原，但都因力量相差悬殊而未能成功，最终在六出祁山时病卒于五丈原，谥号“忠武侯”。他生前用兵如神，善于治军，留下了空城计、火烧藤甲兵等战例；他恪尽职守、忠心耿耿，被后代封建统治者推为“鞠躬尽瘁、死而后已”的忠君典型。

作品简介

《出师表》是诸葛亮在北伐中原之前给后主刘禅上书的表文，阐述了北伐的必要性以及对后主刘禅治国寄予的期望。历史上有《前出师表》和《后出师表》，通常说的《出师表》一般指《前出师表》。

选文

先帝创业未半而中道崩殂①，今天下三分，益州疲弊②，此诚危急存亡之秋也。然侍卫之臣③不懈于内，忠志之士忘身于外者，盖追先帝之殊遇④，欲报之于陛下也⑤。诚宜开张圣听，以光先帝遗德，恢弘志士之气；不宜妄自菲薄，引喻失义，以塞忠谏之路也。

注释

①先帝：指刘备，221~223年在位。崩殂：古代帝王死亡称崩，殂也是死亡的意思。 ②益州：地名，相当于今四川的大部分及云南、贵州的一部分地区。 ③侍卫之臣：与下文“忠志之士”对举，泛指文武百官。 ④盖：发语词。 ⑤陛下：古代臣下对帝王的尊称。这里指刘备的儿子刘禅，223~263年在位。

宫中府中，俱为一体，陟罚臧否①，不宜异同。若有作奸犯科及为忠善者，宜付有司论其刑赏，以昭陛下平明之理；不宜偏私，使内外异法也。侍中、侍郎郭攸之、费祎、董允等，此皆良实，志虑忠纯，是以先帝简拔以遗陛下。愚②以为宫中之事，事无大小，悉以咨之，然后施行，必得裨补阙漏③，有所广益。将军向宠④，性行淑均，晓畅军事，试用于昔日，先帝称之曰能，是以众议举宠为督。愚以为营中之事，悉以咨之，必能使行阵和睦⑤，优劣得所。亲贤臣，远小人，此先汉所以兴隆也；亲小人，远贤臣，此后汉所以倾颓也。先帝在时，每与臣论此事，未尝不叹息痛恨于桓、灵也。侍中、尚书、长史、参军⑥，此悉贞良死节之臣，愿陛下亲之信之，则汉室之隆，可计日而待也。

注释

①陟罚臧否：奖赏善惩罚恶。陟：奖赏，提升。臧否：评定人物的好坏。 ②愚：对自己的谦称。 ③裨：增益、补助。 ④向宠：蜀大臣向朗之子。初任牙门将，后任典宿卫兵。善于治军。 ⑤行阵：这里指军队。 ⑥侍中：指郭攸之、费祎、董允等三人。尚书：协助皇帝处理政务的官吏。这里指陈震。长史：汉丞相及三公（太尉、司徒、司空）府均设长史，为三公辅佐。这里指张裔。参军：丞相府主管军务的佐官。这里指蒋琬。

臣本布衣①，躬耕于南阳②，苟全性命于乱世，不求闻达于诸侯。先帝不以臣卑鄙③，猥自枉屈④，三顾臣于草庐之中，咨臣以当世之事，由是感激，遂许先帝以驱驰⑤。后值倾覆⑥，受任于败军之际，奉命于危难之间，尔来⑦二十有一年矣！先帝知臣谨慎，故临崩寄臣以大事也⑧。受命以来，夙夜忧叹⑨，恐付托不效，以伤先帝之明。故五月渡泸⑩，深入不毛⑪。今南方已定，甲兵已足，当奖率三军，北定中原，庶竭驽钝⑫，攘除奸凶⑬，兴复汉室，还于旧都⑭。此臣之所以报先帝而忠陛下之职分也。至于斟酌损益，进尽忠言，则攸之、祎、允之任也。愿陛下托臣以讨贼兴复之效，不效则治臣之罪，以告先帝之灵。若无兴德之言，则责攸之、祎、允等之慢⑮，以彰其咎⑯。陛下亦宜自谋，以咨诹善道⑰，察纳雅言，深追先帝遗诏。臣不胜受恩感激。

今当远离，临表涕零，不知所言。

注释

①布衣：平民。古代平民衣服用麻类制成，除老年外不得用丝料，所以“布衣”就成为“平民”的代称。 ②南阳：汉郡名。治所在宛县（今河南南阳）。 ③卑鄙：地位低下，少见识。这里是谦词。 ④猥自：使自己降低身份。猥：卑下，这里是谦词。枉屈：屈尊的意思。 ⑤驱驰：奔走效力。意思是为人效劳。 ⑥倾覆：大败。指建安十三年（208年），刘备在当阳的长坂（今湖北当阳东北），被曹操打败一事。 ⑦尔来：这里是指从建安十二年（207年）刘备与诸葛亮相遇，到建兴五年（227年）上《出师表》时共二十一年。 ⑧寄：托付。章武三年（223年），刘备伐吴失败后死于白帝城（今四川奉节），临终时将蜀汉军政大权托付给诸葛亮，要他辅佐刘禅。 ⑨夙夜：早晚。 ⑩泸：泸水，即金沙江。 ⑪不毛：不长草木的地方，指荒芜之地。 ⑫庶：但愿，希望。驽钝：比喻自己才能平庸，谦词。驽：劣马。钝：刀刃不锋利。 ⑬奸凶：指曹魏。 ⑭旧都：这里指两汉国都长安和洛阳。 ⑮慢：怠慢，失职。 ⑯彰：揭示。咎：过错，过失。 ⑰咨诹：询问、征求。

谏太宗十思疏

作者简介

魏徵

魏徵（580～643年），唐代著名政治家。字玄成，馆陶（今属河北）人，是我国古代以刚直不阿、勇于犯颜进谏而闻名的大臣。从小丧失父母，家境贫寒，但喜爱读书，不理家业，曾出家当过道士。隋末农民起义爆发后，他被李密任为元帅府文学参军，并随李密降唐，后被太子李建成引用为东宫僚属。“玄武门之变”后，受李世民器重被任命为谏议大夫，后任秘书监、侍中，封郑国公。他为人耿直，敢于抗颜直谏，据理力争，从不委曲求全。在任期间前后陈谏200余事，多次劝太宗以隋亡为诫，居安思危，薄赋敛，轻租税，与民休息，为“贞观之治”作出了重要贡献。他还奉命主持编写《隋书》、《周书》、《梁书》、《陈书》、《齐书》（时称五代史）等，历时七年才完稿。

作品简介

唐太宗即位初期，因隋鉴不远，故能励精图治。随着功业日隆，生活渐加奢靡，所以魏徵多次上疏劝谏，本选文是其中的一篇。规劝唐太宗在政治上要慎始敬终，虚心纳下，赏罚公正；用人时要知人善任，简能择善；生活上要崇尚节俭，不轻用民力。

选文

臣闻求木之长者，必固其根本，欲流之远者，必浚①其泉源，思国之安者，必积其德义。源不深而望流之远，根不固而求木之长，德不厚而思国之安，臣虽下愚，知其不可，而况于明哲乎？人君当神器之重②，居域中之大③，不念居安思危，戒奢以俭，斯亦伐根以求木茂，塞源而欲流长也。

注释

①浚：疏通。 ②神器：帝位。 ③居域中之大：处在天地间最高的地位。

凡百元首①，承天景命②，善始者实繁，克终者盖寡。岂取之易、守之难乎？盖在殷忧③必竭诚以待下，既得志则纵情以傲物。竭诚则胡越④为一体，傲物则骨肉为行路[5]。虽董[6]之以为严刑，振之以威怒，终苟免而不怀仁，貌恭而不心服。怨不在大，可畏惟人。载舟覆舟，所宜深慎。

注释

①元首：帝王。 ②承天景命：承受上天的昭命。 ③殷忧：深重的忧患。 ④胡越：胡，过去中原对北方少数民族的称呼；越，过去中原对南方少数民族的称呼。 ⑤行路：各不相关的人。 ⑥董：监督。

诚能见可欲则思知足以自戒，将有作则思知止以安人，念高危则思谦冲而自牧[1]，惧满溢则思江海下百川，乐盘游则思三驱以为度[2]，忧懈怠则思慎始而敬终，虑壅蔽则思虚心以纳下，惧谗邪则思正身以黜恶，恩所加则思无因喜以谬赏，罚所及则思无以怒而滥刑。总此十思，宏[3]兹九德，简能而任之[4]，择善而从之，则智者尽其谋，勇者竭其力，仁者播其惠，信者效其忠。文武并用，垂拱而治[5]。何必劳神苦思，代百司之职役哉！

注释

①念高危则思谦冲而自牧：想到君位高而且危，就要不忘谦虚加强道德修养。 ②乐盘游则思三驱以为度：游乐忘返地打猎时，就要想到古人说的“一年三次”畋猎为法度。 ③宏：扩大。 ④简能而任之：选拔有才能的人而任用他们。 ⑤垂拱而治：垂衣拱手就能治理好天下，比喻很轻易地做到。

管仲论

作者简介

苏洵

苏洵（1009～1066年），北宋散文家。字明允，号老泉，眉山（今四川境内）人。他与其子苏轼、苏辙并称“三苏”，俱在“唐宋八大家”之列。苏洵散文论点鲜明，论据有力，语言锋利，纵横恣肆，具有雄辩的说服力。他的论文见解亦多精辟，他反对浮艳怪涩的时文，提倡学习古文；强调文章要“得乎吾心”，写“胸中之言”；主张文章应“有为而作”，“言必中当世之过”。有《嘉祐集》传世。

作品简介

《管仲论》是一篇史论，它以管仲死而齐国乱为例，论证了举贤任能是保障国家长治久安的根本，指明了政治家培养选拔接班人的重要性。全文析理精细，反复对比，层层深入，见识独特，很有说服力。

选文

管仲相桓公，霸诸侯，攘戎狄①，终其身，齐国富强，诸侯不敢叛。管仲死，竖刁、易牙、开方用②，桓公薨于乱，五公子争立，其祸蔓延，讫③简公，齐无宁岁。

夫功之成，非成于成之日，盖必有所由起；祸之作，不作于作之日，亦必有所由兆④。故齐之治也，吾不曰管仲，而曰鲍叔。及其乱也，吾不曰竖刁、易牙、开方，而曰管仲。何则？竖刁、易牙、开方三子，彼固乱人国者，顾⑤其用之者，桓公也。夫有舜而后知放四凶⑥，有仲尼而后知去少正卯。彼桓公何人也？顾其使桓公得用三子者，管仲也。仲之疾也，公问之相。当是时也，吾意以仲且举天下之贤者以对，而其言乃不过曰：竖刁、易牙、开方三子非⑦人情，不可近而已。

呜呼！仲以为桓公果能不用三子矣呼？仲与桓公处几年矣，亦知桓公之为人矣乎！桓公声⑧不绝于耳，色⑨不绝于目，而非三子者，则无以遂其欲。彼其初之所以不用者，徒以有仲焉耳。一日无仲，则三子者可以弹冠而相庆矣。仲以为将死之言，可以絷⑩桓公之手足耶？夫齐国不患有三子，而患无仲。有仲，则三子者三匹夫耳。不然，天下岂少三子之徒哉？虽桓公幸而听仲，诛此三人，而其余者，仲能悉数而去之耶？呜呼！仲可谓不知本者矣。因桓公之问，举天下之贤者以自代，则仲虽死，而齐国未为无仲也，夫何患三子者？不言可也。

五霸莫盛于桓、文。文公之才，不过桓公，其臣又皆不及仲。灵公之虐，不如孝公之宽厚。文公死，诸侯不敢叛晋。晋袭文公之余威，犹得为诸侯之盟主百余年。何者？其君虽不肖，而尚有老成人焉。桓公之薨也，一败涂地，无惑也。彼独恃⑪一管仲，而仲则死矣。

夫天下未尝无贤者，盖有臣而无君者矣。桓公在焉，而曰天下不复有管仲者，吾不信也。仲之书，有记其将死，论鲍叔、宾胥无之为人，且各疏其短。是其心以为是数子者，皆不足以托国，而又逆知⑫其将死，则其书诞谩，不足信也。吾观史鳝，以不能进遽伯玉而退弥子瑕，故有身后之谏。萧何且死，举曹参以自代。大臣之用心，固宜如此⑬也。夫一国以一人兴，以一人亡。贤者不悲其身之死，而忧其国之衰。故必复有贤者而后可以死。彼管仲者，何以死哉?

注释

①攘：排斥。这里当抵御讲。戎狄：我国古代西方、北方的少数民族的泛称。②竖刁、易牙、开方：齐桓公宠幸的近臣。管仲死后，他们三人共同掌权。桓公死，他们胡作非为，滥杀大臣，拥立公子无亏为国君，由此引起齐国内乱。③讫：同“迄”，至。④作：发生，出现。兆：预先显示的意思。⑤顾：转折词。相当于“但是”、“可是”。⑥四凶：指共工、驩兜、鲧、三苗，尧时四个部落的首领，贪残凶暴，尧未能除去，舜辅佐尧，将四凶流放。⑦非：违反、违背。⑧声：音乐歌舞。⑨色：指女色。⑩絷：栓，捆，束缚。⑪恃：依靠。⑫逆知：预知的意思。⑬固宜如此：本来应该这样。

答司马谏议书①

作者简介

王安石

王安石（1021～1086年），北宋杰出政治家、思想家、文学家、大诗人、改革家，唐宋古文八大家之一。字介甫，晚号半山，小字獾郎，封荆国公，世人又称王荆公，世称临川先生。抚州临川人（现为抚州东乡县上池里洋村）。出身于一个小官吏家庭。他少好读书，记忆力强，受到较好教育。任地方官多年。由于深得神宗赏识，出任参知政事，次年升任宰相，开始大力推行改革，制定和实施了一系列新法，从农业到手工业、商业，从乡村到城市，展开了广泛的社会改革。变法触犯了大地主、大官僚的利益，两宫太后、皇亲国戚和保守派士大夫结合起来，共同反对变法。因此，他两次罢相，后隐居。文学上的主要成就在诗方面，词作不多，但其词能够“一洗五代旧习”，境界开阔。今传《临川先生文集》、《王文公文集》。

作品简介

宋神宗熙宁二年（1069年），身为参知政事的王安石开始推行新法。第二年，当时任翰林学士、右谏大夫的司马光给王安石写了一封三千六百多字的长信，列举新法的种种弊端，要王安石放弃新法，恢复旧制。本文就是王安石的复信。

选文

某启②：昨日蒙教③，窃以为与君实游处相好之日久，而议事每不合，所操之术多异故也。虽欲强聒④，终也不蒙见察，故略上报，不复一一自辨。重念蒙君实视遇厚⑤，于反复不能卤莽，故今具道所以⑥，冀君实或见恕也。

注释

①司马谏议：司马光，北宋著名史学家、散文家。字君实，号迂夫，也称涑水先生。曾任谏议大夫、御史中丞等职务。 ②某启：旧时书信中的惯用语。 ③蒙教：承蒙您的教诲。这是对对方的一种客气的说法。 ④强聒：强作争辩。聒：形容声音嘈杂。《庄子·天下》：“虽天下不取，强聒而不舍也。” ⑤视遇：看待。 ⑥具道所以：详细说明事情缘由。

盖儒者所争，尤在于名实①，名实已明，而天下之理得矣。今君实所以见教者，以为侵官、生事、征利、拒谏，以致天下怨谤也。某则以谓受命于人主，议法度而修之于朝廷，以授之于有司，不为侵官；举先王之政，以兴利除弊，不为生事；为天下理财，不为征利；辟邪说，难壬人②，不为拒谏。至于怨谤之多，则固前知其如此也。

注释

①名：观念。实：事物的客观内容。 ②壬人：同“任人”，花言巧语、不行正道之人。

人习于苟且非一日，士大夫多以不恤①国事、同俗自媚于众为善，上②乃欲变此，而某不量敌之众寡，欲出力助上以抗之，则众何为而不汹汹然③。盘庚之迁④，胥怨者民也，非特朝廷士大夫而已。盘庚不为怨者故改其度⑤，度义而后动⑥，是而不见可悔故也。如君实责我以在位久，未能助上大有为，以膏泽⑦斯民，则某知罪矣；如曰今日当一切不事事，守前所为而已，则非某之所敢知。

无由会晤，不任区区向往之至⑧。

注释

①恤：关心。 ②上：皇上，指宋神宗。 ③汹汹然：大吵大闹的样子。 ④盘庚之迁：盘庚，商朝国君，即位后为摆脱自然灾害和政治上的困境，将国都迁到殷（今河南安阳小屯村），遭到贵族和百姓的反对。然而最终还是迁都，商朝因此得以兴盛。 ⑤度：计划。 ⑥度：斟酌。 ⑦膏泽：给予恩惠。 ⑧不任区区向往之至：旧时书信结尾表示客套的话。不任：不胜，不尽。区区：衷心。

明夷待访录

作者简介

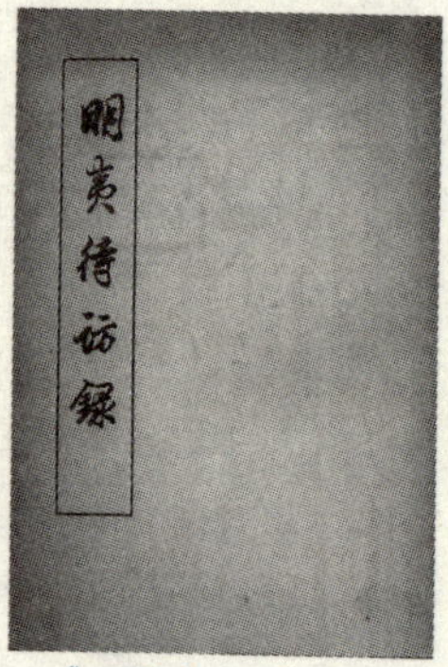

《明夷待访录》书影

黄宗羲（1610～1695年），明末清初思想家、文学家。字太冲，号梨洲，又号南雷，学者尊为梨洲先生，余姚（今浙江余姚）人。其父因东林党狱被阉党迫害而死。他深受家庭影响，重气节，轻生死，反对宦官和权贵，成为东林子弟的著名领袖。清兵南下，他组织同志，起兵抗击失败，走入四明山，结寨自固，又依鲁王于海上。抗清斗争失败后，从事著述，坚不出仕。他坚决反对明末空洞浮泛的学风，倡言治史，开浙东研史之风，为清代史家之开山祖。史学之外，对经学、天文、历算、数学、音律诸学都有很深造诣。著作宏富，《明夷待访录》是其进步思想的集中表现，带有鲜明的民主思想色彩。另著有《明儒学案》、《宋元学案》等。

作品简介

《明夷待访录》是一部具有启蒙性质的批判君主专制、呼唤民主政体的名著，对清末的维新变法运动影响很大。选文《原君》篇揭露了封建帝王的罪恶，指出帝王是唯一的害民之贼。

选文

有生之初，人各自私也，人各自利也；天下有公利而莫或兴之，有公害而莫或除之。有人者出，不以一己之利为利，而使天下受其利，不以一己之害为害，而使天下释其害；此其人之勤劳必千万于天下之人。夫以千万倍之勤劳而己又不享其利，必非天下之人情所欲居也。故古之人君，去之而不欲入者，许由、务光①是也；入而又去之者，尧、舜是也；初不欲入而不得去者，禹是也。岂古之人有所异哉？好逸恶劳，亦犹夫人之情也。

后之为人君者不然，以为天下利害之权皆出于我，我以天下之利尽归于己，以天下之害尽归于人，亦无不可；使天下之人不敢自私，不敢自利，以我之大私为天下之大公。始而惭焉，久而安焉，视天下为莫大之产业，传之子孙，受享无穷；汉高帝所谓“某业所就孰与仲多”者②，其逐利之情，不觉溢之于辞矣。此无他，古者以天下为主，君为客，凡君之所毕世而经营者，为天下也。今也以君为主，以天下为客，凡天下之无地而得安宁者，为君也。是以其未得之也，屠毒天下之肝脑，离散天下之子女，以博我一人之产业，曾不惨然，曰“我固为子孙创业也”。其既得之也，敲剥天下之骨髓，离散天下之子女，以奉我一人之淫乐，视为当然，曰“此我产业之花息也。”然则为天下之大害者，君而已矣。向使无君，人各得自私也，人各得自利也。呜呼，岂设君之道固如是乎！

古者天下之人爱戴其君，比之如父，拟之如天，诚不为过也。今也天下之人怨恶其君，视之如寇仇，名之为独夫，固其所也。而小儒规规焉以君臣之义无所逃于天地之间，至桀纣之暴，犹谓汤、武不当诛之，而妄传伯夷、叔齐无稽之事③，使兆人万姓崩溃之血肉，曾不异夫腐鼠。岂天下之大，于兆人万姓之中，独私其一人一姓乎！是故武王圣人也，孟子之言圣人之言也；后世之君，欲以如父如天之空名禁人之窥伺者，皆不便于其言，至废孟子而不立④，非导源于小儒乎！

虽然，使后之为君者果能保此产业，传之无穷，亦无怪乎其私之也。既以产业视之，人之欲得产业，谁不如我；摄缄縢，固扃鐍，一人之智力不能胜天下欲得之者之众，远者数世，近者及身，其血肉之崩溃在其子孙矣。昔人愿世世无生帝王家⑤，而毅宗之语公主⑥，亦曰“若何为生我家”！痛哉斯言！回思创业时，其欲得天下之心，有不废然摧沮者乎！是故明乎为君之职分，则唐、虞之世，人人能让，许由、务光非绝尘也。不明乎为君之职分，则市井之间，人人可欲，许由、务光所以旷后世而不闻也。然君之职分难明，以俄顷淫乐不易无穷之悲，虽愚者亦明之矣。

注释

①许由、务光：传说中的高士。唐尧让天下于许由，许由认为是对自己的侮辱，就隐居箕山中。商汤让天下于务光，务光负石投水而死。 ②汉高：《史记·高祖本纪》载汉高祖刘邦登帝位后，曾对其父说：“始大人常以臣无赖，不能治产业，不如仲（其兄刘仲）力，今某之业所就，孰与仲多？” ③伯夷、叔齐无稽之事：《史记·伯夷列传》载他俩反对武王伐纣，天下归周之后，又耻食周粟，饿死于首阳山。④废孟子而不立：《孟子·尽心下》中有“民为贵，社稷次之，君为轻”的话，明太祖朱元璋见而下诏废除祭祀孟子。 ⑤昔人句：《南史·王敬则传》载南朝宋顺帝刘准被逼出宫，曾发愿：“愿后身世世勿复生帝王家！” ⑥明崇祯帝，南明初谥思宗，后改毅宗，李自成军攻入北京后，他叹息公主不该生在帝王家，以剑砍长平公主，断其左臂，然后自缢身亡。

资政新篇

（节选）

作者简介

洪仁玕（1822～1864年），太平天国领导人之一。广东花县人，洪秀全族弟。自幼聪明好学，但屡试不第。1843年，洪秀全倡立拜上帝会，他是积极参与者。此后，他多年在清远县执教，在亲友乡人中宣传拜上帝会。1848年冬，他与洪秀全、冯云山等在故乡密谋起义大计。1859年3月，洪秀全封其为天干福爵，后任“总裁”，总管外交、内务大政。这期间，他写作了《谕天下读书士子》、《立法制宣谕》、《资政新篇》和《英杰归真》等文章。

《资政新篇》书影

作品简介

《资政新篇》是先进的中国人最早提出的在中国发展资本主义的方案，具有鲜明的资本主义性质，它明确提出了学习西方先进的政治制度和先进的科学技术，主张平等的外交等，具有进步性。选文是《资政新篇》“法法类”第一段。

选文

所谓“以法法之”①者，其事大关世道人心，如纲常伦纪、教养大典，则宜立法以为准焉。是下有所趋，庶不陷于僻矣。然其不陷于僻而登于道者，必又教法②兼行。如设书信馆，以通各省郡县市镇公文；设新闻馆，以收民心公议，及各省郡县货价低昂，事势常变③。上览之，得以资治术；士览之，得以识变通；商农览之，得以通有无。昭法律，别善恶，励廉耻，表忠孝，皆借此以行其教也。教行则法著，法著则知恩，于以民相劝戒，才德日生，风俗日厚矣。此立法善而施法广，积时久④而持法严，代有贤智以相维持，民自固结而不可解，天下永垂不朽矣。然立法之人，必先经磨练，洞悉天人性情，熟谙各国风教，大小上下，源委重轻，无不了然于胸中者，然后推而出之，乃能稳惬人情也。若恐其久而有差，更当留一律以便随时损益小纪，彰明大纲也。盖律法者，无定而有定，有定而无定，如水之软，如铁之硬，实如人心之有定而无定，世事之无定而有定，此立法所以难也，此生弊所以易也。然则如何而后可以立法？盖法之质在乎大纲一定不易，法之文在乎小纪每多变迁。故小人怀法，常窥小者无备掠为己有，常借大者之公以护掩己私。然此又在奉法执法行法之人有以主之，有以认真耳。至立法一则，阅下自可心领灵会，而法在其中矣。

注释

①以法法之：即“制定法律使人有所遵循”之意。 ②教法：教化和法律。 ③根据形势。④积时久：长期做。

上清帝第二书

（节选）

作者简介

康有为

康有为（1858～1927年），近代政治家、思想家、文学家。原名祖治，字广厦，号长素，广东南海人。他先后7次上书清廷，请求变法图强，其中以中日“甲午战争”失败后的“公车上书”最为有名。他与梁启超等人一起创办《万国公报》，建立强学会，发行《强学报》，为维新变法制造舆论。1898年与梁启超等人发动“戊戌变法”运动，失败后逃亡国外。晚年日趋保守，反对孙中山领导的民主革命。他的文学成就主要是诗歌创作，代表诗篇《出都留别诸公》5首。其政论文打破传统古文程式，开梁启超“新文体”之先路，主要著作有《新学伪经考》、《孔子改制考》、《大同书》、《南海先生诗集》、《欧洲十一国游记》等。

作者简介

1895年清政府在甲午战争中战败，被迫与日本签定了丧权辱国的《马关条约》。消息传来，举国震惊，群情激愤。康有为奋笔疾书，连夜起草了一份长达一万多字的上皇帝书，即《公车上书》，又称《上清帝第二书》。本文详细阐述了维新派变法革新的主张，提出的发展民族资本主义经济、文化的设想，在中国近代历史上有着深远的影响。

选文

窃闻与日本议和，有割奉天沿边及台湾一省，补兵饷二万万两，及通商苏、杭，听机器洋货流行内地，免其厘税等款，此外尚有缴械、献俘、迁民之说。阅《上海新报》，天下震动；闻举国廷诤，都人惶骇。又闻台湾臣民不敢奉诏，思戴本朝。人心之固，斯诚列祖列宗及我皇上深仁厚泽，涵濡煦覆①，数百年而得此。然伏下风数日，换约期迫矣，犹未闻明诏赫然，峻拒日夷之求，严正议臣之罪，甘忍大辱、委弃其民。以列圣艰难缔搆②而得之，一旦从容误听而弃之，如列祖列宗何？如天下臣民何？然推皇上孝治天下之心，岂忍上负宗庙，下弃其民哉！良由误于议臣之言，以为京师为重，边省为轻，割地则都畿③能保，不割则都畿震动，故苟从权宜，忍于割弃也。又以群义纷纭，虽力摈和议，而保全大局，终无把握，不若隐忍求和，犹苟延旦夕也。又以为和议成后，可十数年无事，如庚申以后也。左右贵近，论率如此。故盈廷之言，虽切而不入，议臣之说，虽辱而易行。所以甘于割地弃民而不顾也。

窃以为弃台民之事小，散天下民之事大；割地之事小，亡国之事大；社稷安危，在此一举。举人等栋折榱④坏，同受倾压，故不避斧钺之诛，犯冒越之罪，统筹大局为我皇上陈之。

何以为弃台民即散天下也？天下以为吾戴朝廷，而朝廷可弃台民，即可弃我，一旦有事，次第割弃，终难保为大清国之民矣。民心先离，将有见土崩瓦解之患。《春秋》书梁亡者，梁未亡也，谓自弃其民，同于亡也。故谓弃台民之事小，散天下民之事大。日本之于台湾未加一矢，大言恫吓，全岛已割。诸夷以中国之易欺也，法人将问滇桂，英人将问藏粤，俄人将问新疆，德、奥、意、日、葡、荷皆狡焉思逞。有一不与，皆日本也，都畿必惊。若皆应所求，则自啖其肉，手足腹心，应时尽矣，仅存元首，岂能生存？且行省已尽，何以为都畿也？故谓割地之事小，亡国之事大，此理至浅，童愚可知。而以议臣老成，乃谓割地以保都畿，此敢于欺皇上愚天下也。此中国所痛哭，日本所阴喜，而诸夷所窃笑者也。

诸夷知吾专以保都畿为事，皆将阳为恐吓都畿，而阴窥边省，其来必速。日本所为日日扬言攻都城，而卒无一炮震于大沽者，盖深得吾情也。恐诸夷之速以日本为师也，是我以割地而鼓舞其来也。皇上试召主割地议和之臣，以此诘之，度诸臣必不敢保他夷之不来，而都畿之不震也。则今之议割地弃民何为乎？皇上亦可以翻然独断矣。或以为庚申和后，二十年乃有甲申之役。二十年中可图自强。今虽割弃，徐图补救。此又以美言欺皇上卖天下者也。

夫治天下者势也，可静而不可动，如箭之在栝⑤，如马之在埒⑥，如决堰陂之水，如运高山之石，稍有发动，不可禁压。当其无事，相视莫敢发难，当其更变，朽株尽可为患者。昔者辛巳以前，吾属国无恙也。自日本灭琉球吾不敢问，于是法取越南，英灭缅甸，朝鲜通商，而暹罗半剪，不过三四年间，而吾属国尽矣。甲午以前，吾内地无恙也，今东边及台湾一割，法窥滇、桂，英窥滇、粤及西藏，俄窥新疆及吉林、黑龙江，必接踵而来，岂肯迟迟以礼让为国哉？况数十国之逐逐于后乎？譬大病后，元气既弱，外邪易侵，变症百作，岂与同治之时，吾国势犹盛，外夷窥伺情形未洽比哉！且民心既解，散勇无归，外患内讧，祸在旦夕，而欲苟借和款，求安目前，亡无日矣，今乃始基耳。症脉俱见，不待卢扁，此举人等所为日夜忧惧，不惮僭越，而谋及大计也。

夫言战者，固结民心，力筹大局，可以图存。言和者，解散民体，鼓舞夷心，更速其亡。以皇上圣明，反复讲辩，孰利孰害，孰得孰失，必当独断圣衷，翻然变计者。不揣狂愚，统筹大计：近之为可和可战，而必不致割地弃民之策；远之为可富可强，而断无敌国外患之来。伏乞皇上下诏鼓天下之气，迁都定天下之本，练兵强天下之势，变法成天下之治而已。

注释

①涵濡煦覆：滋润；沉浸。 ②缔搆：经营开创。 ③都畿：首都。 ④榱：屋椽。 ⑤栝：弓。 ⑥埒：马射场。因周围有矮墙，故名。

同盟会宣言

作者简介

孙中山

孙中山（1866~1925年），近代资产阶级革命领袖。名文，字德明，号逸仙，广东香山人。1894年在檀香山发起成立第一个中国资产阶级革命团体——兴中会。1905年在日本东京发起成立中国同盟会，任总理，并提出“三民主义”革命指导思想。1911年“辛亥革命”推翻了清王朝。1912年他在南京就任中华民国临时大总统。同年南北议和达成协议，他辞去临时大总统职务。1913年发动反袁世凯的“二次革命”，失败后流亡日本，组织中华革命党。1919年将中华革命党改组为中国国民党。1923年发表《中国国民党改组宣言》，确定“联俄、联共、扶助农工”的三大政策，实现了第一次国共合作。后筹建黄埔军校，准备北伐。1924年抱病北上，不幸病逝于北京。

作品简介

《同盟会宣言》作于1905年8月20日。孙中山在文中提出了“驱除鞑虏，恢复中华，建立民国，平均地权”四项号召，这是孙中山先生初次公开地、正式地革命领袖的身份向全世界发表他的救国救民方案。

选文

今者国民军起，立军政府，涤二百六十年之膻腥，复四千年之祖国，谋四万万人之福祉，此不独军政府责无旁贷，凡我国民，皆当引为己责者也！维我中国开国以来，以中国人治中国，虽间有异族篡据，我祖我宗常能驱除光复，以贻后人。今汉人倡率义师，殄除胡虏，此为上继先人遗烈，大义所在，凡我汉人，当无不晓然。惟前代革命如有明及太平天国，只以驱除光复自任，此外无所转移。我等今日与前代殊，于驱除鞑虏、恢复中华之外，国体民生，尚当与民变革，虽经纬万端，要其一贯之精神，则为自由、平等、博爱。故前代为英雄革命，今日为国民革命。所谓国民革命者，一国之人皆有自由、平等、博爱之精神，即皆负革命之责任，军政府特为其枢机而已。自今以往，国民之责任即军政府之责任，军政府之功即国民之功，军政府与国民同心戮力，以尽责任。用特被露腹心，以今日革命之经纶，暨将来治国之大本，布告天下：

（一）驱除鞑虏。今之满洲，本塞外东胡，昔在明朝，屡为边患；后乘中国多事，长驱入关，灭我中国，据我政府，迫我汉人为其奴隶，有不从者，杀戮亿万。我汉人为亡国之民者二百六十年于斯！满洲政府穷凶极恶，今已贯盈，义师所指，覆彼政府，还我主权。其满洲汉军人等，如悔悟来降者，免其罪；敢有抵抗，杀无赦！汉人有为满奴以作汉奸者，亦如之。

（二）恢复中华。中国者，中国人之中国，中国之政治，中国人任之，驱除鞑虏之后，光复我民族的国家。敢有为石敬瑭、吴三桂之所为者，天下共击之！

（三）建立民国。今者由平民革命以建国民政府，凡为国民皆平等以有参政权。大总统由国民共举。议会以国民公举之议员构成之，制定中华民国宪法，人人共守。敢有帝制自为者，天下共击之！

（四）平均地权。文明之福祉，国民平等以享之。当改良社会经济组织，核定天下地价。其现有之地价，仍属原主所有；其革命后社会改良进步之增价，则归于国家，为国民所共享。肇造社会的国家，俾家给人足，四海之内，无一夫不获其所。敢有垄断以制国民之生命者，与众弃之！

上四纲，其措施之次序，则分三期：第一期为军法之治。义师既起，各地反正，土地人民，新脱满洲之羁绊，其临敌者宜同仇敌忾，内辑族人，外御寇仇，军队与人民，同受治于军法之下；军队为人民戮力破敌，人民供军队之需要，及不妨其安宁。既破敌者及未破敌者，地方行政，军政府总摄之，以次扫除私弊：政治之害，如政府之压制，官吏之贪婪，差役之勒索，刑罚之残酷，抽捐之横暴，辫发之屈辱，与满洲势力同时斩绝。风俗之害，如奴婢之畜养，缠足之残忍，鸦片之流毒，风水之阻害，亦一切禁止。并施教育，修道路，设警察、卫生之制，兴起农工商实业之利源。每一县以三年为限，其未及三年已有成效者，皆解军法，布约法。第二期为约法之治。每一县既解军法之后。军政府以地方自治权，归之其地之人民；地方议会议员及地方行政官，皆由人民选举。凡军政府对于人民之权利义务，及人民对于军政府之权利义务，悉规定于约法，军政府与地方议会及人民，各循守之；有违法者，负其责任。以天下平定后六年为限，始解约法，布宪法。第三期为宪法之治。全国行法六年后，制定宪法；军政府解兵权，行政权；国民公举大总统，及公举议员以组织国会。一国之政事，依于宪法以行之。此三期：第一期为军政府督率国民扫除旧污之时代；第二期为军政府授地方自治权于人民而自总揽国事之时代；第三期为军政府解除权柄，宪法上国家机关分掌国事之时代。俾我国民循序以进，养成自由平等之资格，中华民国之根本，胥于是乎在焉。

以上为纲有四，其序有三，军政府为国戮力，矢信矢忠，始终不渝；尤深信我国民必能蹈厉坚忍，共成大业。汉族神灵，久耀耀于四海，比遭邦家多难，困苦百折，今际光复时代，其人人各发扬其精神！我汉人同为轩辕之子孙，国人相视，皆伯叔兄弟诸姑姊妹，一切平等，无有贵贱之差、贫富之别；休戚与共，患难相救，同心同德。以卫国保种自任。战士不爱其命，闾阎不惜其力，则革命可成，民政可立。愿我四万万人共勉之！

革命军

（节选）

作者简介

邹容（1885～1905年），民族英雄，民主革命家，民主革命烈士。原名绍陶，字蔚丹、威丹，重庆市巴南区（原四川省巴县）人。1902年赴日本留学，投身民主革命，是与秋瑾齐名的著名革命演说家。

邹容

作品简介

1903年5月，邹容以“革命军中马前卒”署名撰成《革命军》，揭露清政府反动卖国罪恶，号召推翻清政府，建立中华共和国。该书由章炳麟作序，称其为“义师先声”，由革命党人出资出版发行，《苏报》刊文介绍。《苏报》刊登章炳麟的《读<革命军>》，将《革命军》誉为“今日国民教育之第一教科书”。《革命军》被誉为“中国近代人权宣言”。

选文

革命必先去奴隶之根性

曰国民，曰奴隶，国民强，奴隶亡。国民独立，奴隶服从。中国黄龙旗之下，有一种若国民，非国民，若奴隶，非奴隶，杂糅不一，以组织成一大种。谓其为国民乎？吾敢谓群四万万人而居者，即具有完全之奴颜妾面，国民乎何有！尊之以国民，其污秽此优美之名词也孰甚！若然，则以奴隶畀之，吾敢拍手叫绝曰：“奴隶者，为中国人不雷同，不普通，独一无二之徽号。”

印度之奴隶于英也，非英人欲奴隶之，印人自乐为奴隶也。安南之奴隶于法也，非法奴隶之，安南人自乐为奴隶也。我中国人之奴隶于满洲、欧美人也，非满洲、欧美欲奴隶之，中国人自乐为奴隶耳。乐为奴隶，则请释奴隶之例。

奴隶者，与国民相对待，而不耻于人类之贱称也。国民者，有自治之才力，有独立之性质，有参政之公权，有自由之幸福，无论所执何业，而皆得为完全无缺之人。曰奴隶也，则既无自治之力，亦无独立之心，举凡饮食、男女、衣服、居处，莫不待命于主人，而天赋之人权，应享之幸福，亦莫不奉之主人之手。衣主人之衣，食主人之食，言主人之言，事主人之事，倚赖之外无思想，服从之外无性质，谄媚之外无笑语，奔走之外无事业，伺候之外无精神，呼之不敢不来，麾之不敢不去，命之生不敢不生，命之死不敢不死；得主人之一盼，博主人之一笑，如获异宝，登天堂，夸耀于侪辈以为荣；及撄主人之怒，则俯首屈膝，气下股栗，至极其鞭扑践踏，不敢有分毫抵忤之色，不敢生分毫愤奋之心，他人视为大耻辱，不能一刻忍受，而彼无怒色，无忤容，怡然安其本分，乃几不复自知为人。而其人亦为国人所贱耻，别为异类，视为贱种，妻耻以为夫，父耻以为子，弟耻以为兄，严而逐之于平民之外，此固天下奴隶之公同性质，而天下之视奴隶者，即无不同此贱视者也。我中国人固擅奴隶之所长，父以教子，兄以勉弟，妻以谏夫，日日演其惯为奴隶之手段。呜呼！人何幸而为奴隶哉！亦何不幸而为奴隶哉！

且夫我中国人之乐为奴隶，不自今日始也。或谓秦汉以前有国民，秦汉以后无国民。吾谓宴息于专制政体之下者，无所往而非奴隶。数千年来，名公巨卿，老师大儒，所以垂教万世之二大义，曰忠，曰孝，更释之曰："忠于君，孝于亲。"吾不解忠君之谓何。吾见夫法、美诸国之无君可忠也，而斯民遂不得等伦于人类耶？吾见夫法、美等国之无君可忠；而其国人尽瘁国事之义务，殆一日不可缺焉。夫忠也，孝也，是固人生重大之美德也。以言夫忠于国也则可，以言夫忠于君也则不可。何也？人非父母无以自生，非国无以自存，故对于父母国家，自有应尽之义务焉，而非为一姓一家之家奴走狗者，所得冒其名以相传习也。

中国人无历史，中国之所谓二十四朝之史，实一部大奴隶史也。自汉末以迄今日，凡一千七百余年，中国全土，为奴隶于异种者，三百五十八年；黄河以北，为奴隶于异种者，七百五十九年。呜呼！黄帝之子孙，忍令率其嫡亲之同胞，举其世袭之土地，为他族所奴隶者，何屡见而不一。"箪食壶浆，以迎王师"，"纡青拖紫，臣妾骄人"，"二圣青衣行酒去，九哥白马渡江来"，忠君忠君，此张宏范、洪承畴之所以前后辉映也，此中国人之所以为奴隶也。

曾国藩也，左宗棠也，李鸿章也，此大清朝皇帝所溢为文正、文襄、文忠者也，此当道名人所推尊为中兴三杰，此庸夫俗子所羡为封侯拜相，此科举后生所悬拟崇拜不置者。然吾闻德相毕士麻克呵李鸿章曰："我欧洲人以平异种为功，未闻以残戮同胞为功。"嗟夫！吾安得起曾、左而闻是言！吾安得起曾、左以前之曾、左而共闻是言！吾安得起曾、左以后士曾、左，上自独当一面之官府，下至不足轻重之官吏，而亦共闻是言！夫曾、左、李三人者，亦自谓为读书有得，比肩贤哲之人也。而犹忍心害理，屠戮同胞，为满洲人忠顺之奴隶也如是，其他何足论。吾无以比之，比之以李自成、张献忠，吾犹嫌其不肖，李、张之所以屠戮同胞，而使满洲人入主中国也，李、张固无常识，不读书，又为明之敝政所迫，而使之不得不然，吾犹为之恕。曾、左、李三人者，明明白白知为汉种也，为封妻荫子，屠戮同胞以请满洲人再主中国也，吾百解而不能为之恕。某氏谓英人助满洲平太平天国，亡汉种之罪，英人与有力焉。呜呼！是又因乌及屋之微意也。

曾、左、李者，中国人为奴隶之代表也。曾、左、李去，曾、左、李来，柔顺也，安分也，韬晦也，服从也，做官也，发财也，中国人造奴隶之教科书也。举一国之人，无一不为奴隶，举一国之人，无一不为奴隶之奴隶，二千年以前皆奴隶，二千年以后亦必为奴隶，同胞乎！同胞乎！法国议院中，无安南人足迹，英国议院中，无印度人足迹，日本议院中，无台湾人足迹。印度人之为奴隶也，犹得绕红布头巾为巡捕立于上海、香港之十字街头上，驱策中国人以为乐。然吾试问我同胞，曾否于地球面积上，择一为巡捕之地，驱策异种人以为乐。面包一块，山芋一碟，此固非洲黑奴之旧生活也，同胞！同胞！其重思之！

吾先以一言叫起我同胞曰：国民，吾愿我同胞，万众一心，肢体努力，以砥以砺，拔去奴隶之根性，以进为中国之国民。法人革命前之奴隶，卒收革命之成功。美洲独立前之奴隶，卒脱英人之制缚，此无他，能自认为国民耳。吾故曰：革命必先去奴隶之根性。非然者，天演如是，物竞如是，有国民之国，群起染指于我中土，我同胞其将由今日之奴隶，以进为数重奴隶，由数重奴隶，而猿猴，而野豕，而蚌介，而荒荒大陆，绝无人烟之沙漠也。

近人有乐府一首，名《奴才好》云：

> 奴才好，奴才好，勿管内政与外交，大家鼓里且睡觉。古人有句常言道，臣当忠，子当孝，大家切勿胡乱闹。满洲入关二百年，我的奴才做惯了，他的江山他的财，他要分人听他好。转瞬洋人来，依旧做奴才。他开矿产我做丁，他开洋行我细崽，他要招兵我去当，他要通事我也会，内地还有甲必丹，收赋治狱荣巍巍。满奴作了作洋奴，奴性相传入脑胚，父诏兄勉说忠孝，此是忠孝他莫为。什么流血与革命，什么自由与均财，狂悖都能害性命，倔强那肯就范围。我辈奴仆当戒之，福泽所关慎所归。大金、大元、大清朝，主人国号已屡改，何况大英、大法、大美国，换个国号任便戴。奴才好！奴才乐！世有强者我便服。三分刁黠九分媚，世事何者为龌龊？料理乾坤世有人，坐阅风云多反复，灭种复族事遥遥，此事解人已难索。堪笑维新诸少年，甘赴汤火蹈鼎镬，达官震怒外人愁，身死名败相继仆。但识争回自主权，岂知已非求己学。奴才好！奴才好！奴才到处皆为家，何必保种与保国！

危险思想与言论自由

（节选）

作者简介

李大钊

李大钊（1889～1927年），中国最早的马克思主义者，中国共产党的创始人之一。字守常，河北乐亭人。1913年毕业于北洋法政大学，同年赴日本留学，曾参加反袁世凯的斗争。1918年12月，与陈独秀创办《每周评论》。他积极领导五四运动，与胡适为代表的改良主义作斗争。1920年在北京组织共产主义小组。中国共产党成立后，负责北方区工作。1927年4月6日被奉系军阀张作霖逮捕，28日在北京就义。遗著有《李大钊选集》。

作品简介

选文是李大钊在1919年6月1日《每周评论》第24号上发表的文章，是李大钊同志针对反动势力害怕新思想的传播、扼制自由思想发展而写的一篇文章。

选文

思想本身没有丝毫危险的性质，只有愚暗与虚伪是顶危险的东西，只有禁止思想是顶危险的行为。

近来——自古已然——有许多人听见几个未曾听过、未能了解的名辞，便大惊小怪起来，说是危险思想。问他们这些思想有什么危险，为什么危险，危险思想到底是些什么东西，他们都不能说出。像这样的人，我们和他共同生活，真是危险万分。

前些年科学的应用刚刚传入中国，一般愚暗的人都说异端邪教。看待那些应用科学的发明的人，如同洪水猛兽一样。不晓得他们也是和我们同在一个世界上一样生存，而且比我们进化的人类同胞，却说他们是“鬼子”，是“夷狄”。由此看来，到底是知识思想危险呢？还是愚暗无知危险呢？

听说日本有个议长，说俄国的布尔什维克是实行托尔斯泰的学说，彼邦有识的人已经惊为奇谈。现在又出了一位明白公使，说我国人鼓吹爱国是无政府主义。他自己果然是这样愚暗无知，这更是可怜可笑的话。有人说他这话不过是利用我们政府的愚暗无知和恐怖的心理，故意来开玩笑。哎呀！那更是我们莫大的耻辱！

原来恐怖和愚暗有密切的关系。青天白日，有眼的人在深池旁边走路，是一点也没有危险的。深池和走路的行为都不含着危险的性质。若是“盲人瞎马，夜半深池”危险万分，那就是最可恐怖的事情。可见危险和恐怖，都是愚昧造出来的，都是黑暗造出来的。

人生第一要求，就是光明与真实，只要得了光明与真实，什么东西、什么境界都不危险。知识是引导人生到光明与真实的灯烛，愚暗是达到光明与真实境界的障碍，也就是人生发展的障碍。

思想自由与言论自由，都是为保障人生达于光明与真实的境界而设的。无论什么思想言论，只要能够容他的真实而没有矫揉造作的尽量发露出来，都是于人生有益，绝无一点害处。

说某种主义、学说是异端邪说的人，第一要知道他自己所排斥的主义、学说是什么东西，然后把这种主义、学说的真相尽量传播，使人人都能认识他是异端学说，大家自然不去信他，不至于受他的害。若是自己未曾认清，只是强行禁止，就犯了泯没真实的罪恶。假使一种学说确与情理相合，我们硬要禁止他，不许公然传步，那是绝对无效。因为他的原素仍然在情理之中，情理不灭，这种学说也终不灭。假使一种学说确与情理相背，我以为不可禁止，不必禁止。因为大背情理的学说，正应该让大家知道，大家才不去信。若是把他隐藏起来，很有容易被人误信的危险。

禁止人研究一种学说的，犯了使人愚暗的罪恶。禁止人信仰一种学说的，犯了教人虚伪的罪恶。世间本来没有“天经地义”与“异端邪说”这种东西。就说是有，也要听人去自由知识，自由信仰。就是错知识了、错信仰了所谓邪说异端，只要他的知识与信仰，是本于他思想的自由、知念的真实，一则得了自信，二则免了欺人，都是有益于人生的，都比那无知的排斥、自欺的顺从远好得多。

禁止思想是绝对不可能的，因为思想有超越一切的力量。监狱、刑罚、苦痛、贫困、乃至死杀，思想都能自由去思想他们，超越他们。这些东西，都不能钳制思想、束缚思想、禁止思想。这些东西，在思想中全没有一点价值，没有一点权威。

思想是绝对的自由，是不能禁止的自由；禁止思想自由的，断断没有一点的效果。你要禁止他，他的力量便跟着你的禁止越发强大。你怎样禁止他、制抑他、绝灭他、摧残他，他便怎样生存、发展、传播、滋润，因为思想的性质力量，本来如此。我奉劝禁扼言论、思想自由的注意，要利用言论自由来破坏危险思想，不要借口危险思想来禁止言论自由。

国民的责任应该说话

作者简介

马叙伦

马叙伦（1885～1970年），中国现代的民主革命家，爱国主义者，著名教育家，中国语言文字学家，诗人和书法家。原籍绍兴，生于杭州，少年时入杭州养正书塾师从陈介石，读《黄书》、《民约论》等。1911年赴日本，由章太炎介绍加入同盟会。回国后，参加辛亥革命。历任上海《大共和日报》总编辑、北京大学教授、北京中等以上教职员联合会主席、北平文化界抗日救国会主席等。1949年出席全国政协第一届全会。后历任中央人民政府委员、全国政协副主席、民进第三至第五届中央主席、民盟中央副主席、政务院文化教育委员会副主任、教育部部长、高等教育部部长。一生治学严谨，学识渊博，于文字学、金石学、训诂学、老庄哲学、诗词等皆有建树。著有《说文解字六书疏证》、《石屋余沈》等。

作品简介

本文选自《马叙伦政论文选》（文史资料出版社，1985年版）。此篇文章写于1945年12月，主要论述了国家的政治形势和国民应尽的责任。

选文

我们日日高唱着实现民主政治，而当前发现了一个阻碍民主政治实现的事实，正如特别快车，加速地前进，开车的喇叭不断地拉，前面却放了一座几万吨重的大礁，这座大礁如不撵开，喇叭是白拉的，站在车旁或坐上车的人们是白白躁急的，而这座大礁自己是不会移动的。那么想要这辆车子真是特别快地前进，必定还须大家先把这座大礁撵开。

在民主世界的气氛里，如果我们中国不加入化合，而想逍遥在这气氛的外面，恐怕是不可能的，因为终究会被化合作用用别种方式吸收进去。所以我们无疑地必须加速来促成民主的实现。但是不幸而发生了一个阻碍，我们如何可以再取“袖手旁观”的态度?

国家是我们的国家，不是什么党什么派的国家。譬如一个大组织的家庭，对于这个家庭的生存和发展，应当怎样的办法，方能达到目的，这是整个家庭的问题，每一个人都有应当负的责任，也是每一个人都应当提出办法的。不过多数的子弟们都放弃了他们的责任，或者是这些子弟们知识的不够，拿不出什么办法来，那么只能让少数的提了办法出来。甲乙丙丁各有各的办法，各向这些没得办法提出的子弟们来说明各个办法的理由和利害关系，探问和征求他们的同意；当然他们有凭着自己的观察力和审判力去选择决定的自由。各个提出办法的子弟们用尽了大吹大擂的力量，毕竟谁能得到他们的同意，还在由他们自己切身利害上作最后的决定。一国里面的政党、政党的有政纲政策，就是这样的情形。

一国里到了有两个相等力量的政党发生不调和的时候，第三党或第三者是有力量决定他们前途的。因为他们虽各“是其所是非其所非”，但是第三党或第三者可以从过去、现在、未来去审量实际的适应而左右他们的。换句话说，这时候第三党或第三者绝对的非明了自己的责任不可。因为这时候除了愚蠢无知的或是一般糊涂虫以外，没有一个不应当晓得这是我们自己的生死关头，决不许我们再作“袖手旁观”的。

现在我们很明了我们中国所处的环境，决不能不开起日行万里的实现民主政治的特别快车。但是偏偏车子前面放着一座大礁，这座大礁不但引起了坐在车上的人烦躁急迫的情绪，就是旁观的人也同样地心焦，可见得这个问题的严重了。

这个问题就是从日本投降后报纸上不断地记载的“国共问题”。“国共问题”自始就严重的，不过现在益发显著了。这便因为环境的关系，已逼到尖锐化的程度了。但是以前，至少十年以前，“国共问题”是不能成为一个名词的，现在居然“国共问题”正式地在报纸上大书而特书，社会心理上也都承认他是个问题，这便是严重性的实证。那么我们做了这个国家的国民，还有躲闪偷避，学寒蝉噤口的余地吗?

这种问题如发生在美国，早已各方面有痛痛快快的言沦了。现在我国的发言者，总不免有新娘子怕羞或是风吹墙头草两面倒或是“和事老”的态度，总不能如柳敬亭说书，叫人听了“痛快淋漓可歌可泣”。就是国共以外第三者的说话，也是藏头露尾，有叫人不痛快的地方。至于第三者的老百姓，本来有许多睡在鼓里的，就是“千醉一醒”“众浊独清”的人们，也是“口欲言而嚅嗫”，这是无怪其然的。因为以前言论不得自由，说些老实话，给你戴上一顶“红帽子”，你便够受了。更何况有其他呢? 现在不是言论出版集会等等的自由，可以不受限制了吗? 虽然在军事区域还不曾许给我们全部的自由，但是我们自己要走上实现民主的路，除了通敌附逆或是泄漏军事秘密实际的扰乱秩序以外，我们应当争回一切最大的自由，尤其是言论自由。我们不能顾惜个人利害，我们应当晓得欧洲人的自由，是牺牲了多少生命换来的。我们懂得这个道理，我们应当说的，我们不得不说，这也是我们的责任。

别的地方，我的耳目有限，我不晓得；上海呢，本月六日大公报社论居然有“中国政治之路”一篇，里面有两个譬喻，总算是从问题的正面来做“破题儿第一章”。我且将他的原文节写在下面：

“假如我是蒋主席，我是中国第一大党中国国民党的总裁，我是中华民国国民政府的主席，我领导国家抗战，得到最后胜利……我决心把国家引导上民主宪政之路，我立刻宣布国民党不再专政……还政于民，我邀请一个全国性的会议（如同拟议中的政治协商会议），协商国事，我决定召开国民大会，选举政府，制颁宪法，我不考虑个人是否能继续执政，我也不计算国民党是否能得到多数……我愿意重选国民大会代表，以问经过八年大战以后的全国民意……我愿意把五五宪草彻底修改，务使中华民国的宪法是一部崭新的民主宪法，我主张军队国家化，不使留有任何党的形式及任何党的痕迹；我极钦佩华盛顿，华盛顿领导美国的独立战争，手创北美合众国，胜利之后绝对是国家的领袖，他召集了一个完全民选的国会，制定了一部完全属于人民的民主宪法，（读美国的宪法，几乎没有一条不是人民限制政府的……）他当选大总统连任一次之后，即宣布不再连任，创立了一个优美的民主传统……我都不计个人权位，不计党的得失，一切问民意，一切遵民主……

“假如我是毛先生，我是中国第二大党中国共产党的领袖，我曾领导我的同志参加国家的抗战……我对当前的国事有发言权……我早已告诉国人，中国的革命还是国民革命，应该实行三民主义……我为国家为人民争民主，务使国家走上民主的大路，在民土的原则上，我一切争，一切不让，我要求国民党结束训政，但并不必由共产党专政，我要求重选国民大会代表……以问全国的民意……我主张彻底修改五五宪草，务使中华民国的宪法成为一部属于人民的民主宪法，我争党的地位公开，我争各种基本的人权自由，这一切都是民主的原则，我都必争，我都不让；这一切得到保证，我即宣布取消边区政府，我即宣布改组我党的军队，使之一律国家化。”

看呀！这算双方听了都有些逆耳的话吧，这是我们“骨鲠在喉”都要“一吐为快”底吧。但是我怕读者“得陇望蜀”，反而会嫌些不够吧。这社论还说：“假使蒋主席毛先生都如此想，都这样做，当前国家的问题，岂不就豁然开朗而解决了吗？假使一方面如此宣布，如此做，而另一方面却不肯如此宣布，如此做，那自然也就是非分明，全国的民意以至世界的同情都会站到‘是’的这一方面来了。请问违背全国民意以至违背世界同情者还有不失败的吗？”我们自然希望和作者所说的一样，但是我们有些怀疑，是否双方都这样地宣布了，这样地做了，便会没有问题？因为事体总不会这样简单。我们只可以说，为国家前途打算，双方都应当将国家民族做立场，这是一个铁的原则。我们看穿了现实的情势，这里就有了缺陷，文字语言的宣传任他们怎样地渲染，真似“天花乱坠”，老百姓们眼也看酸了，耳也听起茧了，不但不感兴趣，还憎嫌多费笔墨纸张，还憎嫌如蛙叫的聒耳。那么就是宣布了汤誓泰誓似的文章，做成极其表面圆满的事体，是不是竟不会发生暗礁，而弄到恶劣的表面化，这是我们照经过的事实看来不能没有这样的怀疑的。所以我们觉得要么不谈这个问题；谈上这个问题，似乎大家要起来就事实上检讨，表示出老百姓立场观察的真意。

我们应该晓得，国民党是由革命党而打倒军阀政治，而握着统治权的。他是付却代价得着民众拥护而成功的。他现在还站在七分政党三分革命党的地位。当孙中山先生倡导革命时，清朝当他做叛徒，海捕文书里把他的大名上还加个三点水；就是袁世凯时候，文书上也称革命党——国民党做“革匪”，就是社会上也觉得国民党不是好东西，到了袁世凯败亡以后，继承他遗产的北洋军阀还是一样地看待国民党。但是国民党已经渐渐得了西南半壁的地盘，拥着革命的军队，社会心理上也渐渐承认他是一个革命的集团，而不是所谓“革匪”；再到了“五四运动”以后，北洋军阀本是并无主义的封建残余，加上他们自己造成的种种罪孽。最大的就是官僚剥削民众，“厚自封殖”，由此国民党不但不是所谓“革匪”，而成了民众仰望的救星。尤其是全国的青年“如水赴壑”地直奔国民党，所以北伐不到一年，就打倒了军阀政治（官僚政治），不过一年半就统一了全国。这种历史除了现在中学校学生外，恐怕都是目睹而不会就健忘的。

与其囫囵地说国民党得着民众拥护而成功，无宁干脆地说国民党的成功是得着青年的拥护。“五四运动”是青年觉悟的象征。青年觉悟的是什么呢？国家和民族的危险，不是封建残余官僚政治可以救得；而国民党的三民主义，是适合于挽救国家和民族的危亡的。青年有了这个认识，所以一传二，二传三，你拉我扯，都集合到青天白日的旗下，而青年领导了民众，民众也拥护了国民党。这是不可否认的事实。“五四运动”的青年，参加北伐的青年，如今还很多的存在着，必定也不会就健忘的。

中国共产党呢，也是个革命党，起初也和国民党一样，是个秘密革命的集团，也是未曾得到民众拥护的。地盘呢，更说不上了。“五四运动”是相当受着共产党的影响的；到了“五四运动”（广义的）势力扩大以后，共产党的血液便渗了进去，加强了革命的力量。孙中山先生以为三民主义里的民生主义就是共产主义。又为要加速革命的成功，容纳共产党党员加入国民党，国民党的势力一时膨胀起来，果然煊赫的国民革命军所到如摧枯拉朽，三路北上，竟克定了江南，而共产党的根本也就埋着了。但是在这时的前头，国民党里一部分青年，看见共产党党员在国民党里有“喧宾夺主”“养子乱宗”的危险，表示不愿意混在一起，便产生国民党的右派——西山派。到这时国民党的中央首脑部也感觉到这种危险，不能再忍，因而有十六年四月的清党运动。从此共产党自立门户了。因为那时共产党大都属于托洛斯基派，主张的是世界革命，用的手段是暴动，受帝国主义资本主义压迫惯了的次殖民地底民众感觉不到什么主义和自己切身的利害有关，而为苟安所麻醉的心理（或者因为尚未到水深火热的程度）又使他们厌恶着过激的动作，所以看他们真如“洪水猛兽”，就都投靠到国民党怀抱里来。国民党也真得民众的拥护了。因此共产党也和国民党在二次革命的时候被称为“革匪”一样，得了一个“共匪”的头衔。他们拼命得到的地盘——江西，不久又失了，爬山过水的往西北去，十几年来挣扎出一个延安的场面，他们在西北民众里埋的根也愈深了，他们已得到了民众，尤其得到了青年。并且从前文化界的份子也看得共产党如“洪水猛兽”的，近十几年来也觉得共产党至少是个“谜”，值得研究的。所以去参观的也有了，去参加的也有了。并且从前六十岁以上的人们，提起共产党就会摇头，如今他们也会说共产也好，或者说共产党也有好的地方。这都不是我替他们宣传，或是我高兴撒些谎，而是事实。由此他们被戴的“共匪头衔”也自然地渐渐撤销了。

抗战以来，国民党在事实上已承认共产党为对等的党。共产党有正式代表出席到参政会议，及这次毛泽东先生应蒋主席的邀请，至重庆商议国事，更加增了历史上的一页。那末事实告诉我们，国民党和共产党已经都成了为吾国国家和民族前途的两个导师。虽然现在还有几个年龄较幼稚的青年党等，但是还没有得着民众的认识，我虽不轻视他们，我却不能否认他们做导师的资格还得修养些时。

毛泽东先生和蒋主席商议国事，花了四十几日，只得了一个共同主张国家民主化的原则，政治解决，和平解决，都会跟着别种问题而抵消的。这次商议，终于因为地盘和军队两个问题而搁浅。这是我们不妨赤裸裸说的。从国民党握了整个政权和对外的面子来说，共产党自然屈壁，但是以超党的国家来说，就民族和民众的利益来说，那就不是这回事了。

国民党是代表全民的国民革命党，共产党是代表无产阶级的社会革命党，代表的性质虽然不同，而为革命党是一样的。革命党照例不采取温和手段的。那末两个革命党里除非一个的“火候”还没到家，自然不能相抗，如都有了同等力量，客气点分庭抗礼，不客气点“拼个你死我活”。共产党如今已与国民党“分庭抗礼”，那么希望他们在某种条件底下牺牲些，或者可以的；如果像上面所说因国民党掌握了整个政权和对外的面子就要他们牺牲尤其重要的如地盘军队等，恐怕有些“凿枘”不容吧。我只将国民党的历史来证明：讨袁以后，军阀何曾没有那“堂堂正正”“言之成理持之有故”的一套向国民党说话，国民党何曾肯交出枪杆让出地盘？这为什么？简单的说，就因为国民党是革命党。现在共产党的情势不是和讨袁以后的国民党一样吗？那么共产党今日怎样肯凭“一夕话”便把地盘和军队交出来？我想国民党“设身处地”回顾自己的历史决不会“河汉斯言”吧？

事既这样了，那么只有“火并”的一个办法吗？这个问题自然重大了。现在是否已经进入这个阶段，凭着报上的披露不够晓得真相的。可是国内和国外都担心着这一件事。六日大公报社的作者所以发表如上面所引的这两段说话，也是着急了吧。但是空着急无用的。大公报作者说的不过是高尚的理想，双方不会自然地实现的。便是他们抛开了他们的主义不谈，就历史上东风要压倒西风、西风要压倒东风，“尔虞我诈”，绝对没有互信诚意的情形看，那能这样干脆地照办？那么必须有第三者替他们来做保证。这个第三者，是不是现在的第三党，如青年党、国家社会主义党等呢？是的。资格够得上吗？那么是外国吗？现在国际的环境里，实在也没有合格的。而且我们老百姓愿意他们来做保证吗？那么最妥当的还是我们老百姓自己。

我们不把他们不可以火拼的理论和情势给他们说个明白，我们不把我们的力量给他们看个明白，要做保证也怕没有资格吧。

就理论来说，如各方所呼吁的整个国家不可分裂，和平解决反对内战的一套，说得来虽起劲，只是供给一方利用你们来压倒一方。若从不须利用你们的一方看来真是废话。况且从过去的事实来说，曾经有听了你们的活没有？所以这些话，没有开口，使先害臊了。因为说的人只有笔杆，没有枪杆，不会有人理睬的。但是没有枪杆就一定没有力量吗？不，我们老百姓真真明白了自己的地位，真真认识了他们的主义和我们自己切身的利害怎样，我们自然都站在一条线上，就可以向他们说：国家不是你们私有的，你们都说得为的是我们老百姓，你们应得听我们来选择和决定你们的主义和政策对于我们合式或不合式。你们应听从我们来命令你们谁来替我们办理这些事。用不着你们的任何一方面替我们来否认一方面打倒一方面。但是如今我们老百姓的力量还没有造成。

法西斯主义必定会被民主主义打倒的，不但是事实这样了，还是他们自身已孕育了必被打倒的因素。所以世界的思想前进者、认识明瞭者，没有不打开窗子说亮话，不似从前的涩涩扭扭了。那一切赶不上前去的任何主义，也必定会被打倒，因为他们自身也孕育了必被打倒的因素，这是历史法则和社会进化的原理所决定了的。孟子说："孔子圣之时者也"，这个"时"字怎样解释呢？孔子自己说："五十而知天命"这个天命是什么呢？皇侃论语义疏里引了许多六朝人的说法，我把他们的说法归纳起来：这是自然的环境。但孔子五十岁所知的自然的环境，不是现在一般所讲的自然的环境，如"山明水秀""丽日和风"的一类，而是社会历史人类文化的现象。所以他要"行夏之时、乘殷之辂、服周之冕"，这是他要去适应时空的需要。我们懂得这个道理，那就不必自身孕育了必然被打倒的因素而还要拼命的挣扎上去了。

但这自然是就世界大势来说。唯物论者亦以为资本主义不到矛盾尖锐化，社会主义不会露面的。照这样说，才踏进资本主义门槛的我们中国放心吧。过五十年还不会尖锐化呢。那么国民党放着胆不必怕共产党来抢"宝座"，共产党也得"雌伏一时"。可是又有例外的"突跃"，突跃是环境造成的。共产党本来很少扩张的机会，就是过去二十年以前的环境并不许可他。但是国民党偏替他改造了环境。这话怎么说呢？因为国民党有了很好的"法宝"——三民主义放着不用，却喜欢去讲"野狐禅"。国民党掌握着政权已将二十年，实现了从他们的主义而出发的政策是那一件？（自然不指零零碎碎说。）为全民而革命，全国民众有什么人得到了革命的利益？（营私舞弊剥削民众造成几个"富家翁"除外。）所以民众拥护国民党的心理一日淡似一日了。上面说过，国民党是得着青年的拥护而成功的。现在的青年至少一半向左走了。国民党所得的青年，是否能负起如从前那样领导民众的责任？如今我是局外人了，自然不敢来"武断"，这是要国民党消除意气"一日三省"的。国民党在政治方面，既然没有渗透到民众里面的力量，而历年来增加到民众身上的痛苦，倒好像"有口皆碑"；尤其这一次接收投降的时候，各地的情形怎样，不必我们再来饶舌，蒋委员长的酉宥机电已充分证明了。蒋委员将要把这些"不知自爱"的"视为我革命军之敌人"。那么蒋委员长内心的苦痛定达到极点了。但是蒋委员长还不晓得一般的情形吧。如果蒋委员长“明四目达四聪”，我想他会立刻跳下政治舞台，“披发入山”吧？或是以主席的地位，痛痛快快下道“罪己”的命令立刻改造一切一切，不再和共产党作“殊死战”吧？

就情势来说国民党好像要衰老了。（其实不是，只是自己放着法宝——三民主义不用，而行官僚政治。）共产党还是没有大显身手的“壮丁”，如果双方火拼，若国民党不靠着别种力量的帮助，我们实在替他担心。因为两个有主义的党火拼，他们最基本的条件是争夺民众。共产党提出民族利益劳动阶级利益的口号，其他不顾一切。国民党呢，上面说过，他还站在七分政党三分革命党的地位。他如果还用革命手段来干，他的对像便不是共产党了。况且国民党在大多数农民方面，绝对没有根基，就在工人方面，也不过“临渴而掘井”，像用糖果骗小孩子，只是一时甜甜嘴，有什么用处。如果不向这里做工作，而向他方去努力，就放弃了大多数的民众，就是自己树立了大大的敌阵。若是全面的做，可惜过去二十年的时间浪费了，除了糊里糊涂地占踞着政府地位，胡乱地使用着政权。没有基础便想建筑。只怕不合理吧？何况问题还不止这些呢。岂不为难极了吗？

那么唯一的只有武力解决吧？我们从历史上看，有意义的战争，总不是只凭着有武力而蛮干。况且在全世界高喊和平的口号下面，吾们中国却起了内战，是不是也得顾忌一点？共产党呢，倒满不在乎。国民党已是做了对内对外的全国统治者，自然不能堂堂皇皇地轻举妄动。所以这一晌听着的，总是双方争着不是我先开火。（其实是无聊的，假如这次日本胜利了，世界上哪个去责备他？但是明明白白是日本先开火的。）就说不管这些表面文章，我们在第三者地位的来说，现在延安的共产党总不能和瑞金的共产党一样看吧。再退一步，不去估计他的各方面，只要自己武力胜过共产党，就拼上一拼，就是自己的武力不够，也不妨利用别人的武力。我们估计共产党的武力当然不够和国民党拼的，但是有主义的革命党如果武力可以打倒，那国民党早已没有今日了，何况立在世界潮流顶上的共产主义革命党，尤其是已有历史已有民众的中国共产党。我们纵然相信武力的胜利会归国民党的，但是共产党的军队都被消灭了，他们的地盘也被夺回了，是否就算消灭了中国共产党，恐怕任何人也不能下句断语。况且现在的情形，已经替他们培植了许多萌芽，再经过一次战争，或者替他们更多播些种子，国民党得到什么利益？如果再是正式开战来个“讨伐令”，恐怕大家看了也和袁世凯对国民党二次革命的“讨伐令”一样。民众意识已显然地和以前不同了，国民党也得注意些吧。

日本投降，军队还有很多没有缴械的。华中往北，他们夹在中间，一有战争，是他们的幸运到了。他们双方加入了。明晓得他们自己也会变炮灰，横竖你们死的必比我们多，我们杀你们不尽，你们自己杀自己，岂不痛快。还有一层，国民党使用日军，除非目的是借此送了他们的性命，免得受“杀降”的恶名。如不是这个目的，日军加入军队里必没有给你们尽忠的。而且他们观察力相当的强，“顺风使帆”的一套，也不必人教的。我们听到日本人早早加入在共产党军队里的已不少，如果想利用他们对付共产党，也得注意些吧。

国际的情势呢，无疑地没有自己的目的，谁来管你们的闲事？在新国际的大宪章上虽然“大书而特书”有一套保障和平的话，骨子里仍就把自己的利害做前提。现在国际的情势，显然地是苏美的摩擦，在这次世界大战里，他们都只好打掉牙齿往肚里咽。但是他们在最近的期间里，必定从别方面找出路，任何一方不会得马上来个与你兵戎相见的。为的是元气都大损了。我们晓得美国的罢工是无日没有的，华盛顿街上男人只占了百分之一，在吾国的美国军人都想圣诞节回去快乐一下。苏联呢，他们国内的情形不容易透露出来的，但是大伤元气是一样的。他们如今正是利用中国做“瓯脱”，他们今日抱你在怀里是有他们的需要，明朝怎样对你，没有把握的。照现在情势看来，似乎共产党靠近在苏联方面，国民党靠近在美国方面。一般人对于苏联不甚了解，自然对共产党也怀疑着。但是国民党的靠近美国，老百姓也不是“坦然无疑”的。照这样的形态延长下去，或者会由国共问题而变为苏美更甚的摩擦，于我国的前途利害怎样，国民党也得注意些吧。

抗战虽则胜利了，有人说这次战争中受祸害的责任是国民党应当负的。我以为至多国民党不得把这次胜利据为己功，至于把祸害的责任课到国民党身上，是不公平的。因为国民党没有把握政权以前，中国已经坐定有被日本侵略吞并的大大可能性。但是毕竟损失太利害了。四强里的英美苏都可在最近的将来透得过气来，我们中国恐怕有很久的窒息吧。国民党把握着政权，当然不能避免责任，现在正是“万目睽睽”看事实的时候。大学里说：“十日所视，十手所指，其严乎？”国民党要保持政权，不可忽视了这两句古话，否则就有自己塌台的危险。或者这种危险便在面前。因为又有一句“民不聊生”的古话，是历史上执政者失脱政权的主要因素。国民党也得注意些吧。

上面说了这些话，好像都是片面责备国民党，这倒我也承认的。因为我未到“弱冠之年”已有中国式的社会主义思想，过了二十，便加入同盟会外围的南社，也曾做过国民党北京特别党部的宣传部长，也曾踏过血迹而尝过小小流血的味道，也曾在国民党党治下努力过政治工作，虽然从十九年起不让我再占国民党党籍了，但我不曾再加入任何党籍。（我到今日为止，不曾有过别党的党籍，以前语丝杂志里说我本是进步党，不晓得他们是不是调查过进步党的党籍，否则，我的师友倒有许多是进步党党人，他们可没有承认过我是他们的同志。）我的历史上和国民党这样的关系，所以不免有“三宿桑下”的意思。因此也不觉得便有“责备贤者”的意思了。

现在结束我的意思。我在中华民国国民的立场，至少我也可以代表完全与我同意的若干国民来说，我们毫不踌躇地承认国共两党是有对等地位的，没有正僭顺逆的偏见。我们也直截痛快地告诉你们，不论你们握着统治权和没有握着统治权的，你们都不能拿你们的党来代表我们全体民众所有的国家。你们都说是为着我们老百姓的利益，那么你们谁给过我们利益，我们自有判断力的。我们在抗战前，尤其是在抗战八年里，吃尽了千辛万苦，我们的牺牲，正是算不清这盘胀。我们为什么这样的忍受，决不是为的你们两党的利益。我们果然希望你们帮助我们得到利益，我们决不能为你们两党势力的消长再来做你们的牺牲品。你们如果要品道理，你们应该各把道理拿出来，我们从超党的立场来给你们评判。你们不用民主的政治方式来解决你们的问题而“诉讼武力”，我们认为是你们的私斗，我们认为都是背叛我们老百姓意思的行为。你们如果竟不停止私斗，使我们再受到任何牺牲，我们是会检讨了事实和你们算账的。

我希望你们趁早收帆。我现在是个自由主义者，也是一个迷信“庄”“老”的自然主义者，我不喜欢说遮遮掩掩的话，我不喜欢做强强勉勉的事，我以为片面的拿什么整个国家啦，对于面子啦，这些来做前提，解决“国共问题”、必定愈弄愈糟，愈糟愈僵。古人说：“络马首穿牛鼻”，那么反过来穿马鼻、络牛首，恐怕是违背自然吧。所以我以为双方不要再来东风压倒西风、西风压倒东风的一套。你们的党是建筑在你们的主义上的。你们拿主义来求得民众的拥护，你们的主义是为老百姓求利益的，你们不要忘记了老百姓，你们应得服从老百姓的意思。老百姓愿意拥护那一党，便应该互相承认了地位承认了现实，既然了解了自身和环境的情势，在这个原则底下来解决“国共问题”。

柳亚子先生说得好：“现在所谓‘国是’问题，绝对不是国共双方的问题。”我们有了这个认识，我们便有了把握，我们就得依着这条路线去解决“国是”问题。而“国共问题”只是“国是”问题里的一个问题，不过“国共问题”是“国是”问题里一座大礁。怎样搬开这个大礁，在国共会议中已经商定召开政治协商会议，各方面也多赞成这个方式能够就从这里顺利地解决，我们也可以不再发表意见。不过政治协商会议的代表资格如果只属于国共两党在内的各党各派领袖，果然仍是分赃式的党代表，而不是民众的代表，其力量是不是够来解决这个问题？是不来能撤底解决这个问题？恐怕也许得竟不能解决，或只解决得一半。那么又怎样呢？本月十五日上海大公报社评“应该问问人民！”里面有两句话说：“今天所争议的地盘问题实质就是若干省区的用人问题”，我觉得这是打开窗子说亮话。就现实来解决，也不背了政治上的原则。如我这个自由主义者就是这个主张。大公报社评又说：“这从人民立场看，为省政用人，就是选择一批公仆，而雇用公仆，无论如何，应当是主人的事，不应由仆人争吵，这一点应当由主人作主，应该问问主人。在国民大会未经举行，中央政府未经民选以前，目前有争议的地方，可用民选公仆的方法解决，国民党可以推举一批候选仆人，共产党也可以推选一批候选仆人，其他各党各派、无党无派的人也可以经过参政会或政治协商会议或其他方式，推举一批候选仆人。你们把名单开出来，把政纲政策说出来，让主人来决定选用何人。山东省的候选人就让山东省的人民来票选，山西省的仆人就由山西省人民来票选，你说现在各地情形特殊，人民不能自由表示意志吗？不要紧，选举那一天，可以让国民党共产党各党各派无党无派的人家连环监视，……你说人民知识不够，没有准备吗？欧洲许多小国如何民选过来？”社评里又说：“用人如此解决。军队也可以如此解决。”我很赞成这个原则。

但是我觉得现在“国共问题”完全是西风要压倒东风，东风要压倒西风。不过如果双方都没有背景，就事实来说，双方都有不可能，如果他们偏要造成可能，那就得牺牲老百姓。他们不替我们打算，我们那能不替自己打算？当然再不能迟疑。等到全国火炮声中来说话，已经不晓得要丧失多少同胞的生命了。我以为不妨把他们双方的主义和政纲政策来叫全体民众总表决。姑且用少数服从多数之例，决定了他们的前途，也改变了他们的性质——革命党变为政党。他们的谁胜谁败，靠着他们自己主义的发挥力，不靠着火炮的发挥力。那么我们自己也解脱了为他们的私斗而牺牲的危险。

如果这个方法大家以为不妥，那么只得采用大公报社评的主张了。我以为这两种办法，都比较直截痛快，而较无弊端。不过要他们马上放下枪杆，而从我们的主张，听候民众的解决，必须先撤销他们背后的枪杆。假定共产党背后有苏联的枪杆，我们是反对的，我们现在凭报纸上的资料，不能证明有没有这种事实，但是我们也没有看到反证。国民党方面有没有请求美国的帮助，我们也不能判断。但是以战胜国四强之一的国内受降事件，竟需美国来“代庖”已够“倒楣”，而美军毅然地接受这种请求，虽为盟国友谊的关系，却引起了吾国民众异常的感觉。至如杜鲁门总统下令“继续以租借法案之援助给予中国，俾其得在全国包括东北诸省在内完成日军投降之工作”，那么完全看得中国与日本尚在交战状态中。但是日军固已完全投降而在静候接受中。就是日军或者还有死灰复燃之可能，只须中国军队自己再作一度的支配，绝无问题的。

话要说回来了，他们双方正在趋向火拼的前途，苏美如果顾全世界大局，没有利用中国的恶意，客观的中立的看准了中国老百姓的意思，正好和中国老百姓合作，出来周旋，使他们不得再趋向火拼的前途。保全了中国的和平，也就撑住了世界的和平。

史著史论

历史给生命以经验，但历史的车轮滚滚向前，那么就让我们跟随在历史的背后，尽可能地检拾那些能够拓展生命经验的东西。司马迁的《史记》被称为“史家之绝唱，无韵之《离骚》”；班固的《汉书》是我国第一部纪传体断代史；刘知几的《史通》是我国第一部系统性的史论专著；章学诚的《文史通义》堪称是与《史通》匹敌的第二部史学理论著作；此外，章太炎的《国学讲演录》、梁启超的《新史学》、胡适的《校勘学方法论》、郭沫若的《中国古代社会研究》、白寿彝的《中国通史》、黄仁宇的《中国大历史》等史论、史著名篇对史学研究也有很大影响。

史记

作者简介

司马迁（公元前145或前135～？），字子长，左冯翊夏阳（今陕西韩城西南）人。西汉伟大的史学家、文学家，10岁开始学习古文书传。20岁时从京师长安南下漫游，考察风俗，采集传说。

司马迁

作品简介

公元前108年继承其父司马谈之职，任太史令。此后，开始撰写《史记》。后因替投降匈奴的李陵辩护，获罪下狱，受宫刑，这对他来说是极大的摧残和侮辱。但他从“西伯拘而演《周易》，仲尼厄而作《春秋》，屈原放逐，乃赋《离骚》，左丘失明，厥有《国语》”等先圣先贤的遭遇中看到自己的出路，于是“就极刑而无愠色”，决心“隐忍苟活”，最终得以完成了伟大的历史著作《史记》，人称其书为《太史公书》，这是我国第一部纪传体通史，对后世史学影响深远。

选文

太史公自序（节选）①

太史公曰：“先人②有言：‘自周公卒五百岁而有孔子。孔子卒后至于今五百岁，有能绍明世，正《易经》，继《春秋》，本③《诗》、《书》、《礼》、《乐》之际？’意在斯乎！意在斯乎！小子何敢让④焉。”

注释

①《太史公自序》是《史记》的最后一篇，是《史记》的自序，也是司马迁的自传。《太史公自序》不仅明述了作者作书之本旨，且概述了各篇的写作旨趣以及纲领体例。 ②先人：指其父司马谈。 ③本：以……为根据。 ④让：辞让，推辞。

上大夫壶遂曰：“昔孔子何为而作《春秋》哉？”太史公曰：“余闻董生①曰：‘周道衰废，孔子为鲁司寇，诸侯害之，大夫壅②之。孔子知言之不用，道之不行也，是非二百四十二年③之中，以为天下仪表，贬天子，退诸侯，讨大夫，以达王事而已矣。’子曰：‘我欲载之空言。不如见之于行事之深切着明也④’。夫《春秋》，上明三王⑤之道，下辨人事之纪⑥，别嫌疑，明是非，定犹豫，善善恶恶，贤贤贱不肖，存亡国，继绝世，补敝起废，王道之大者也。《易》着天地阴阳四时五行，故长于变；《礼》经纪⑦人伦，故长于行；《书》记先王之事，故长于政；《诗》记山川溪谷禽兽草木牝牡雌雄，故长于风⑧；《乐》乐所以立，故长于和；《春秋》辩是非，故长于治人。是故《礼》以节人，《乐》以发和，《书》以道事，《诗》以达意，《易》以道化，《春秋》以道义。拨乱世反之正，莫近于《春秋》。《春秋》文成数万，其指数千。万物之散聚皆在《春秋》。《春秋》之中，弑君三十六，亡国五十二，诸侯奔走不得保其社稷者不可胜数。察其所以，皆失其本已。故《易》曰：'失之毫厘，差以千里'。故曰'臣弑君，子弑父，非一旦一夕之故也，其渐久矣'。故有国者不可以不知《春秋》，前有谗而弗见。后有贼⑨而不知。为人臣者不可以不知《春秋》，守经事而不知其宜，遭变事而不知其权⑩。为人君父而不通于《春秋》之义者，必蒙首恶之名。为人臣子而不通于《春秋》之义者，必陷篡弑之诛，死罪之名。其实皆以为善，为之不知其义，被之空言而不敢辞⑪。夫不通礼义之旨，至于君不君⑫，臣不臣，父不父，子不子。夫君不君则犯⑬，臣不臣则诛。父不父则无道，子不子则不孝。此四行者，天下之大过也。以天下之大过予之，则受而弗敢辞。故《春秋》者，礼义之大宗也。夫礼禁未然之前，法施已然之后；法之所为用者易见，而礼之所为禁者难知。"

注释

①董生：董仲舒。 ②壅：排挤。 ③是非：褒贬。以是为是，以非为非。二百四十二年：指《春秋》所记历史时间。 ④引语见《春秋纬》。这句话的意思是，孔子说："我如果只是作义理的说教，还不如通过讲述历史事实更能深刻地表达观点。" ⑤三王：指夏禹、商汤、周文王。 ⑥纪：法度，准则。 ⑦经纪：安排，料理。 ⑧风：风土人情。 ⑨贼：杀人者。 ⑩权：随机应变。 ⑪此句意谓被修史者加上不实之罪名而不敢予以否认。 ⑫君不君：君不像君。下"臣不臣"、"父不父"、"子不子"句式结构仿此。 ⑬犯：指被臣下所干犯。

壶遂曰："孔子之时，上无明君，下不得任用，故作《春秋》，垂①空文以断礼义，当一王之法。今夫子上遇明天子，下得守职，万事既具，咸②各序其宜，夫子所论，欲以何明？"

太史公曰："唯唯，否否，不然③。余闻之先人曰：'伏羲至纯厚，作《易》八卦。尧舜之盛，《尚书》载之，礼乐作焉。汤武之隆，诗人歌之。《春秋》采善贬恶，推三代之德，褒周室，非独刺讥而已也。'汉兴以来，至明天子，获符瑞④，封禅，改正朔⑤，易服色，受命于穆清⑥，泽流罔极⑦，海外殊俗，重译款塞⑧，请来献见者，不可胜道。臣下百官力诵圣德，犹不能宣尽其意。且士贤能而不用，有国者之耻，主上明圣而德不布闻，有司之过也。且余尝掌其官，废明圣盛德不载，灭功臣世家贤大夫之业不述。堕⑨先人所言，罪莫大焉。余所谓述故事，整齐其世传，非所谓作也，而君比之于《春秋》，谬矣。”

注释

①垂：流传。②咸：都，全。各序其宜：各得其所。③唯唯，否否，不然：自谨的应答声。④符瑞：祥瑞的征兆。⑤改正朔：修订历法。正朔：即一年的第一天。⑥穆清：指天。⑦罔极：无边，无极。⑧重译：经过几重翻译。款塞：在边塞上叩关而来朝贡。⑨堕：毁坏。

汉书

作者简介

班固

班固（32～92年），字孟坚，扶风安陵（今陕西咸阳东）人。班彪之子，东汉著名史学家和辞赋家。他9岁能文，47年前后入洛阳太学，博览群书，穷究九流百家之言；54年其父卒，故自太学返回乡里为父守丧。

作品简介

班固在其父续补《史记》之作《后传》基础上开始编写《汉书》，至汉章帝建初中基本完成。《汉书》吸取了过去许多历史著作的长处，它大体上沿袭《史记》的体例，只是把《史记》的世家并入列传，改书为志，共分纪、表、志、传四类。其十志的规模比《史记》的八书更宏大，其中《刑法》、《五行》、《地理》和《艺文》四志，是《史记》没有的。本文选自《汉书·艺文志》。

选文

艺文志①诸子略序

儒家者流，盖出于司徒②之官，助人君、顺阴阳、明教化者也。游文于六经之中，留意于仁义之际。祖③述尧舜，宪章④文武，宗师⑤仲尼，以重其言，于道最为高⑥。孔子曰："如有所誉，其有所试。"⑦唐虞之隆，殷周之盛，仲尼之业，已试之效者也。然惑者既失精微⑧，而辟者又随时抑扬⑨，违离道本。苟以哗众取宠。后进⑩循之，是以五经乖析⑪，儒学寖衰，此辟儒⑫之患。

注释

①《艺文志》是当时官方藏书的分类目录，也是中国现存最早的一部文献目录。它是今人研究先秦、秦、汉文化学术史的重要参考资料。 ②司徒：官名，秦以前掌管教化。 ③祖：奉行其道。 ④宪章：以……为效法对象。 ⑤宗师：尊敬。 ⑥于道最为高：对儒家极力推崇。 ⑦孔子曰等句：此句是《论语》所载孔子之言。意谓对人称誉，当试以事，观其实效。 ⑧惑者：迷惑不解的人。精微：儒家的精妙。 ⑨辟者：邪僻的人。抑扬：压抑、抬高。 ⑩后进：后来的人。 ⑪乖析：把（经义）搞得支离破碎。 ⑫辟儒：狭隘浅薄的儒者。

道家者流，盖出于史官，历记成败存亡祸福古今之道，然后知秉要执本。清虚以自守，卑弱以自持，此君人①南面之术也。合于尧之克攘，《易》之嗛嗛②，一谦而四益③，此其所长也。及放④者为之，则欲绝去礼学，兼弃仁义，曰独任清虚可以为治。

阴阳家者流，盖出于羲和⑤之官，敬顺昊天⑥，历象日月星辰，敬授民时，此其所长也。及拘⑦者为之，则牵于禁忌，泥⑧于小数，舍⑨人事而任鬼神。

注释

①君人：君主。 ②嗛嗛：谦逊貌。 ③四益：谓天益、地益、神益、人益。 ④放：放纵，没有约束的人。 ⑤羲和：羲氏、和氏，相传为唐虞时掌管天地四时之官。 ⑥昊天：皇天。 ⑦拘：固执。 ⑧泥：拘泥。 ⑨舍：废弃。

法家者流，盖出于理官①，信赏必罚，以辅礼制。《易》曰："先生以明罚饬法"②，此其所长也。及刻③者为之，则无教化，去仁爱，专任刑法而欲以致治，至于残害至亲，伤恩薄厚④。

名家者流，盖出于礼官。古者名位不同，礼亦异数⑤。孔子曰："必也正名乎！名不正则言不顺；言不顺则事不成。"⑥此其所长也。及謷⑦者为之，则苟钩釽析乱⑧而已。

注释

①理官：治狱之官。 ②《易》曰句：引文见《易·噬嗑》象辞。"饬"：整理，读音与"敕"相同。 ③刻：苛刻、严酷。 ④薄厚：对所厚者刻薄之意。 ⑤异数：差别。 ⑥孔子曰等句：此引《论语》载孔子之言。意谓欲为政，必先正名。⑦謷：吹毛求疵。 ⑧钩：取。釽：破也。钩釽：钩取出古怪的道理来破坏名实。析乱：分析得支离破碎而淆乱名实。

墨家者流，盖出于清庙①之守。茅屋采椽②，是以贵俭；养三老五更③，是以兼爱；选士大射④，是以上贤；宗祀严父，是以右鬼⑤；顺四时而行，是以非命⑥；以孝视天下，是以上同⑦；此其所长也。及蔽⑧者为之，见俭之利，因以非礼⑨，推兼爱之意，而不知别亲疏。

从横家者流，盖出于行人之官⑩。孔子曰："诵《诗》三百，使于四方，不能专对，虽多亦奚以为？"⑪又曰："使乎！使乎！"⑫言其当权事制宜，受命而不受辞，此其所长也。及邪人为之，则上诈谖⑬而弃其信。

注释

①清庙：谓肃然清静的宗庙。 ②采椽：以柞木为椽。形容建筑简朴。 ③三老五更：古时设三老五更，以父兄之礼养之。 ④选士大射：选士，相传周代有选士制度。大射：古代射礼之一。指对贤士的重视。 ⑤右鬼：相信鬼神。 ⑥非命：反对天命的理论。 ⑦上同：指与在上者取得一致。 ⑧蔽：见解不全。 ⑨非礼：反对“礼乐”。 ⑩行人之官：掌使之官。 ⑪孔子曰等句：此是《论语》载孔子之言。意思是，如果出使不达于事，诵《诗》虽多，亦无所用。 ⑫“使乎，使乎！”：此处引自《论语》载孔子之言。意谓使者其人难得。 ⑬诈谖：诈言。

杂家者流，盖出于议官①。兼儒、墨，合名、法，知国体②之有此，见王治之无不贯③，此其所长也。及荡④者为之，则漫羡⑤而无所归心。

农家者流，盖出于农稷之官。播百谷，劝耕桑，以足衣食。故八政一曰食，二曰货。孔子曰：“所重民食。”⑥此其所长也。及鄙者⑦为之，以为无所事圣王⑧，欲使君民并耕，誖上下之序。

小说家者流，盖出于稗官⑨。街谈巷语，道听涂说者之所造也。孔子曰：“虽小道，必有可观者焉，致远恐泥，是以君子弗为也。”⑩然亦弗灭也。闾里小知者之所及，亦使缀而不忘。如或一言可采，此亦刍荛⑪狂夫之议也。

诸子十家，其可观者九家⑫而已。皆起于王道既微，诸侯力政⑬，时君世王，好恶殊方，是以九家之术蓬出并作，各引一端，崇其所善，以此驰说，取合诸侯。其言虽殊，辟⑭犹水火，相灭亦相生也。仁之与义，敬之与和，相反而皆相成也。《易》曰：“天下同归而殊涂，一致而百虑。”⑮今异家者各推报所长，穷知究虑，以明其指，虽有蔽短，合其要归，亦《六经》之支与流裔⑯。使其人遭明王圣主，得其所折中，皆股肱⑰之材已。仲尼有言：“礼失而求诸野⑱。”方今去圣久远，道术缺废，无所更索，彼九家者，不犹瘉于野乎？若能修六艺之术，而观此九家之言，舍短取长，则可以通万方之略矣⑲。

注释

①议官：谏议之官。 ②国体：治理国家的方法。 ③王治之无不贯：君王治理的方法，于百家之道无不贯综。 ④荡：放荡。 ⑤漫羡：即漫衍。牵涉很多却不得要领。 ⑥“所重民食”：此语引自《论语》孔子之言。意谓为君之道，当重视民食。 ⑦鄙：粗鄙。 ⑧以为无所事圣王：不须圣王，天下自治。 ⑨稗官：记录闾巷风俗的小官。 ⑩孔子曰等句：引自《论语》所载孔子之言。 ⑪刍荛：割草打柴的人。 ⑫九家：十家中去小说家。 ⑬力政：以武力征伐。 ⑭辟：同“譬”。 ⑮《易》曰句：引文见《易·系辞下》。 ⑯流裔：如水之末流，衣之末裔。 ⑰股肱：比喻帝王的得力大臣。 ⑱“礼失而求诸野”：言都邑失礼，在郊野求之，也将有所收获。 ⑲则可以通万方之略矣：可以通晓天下一切道术。

史 通

作者简介

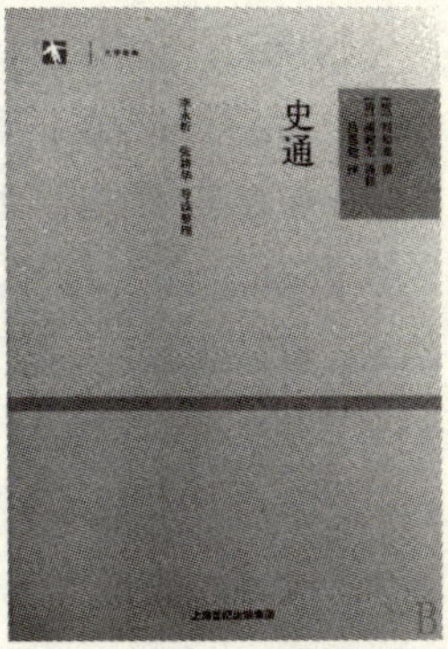

《史通》书影

刘知几（661～721年），字子玄，徐州彭城（今江苏徐州市）人。唐代史学家。702年始任史官，撰起居注，历任著作佐郎、左史、著作郎、秘书少监、太子左庶子、左散骑常侍等职，兼修国史。

作品简介

刘知几因不满于当时史馆制度的混乱和监修贵臣对修史工作的横加干涉，于708年辞官私撰《史通》，内篇39篇、外篇13篇，其中内篇的《体统》、《纰缪》、《弛张》3篇在北宋欧阳修、宋祁撰《新唐书》前已佚，全书今存49篇，总结了唐初以前编年体史书和纪传体史书在编纂上的特点和得失，认为这两种体裁不可偏废，而在此基础上的断代为史则是今后史书编纂的主要形式。选文为《内篇·自叙第三十六》。

选文

予幼奉庭训①，早游文学②。年在纨绮③，便受古文尚书。每苦其辞艰琐④，难为讽读。虽屡逢捶挞⑤，而其业不成。尝闻家君为诸兄讲春秋左氏传，每废书而听。逮⑥讲毕，即为诸兄说之。因窃叹曰："若使书皆如此，吾不复怠⑦矣。"先君奇其意，于是始授以左氏，期年⑧而讲诵都毕。于时年甫⑨十有二矣。所讲虽未能深解，而大义略举⑩。父兄欲令博观义疏，精此一经。辞以获麟⑪已后，未见其事，乞且观余部，以广异闻。次又读《史》、《汉》、《三国志》。既欲知古今沿革，历数相承，于是触类⑫而观，不假师训。自汉中兴已降，迄乎皇家实录，年十有七，而窥览略周⑬。其所读书，多因假赁⑭，虽部帙残缺，篇第有遗，至于叙事之纪纲，立言之梗概，亦粗知之矣。

但于时将求仕进，兼习揣摩，至于专心诸史，我则未暇。洎年登弱冠⑮，射策⑯登朝，于是思有余闲，获遂本愿⑰。旅游京洛，颇积岁年，公私借书，恣情披阅。至如一代之史，分为数家，其间杂记小书，又竞为异说，莫不钻研穿凿⑱，尽其利害。加以自小观书，喜谈名理，其所悟者，皆得之襟腑⑲，非由染习。故始在总角⑳，读班、谢㉑两汉，便怪前书不应有《古今人表》，后书宜为更始立纪。当时闻者，共责以为童子何知，而敢轻议前哲。于是赧然㉒自失，无辞以对。其后见《张衡》、《范晔集》，果以二史为非。其有暗合于古人者，盖不可胜纪。始知流俗之士，难与之言。凡有异同，蓄诸方寸㉓。

注释

①庭训：父亲的教诲。训，教诲，开导。 ②文学：泛指文章经籍。 ③纨绮：指少年时期。 ④艰琐：艰难琐碎。 ⑤捶挞：鞭打。 ⑥逮：到。 ⑦怠：怠懈。 ⑧期年：一整年。 ⑨甫：才。 ⑩举：穷尽。 ⑪获麟：春秋鲁哀公十四年西狩获麟，孔子作《春秋》至此绝笔。引申指春秋末期。 ⑫触类：接触同类。 ⑬周：遍及。 ⑭假赁：借、租赁。 ⑮弱冠：古代二十岁行冠礼，指男子二十岁左右的年龄。弱，年少。 ⑯射策：应试。 ⑰获遂本愿：能够满足本来的愿望。 ⑱穿凿：原意为牵强附会，此指尽力了解史书。 ⑲襟腑：心胸、襟怀。 ⑳总角：童年时代。 ㉑谢：谢承，吴国人，著《后汉书》。 ㉒赧然：脸红，难为情。 ㉓方寸：心、脑海。

及年以过立①，言悟日多，常恨时无同好，可与言者。维东海徐坚，晚与之遇，相得甚欢，虽古者伯牙之识钟期，管仲之知鲍叔，不是过也。复有永城朱敬则、沛国刘允济、义兴薛谦光、河南元行冲、陈留吴兢、寿春裴怀古，亦以言议见许②，道术相知。所有扬榷③，得尽怀抱④。每云："德不孤，必有邻，四海之内，知我者不过数子而已矣。"

昔仲尼以睿圣明哲，天纵多能，睹史籍之繁文，惧览者之不一，删《诗》为三百篇，约史记以修《春秋》，赞易道以黜八索⑤，述职方以除九丘⑥，讨论坟典⑦，断自唐、虞，以迄于周。其文不刊⑧，为后王法。自兹厥后，史籍逾多，苟非命世大才，孰能刊正其失？嗟予小子，敢当此任！其于史传也，尝欲自班、马已降，讫于姚、李、令狐、颜、孔诸书，莫不因其旧义，普加厘革。但以无夫子之名，而辄行夫子之事，将恐致惊末俗，取咎时人，徒有其劳，而莫之见赏。所以每握管叹息，迟回⑨者久之。非欲之而不能，实能之而不敢也。

既朝廷有知意者，遂以载笔⑩见推。由是三为史臣，再入东观⑪。每惟皇家受命，多历年所，史官所编，粗惟纪录。至于纪传及志，则皆未有其书。长安中，会奉诏预修唐史。及今上即位，又敕撰《则天大圣皇后实录》。凡所著述，尝欲行其旧议。而当时同作诸士及监修贵臣，每与其凿枘⑫相违，龃龉⑬难入。故其所载削，皆与俗浮沈。虽自谓依违⑭苟从，然犹大为史官所嫉。嗟乎！虽任当其职，而吾道不行；见用于时，而美志不遂。郁怏⑮孤愤⑯，无以寄怀⑰。必寝而不言，嘿⑱而无述，又恐没世之后，谁知予者。故退而私撰《史通》，以见其志。

注释

①立：即三十而立。 ②见许：相称许。许，称赞。 ③榷扬：研讨。 ④怀抱：胸襟、抱负。 ⑤八索：古书名。 ⑥九丘：古书名。 ⑦坟典：三坟五典的并称，后转为古代典籍的通称。 ⑧不刊：即不刊之词，不必删改、修订。 ⑨迟回：迟疑不决。 ⑩载笔：史传、制疏、表奏一类文字。 ⑪东观：汉代藏书之地，后代泛指史馆。 ⑫凿枘：圆凿方枘的略语，指不相容。 ⑬龃龉：相违抗。 ⑭依违：违心地依顺。 ⑮郁怏：抑郁不乐。 ⑯孤愤：因孤高嫉俗而产生的愤慨之情。 ⑰寄怀：寄托怀抱。 ⑱嘿：同“默”，静默、不语。

昔汉世刘安着书，号曰《淮南子》。其书牢笼[1]天地，博极古今，上自太公，下至商鞅。其错综[2]经纬，自谓兼于数家，无遗力矣。然自淮南已后，作者无绝。必商榷而言，则其流又众。盖仲尼既殁，微言不行；史公着书，是非多谬。由是百家诸子，诡说异辞，务为小辨，破彼大道，故扬雄《法言》生焉。儒者之书，博而寡要，得其糟粕，失其菁华。而流俗鄙夫，贵远贱近，传兹牴牾[3]，自相欺惑，故王充《论衡》生焉。民者，冥也，冥然罔知，率彼愚蒙，墙面[4]而视。或讹音[5]鄙句[6]，莫究本源，或守株[7]胶柱[8]，动多拘忌[9]，故应劭《风俗通》生焉。五常[10]异禀[11]，百行[12]殊执[13]，能有兼偏，知有长短。苟随才而任使，则片善不遗，必求备而后用，则举世莫可，故刘劭《人物志》生焉。夫开国承家，立身立事，一文一武，或出或处，虽贤愚壤隔[14]，善恶区分，苟时无品藻[15]，则理难铨综[16]，故陆景《典语》生焉。词人属文，其体非一，譬甘辛殊味，丹素异彩，后来祖述[17]，识昧圆通[18]，家有诋诃[19]，人相掎摭[20]，故刘勰《文心》生焉。

注释

①牢笼：包罗。 ②错综：交错综合。 ③牴牾：抵触。 ④墙面：谓面对墙壁，目无所见。比喻一无所知。 ⑤讹音：不合标准的异音。 ⑥鄙句：俚俗的语句。 ⑦守株：“守株待兔”的省称。 ⑧胶柱：胶住瑟上的弦柱，以致不能调节音的高低，比喻固执拘泥，不知变通。 ⑨拘忌：拘束顾忌。 ⑩五常：金、木、水、火、土，此指人的气质。 ⑪禀：领受、承受。 ⑫百行：各种品行。 ⑬执：执持、具有。 ⑭壤隔：即天壤之隔，指差别很大。 ⑮品藻：评论、品题。 ⑯铨综：权衡和综合。 ⑰祖述：效法、遵循前人的行为或学说。 ⑱圆通：通达事理。 ⑲诋诃：诋毁、指责。 ⑳掎摭：指摘。

若《史通》之为书也，盖伤当时载笔之士[1]，其义不纯。思欲辨其指归[2]，殚[3]其体统[4]。夫其书虽以史为主，而余波所及，上穷王道，下掞[5]人伦，总括万殊，包吞千有。自《法言》已降，迄于《文心》而往，固以纳诸胸中，曾不慸芥⑥者矣。夫其为义也，有与夺焉，有褒贬焉，有鉴诫焉，有讽刺焉。其为贯穿者深矣，其为网罗者密矣，其所商略者远矣，其所发明者多矣。盖谈经者恶闻服、杜⑦之嗤，论史者憎言班、马之失。而此书多讥往哲，喜述前非。获罪于时，固其宜矣。犹冀⑧知音君子，时有观焉。尼父有云："罪我者春秋，知我者春秋。"抑斯之谓也。

昔梁征士⑨刘孝标作《叙传》，其自比于冯敬通⑩者有三。而予辄不自揆⑪，亦窃比于扬子云者有四焉。何者？扬雄尝好雕虫小技⑫，老而悔其少作。余幼喜诗赋，而壮都不为，耻以文士得名，期以述者自命。其似一也。扬雄草玄⑬，累年不就，当时闻者，莫不哂其徒劳。余撰史通，亦屡移寒暑。悠悠尘俗，共以为愚。其似二也。扬雄撰《法言》，时人竞尤其妄，故作《解嘲》以训⑭之。余着《史通》，见者亦互言其短，故作《释蒙》以拒之。其似三也。扬雄少为范踆、刘歆所重，及闻其撰《太玄经》，则嘲以恐盖酱瓿⑮。然刘、范之重雄者，盖贵其文彩若《长扬》、《羽猎》之流耳。如《太玄》深奥，理难探赜⑯。既绝窥逾⑰，故加讥诮。余初好文笔，颇获誉于当时。晚谈史传，遂减价于知己。其似四也。夫才唯下劣，而迹类先贤。是用铭之于心，持以自慰。

抑犹有遗恨，惧不似扬雄者有一焉。何者？雄之《玄经》始成，虽为当时所贱，而桓谭以为数百年外，其书必传。其后张衡、陆绩果以为绝伦⑱参圣⑲。夫以《史通》方诸《太玄》，今之君山，即徐、朱等数君是也。后来张、陆，则未之知耳。嗟乎！傥使平子不出，公纪不生，将恐此书与粪土同捐⑳，烟烬俱灭。后之识者，无得而观。此予所以抚卷涟洏㉑，泪尽而继之以血也。

注释

①载笔之士：指史官。 ②指归：即旨归，指主旨。 ③殚：竭尽。 ④体统：文章的体裁和条例。 ⑤揆：尽。 ⑥慸芥：也作"芥蒂"，细小的梗塞物。 ⑦服、杜：即服虔、杜预。 ⑧冀：希望。 ⑨征士：不接受朝廷征聘的文士。 ⑩冯敬通：冯衍，汉朝人。有奇才，博通群书。 ⑪揆：度量、揣度。 ⑫雕虫小技：比喻小技、小道，多指辞章之学。 ⑬玄：指《太玄》。 ⑭训：酬答。 ⑮酱瓿：装酱的瓦器。瓿，瓦器。 ⑯赜：幽深难见。 ⑰窥逾：也作"窥觎"，希求。 ⑱绝伦：无与伦比。 ⑲参圣：位跻圣人之列。 ⑳捐：抛弃。 ㉑涟洏：泪流不止的样子。

文史通义

章学诚

作者简介

章学诚（1738～1801年），原名文敩，字实斋，号少岩，浙江会稽（今浙江绍兴）人。清代史学家、思想家、方志学家。他少年时就酷爱文史书籍，且能举其得失。后寓居北京，与钱大昕、邵晋涵、戴震等名流交往甚密，讨论学术源流及异同。他平生致力于论史讲学和方志的编修及理论上的探讨。著有《史籍考》、《文史通义》、《校雠通义》、《永清县志》、《亳州志》、《湖北通志》等作品。

作品简介

《文史通义》共8卷，包括内篇5卷和外篇3卷，堪称能与《史通》匹敌的第二部史学理论巨著。章学诚在《文史通义》中，不仅批判了过去的文学和史学，也提出了编写文史的主张，特别是对地方志的性质、内容、体例等问题，有着独到的见解。本文选自《文史通义》卷三·内篇三《史德》篇。作者在本篇中明确提出了“史德”这一概念。

选文

史　德

才、学、识，三者得一不易，而兼三尤难，千古多文人而少良史①，职是故也。昔者刘氏子玄②，盖以是说谓足尽其理矣。虽然，史所贵者义也，而所具者事也，所凭者文也。孟子曰：“其事则齐桓、晋文，其文则史，义则夫子自谓窃取之矣。”非识无以断其义，非才无以善其文，非学无以练③其事，三者固各有所近也；其中固有似之而非者也。记诵以为学也，辞采以为才也，击断④以为识也，非良史之才学识也。虽刘氏之所谓才学识，犹未足以尽其理也。

夫刘氏以谓有学无识，如愚估⑤操金，不解贸化⑥，推此说以证刘氏之指，不过欲于记诵之间，知所决择以成文理耳。故曰：古人史取成家，退处士⑦而进奸雄，排死节⑧而饰主阙⑨，亦曰一家之道然也。此犹文士之识，非史识也。能具史识者，必知史德。德者何？谓着书者之心术也。夫秽史者所以自秽，谤书者所以自谤，素行⑩为人所羞，文辞何足取重！魏收之矫诬⑪，沈约之阴恶，读其书者先不信其人，其患未至于甚也。所患夫心术⑫者，谓其有君子之心而所养未底于粹也。

夫有君子之心而所养未粹，大贤以下所不能免也，此而犹患于心术，自非夫子之《春秋》不足当也。以此责人，不亦难乎？是亦不然也。

注释

①良史：指能秉笔直书，记事信而有征的史官。②刘氏子玄：即刘知几。③练：详熟、熟悉。④击断：果敢、坚决。⑤愚估：估，同“贾”，愚贾即愚蠢的商人。⑥贸化：买卖财货。⑦处士：有才德而隐居不仕的人。⑧死节：为保全节操而死。⑨阙：缺误、疏失。⑩素行：一贯的品行。⑪矫诬：假借名义以行诬罔。⑫心术：思想和心计。

盖欲为良史者，当慎辨于天人之际①，尽其天而不益以人也。尽其天而不益以人，虽未能至，苟允②知之，亦足以称着书者之心术矣。而文史之儒，竞言才学识而不知辨心术，以议史德，乌乎③可哉?

夫是尧、舜而非桀、纣，人皆能言矣；崇④王道而斥霸功，又儒者之习故矣。至于善善而恶恶，褒正而嫉邪，凡欲托文辞以不朽者，莫不有是心也。然而心术不可不虑者，则以天与人参⑤，其端甚微，非是区区⑥之明所可恃⑦也。夫史所载者事也，事必藉⑧文而传，故良史莫不工文，而不知文又患于为事役⑨也。盖事不能无得失是非，一有得失是非，则出入予夺⑩相奋摩⑪矣，奋摩不已而气积焉。事不能无盛衰消息⑫，一有盛衰消息，则往复凭吊生流连⑬矣，流连不已而情深焉。

凡文不足以动人，所以动人者气也；凡文不足以入人⑭，所以入人者情也。气积而文昌．情深而文挚⑮；气昌而情挚，天下之至文也。然而其中有天有人，不可不辨也。气得阳刚而情合阴柔⑯，人丽⑰阴阳之间，不能离焉者也。气合于理，天也；气能违理以自用，人也。情本于性，天也；情能汩⑱性以自恣⑲，人也。史之义出于天，而史之文不能不藉人力以成之。人有阴阳之患，而史文即忤⑳于大道之公，其所感召者微也。

注释

①天人之际：天道与人事之间的相互关系。②苟允：假如确实。③乌乎：即呜呼。怎么。④崇：推崇。⑤参：并立。⑥区区：形容人心之小。⑦恃：依赖。⑧藉：凭借。⑨事役：政务、公务。⑩予夺：赐予和剥夺。⑪奋摩：奋，振作；摩，切磋。⑫消息：消长、增减。⑬流连：依恋不舍。⑭入人：指为人所感受和理解。⑮挚：恳切。⑯阴柔：温和。⑰丽：附着。⑱汩：扰乱。⑲恣：放纵。⑳忤：忤逆、触犯。

夫文非气不立，而气贵于平。人之气，燕居①莫不平。因事生感，而气失则宕②，气失则激，气失则骄，毗③于阳矣。文非情不得，而情贵于正。人之情，虚置无不正也，因事生感，而情失则流④，情失则溺，情失则偏，毗于阴矣。阴阳伏沴⑤之患，乘于血气而入于心知，其中默运潜移[6]，似公而实逞于私，似天而实蔽于人，发为文辞，至于害义而违道，其人犹不自知也。故曰心术不可不慎也。

夫气胜而情偏，犹日动于天而参于人也。才艺之士，则又溺于文辞以为观美之具焉，而不知其不可也。史之赖于文也，犹衣之需乎采，食之需乎味也。采之不能无华朴[7]，味之不能无浓淡，势也。华朴争而不能无邪色[8]，浓淡争而不能无奇味。邪色害目，奇味爽口，起于华朴浓淡之争也。文辞有工拙，而族[9]史方且以是为竞焉，是舍本而逐末矣。以此为文，未有见其至者；以此为史，岂可与闻古人大体乎？

韩氏愈曰："仁义之人，其言蔼如[10]。"仁者情之普，义者气之遂也。程子尝谓有《关雎》、《麟趾》之意而后可以行《周官》之法度。吾则以谓通六义比兴之旨而后可以讲春王正月之书，盖言心术贵于养也。史迁百三十篇，《报任安书》所谓"究天人之际，通古今之变，成一家之言"，自序以谓"绍[11]名世，正《易传》，本《诗》、《书》、《礼》、《乐》之际"，其本旨也。所云"发愤着书"，不过叙述穷愁而假以为辞耳。后人泥于发愤之说，遂谓百三十篇皆为怨诽所激发，王允亦斥其言为谤书。于是后世论文，以史迁为讥谤[12]之能事，以微文[13]为史职之大权，或从羡慕而仿效为之，是直以乱臣贼子之居心而妄附《春秋》之笔削，不亦悖[14]乎！今观迁所著书，如《封禅》之惑于鬼神，《平准》之算及商贩，孝武之秕政[15]也。后世观于相如[16]之文，桓宽[17]之论，何尝待史迁而后着哉？《游侠》、《货殖》诸篇，不能无所感慨，贤者好奇，亦洵[18]有之。余皆经纬[19]古今，折衷[20]六艺，何尝敢于讪上[21]哉！朱子尝言《离骚》不甚怨君，后人附会有过。吾则以谓史迁未敢谤主，读者之心自不平耳。夫以一身坎坷，怨诽及于君父，且欲以是邀[22]千古之名，此乃愚不安分，名教中之罪人，天理所诛，又何著述之可传乎？

夫《骚》与《史》，千古之至文也。其文之所以至者，皆抗怀[23]于三代之英而经纬乎天人之际者也。所遇皆穷，固不能无感慨。而不学无识者流，且谓诽君谤主不妨尊为文辞之宗焉，大义何由得明，心术何由得正乎？

夫子曰："《诗》可以兴。"说者以谓兴起好善恶恶之心也。好善恶恶之心，惧其似之而非，故贵平日有所养也。《骚》与《史》，皆深于《诗》者也，言婉多风，皆不背于名教，而梏[24]于文者不辨也。故曰必通六义比兴之旨而后可以讲春王正月之书。

注释

①燕居：闲居。 ②宕：即"荡"，不受约束。 ③呲：损伤。 ④流：无节制。 ⑤伏沴：藏匿灾害。 ⑥默运潜移：暗中运行移动。 ⑦华朴：华丽和朴素。 ⑧邪色：不正之色。 ⑨族：众。 ⑩蔼如：和气可亲的样子。 ⑪绍：承继。 ⑫讥谤：讥议诽谤。 ⑬微文：隐喻讽喻的文辞。 ⑭悖：违逆。 ⑮秕政：不良的政治措施。 ⑯相如：即司马相如。工辞赋。 ⑰桓宽：西汉汝南人，著《公羊春秋》，善属文，擅长议论。 ⑱洵：实在。 ⑲经纬：条理、梳理。 ⑳折衷：判断、评析。 ㉑讪上：毁谤在上位者。 ㉒邀：谋求。 ㉓抗怀：坚守高尚的情怀。 ㉔梏：约束、限制。

国学讲演录

作者简介

章太炎

章太炎（1869～1936年），名炳麟，初名学乘，字枚叔，后改名绛，号太炎，浙江余杭人。清末民初民主革命家、思想家、著名学者，在文学、历史学、语言学等方面，均有成就。

作品简介

选文选自章太炎《国学讲演录》的“史学略说”，是作者对旧史学记载的材料的一些质疑，指出历史考据需要“博学、审问、慎思、明辨”。

清末民初，史学界兴起一股所谓“新史学”的学术潮流。在新史学体系的构建和史学观的酝酿过程中，章太炎发挥了举足轻重的作用。他在史学研究中，吸收借鉴各种新的史学思想和史学方法，对中国历史进行开拓性研究，形成其独特的史学理论。他认为，旧史学有只重单纯铺叙或罗列史料而缺乏科学理论指导的缺点，但历史研究不仅在于真实地描述历史现象，还应当从理论上对历史作出解释。另外，他认为中国旧史学内容偏狭，侧重记载王朝兴衰、帝王成败之类政治事件，而忽视了文明史的研究。

选文

余于星期讲习会中，曾言经史实录不应无故怀疑。所谓无故怀疑者，矜奇炫异，拾人余唾，以哗众取宠也。若核其同异，审其是非，慊然有得于心，此正学者所见有事也。《太史公》记六国事，两《汉书》记王莽事，史有阙文，语鲜确证。《唐书》记太宗阋墙之变及开国功业，虽据实录，不无自定之嫌。明初靖难之祸，建文帝无实录可据。举此四者，可见治史者宜冥心独往，比勘群书而明辨之也。

《史记·六国表序》言：“秦既得意，烧天下《诗》、《书》，诸侯史记尤甚，为其有讥刺也。《诗》、《书》所以复见者，多藏人家；而史记独藏周室，以故灭。”夫诸侯史记既灭，则太史公所恃以秉笔者，惟《秦记》耳。《六国表》，凡秦与六国战争之事悉载之，六国自相攻伐，如乐毅破齐等亦载之。此事之可信者也。至列传中琐屑之事，则不可尽信，如苏秦合纵，秦兵不敢窥函谷者十五年；鲁仲连义不帝秦，秦军为却五十里是也。又记载人物，往往奇伟非常，信陵君、蔺相如辈，其行谊皆后人所难能。六国既无史记，史公何从知之？曾涤笙谓《庄子》多寓言，《史记》所载，恐亦太史公之寓言。不知庄子自称“卮言日出，和以天倪”，其书固多寓言。至于国史，事须征实，焉得以《庄子》为比？（案：苏秦、鲁连辈各有著述，《汉志》载《苏子》三十一篇、《鲁连子》十四篇、《魏公子兵法》二十一篇。）盖太史公据彼辈自着之书，采摭成文耳。余观常人立言，每好申己绌人，孟、荀大儒有所不免，与人辩难，恒自夸饰，见绌于人，则略而弗书。《苏子》语本纵横，于事实或有增饰。鲁连围城辩难，何由入秦将之耳？却秦军五十里，是李同战死之功。归之鲁连者必其自夸之辞。公子无忌敬礼侯生，事或有之；朱亥椎杀晋鄙，亦不足怪；独如姬窃符，颇为诡异；一战而胜，战法亦不详言，止于战前略为铺叙，恐亦袭魏公子书之夸辞也。又叙蔺相如奉璧秦廷，怒发冲冠，秦王即为折服，事亦难信。相如有无著述，今不可知，观其为人，盖任侠一流（史言司马相如好读书、学击剑，慕蔺相如之为人。司马相如之所慕者，当是任侠使气也）。或当时刺客、游侠盛道其事。史公好奇，引以入列传耳。《左传》人物皆平实不奇，汉人亦然，独六国时人行谊往往出恒情之外。然扬子云评《左氏》曰品藻、《史记》曰实录。实录者，实录当时传记也。苏秦有《苏子》，鲁连有《鲁连子》，魏公子有《兵法》，史公皆取以作传，故曰实录，事之确否，史公固不负责须读者自为分辨耳。

《汉书·王莽传》赞言：“莽折节力行，以要名誉，岂所谓色取仁而行违者耶？”又曰：“莽既不仁，而有佞邪之材，肆其奸慝，以成篡盗之祸。”今观莽传，莽未篡位前，钓名沽誉，谲诈甚著；既移汉祚，则如顽钝无知之辈，如天下盗贼蜂起，莽仍令太史推三万六千岁历纪，以六岁一改元，布告天下。夫秦皇一世万世之说，至今人笑其愚。莽之此言，不尤可笑乎？又因叛者日众，率群臣至南郊，陈其符命本末，仰天曰：“皇天既命授臣莽，何不殄灭众贼？即令臣莽非是，愿下雷霆诛臣莽。”因搏心大哭，气尽，伏而叩头。此与村妪之诅咒何异？又刘歆、王涉自杀后，殿中钩盾土山仙人掌旁有白头公、青衣，郎吏见者，私谓之国师公。衍功侯喜素善卦，莽使筮之，曰：“忧兵火。”莽曰：“小儿安得此左道？是乃予之皇祖叔父子侨欲来迎我也。”既云莽佞邪，则其容止何其愚呆也。假六艺以文奸言，事固有之；假神仙以欺天下，其愚恐不至此。《史通·曲笔》篇言：“《后汉书·更始传》称其懦弱也，其初即位，南面立，朝鲜臣，羞愧流汗，刮席不敢视。夫以圣公身在微贱，已能结客报仇，避难绿林，名为豪杰；安有贵为人主。而反至于斯者乎？将作者曲笔阿时，独成光武之美，谀言媚主，用雪伯升之怨也。且中兴之史，出自东观，或明皇所定，或马后攸刊，而炎祚灵长，简书莫改，遂使他姓追撰，空传伪录者矣。”余谓草莽之人，初登帝位，羞愧流汗，事所恒有。《史记·高祖本纪》言诸侯将相尊汉王为皇帝，汉王三让，不得已，曰：“诸君必以为便，便国家。”观此一语。当时局促不安之状，居然如画。又袁项城洪宪元年元旦，命妇人贺，项城起立，曰：“不敢当，不敢当。”夫以汉高、项城之雄鸷，骤当尊位，犹有此惶愧之状，则无怪乎更始之羞愧流汗、刮席不敢视矣。《后汉书》又称：“更始居长乐宫，升前殿，郎吏以次列庭中。更始羞怍，俯首刮席不敢视。诸将后至者，更始问虏掠得几何，左右侍官皆宫省久吏，各惊相视。”此又一事也。夫羞愧刮席，事或有之；问虏掠几何，恐不可信。此盖与王莽之愚呆，同为东汉人所缘饰耳。《通鉴考异》凡事有异同，则于本事之下，明注得失。若无异说，无从考校，则仍而录之，王莽、更始之事是也。

唐太宗之事，新、旧《唐书》之外，有温大雅之《大唐创业起居注》在。温书称建成为大郎，太宗为二郎。据所载二人功业相等，不若新、旧《唐书》归功于太宗一人也。（案，唐高祖在太原，裴寂、刘文静劝高祖起事，太宗赞成之，时建成在河东。击西河时，建成、太宗同时被命进军贾胡堡。天雨粮尽，高祖欲还，建成、太宗苦谏，乃止。在长安攻伐，二人之功亦相等。后太宗出关，平王世充、擒窦建德，建成不安于位，王珪、魏徵劝立功以自封，时刘黑闼尽有窦建德之地，建成率众破灭之。)创业之功，彼此既堪为伯仲；自非夷、齐，其谁克让？若玄宗讨平韦氏，宋王宪固辞储副。此因玄宗有定国之功，宋王毫无建树，故涕泣固让，与建成、太宗功业相等者绝异。温公乃谓隐太子有泰伯之贤，则乱何自而生？不司建成自视功业不让太宗，岂肯遽为吴泰伯乎？且唐初本染胡俗，未必信守立嫡以长之说。但鉴于隋文之废太子勇而立炀帝（炀帝亦有平陈之功），卒召祸乱；而建成、太宗之功，又无高下，所以迟迟不肯废太子耳。《唐书》言建成私募四方骁勇及长安恶少年二千人为宫甲，屯左右长林门，号长林兵；又募幽洲突厥兵三百，纳宫中。将攻西宫，或告于帝，帝召建成责之。杨文干素凶诐。建成昵之，使为庆州总管，遣募兵送京师，欲为变尔。失焕等白反状，文干遽发兵反，建成入谒，叩头请死，投手于地，不能起。高祖遣太宗自行讨文干，曰：“还，立汝为太子。吾不能效隋文帝自诛其子，当封建成为蜀王。”刘餗《小说》言人妄告东宫，妄告之事，或即太宗为之。盖高祖以隋废太子，语多诬罔，职成乱阶，殷鉴不远，故于废立事极为犹豫。《唐书》又言建成等召秦王夜宴，毒酒而进之，王心中暴痛，吐血数升。（今案，建成之臣有魏徵、王珪，设计当不至下劣如此，心痛又何尝不可伪作？）太宗密奏建成、元吉淫乱后宫，此暧昧之事，难于征信。高祖许太宗明当鞫问，而太宗先命长孙无忌伏兵门侧。建成入参，并未持兵，则建成杀弟之意可知。建成、元吉至临湖殿，觉变，反走，太宗从而呼之，元吉张弓射太宗，再三不彀，太宗射建成杀之，元吉中矢走，尉迟敬德追杀之。既系彼此争讼，则静待鞫治可耳，何必伏兵侧门、推刃同气？可见密告之事，全非事实也。夫新、旧《唐书》悉本实录。史载太宗命房玄龄监修国史，帝索观实录，房玄龄以与许敬宗等同作之高祖，今上实录呈览，太宗见书六月四日事，语多隐讳，谓玄龄曰：“周公诛管、蔡以安周，季友鸩叔牙以存鲁，朕之所为，亦类是耳，史官何讳焉？”即命削去浮词，直书其事。观此，则唐初二朝实录，经太宗索观之后，不啻太宗自定之史实矣。开国之事，尚有温大雅《起居注》可以考信，其后则无异可考，温公亦何能再为考校哉！

明人郑晓论建成事，谓中国开创之君，其长子多不得安。(今案，夏启嗣禹、而太康失国；太甲、汤之长孙而被放；文王舍伯邑考而立武王；秦杀太子扶苏；汉惠帝立而无后，主汉祀者为文帝子孙；东汉光武长子东海王中被废；刘禅，昭烈嫡子，而舆亲降魏；孙亮乃权之少子；晋司马师无后；惠帝庸劣，怀、愍皆惠帝之子；宋营阳王被弑；齐郁林王为明帝所杀；梁昭明太子早卒，武帝舍长孙而立简文，后为侯景所弑；陈武帝殂时，其子昌殁于长安，兄子文帝入嗣大统；隋文帝废太子勇而立炀帝；唐太子建成为太宗所杀；五代异姓为继，不足论；宋太祖不得传位于子；明懿文太子早卒，太祖嫡孙为燕王所篡。)综观数千年来，自周而后，开国之君，长子每多不利，形家言震为长子，方位在东，中国西北高而东南下，故长子屯蹇者多。形法虽不足信，亦甚可怪也。

太宗尝称"房谋杜断"。今观唐人记载，当定天下之初，二人实未尝有所建树。历代开国勋臣，皆有定国大计。萧何入关，首收图籍；高祖封于汉中，心怀不平，何谓犹愈于死；进韩信为大将；居关中，转漕给军，补所不足。刘基佐明，其谋虽秘密，亦有可知者——明祖初奉韩林儿正朔，岁首设御座行礼，基独不拜，曰："牧竖耳，奉之何为？"明祖问征讨大计，时陈友谅据上流，张士诚据下流，基谓先灭陈则张氏势孤，天下可一举而定也。萧、刘二人，有定国大计，彼房、杜何有焉？其所谓谋断者，恐即为太宗谋夺宗嗣而已。今观房、杜之才，守成有余，开创不足。然气度亦自恢廓，魏徵、王珪入参帷幕，房、杜未尝排挤；马、周上书，数年间阶位特进，房、杜亦不嫌忌。玄龄自言最慕袁安，尝集古今家诫，书于屏风，以教诸子：汉袁氏累叶忠节，吾心所尚，尔宜师之。然玄龄子遗直袭爵，幼子遗爱欲夺之，卒以谋反伏诛，此即效乃父之佐人杀兄也。杜如晦子荷，参太子承乾逆谋，欲废太宗为太上皇，乃败坐诛，此亦效乃父子与人家事也。以逆为训，故子姓效尤。王绩（无功，王通之弟）尝上书玄龄，劝其功成身退，否则有灭族之祸。有识之士，见之审矣（绩称玄龄为梁公，则玄龄非文中子弟子可知）。

明成祖兴靖难之师，入都后，革除建文年号，以建文四年为洪武三十五年（洪武讫三十一年）。建文无实录，故事迹可信者少。其初忌讳至深，至嘉靖、万历而稍弛，逊国时事渐见记录，稗官野史亦有记载，言人人殊，莫衷一是。史称建文即位，即兴削籓之议。周、代、湘、齐、岷诸王，相继以罪废黜，此一事也。燕王，建文所深忌，而《明史》纪事则称建文元年，燕王入觐，由皇道入，登陛不拜，御史曾凤韵劾以大不敬。帝诏，至亲勿问。三月，燕王还国。修《明史》时，殊竹坨备论此事之非（见《史馆上总裁第四书》），此又一事也。建文之谋主为齐泰、黄子澄，而方孝孺亦建文所深信。理学之徒虽竭力为方氏辩护，实则反间燕王父子者，方氏也。时燕兵掠沛，方氏以燕世子仁厚，其弟高煦狡谲有宠，时夺嫡之谋，因白帝遣人赍玺书往北平赐世子，世子得书不启封，送之燕军。由此观之，削籓之事，与谋者不仅齐、黄诸人矣。明人小说载成祖待建文诸臣至为惨酷，云：铁铉守济南，突破燕兵，几擒成祖，后被执，成祖烹之。今南京铁汤池即铉就义地也。又云：戮杀建文臣子之妻，命上元县扛尸至远城与狗子吃。又云：发建文臣子妻女入教坊，所生儿长大作小龟子。又云：程济从建文出为僧（案：程济事迹，《明史》亦略有记载，谓济本岳池教谕，建文即位，济上书言某月日北方兵起，建文以为非所宜言，逮捕将杀之，济大呼请囚，云：如言不验，诛死未晚。乃下狱。及燕兵起，释之，改官编修，参北征将军。徐州之捷，诸将树碑纪功，济一夜注祭，人莫测。后燕王过徐，见碑大怒，趣左右椎之，再椎，遽曰："止，为我录文来！"已，按碑行诛，无得免者。而济名适在椎脱处。济尝与人书曰："君为忠臣，我为智士"）。凡此所载，其皆可信耶？否耶？吾读《致身录》、《从亡录》诸书，终觉其似黎邱眩人。《致身录》为吴江史仲彬所作，潘次耕坚持无此等事，至与史氏子孙互殴。故建文一代，无实录可据，采之野史，失实者多矣。

以上所述，皆非无故怀疑。一则太史公纪六国时事，无所取材，取诸其人自着之书，不免失之浮夸；二则王莽之事，同此一人，而前后愚智悬绝，当出光武诸臣之曲笔；三则建成、元吉之事，有温大雅《起居注》可供参证，房玄龄主修之国史，太宗不无自定之嫌；四则建文逊国之事，世无实录，采之野史，未必可信。孔子曰："多闻阙疑，多见阙殆。"故必博学、审问、慎思、明辨，方足以言怀疑。若矜奇炫异，抹杀事实，则好学之士不当尔也。

新史学

作者简介

梁启超

梁启超（1873～1929年），字卓如，号任公，广东新会人。中国近代资产阶级改良派著名政治活动家、思想家、文学家和学者。他自幼在家中接受传统教育，1889年中举。1890年赴京会试，不中。回粤路经上海，看到介绍世界地理的《瀛寰志略》和上海机器局所译西书，眼界大开。1894年联合在京参加会试的1300多名举人，上书皇帝，这就是著名的“公车上书”。他是维新变法的主要领袖，“戊戌变法”失败后，流亡日本。1917年以后主要从事教育和学术研究，是清华国学研究院“四大导师”之一，在哲学、佛学、史学、政治、经济学、先秦诸子学、文学等多个领域的学术研究上取得了丰硕的成果。著有《饮冰室合集》、《清代三百年学术》等。

作品简介

选文是梁启超1902年发表的名篇《新史学》中的第二篇“史学之界说”，文中介绍了“新史学”的具体含义，并进一步提出要以进化论作为研究历史的指导。

选文

欲创新史学，不可不先明史学之界说。欲知史学之界说，不可不先明历史之范围。今请析其条理而论述之。

第一，历史者，叙述进化之现象也。现象者何？事物之变化也。宇宙间之现象有二种：一曰为循环之状者，二曰为进化之状者。何谓循环？其进化有一定之时期，及期则周而复始，如四时之变迁、天体之运行是也。何谓进化？其变化有一定之次序，生长焉，发达焉，如生物界及人间世之现象是也。循环者，去而复来者也，止而不进者也。凡学问之属于此类者，谓之天然学。进化者，往而不返者也，进而无极者也；凡学问之属于此类者，谓之历史学。天下万事万物，皆在空间，又在时间，（空间、时间，佛典译语，日本人沿用之。若依中国古义，则空间，宇也；时间，宙也。其语不尽通行，故用译语。）而天然界与历史界，实分占两者之范围。天然学者，研究空间之现象者也；历史学者，研究时间之现象者也。就天然界以观察宇宙，则见其一成不变，万古不易，故其体为完全，其象如一圆圈。就历史界以观察宇宙，则见其生长而不已，进步而不知所终，故其体为不完全，且其进步又非为一直线，或尺进而寸退，或大涨而小落，其象如一螺线。明此理者，可以知历史之真相矣。

由此观之，凡属于历史界之学，（凡政治学、群学、平准学、宗教学等，皆近历史界之范围），其研究常较难；凡属于天然界之学（凡天文学、地理学、物质学、化学等，皆天然界之范围），其研究常较易。何以故？天然界，已完全者也，来复频繁，可以推算，状态一定，可以试验。历史学未完全者也，今犹日在生长发达之中，非逮宇宙之末劫，则历史不能终极，吾生有涯，而此学无涯。此所以天然诸科学起源甚古，今已斐然大成，而关于历史之各学，其出现甚后，而其完备难期也。

此界说既定，则知凡百事物，有生长、有发达、有进步者，则属于历史之范围。反是者，则不能属于历史之范围。又如于一定期中，虽有生长发达，而及其期之极点，则又反其始，斯仍不得不以循环目之。如动植物，如人类，虽依一定之次第，以生以成，然或一年，或十年，或百年，而盈其限焉，而反其初焉。一生一死，实循环之现象也。故物理学、生理学等，皆天然科学之范围，非历史学之范围也。

孟子曰："天下之生久矣，一治一乱。"此误会历史真相之言也。苟治乱相嬗无已时，则历史之象当为循环，与天然等，而历史学将不能成立。孟子此言盖为螺线之状所迷，而误以为圆状，未尝综观自有人类以来万数千年之大势，而察其真方向之所在，徒观一小时代之或进或退、或涨或落，遂以为历史之实状如是云尔。譬之江河东流以朝宗于海者，其大势也；乃或所见局于一部，偶见其有倒流处，有曲流处，因以为江河之行，一东一西，一北一南，是岂能知江河之性矣乎！（《春秋》家言，有三统，有三世。三统者，循环之象也，所谓三王之道若循环，周而复始是也。三世者，进化之象也，所谓据乱、升平、太平，与世渐进是也。三世则历史之情状也，三统则非历史之情状也。三世之义既治者，则不能复乱，借曰有小乱而必非与前此之乱等也，苟其一治而复一乱，则所谓治者必非真治也。故言史学者，当从孔子之义，不当从孟子之义。）吾中国所以数千年无良史者，以其于进化之现象，见之未明也。

第二，历史者，叙述人群进化之现象也。进化之义既定矣。虽然，进化之大理，不独人类为然，即动植物乃至无机世界，亦常有进化者存，而通行历史所纪述，常限于人类者，则何以故？此不徒吾人之自私其类而已。人也者，进化之极则也，其变化千形万状而不穷者也。故言历史之广义，则非包万有而并载之，不能完成；至语其狭义，则惟以人类为之界。虽然，历史之范围，可限于人类，而人类之事实，不能尽纳诸历史。夫人类亦不过一种之动物耳，其一生一死，固不免于循环，即其日用饮食，言论行事，亦不过大略相等，而无进化之可言。故欲求进化之迹，必于人群。使人人析而独立，则进化终不可期，而历史终不可起。盖人类进化云者，一群之进也，非一人之进也。如以一人也，则今人必无以远过于古人。语其体魄，则四肢五官，古犹今也；质点血轮，古犹今也。语其性灵，则古代周、孔、柏（柏拉图）、阿（阿里士多德）之智识能力，必不让于今人，举世所同认矣。然往往有周、孔、柏、阿所不能知之理，不能行之事，而今日乳臭小儿知之、能之者，何也？无他，食群之福，享群之利，借群力之相接相较、相争相师、相摩相荡、相维相系、相传相嬗，而智慧进焉，而才力进焉，而道德进焉。进也者，人格之群，非寻常之个人也。（人类天性之能力，能随文明进化之运而渐次增长与否，此问题颇难决定。试以文明国之一小儿不许受教育，不许蒙社会之感化、沐文明之恩泽，则其长成能有以异于野蛮国之小儿乎？恐不能也。盖由动物进而为人，已为生理上进化之极点。由小儿进为成人，已为生理上进化之极点，然则一个人，殆无进化也。进化者，别超于个人之上之一人格而已，即人群是也。）然则历史所最当注意者，惟人群之事。苟其事不关系人群者，虽奇言异行，而必不足以入历史之范围也。

畴昔史家，往往视历史如人物传者然。夫人物之关系于历史固也，然所以关系也，亦谓其于一群有影响云尔。所重者在一群，非在一人也。而中国作史者，全反于此目的，动辄以立佳传为其人之光宠。驯至连篇累牍，胪列无关世运之人之言论行事，使读者欲卧欲呕，虽尽数千卷，犹不能于本群之大势有所知焉，由不知史之界说限于群故也。

第三，历史者，叙述人群进化之现象而求得其公理公例者也。凡学问必有客观、主观二界。客观者，谓所研究之事物也；主观者，谓能研究此事物之心灵也（亦名“所界”、“能界”、“能”、“所”二字，佛典译语常用为名词）。和合二观，然后学问出焉。史学之客体，则过去现在之事实是也；其主体，则作史、读史者心识中所怀之哲理是也。有客观而无主观，则其史有魄无魂，谓之非史焉可也（偏于主观而略于客观者，则虽有佳书，亦不过为一家言，不得谓之为史）。是故善为史者，必研究人群进化之现象，而求其公理公例之所在，于是有所谓历史哲学者出焉。历史与历史哲学虽殊科，要之，苟无哲学之理想者，必不能为良史，有断然也。虽然，求史学之公理公例，固非易易。如彼天然科学者，其材料完全，其范围有涯，故其理例亦易得焉。如天文学，如物质学，如化学，所已求得之公理公例不可磨灭者，既已多端，而政治学、群学、宗教学等，则瞠乎其后，皆由现象之繁赜而未到终点也。但其事虽难，而治此学者不可不勉。大抵前者史家不能有得于是者，其蔽二端：一曰知有一局部之史，而不知自有人类以来全体之史也。或局于一地，或局于一时代。如中国之史，其地位则仅叙述本国耳，于吾国外之现象，非所知也（前者他国之史亦如是）。其时代，则上至书契以来，下至胜朝之末止矣，前乎此，后乎此，非所闻也。夫欲求人群进化之真相，必当合人类全体而比较之，通古今文野之界而观察之。内自乡邑之法团（凡民间之结集而成一人格之团体者，谓之法团，亦谓之法人。法人者，法律上视之与一个人无异也。一州之州会，一市之市会乃至一学校、一会馆、一公司，皆统名为法团），外至五洲之全局，上自穹古之石史（地质学家从地底僵石中考求人物进化之迹，号曰石史），下至昨今之新闻，何一而非客观所当取材者？综是焉以求其公理公例，虽未克完备，而所得必已多矣。问畴昔之史家，有能焉者否也？二曰徒知有史学，而不知史学与他学之关系也。夫地理学也，地质学也，人种学也，人类学也，言语学也，群学也，政治学也，宗教学也，法律学也，平准学也（即日本所谓经济学），皆与史学有直接之关系。其他如哲学范围所属之伦理学、心理学、论理学、文章学及天然科学范围所属之天文学、物质学、化学、生理学，其理论亦常与史学有间接之关系，何一而非主观所当凭借者？取诸学之公理公例，而参伍钩距之，虽未尽适用，而所得又必多矣。问畴昔之史家，有能焉者否也？

夫所以必求其公理公例者，非欲以为理论之美观而已，将以施诸实用焉，将以贻诸来者焉。历史者，以过去之进化，导未来之进化者也。吾辈食今日文明之福，是为对于古人已得之权利，而继续此文明，增长此文明，孳殖此文明，又对于后人而不可不尽之义务也。而史家所以尽此义务之道，即求得前此进化之公理公例，而使后人循其理率其例以增幸福于无疆也。史乎！史乎！其责任至重，而其成就至难！中国前此之无真史家也，又何怪焉！而无真史家，亦即吾国进化迟缓之一原因也。吾愿与同胞国民筚路蓝缕以辟此途也。

（以上说“界说”竟。作者初研究史学，见地极浅，自觉其界说尚有未尽未安者，视吾学他日之进化，乃补正之。著者识。）

校勘学方法论

作者简介

胡适

胡适（1891～1962年），原名胡嗣穈、字希疆，参加“庚款”留美考试后改名适，字适之，学名洪骍，笔名天风、藏晖等，安徽绩溪人。现代著名学者、诗人、历史学家、文学家、哲学家。提倡白话文；提出所谓“大胆假设，小心求证”的研究方法；创办《努力周报》、《独立评论》等报刊；1945年出任北京大学校长；著有《中国哲学史大纲》（上卷）。他在新文化运动和教育改革中的贡献是巨大的，影响也是深远的。

作品简介

选文是胡适为陈垣《元典章校补释例》所作的序，也是胡适对于新的历史研究方法的一个说明。

选文

陈援庵（垣）先生在这二十多年之中，搜集了几种很可宝贵的《元典章》抄本；民国十四年故宫发现了元刻本，他和他的门人曾在民国十九年夏天用元刻本对校沈家本刻本，后来又用诸本互校，前后费时半年多，校得沈刻本伪误衍脱颠倒之处凡一万二千余条，写成《元典章校补》六卷，又补阙文三卷，改订表格一卷（民国二十年北京大学研究所国学门刊行）。《校补》刊行之后，援庵先生又从这一万二千多条错误之中，挑出一千多条，各依其所以致误之由，分别类例，写成《元典章校补释例》六卷。我和援庵先生做了几年的邻舍，得读《释例》最早，得益也最多。他知道我爱读他的书，所以要我写一篇《释例》的序。我也因为他这部书是中国校勘学的一部最重要的方法论，所以也不敢推辞。

校勘之学起于文件传写的不易避免错误。文件越古，传写的次数越多，错误的机会也越多。校勘学的任务是要改正这些传写的错误，恢复一个文件的本来面目，或使他和原本相差最微。校勘学的工作有三个主要的成分：一是发现错误，二是改正，三是证明所改不误。

发现错误有主观的，有客观的。我们读一个文件，到不可解之处，或可疑之处，因此认为文字有错误：这是主观的发见错误。因几种“本子”的异同，而发现某种本子有错误：这是客观的。主观的疑难往往可以引起“本子”的搜索与比较；但读者去作者的时代既远，偶然的不解也许是由于后人不能理会作者的原意，而未必真由于传本的错误。况且错误之处未必都可以引起疑难，若必待疑难而后发现错误，而后搜求善本，正误的机会就太少了。况且传写的本子，往往经“通人”整理过；若非重要经籍，往往经人凭己意增删改削，成为文从字顺的本子了。不学的写手的本子的错误是容易发现的，“通人”整理过的传本的错误是不容易发现的。试举一个例子为证。坊间石印《聊斋文集》附有张元所作《柳泉蒲先生墓表》，其中记蒲松龄“卒年八十六”。这是“卒年七十六”之误，有《国朝山左诗抄》所引墓表，及原刻碑文可证。但我们若单读“卒年八十六”之文，而无善本可比较，决不能引起疑难，也决不能发现错误。又《山左诗抄》引这篇墓表，字句多被删节，如云：

（先生）少与同邑李希梅及余从父历友结郢中诗社。（甲本）

此处无可引起疑难；但清末国学扶轮社铅印本《聊斋文集》载墓表全文，此句乃作：

与同邑李希梅及余从伯父历视友，旋结为郢中诗社。（甲本）

依此文，“历视”为从父之名，“友”为动词，“旋”为“结”之副词，文理也可通。石印本《聊斋文集》即从扶轮社本出来，但此本的编校者熟知《聊斋志异》的掌故，知道“张历友”是当时诗人，放石印本墓表此句改成下式：

与同邑李希梅及余从伯父历友亲，旋结为郢中诗社。（乙本）

最近我得墓表的拓本，此句原文是：

与同邑李希梅及余从伯父历友视旋诸先生结为郢中诗社。（丙本）

视旋是张履庆，为张历友（笃庆）之弟，其诗见《山左诗抄》卷四十四。他的诗名不大，人多不知道“视旋”是他的表字；而“视旋”二字出于《周易·履卦》“视履考祥，其旋元吉”，很少人用这样罕见的表字。甲本校者竟连张历友也不认得，就妄倒“友视”二字，而删“诸先生”三字，是为第一次的整理。乙本校者知识更高了，他认得“张历友”，而不认得“视旋”，所以他把“视友”二字倒回来，而妄改“视”为“亲”，用作动词，是为第二次的整理。此两本文理都可通，虽少有疑难，都可用主观的论断来解决。倘我们终不得见此碑拓本，我们终不能发现甲乙两本的真错误。这个小例子可以说明校勘学的性质。校勘的需要起于发现错误，而错误的发现必须依靠不同本子的比较。古人称此学为“校雠”，刘向《别录》说：“一人读书，校其上下得谬误，为校；一人持本，一人读书，若怨家相对，为雠。”其实单读一个本子，“校其上下”，所得谬误是很有限的；必须用不同的本子对勘，“若怨家相对”，一字不放过，然后可以“得谬误”。

改正错误是最难的工作。主观的改定，无论如何工巧，终不能完全服人之心。《大学》开端“在亲民”，朱子改“亲”为“新”，七百年来，虽有政府功令的主持，终不能塞反对者之口。校勘学所许可的改正，必须是在几个不同的本子之中，选定一个最可靠或最有理的读法。这是审查评判的工作。我所谓“最可靠”的读法，当然是最古底本的读法。如上文所引张元的聊斋墓表，乙本出于甲本，而甲本又出于丙本，丙本为原刻碑文，刻于作文之年，故最可靠。我所谓“最有理”的读法，问题就不能这样简单了。原底本既不可得，或所得原底本仍有某种无心之误，（如韩非说的郢人写书而多写了“举烛”二字，如今日报馆编辑室每日收到的草稿。）或所得本子都有传写之误，或竟无别本可供校勘，——在这种情形之下，改正谬误没有万全的方法。约而言之，最好的方法是排比异同各本，考定其传写的先后，取其最古而又最近理的读法，标明各种异读，并揣测其所以致误的原因。其次是无异本可互勘，或有别本而无法定其传授的次第，不得已而假定一个校者认为最近理的读法，而标明原作某，一作某，今定作某是根据何种理由。如此校改，虽不能必定恢复原文，而保守传本的真相以待后人的论定，也可以无大过了。

改定一个文件的文字，无论如何有理，必须在可能的范围之内提出证实。凡未经证实的改读，都只是假定而已，臆测而已。证实之法，最可靠的是根据最初底本，其次是最古传本，其次是最古引用本文的书。万一这三项都不可得，而本书自有义例可寻，前后互证，往往也可以定其是非，这也可算是一种证实。此外，虽有巧妙可喜的改读，只是校者某人的改读，足备一说，而不足成为定论。例如上文所举张元墓表之两处误字的改正，有原刻碑文为证，这是第一等的证实。又如《道藏》本《淮南内篇·原道训》：“是故鞭噬狗，策蹄马，而欲教之，虽伊尹、造父弗能化。欲寅之心亡于中，则饥虎可尾，何况狗马之类乎？”这里“欲寅”各本皆作“欲害”。王念孙校改为“欲宍”。他因为明刘绩本注云“古肉字”，所以推知刘本原作“宍”字，只因草书“害”字与“宍”相似，世人多见“害”，少见“宍”，故误写为“害”。这是指出所以致误之由，还算不得证实。他又举二证：1.《吴越春秋·勾践阴谋外传》，“断竹续竹，飞土逐宍”，今本宍作害；2.《论衡·感虚》篇“厨门木象生肉足”，今本《风俗通义》肉作害，害亦宍之误。这都是类推的论证，因《论衡》与《吴越春秋》的“宍”误作“害”，可以类推《淮南书》也可以有同类的误写。类推之法由彼例此，可以推知某种致误的可能，而终不能断定此误必同于彼误。直到顾广圻校得宋本果作“欲宍”，然后王念孙得一古本作证，他的改读就更有力了。因为我们终不能得最初底本，又因为在义理上“欲害”之读并不逊于“欲肉”之读（《文子·道原》篇作“欲害之心忘乎中”），所以这种证实只是第二等的，不能得到十分之见。又如《淮南》同篇：“上游于霄雿之野，下出于无垠之门”，王念孙校，“无垠”下有“鄂”字。他举三证：1.《文选·西京赋》“前后天有垠鄂”的李善注：“《淮南子》曰，出于无垠鄂之门。许慎曰，垠鄂，端崖也。”2.《文选·七命》的李善注同。3.《太平御览》地部二十：“《淮南子》曰，下出乎无垠鄂之门。高诱曰，无垠鄂，无形之貌也。”这种证实，虽不得西汉底本，而可以证明许慎、高绣的底本如此读，这就可算是第一等的证实了。

所以校勘之学无处不靠善本：必须有善本互校，方才可知谬误；必须依据善本，方才可以改正谬误；必须有古本的依据，方才可以证实所改的是非。凡没有古本的依据，而仅仅推测某字与某字“形似而谈”，某字“涉上下文而误”的，都是不科学的校勘。以上三步工夫，是中国与西洋校勘学者共同遵守的方法，运用有精有疏，有巧有拙，校勘学的方法终不能跳出这三步工作的范围之外。援庵先生对我说，他这部书是用“土法”的。我对他说：在校勘学上，“土法”和海外新法并没有多大的分别。所不同者，西洋印书术起于十五世纪，比中国晚了六七百年，所以西洋古书的古写本保存的多，有古本可供校勘，是一长。欧洲名著往往译成各国文字，古译本也可供校勘，是二长。欧洲很早就有大学和图书馆，古本的保存比较容易，校书的人借用古本也比较容易，所以校勘之学比较普及，只算是治学的人一种不可少的工具，而不成为一二杰出的人的专门事业。这是三长。在中国则刻印书流行以后，写本多被抛弃了；四方邻国偶有古本的流传，而无古书的古译本；大学与公家藏书又都不发达，私家学者收藏有限，故工具不够用，所以一千年来，够得上科学的校勘学者，不过两三人而已。

中国校勘之学起源很早，而发达很迟。《吕氏春秋》所记“三豕涉河”的故事，已具有校勘学的基本成分。刘向、刘歆父子校书，能用政府所藏各种本子互勘，就开校雠学的风气。汉儒训注古书，往往注明异读，是一大进步。《经典释文》广收异本，遍举各家异读，可算是集古校勘学之大成。晚唐以后，刻印的书多了，古书有了定本，一般读书人往往过信刻板书，校勘之学几乎完全消灭了。十二世纪晚期，朱子斤斤争论《程氏遗书》刻本的是非；十三世纪之初，周必大校刻《文苑英华》一千卷，在自序中痛论“以印本易旧书，是非相乱”之失，又略论他校书的方法；彭叔夏作《<文苑英华>辨证》十卷，详举他们校雠的方法，清代校勘学者顾广圻称为“校雠之楷模”。彭叔夏在自序中引周必大的话：

> 授书之法，实事是正，多闻阔疑。

他自己也说：

> 叔夏年十二三时，手钞太祖皇帝实录，其间云：“兴衰治□之源”，阙一字，意谓必是“治乱”。后得善本，乃作“治忽”。三折肱为良医，信知书不可以意轻改。

这都是最扼要的校勘方法论。所以我们可以说，十二三世纪之间是校勘学的复兴时代。

但后世校书的人，多不能有周必大那样一个退休宰相的势力来“遍求别本”，也没有他那种“实事是正，多闻阙疑”的精神，所以十三世纪以后，校勘学又衰歇了。直到十七世纪方以智、顾炎武诸人起来，方才有考订古书的新风气。三百年中，校勘之学成为考证学的一个重要工具。然而治此学者虽多，其中真能有自觉的方法，把这门学问建筑在一个稳固的基础之上的，也不过寥寥几个人而已。

纵观中国古来的校勘学所以不如西洋，甚至于不如日本，其原因我已说过，都因为刻书太早，古写本保存太少；又因为藏书不公开，又多经劫火，连古刻本都不容易保存。古本太缺乏了，科学的校勘学自不易发达。王念孙、段玉裁用他们过人的天才与功力，其最大成就只是一种推理的校勘学而已。推理之最精者，往往也可以补版本的不足。但校雠的本义在于用本子互勘，离开本子的搜求而费精力于推敲，终不是校勘学的正轨。我们试看日本佛教徒所印的弘教书院的《大藏经》及近年的《大正新修大藏经》的校勘工作，就可以明白推理的校勘不过是校勘学的一个支流，其用力甚勤而所得终甚微细。

陈援庵先生校《元典章》的工作，可以说是中国校勘学的第一伟大工作，也可以说是中国校勘学的第一次走上科学的路。前乎此者，只有周必大、彭叔夏的校勘《文苑英华》差可比儗。我要指出援庵先生的《元典章校补》及《解例》有可以永久作校勘学的模范者三事：第一，他先搜求善本，最后得了元刻本，然后用元人的刻本来校元人的书；他拼得用极笨的死工夫，所以能有绝大的成绩。第二，他先用最古刻本对校，标出了所有的异文，然后用诸本互校，广求证据，定其是非，使我们得一个最好的，最近于祖本的定本。第三，他先求得了古本的根据，然后推求今本所以致误之由，作为“误例”四十二条，所以他的“例”都是已证实的通例：是校后归纳所得的说明，不是校前所假定的依据。此三事都足以前无古人，而下开来者，故我分开详说如下：

第一，援庵先生是依据同时代的刻本的校勘，所以是科学的校勘，而不是推理的校勘。沈刻《元典章》的底本，乃是间接的传钞本，沈家本跋原钞本说，“此本纸色分新旧：旧者每半页十五行，当是影钞元刻本；新者每半页十行，当是补钞者，盖别一本。”但他在跋尾又说：“吾友董绶金赴日本，见是书，据称从武林丁氏假钞者。”若是从丁氏假钞的，如何可说是“影钞元刻本”呢？这样一部大书，底本既是间接又间接的了，其中又往往有整几十页的阙文，校勘的工作必须从搜求古本入手。援庵先生在这许多年中，先后得见此书的各种本子，连沈刻共有六木。我依他的记载，参以沈家本原跋，作成此书底本源流表：

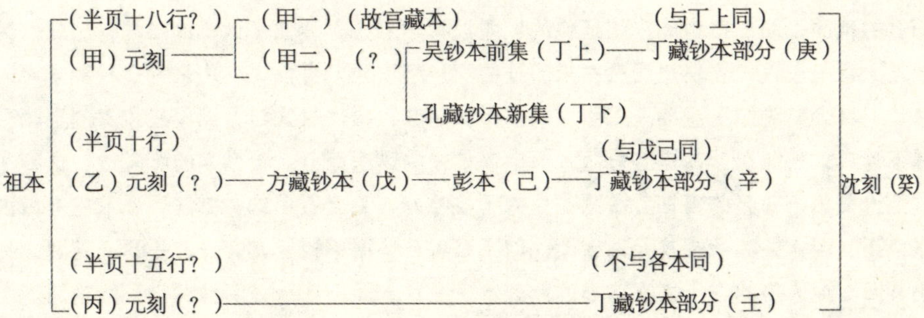

援庵先生的校补，全用故宫元刻本（甲一）作根据，用孔本（丁下）补其所阙祭祀门，又用各本互校，以补这两本的不足。因为他用一个最初的元刻本来校一部元朝的书，所以

能校得一万二千条的错误，又能补得阙文一百零二页之多！试用这样伟大的成绩，比较他二十年前“无他本可校”时所“确知为伪误者若干条”，其成绩的悬绝何止百倍？他在本书第四十三章里，称此法为“对校法”，他很谦逊的说：

> 此法最简便，最稳当，纯属机械法；其主旨在校异同，不校是非，故其短处在不负责任：虽祖本或别本有讹，亦照式录之。而其长处则在不参己见；得此校本，可知祖本或别本之本来面目。故凡校一书，均须先用对校法，然后再用其他校法。

他又指出这个法子的两大功用：

> 一、有非对校不知其误者，以其表面上无误可疑也。例如：
>
> 元关本钱二十定元刻作二千定
>
> 大德三年三月元刻作五月
>
> 二、有知其误，非对校无以知为何误者。例如：
>
> 每月五十五日元刻作每五月十五日。

此外，这个对校法还有许多功用，如阙文，如错简，如倒页，如不经见的人名地名或不经见的古字俗字，均非对校无从猜想。故用善本对校是校勘学的灵魂，是校勘学的唯一途径。向来学者无力求善本，又往往不屑作此种“机械”的笨工作，所以校勘学至今不曾走上科学的轨道。援庵先生和他的几位朋友费了八十日的苦工，从那机械的对校里得着空前的大收获，使人知道校书“必须先用对校法”，这是他奠定新校勘学的第一大功。

第二，他用无数最具体的例子来教我们一个校勘学的根本方法，就是：先求得底本的异同，然后考定其是非。是非是异文的是非，没有异文，哪有是非？向来中国校勘学者，往往先举改读之文，次推想其致误之由，最后始举古本或古书引文为证。这是不很忠实的记载，并且可以迷误后学。其实真正校书的人往往是先见古书的异文，然后定其是非；他们偏要倒果为因，先列己说，然后引古本异文为证，好像是先有了巧妙的猜测，而忽得古本作印证似的！所以初学的人，看惯了这样的推理，也就以为校勘之事是应该先去猜想而后去求印证的了！所以我们可以说，古来许多校勘学者的著作，其最高者如王念孙、王引之的，也只是教人推理的法门，而不是校书的正轨；其下焉者，只能引学者走上舍版本而空谈校勘的迷途而已。校勘学的不发达，这种迷误至少要负一部分的责任。援庵先生的《校补》，完全不用这种方法，他只根据最古本，正其误，补其阙；其元刻误而沈刻不误者，一概不校；其有是非不易决定者，姑仍其旧。他的目的在于恢复这书的元刻本来面目，而不在于炫示他的推理的精巧。至于如何定其是非，那是无从说起的。他的一部《释例》，只是对我们说：要懂得元朝的书，必须多懂得元朝的特殊的制度、习俗、语言、文字。这就是说：要懂得一个时代的书，必须多懂得那个时代的制度、习俗、语言、文字。那是个人的学问知识的问题，不是校勘学本身的问题。校勘的工作只是严密的依据古本，充分的用我们所用的知识学问来决定那些偶有疑问的异文的是非，要使校定的新本子至少可以比得上原来的本子，甚至于比原来的刻本还更好一点。如此而已！援庵先生的工作，不仅使我们得见《元典章》的元刻的本来面目，还参酌各本，用他的渊博的元史知识，使我们得着一部比元刻本更完好的《元典章》，这是新校勘学的第一大贡献。

第三，援庵先生的四十二条“例”，也是新校勘学的工具，而不是旧校勘学的校例。校勘学的“例”只是最普通的致误之由。校书所以能有通例，是因为文件的误写都由写人的无心之误，或有心之误；无心之误起于感官（尤其是视官）的错觉；有心之误起于有意改善一个本子而学识不够，就以不误为误。这都是心理的现象，都可以有心理的普通解释，所以往往可以归纳成一些普通致误的原因，如“形似而误”、“涉上文而误”、“两字误为一字”、“一字误分作两字”、“误收旁注文”等等。彭叔夏作《<文苑英华>辨证》，已开校例之端。王念孙《读淮南内篇》的第二十二卷，是他的自序，“推其致误之由”，列举普通设例四十四条，又因误而失韵之例十八条，逐条引《淮南子》的误文作例子。后来俞樾作《古书疑义举例》，其末三卷里也有三十多条校勘的误例，逐条引古书的误文作例子。俞樾在校勘学上的成绩本来不很高明，所以他的“误例”颇有些是靠不住的，而他举的例子也往往是很不可靠的。例如他的第一条“两字义同而衍例”，就不成一条通例，因为写者偶收旁往同义之字，因而误衍，或者有之；而无故误衍同义之字，是很少见的。他举的例子，如硬删《周易·履》六三“按能履，不足以与行也”的“以”字；如硬删《左传》隐元年“有文在其手曰为鲁夫人”的“曰”字；如硬删《老子》六十八章“是谓配天古之极”的“天”字，都毫无底本的根据，硬断为“两字义同而衍”，都是臆改古书，不足为校勘学的误例。王念孙的六十多条“误例”，比俞樾的高明多了。他先校正了《淮南子》九百余条，然后从他们归纳出六十几条通例，故大体上都还站得住。但王念孙的误例，分类太细碎，是一可议；《淮南》是古书，古本太少，王氏所校颇多推理的校勘，而不全有古书引文的依据，是二可议；论字则草书隶书篆文杂用，论韵则所谓“古韵部”本不是严格的依据，是三可议。校勘的依据太薄弱了，归纳出来的“误例”也就不能完全得人的信仰。

所谓“误例”，不过是指出一些容易致误的路子，可以帮助解释某字何以误成某字，而绝对不够证明某字必须改作某字。前人校书，往往引一个同类的例子，称为“例证”，是大错误。俞樾自序《古书疑义举例》，说：“使童蒙之子习知其例，有所据依，或亦读书之一助乎？”这正是旧日校勘家的大病。例不是证，不够用作“据依”。而浅人校书随意改字，全无版本的根据，开口即是“形似而误”、“声近而误”、“涉上文而误”，好像这些通常误例就可证实他们的臆改似的！中国校勘学所以不上轨道，多由于校勘学者不明“例”的性质，误认一个个体的事例为有普遍必然性的律例，所以他们不肯去搜求版本的真依据，而仅仅会滥用“误例”的假依据。

援庵先生的《释例》所以超越前人，约有四端：第一，他的校改是依据最古刻本的，误是真误，故他的“误例”是已证实了的误例。第二，他是用最古本校书，而不是用“误例”校书；他的“误例”是用来“疏释”已校改的谬误的。第三，他明明白白地说他的校法只有四个，此外别无用何种“误例”来校书的懒法子。第四，他明说这些“误例”不过是用来指示“一代语言特例，并古籍窜乱通弊”。他所举的古书窜乱通弊不过那最普通的七条（十二至十八），而全书的绝大部分，自第十九例以下，全是元代语言特例，最可以提醒我们，使我们深刻地了解一代有一代的语言习惯，不可凭藉私见浅识来妄解或妄改古书。他这部书的教训，依我看来，只是要我们明白校勘学的最可靠的依据全在最古的底本；凡版本不能完全解决的疑难，只有最渊博的史识可以帮助解决。书中论“他校法”一条所举“纳失失”及“竹忽”两例是最可以供我们玩味的。

我们庆贺援庵先生校补《元典章》的大工作的完成，因为我们承认他这件工作是“土法”校书的最大成功，也就是新的中国校勘学的最大成功。

中国古代社会研究

作者简介

郭沫若

郭沫若（1892～1978年），原名郭开贞，笔名郭鼎堂、麦克昂等，四川乐山人。现代著名诗人、剧作家、历史学家、考古学家。文学方面的著作有：诗集《女神》、《新华颂》、《百花齐放》、《骆驼集》，历史剧《屈原》、《蔡文姬》、《武则天》。历史考古方面的著作有《中国古代社会研究》、《甲骨文字研究》等，成绩卓著，开辟了史学研究的新天地。其著作结集为《沫若文集》17卷本（1957～1963），新编《郭沫若全集》分文学、历史、考古三编，1982年起陆续出版发行。

作品简介

本文为作者所撰《中国古代社会研究》的自序，发表于1930年3月。郭沫若在文中阐述了自己研究中国古代社会的方法和目的。

选文

对于未来社会的待望逼迫着我们不能不生出清算过往社会的要求。古人说："前事不忘，后事之师。"认清楚过往的来程也正好决定我们未来的去向。

只要是一个人体，他的发展，无论是红黄黑白，大抵相同。

由人所组织成的社会也正是一样。

中国人有一句口头禅，说是"我们的国情不同"。这种民族的偏见差不多各个民族都有。

然而中国人不是神，也不是猴子，中国人所组成的社会不应该有什么不同。

我们的要求就是要用人的观点来观察中国的社会，但这必要的条件是须要我们跳出一切成见的圈子。

中国的社会固定在封建制度之下已经二千多年，所有中国的社会史料，特别是关于封建制度以前的古代，大抵为历来御用学者所湮没，改造，曲解。

在封建思想之下训练抟垸①了二千多年的我们，我们的眼睛每人都成了近视。有的甚至是害了白内障，成了明盲。

已经盲了，自然无法挽回，还在近视的程度中，我们应该用近代的科学方法来及早疗治。

已经在科学发明了的时代，你难道得了眼病，还是要去找寻穷乡僻境的巫觋?

已经是科学发明了的时代，你为什么还锢蔽在封建社会的思想的囚牢?

巫觋已经不是我们再去拜求的时候，就是在近代资本制度下新起的骗钱的医生，我们也应该要联结成一个拒疗同盟。

胡适的《中国哲学史大纲》，在中国的新学界上也支配了几年，但那对于中国古代的实际情形，几曾摸着了一些儿边际? 社会的来源既未认清，思想的发生自无从说起。所以我们对于他所“整理”过的一些过程，全部都有从新“批判”的必要。

我们的“批判”有异于他们的“整理”。

“整理”的究极目标是在“实事求是”，我们的“批判”精神是要在“实事之中求其所以是”。

“整理”的方法所能做到的是“知其然”，我们的“批判”精神是要“知其所以然”。

“整理”自是“批判”过程所必经的一步，然而它不能成为我们所应该局限的一步。

在中国的文化史上实际做了一番整理工夫的要算是以清代遗臣自任的罗振玉，特别是在前两年跳水死了的王国维。

王国维一生的学业结晶在他的《观堂集林》和最近所出的名目实远不及《观堂集林》四字冠冕的《海宁王忠悫公遗书》。

那遗书的外观虽然穿的是一件旧式的花衣补褂，然而所包含的却多是近代的科学内容。

这儿正是一个矛盾。

这个矛盾正是使王国维不能不跳水而死的一个原因。

王国维，研究学问的方法是近代式的，思想感情是封建式的。两个时代在他身上激起了一个剧烈的阶级斗争，结果是封建社会把他的身体夺去了。

然而他遗留给我们的是他知识的产品，那好像一座崔巍的楼阁，在几千年来的旧学的城垒上，灿然放出了一段异样的光辉。

罗振玉的功劳即在为我们提供出了无数的真实的史料。他的殷代甲骨的搜集、保藏、流传、考释，实是中国近三十年来文化史上所应该大书特书的一项事件。还有他关于金石器物、古籍佚书之搜罗颁布，其内容之丰富，甄别之谨严，成绩之浩瀚，方法之崭新，在他的智力之外，我想怕也要有莫大的财力才能办到的。

大抵在目前欲论中国的古学，欲清算中国的古代社会，我们是不能以罗、王二家之业绩为其出发点了。

我们所要的是材料，不要别人已经穿旧了的衣裳；我们所要的是飞机，再不仰仗别人所依据的城垒。

我们要跳出了“国学”的范围，然后才能认清所谓国学的真相。

清算中国的社会，这是前人所未做到的工夫。

清算中国的社会，这也不是外人的能力所容易办到。

不是说研究中国的学问应该要由中国人一手包办。事实是中国的史料，中国的文字，中国的传统生活，只有中国人自身才能更贴切的接近。

世界文化史的关于中国方面的记载，正还是一片白纸。恩格斯的《家庭、私有制和国家的起源》上没有一句说到中国社会的范围。

外国学者对于东方情形不甚明瞭，那是情理中事。中国的鼓睛暴眼的文字实在是比穿山甲、比娟毛还要难于接近的逆鳞。外国学者的不谈，那是他们的矜慎；谈者只是依据旧有的史料、旧有的解释，所以结果便可能与实际全不相符。

在这时中国人是应该自己起来，写满这半部世界文化史上的白页。

外国学者已经替我们把路径开辟了，我们接手过来，正好是事半功倍。

本书的性质可以说就是恩格斯的《家庭、私有制和国家的起源》的续篇。

研究的方法便是以他为向导，而于他所知道了的美洲的印第安人、欧洲的古代希腊、罗马之外，提供出来了他未曾提及一字的中国的古代。

恩格斯的著作中国近来已有翻译，这于本书的了解上，乃至在“国故”的了解上，都是有莫大的帮助。

谈“国故”的夫子们哟！你们除饱读戴东原、王念孙、章学诚之外，也应该知道还有马克思、恩格斯的著作，没有辩证唯物论的观念，连“国故”都不好让你们轻谈。

然而现在却是需要我们“谈谈国故”的时候。

我们把中国实际的社会清算出来，把中国的文化、中国的思想，加以严密的批判，让你们看看中国的国情，中国的传统，究竟是否两样！

对于未来社会的待望逼迫着我们不能不生出清算过往社会的要求。目前虽然是“风雨如晦”之时，然而也正是我们“鸡鸣不已”的时候。

一九二九年九月二十日夜

注释

①抟埏：制造陶器。引申指陶冶、塑造。

中国通史

作者简介

白寿彝（1909～2000年），河南开封人。著名历史学家、教育家、社会活动家。他一生致力于史学领域，取得了突出的学术成就；在中国交通史、中国伊斯兰教史、回族史、中国民族关系史、中国思想史、中国史学史、中国通史和史学理论方面都有杰出的建树。他主编的《中国交通史纲要》于1980年出版，先后被翻译成英文、日文、法文、德文、西班牙文、朝鲜文、罗马尼亚文等。晚年主编的《中国通史》被学术界誉为“20世纪中国史学的压轴之作”。

白寿彝

作品简介

选文选自白寿彝所著的《中国通史》第一卷第一章第一节中的“民族史撰述的近代化倾向”，论述了马克思主义历史观在民族史方面的具体运用。

选文

鸦片战争前夜和战后百余年间，中国民族史撰述上出现了近代化倾向。第一，它反映了各民族联合反清反封建压迫的历史。鸦片战争以后，官修地方志和纪事本末体的书，数量还是很多的，甚至还超过以前。其中，如《平定云南回匪方略》有五十卷，《平定贵州苗匪方略》有四十卷，《平定陕甘新疆回匪方略》有三百二十卷。关于回族反清的私人撰述，如《平回志》、《平定关陇纪略》等书，种类更多。这些书，在作者的主观意图上，都是歌颂清统治者镇压民族起义的武功，但它不能不反映这些反抗民族压迫、反抗镇压的过程，同时，也不能不反映少数民族的联合，他们公开打着反清的旗帜以及清军借助于帝国主义的军火以加强其镇压的力量。这些情况包含着过去民族纠纷中所没有出现过的因素，这具有新的近代的意义。

第二，少数民族的历史地位，在这时期有了重大的改变。过去，在民族纠纷中，少数民族往往被认为是威胁中原政权的力量，现在，他们成为捍卫边疆的重要力量。因此，当时有政治敏感的人，把对国防的重视，跟民族史的研究联系起来。徐松《新疆识略》、张穆《蒙古游牧记》、何秋涛《朔方备乘》、沈垚《新疆私议》、徐鼒霖《筹边刍言》等，都是在这方面有所成就的撰述。把边疆民族史跟边防联系起来，这是一个进步，它反映了边疆民族在政治地位上的一种变化，也意味着民族史撰述的一种近代化倾向。

第三，民族史在中国史中的地位受到重视。清末，夏曾佑着《中国历史教科书》，认为民族问题在历史进程中处于很重要的地位。他在书中的第二章第一节论说："凡国家之成立，必凭二事以为型范。一外族之逼处，二宗教之熏染是也。此盖为天下万国所公用之例，无国不然，亦无时不然。此二事明，则国家成立之根本亦明矣。本书所述，亦也发明此二事为宗旨。"下文论到三国两晋南北朝时民族的复杂，说：

[（魏晋南北朝时期）种族复杂之原，由于前后汉两朝，专以并吞中国四旁之他族为务，北则鲜卑匈奴，西则氐羌，西南则巴賨，几无不遭汉人之吞噬者。中国以是，得成大国而其致乱，则亦因之。盖汉人每于战胜之后，必虏掠其民，致之内地，漫不加以教养。而县官豪右，皆得奴使之。积怨既久，遂至思乱。若政府无事，尚有所畏。一旦有烽烟之警，则群思脱羁绊矣。及其事起，居腹心之地，掩不备之众，其事比御外尤难。故五胡之乱，垂三百年而后定也。其后河北之地，皆并于北魏。魏人于北边设六镇，配汉人以防边，而自与其大姓居洛阳。久之，则强弱之形，彼此易位，适与两汉时相反。于是高欢侯景等，稍稍通显。至隋唐间，天下之健者，无一非汉人矣。此本篇所详种族之大纲也。而其宗教复杂之原，则与种族相表里。两汉所用，纯乎六艺耳。至魏晋时，乃尚老庄。其后渐变为天师道。天师道者，源起于三苗之巫风，而假合以外来之教，故尤与南方之汉族为宜。其时江左之大家，如王谢等，莫不奉天师道。而河洛秦雍诸国，其种人本从西北来，天竺佛教早传于匈奴与西域，至此即随其种人，以入中国。佛教之高深精密，其过天师道。本不可以数记。且孙恩之乱，假天师道以惑众。其后士大夫，多不喜言天师道。于是佛教之力，由江北以达江南。久之，与古之巫风合而为一。而儒家不过为学术之一家，士大夫用之，非民所能与也。此二者之变幻，自魏晋以后，五代以前，大率如此。]

夏曾佑认为，民族问题既与政权兴替密切相关，又与宗教信仰类型密切相关，他把民族史在通史中的地位看得如此重要，还是前所未有的。这显然是跟作者所处的时代有关。这是当时国内外的民族矛盾在作者史学思想上的反映。

在五四运动前后十余年间，王国维对北方民族的历史做了大量而细致的考订工作，对于蒙古史用力尤勤。他根据古籍所记，结合古器物、古文字，参考国外学者的研究成果作出一些精辟的论断。他是用近代的科学方法进行研究工作的。他的名著《鬼方昆夷猃狁考》、《西胡考》、《西胡续考》、《黑车子室韦考》、《西辽都城虎思斡耳朵考》、《鞑靼考》、《萌古考》、《月氏未西徙大夏时故地考》，一直在学术界有很大影响，特别是这些作品引起了人们对民族史在中国古史中的地位的重视。

第四，本世纪二十年代，开始有近代形式的中国民族史出现。所谓近代形式，主要是指它基本上脱离了政治史的附属地位，而向一个有丰富内容、有自己体系的独立学科发展。梁启超倡之于前，王桐龄、吕思勉、林惠祥、吕振羽等相继编写于后。

梁启超著《中国历史上民族之研究》，这是一篇对中国民族发展相当概括的论述。梁启超在书中解释了“民族”一词的函义，把“民族”跟“宗族”、“国民”区别开来。他论述了中国民族的起源，指出了外国学者的中国民族西来说、中国民族南来说没有根据，并以《诗经》中的记载来反证《史记》中关于夏商周始祖之不可信。他认为，中国境内有六个民族。中国古代民族可分为八个组。而汉族是在长期发展过程中跟各族融合而成的混合体。他这篇文章，有些话说得很有见识，概括能力也很强，但在对各个民族的分别论述和古今民族的演变上错误很多。从民族史研究的发展上看，这是一篇很有影响的文章。

王桐龄、吕思勉、林惠祥的书都称作《中国民族史》。吕振羽的书称作《中国民族简史》。四书对于民族的分类，主要是按照辛亥革命以来的“五族共和”的提法，列出汉、满、蒙、回、藏，加上了苗，还略有其他民族的增益。在取材上，这四种书基本上根据旧史。吕振羽重视调查材料，而调查到的材料也不多。王桐龄书，实际上只是汉族形成发展史，对于其他民族，也只是就其与汉族有关系的史事说了一些。这书的特点是附表多，关于不同民族间杂居、通婚、仕宦，文化上的学习等，这些表可供参考。其它三书，都是就不同民族分别陈述，不能对国内各民族作综合的说明。作为书中主要内容的五族历史，因研究得不够，说法上也有很大的分歧。吕振羽试图从马克思主义民族理论上解释一些问题，并探索各民族的历史前途。尽管他在具体的史实方面有不少误解，但从书的总体上看，代表一个新的研究方向。

从鸦片战争以来，民族史撰述是沿着近代化的倾向蹒跚前进的。因历史条件的局限，这种状况很难改变。一直到了新中国的建立，中国各民族得到了解放，为民族史的调查、研究和撰述提供了便利条件，因而民族史的研究工作才能面目一新。

第五，民族思想的多样化和民族平等思想的出现。鸦片战争发生后的第三年，即南京条约签订的那一年，魏源的《圣武记》成书。魏源特别在序文中提到，本书“告成于海夷就款江宁之月。”作者备陈清自开国以来军事上的得失，申述自己对当前军备的见解。这是一部有爱国思想的书，就针对外国入侵的局势立论的。这是魏源民族思想的主要方面。但《圣武记》中大量地颂扬了镇压少数民族的胜利，这又反映了满汉统治阶层的大民族主义的立场。

在辛亥革命前后，章炳麟是一位资产阶级革命家，同时也是一个大民族主义者。他所著《中夏亡国二百四十年纪念会书》和《讨满洲檄》，比较集中地反映了他的这种思想。当时的革命党人具有类似思想的，颇不乏人。

孙中山主张民族平等。他在《中华民国临时大总统宣言书》中，明确地指出：“国家之本，在于人民。合汉、满、蒙、回、藏诸地为一国，即合汉、满、蒙、回、藏为一人。是汉民族之统一。”后来他提倡三民主义，民族主义即其中之一。他主张对外要联合以平等待我之民族共同奋斗，对内要国内民族一律平等。但他把蒙古人和满人都看作是历史上的外国人或被汉人同化了的外国人，认为元、清两朝的统治是中国亡了两次国。这些显然还是大民族主义的论点。

一九四一年，李维汉同志主编的《回回民族问题》出版。这是我国运用马克思主义民族理论解决民族问题的第一部专书。书中讲到回族的来源、回族长期被压迫和斗争的历史，分析了回族跟伊斯兰教的关系，分析了西北伊斯兰各个教派的经济基础，批判了各种有关回族问题的谬论。这是一部富有创见的书，也是为适应当时革命斗争需要的书。这书的名称虽叫《回回民族问题》，实际上，它对开展民族问题的科学研究，包含民族史研究在内，有广泛的指导意义。

《回回民族问题》出版后八年，吕振羽同志在他的《中国民族简史》中提出：“在中国民族民主革命阶段中，要解决的国内问题，主要有两个：一是土地问题，一是民族问题。土地问题，由于二十年来革命实践的体现，天才领袖的创造，已成了中国最先进人士熟知的科学；民族问题，我们也有着正确的原则、方针，并早已正式提到行动日程上，不过在全国人民，以至最先进人士里面，大多还不如对于土地问题那样熟悉。现抗战胜利结束，进到和平民主事业的斗争，国内民族问题，立即就要全面地提到行动日程上，我们应同时展开这个问题的研究工作。”

“中国民族问题，从来还没有系统地研究过，‘中华民族’或‘中国民族’的用语，是从马克思、列宁的著作中译来的，马列这个用语的本来意义是‘中华诸民族’或‘中国的民族’。但中国封建的买办的法西斯主义者，却从大汉族主义的立场来窃用这个神圣的用语。他们颠倒黑白，歪曲历史事实，无耻地只承认汉族是一个民族，说国内其他民族如满、蒙、回、藏、苗等等，都只是所谓‘宗支’或‘宗族’。这不啻是对国内其他民族任意‘侮辱’。并证明了他们毫无科学常识。中国境内究竟有多少民族，他们的起源、历史过程以及现状怎样，法西斯大汉族主义者是完全无知的。他们敢于那样大胆的武断不仅在企图避免国内民族问题的正确解决，且正是臭名万代的希特勒、荒木贞夫的民族优越论的翻版。这和马列主义的民族问题的科学，自然正相反对，而与孙中山民族主义的基本精神，也是不兼容的；其对今后全国和平民主事业，更十分有害。”

“自然谁也不容否认，汉族是全世界第一位人口众多的民族，是中华民族的主要部分。中华民族四千年光荣的文明历史，过去辉煌灿烂的封建文化，是东方文化的主流，对全人类的文明，也有着伟大贡献，而其主要创造者也是汉族。这回决定全民族命运的伟大抗战事业，主要也由汉族在担当。但同样不容否认，中国境内其他兄弟民族，对过去中国文化的创造也都直接或多或少有其不朽的贡献；对这回的民族抗战也都有相当的功绩。”

吕振羽同志的话，说出了民族史的真实情况，也说出了我们历史工作者在民族问题上应持的正确态度。

以上，我们简单而扼要地回顾了新中国创立前，我国多民族历史撰述的一些情况。它们已形成了悠久的历史传统，留下了相当多的历史资料，运用了各种不同的撰述体裁，表达了不同的民族思想，反映了各个时期的历史特点。这些宝贵的遗产为我们研究民族史，提供了大量资料和编写上的借鉴。那些认为中国史书只记载汉族不记载少数民族的历史的看法，是没有根据的。

汉族史家生活在中原。在两三千年的漫长时期里，他们接触各地区少数民族的机会比较多，因而汉文在民族史方面的记载比较多，也相当重要。少数民族用本民族语言写下的历史，在不同民族中有不相同的情况。挖掘、研究民族文字的历史记载，还处在初步阶段。我们急须加紧努力，使汉文及少数民族文字的记载得以互相补充、互相印证，使我们多民族祖国历史的研究和撰述得到不断的充实和提高。

中国大历史

作者简介

黄仁宇

黄仁宇（1918～2000年），美籍华裔学者，著名历史学家。抗日战争爆发后，先在长沙《抗日战报》工作，后来进入国民党成都中央军校，1950年退伍。其后赴美攻读历史。参与《明代名人传》及《剑桥中国史》的集体研究工作。其代表作《万历十五年》被《新周刊》和《书城》评为“改革开放20年来对中国影响最大的20本书”之一，他的著作和历史观刷新了中国人历史阅读的精神面貌。

作品简介

本文是黄仁宇《中国大历史》中文版的自序《为什么称为“中国大历史”？》，它集中体现了黄仁宇的“大历史”观。

选文

macro-history这名词刻下看来由我创用。如果有前人用过，则恕我查访未周。其实此间之出处与是非已无关宏旨，因为这名词纵是新颖，已乏创意。经济学家以货币之流通影响到物质与雇佣之最基本的原则统称之为“宏观经济学”（macroeconomics），而以内部较精密之观察有如涉及物价指数与商业周期等详情称为“微视经济学”（microeconomics）由来已久，亦从未有人出面自称为始作俑者。宏观与微视亦不过放宽视界与计及精微之不同。改称大小，转用于历史，显系模仿而非发明。

至于我自己将宏观及放宽视野这一观念导引到中国历史研究里去，倒确经过一段长期间的周折。

大部原因出自命运之安排。我年轻时从军十年，解甲退伍之后，负笈于海外，可谓“学书未成先习剑，用剑无功再读书”。有了这样一段颠簸之经验，自己尚在憧憬于近身所见闻的事迹之真意义，而一旦授有学位，作为人师，在美国学子之前讲解中国历史，深觉得不能照教科书朗诵，尤其每次复习与考试之后，不免扪心自问：他们或她们须要理解井田制度到何程度？与他们日后立身处世有何用场？难道他们或她们必须知道与Han Fei Tzu（韩非子）同受业者有Li Ssu（李斯）其人，他曾鼓励Shih-huang-ti（秦始皇）焚书，后又为宦官Chao Kao（赵高）所构杀？Empress Wu（女皇武则天）的一生事迹仅是“秽乱春宫”？对我的学生讲，除了用她与沙俄的Catherine the Great（凯瑟琳二世）比较，或与清朝的Empress Dowager（慈禧太后）比较，这段知识尚有何实用之处？

当然我无从将数千年的历史内凡一人一时一事提出与今日之西方处处衔接，讲到午前之用场与黄昏之用处，提供建筑师与会计师应参考的地方，这样一来更感到综合的重要。

在1960年代，我就觉得我们应当广泛的利用归纳法将现有的史料高度的压缩，先构成一个简明而前后连贯的纲领，和西欧史与美国史有了互相比较的幅度与层次，才谈得上进一步的研究。

其实我们自己对中国现代史的看法，亦复如此。到目前为止，我们对蒋介石、毛泽东与邓小平的看法亦无非出自个人之爱憎。可是他们代表广大的群众运动，所得的成果又大都已成为既成事实，不可逆转，那我们就应当考虑这些群众运动之积极性格及其前后连贯的出处，不能全以本人之恩怨当作历史之转折点了。

1970年，我得到哈佛大学东亚研究所的一笔研究费，前往麻省剑桥研究明代的财政税收，受费正清教授的督导。费教授对我个人和我家庭的善意照顾，我已在其他书刊里叙及。可是在治学方法上，我们却也有根本不能融洽之处。他重分析，我主张综合；他坚持以二十年为研究的范围，我动辄牵涉一个世纪或一个朝代；他用演绎法，我用归纳法。后来《明代十六世纪之财政与税收》书成，未交哈佛出版，而送至英国剑桥付梓，不得已也。

此中有一个明显的例子，作《财政与税收》时，我曾用明代方志39种，内中无不包括当日徭役税收的标准名词，有如“里甲”、“均徭”、“驿传”与“民壮”。如果用以分析，读者可以一眼看出当中毫无体系，可算杂乱丛芜，互相矛盾，我们可以斥之为官僚制度之无能，也可能责之为腐化。可是经过一段综合之后，所见又不同了。明代税收章程一方面包括着一种中央体制，一方面又顾及地方实况，内中有永久法则，亦有临时条款，总之即不明白区分，而系囫囵的套入，所以外表全国一致，实际当中则万别千差。因为如此，全朝代避免整体的改组而能支持276年。但是如此之中央管制产生一种负面作用：此体系不鼓励各地发展其特长，而制造一种人为的平衡。这种作用，是好是坏与我们今日所面临的问题仍然有关。所以历史学不专恃记忆，它本身也成为一种思维的方法。

日后我作《万历十五年》时注重官僚系统里以仪礼代替行政，维持各品级文官的协同和谐，不顾及各区内经济因素之公平而自由的交换，大致得益于研究明代财政与税收之心得。

1972年我去英国剑桥襄助李约瑟博士关于《中国科学技术史》当中一段的研究工作，有机会和这位“魁梧长者”接近。有人批评他古怪孤僻，在某些情形之下也确是如此。他的书籍与笔记就摆在学院里四五处不同的地方，分类的方法也全在他自己脑内，如果要寻觅某种资料，他不待说完就走，学院中的草地向来就禁人通行，他在此时常用做院长之特权，不顾禁忌，以最直线的途径大步跨践而去，使我紧随在后也只好跟着犯规。

我和他讨论辩论多次之后，发觉他治学的方法，也以综合为主，尤以他和我说及：“在我看来，欧洲的宗教改革，文艺复兴，成立民族国家，进行资本主义是一成套的行动，一有都有。”那么就有一种归纳重于分析的趋向了。他又和我说起：“即算阴阳五行，大家都认为是假科学。我们不要不加审问，劈头就说它错了。我们先要检阅此中逻辑，如果是错，我们也要追究错在什么地方。”我和李公相处一年，以后又在1974、1975和1978年重去剑桥。我受他启发的力量非一言可尽，事后想来，我写《资本主义与二十一世纪》采用一种综合的幅面，不随着别人去走牛角尖，其设计已肇始于1970年代与李博士在剑河河畔闲步纵论古今时。

迄至70年代的后期，我已将自己在课堂上的讲稿逐节修正，一步一步接近于现有布局。中国通史的原始资料不能脱离二十四史。可是这丛书篇幅浩繁。以北京中华书局所出标点本言之，虽醒目易读，也有七万六千余页，即一个学者不务他事专心每日读五十页，也要四五年，并且当中很多天文地理孝子节妇的记录与今人甚少关系。《资治通鉴》也用二十四史作蓝本，只是将分列在本纪、列传、志各处的节目再加以不见于上篇幅之资料剪裁连缀成书，其弊也仍是过于支持传统社会的价值。《资治通鉴》英译为*comprehensive Mirror for Aid In Government*，再直译回来即是“用以资助于行政的一面完全的镜子”，这当然不放弃传统道德的立场，而司马光本人就卷入了王安石改革中的漩涡，他的观念免不了一个历史“应当如是”演进的偏见，而不及于我们亟欲知道“何以如是”展开的因果关系。

我已经迭次在各处发表：我写的历史是从技术的角度看历史，不是从道德的角度检讨历史。这并不是说道德不重要，而是新社会的道德要靠社会的结构而决定其内涵，不如过去农业社会里人与人之关系为单元，所有道德观念及其尺度可以亘世纪而不变，放大眼光说来，这也是说司马光等的道德观念有等于欧洲文艺复兴前之标准，尚未进入韦伯所说的“新教伦理”之境界。

作此书时我当然引用二十四史及《资治通鉴》等基本资料，也仍借重过去写中国通史诸大师如钱穆、邓之诚、周谷城各先生的见解，更参考西方的次级资料。但在多少情形下仍不免挂一漏万。我自己了解现代中国的基点仍在晚明。1960年间我曾在教书之余读过《明实录》一遍，全书133册费时两年半，至今受益。至于本书特殊之处则来自二十四史内之《食货志》。二十四史内有《食货志》十二篇，虽然内中繁简不同，作者的见解尤不能与今人相较，但其中六篇已有西方及日本学者详细译注，构成了今日治经济史者最好的线索。迄今我最大的困难仍是无法提供一种既适切而又不浮夸的“参考书目”。如果要广泛的张罗则虽四书五经西洋经典著作都应列入（文中即已提及《易经》三次，《孟子》九次），如要简短则虽费正清与李约瑟的基本著作也应合弃不提。总之，既为一种大历史，又因综合归纳而成，则自作者束发受教以来所诵习之文件均有影响，旁及于文理哲学报纸杂志。

1980年我脱离教职，自此花了一段时间整理撰写修订此书之英文本。当中若干资料不易压缩，曾使我一度踌躇，有如北魏亘北齐、北周至隋唐之“均田令”也前后不同，“五胡十六国”之种姓也极混乱，即南宋与金之和战亦是前后反复，我在稿中只介绍此为一种观念或一种现象，因为我自己曾经整理明末财政，知道很多技术上之变数在长期历史上之衍进无决定性之影响，不愿以之烦劳我的读者。反之则袁绍一家父祖经历、黄巢行军路线，因其情形特殊，引起作者与读者共同的好奇心，其琐屑之处也代表一种罕有的现象，则又据实写出。此中差异乃是本书注重想象，不注重机械式的记忆。有了这样的剪裁，我才能腾出篇幅介绍敦煌龙门石窟的外观与内景，又在记南宋之一章得有优闲叙至西湖景色并及《白蛇传》。

我认为近代中国所面临的最大一个问题乃是传统社会不容产生现代型的经济体

制，在综叙背景时我称唐宋帝国带扩展性，明清帝国带收敛性，虽然这线索摆在很多小故事之后，明眼人一看就看透了。我刚将书寄往剑桥，不久之后就接李约瑟博士来函：“哎呀，”他写着，“一切靠抽税而转移！”最近香港行政局议员钱果丰博士（私人方面我们是世交）也在香港电台接受访问时推荐此书，提到盛唐之后中国再无有效的税收制度打开局面。可见得他们已先有和我相同的共识，所以一经说破，引起共鸣。

可是不久之前也有一位书评者在报刊里写出：不论我写的历史是否涉及古今中外，我总在把中国写成一个资本主义的国家。

这个说法使我想起一段故事：数年之前尼克松讲到他见毛泽东时，他恭维毛：“主席，你写了几本小册子，竟使整个中国改观。”

毛立即抗议：“我怎么能使中国改观，我不过使北京一二十里的地方，这边那里稍微扭转一下罢了！”

毛泽东犹且如是，我怎敢想望由我的文字使中国改变？况且历史从业员的工作只是报导已经发生的情事之前因后果，不及于筹划未来，事实倒是这样的：我刚将《中国大历史》整顿组织就绪，时值1981年间，正不知如何收篇，而中国领导人正在提倡“摸石头过河”，关于他们改革的新闻，经常在美国报纸杂志里出现。这种趋势和征象与我私下想象中国历史和西洋文化汇合，以商业组织代替过去农业组织之体系，逐渐进入以数目字管理的诸条件符合。这种种条件不由我创意，而源于英国研究17世纪的专家克拉克（Sir George N.Clark），他认为英国在光荣革命后进入这境界。将一个农业国家蜕变而为一个工商业国家不是一件容易事，我常用的一个隐喻：有等于一只走兽蜕化而为飞禽。以英国的农业基础、社会习惯和法规传统而能使银行开设于乡镇之间，土地能随意典买抵当，各地创建付费公路（turn-pike），人口能自由移动，17世纪之前已是不可思议。只因为日子久了，我们以为英国历来如此。想像不到要将这样一个国家当作一个城市国家那样的处理，以货币作管制全民的工具，不可能避免一段奋斗。本书有10页左右的篇幅介绍西欧国家进入这境界的程序。中国是否已进入这境界，读者一望可知，至于中国应称目下的体制为资本主义或社会主义，我主张让摩登学究去争辩。

话说回头，80年代最初的几年，我虽有以上的愚见，还不敢申张，直到大陆上“承包到户”的政策普遍施行，使人民公社不复成为生产的单位，情势确是不能逆转，才将本书结论作较肯定的说法写出，再加以背景上有几十年的筹谋思虑，那也就不能说我和出版者没有慎重将事了。

为什么称为“中国大历史”？

中国过去150年内经过人类历史上规模最大的一次革命，从一个闭关自守中世纪的国家蜕变而为一个现代国家，影响到10亿人口的思想信仰、婚姻教育与衣食住行，其情形不容许我们用寻常尺度衡量。本书作者不是哥伦布，他没有发现新大陆。可是他像一个普通船员一样随着哥伦布航行4次，亲历牙买加、洪都拉斯诸地，回到西班牙，说及确有一个新大陆的存在，听的人还说他在胡讲瞎吹，那也就怪不得他不耐烦了。

黄仁宇

1993年8月18日纽普兹

权术计谋

兵法是用兵作战的方法、策略。它并非是简简单单的两军对垒，在中国人富于哲思的眼中，战争成为权变与巧谋的竞技场，是智慧的交锋。《孙子兵法》是我国古代最古老和最完备的一部兵书，堪称中华民族智慧的结晶；《吴子兵法》是宋代颁定的“武经”之一，与《孙子兵法》并称；《六韬》是一部集先秦军事思想之大成的著作，对后代的军事思想有很大的影响，被誉为兵家权谋类的始祖；刘基的《百战奇略》总结了前人的战争经验，是我国古代享誉很高的一部著名军事理论书籍。除此之外，还有《管子》、《鬼谷子》、《韩非子》、《司马法》、《素书》、《三十六计》、《厚黑学》等书籍，在我国权谋类书籍中影响较大。

孙子兵法

作者简介

孙武

孙武，春秋末期吴国将军。亦称孙子。字长卿，齐国乐安（今山东惠民，一说博兴）人。周景王十三年（公元前532年），齐国内乱，出奔吴国，长期避隐深居，潜心研究兵学，著书立论，成兵法十三篇。经伍子胥举荐被阖闾任为将军。与伍子胥共同辅佐阖闾经国治军，取得与楚国争霸的主动权。随即佐阖闾统领大军攻楚，大败楚军，攻占楚都郢城（今荆州市江陵西北），使吴国显名诸侯。

作品简介

流传至今的《孙子兵法》十三篇，集中反映了孙武丰富而深邃的军事思想。在中国和世界军事史上，孙武率先论述战争全局和战略全局问题，最早揭示出“知彼知己，百战不殆”，“先胜而后求战”，“致人而不致于人”，“因敌而制胜”等指导战争的普遍规律，深刻总结出“以正合，以奇胜”，“攻其无备，出其不意”，“我专而敌分”，“避实而击虚”等一系列至今仍有科学价值的作战指导原则，闪耀着朴素的唯物主义和辩证法思想的光辉。

选文

始 计

孙子曰：兵①者，国之大事，死生之地②，存亡之道③，不可不察也。

注释

①兵：在此篇中，指军事，战争。 ②死生之地：战争场所，得其利者生，失其利者死。 ③存亡之道：国家存亡之问题。

故经之以五事，校之以计，而索其情①：一曰道②，二曰天，三曰地，四曰将，五曰法。道者，令民与上同意也，故可以与之死，可以与之生，而不畏危也。天者，阴阳、寒暑、时制③也。地者，远近、险易、广狭、死生④也。将者，智、信、仁、勇、严也。法者，曲制、官道、主用⑤也。凡此五者，将莫不闻，知之者胜，不知者不胜。故校之以计而索其情，曰：主孰有道[6]？将孰有能？天地孰得？法令孰行？兵众孰强？士卒孰练？赏罚孰明？吾以此知胜负矣。

注释

①故经之以五事，校之以计，而索其情：经：量度，即分析。校：比较。即需自五方面分析、比较及探索。 ②道：道路。此处指政治开明。 ③时制：季节更替。④死生：不可攻守进退或可攻守进退(之地）。 ⑤曲：军队编制。制：指挥号令。官道：各级官吏之职责与管理。主用：军需配备与使用。 ⑥孰：谁、哪个、哪一方。主孰有道：哪个君主更得人民支持。

将[1]听吾计，用之必胜，留之；将不听吾计，用之必败，去之[2]。

计利以听[3]，乃为之势，以佐其外[4]。势者，因利而制权也[5]。

兵者，诡道[6]也。故能而示之不能，用而示之不用；近而示之远，远而示之近；利而诱之，乱而取之，实而备之[7]，强而避之，怒而挠之[8]，卑而骄之[9]，佚[10]而劳之，亲而离之，攻其无备，出其不意。此兵家之胜，不可先传[11]也。

注释

①将：指将军。 ②用之必胜，留之；将不听吾计，用之必败，去之：接上文之另一解释则为：用我计必胜，我将留下；不用我计必败，我即离去。 ③计利以听：采纳有利计谋之后。 ④乃为之势，以佐其外：需创一态势以促其实现。 ⑤因利而制权也：因事之利，制为权谋。 ⑥诡道：诡诈之术。 ⑦实而备之：对具实力之敌严加戒备。 ⑧怒而挠之：激怒性格暴躁之敌人。 ⑨卑而骄之：故作谦卑，使敌人骄傲松懈。 ⑩佚：安逸。 ⑪先传：先事而言。

夫未战而庙算[1]胜者，得算多也[2]；未战而庙算不胜者，得算少也。多算胜，少算不胜，而况于无算乎[3]。吾以此观之，胜负见矣。

注释

①庙算：出师打仗乃大事，须于庙堂举行仪式，协商讨论，以测算战争胜负。②得算多：有利条件多。 ③多算胜，少算不胜，而况于无算乎：有利条件多则胜，有利条件少则败，何况毫无有利条件乎。

谋 攻

孙子曰：夫用兵之法，全国为上，破国次之①；全军为上，破军次之；全旅为上，破旅次之；全卒为上，破卒次之②；全伍为上，破伍次之。是故百战百胜，非善之善者也；不战而屈人之兵，善之善者也。

注释

①全国为上，破国次之：使国家完整无缺地投降于我，为上策；以武力攻破敌国使其残缺受损便稍逊一筹了。 ②卒：古军队编制，百人为卒。

故上兵伐谋①，其次伐交②，其次伐兵，其下攻城；攻城之法，为不得已。修橹、轒辒③，具器械，三月而后成；距𬮱④，又三月而后已。将不胜其忿，而蚁附之⑤，杀士三分之一，而城不拔者，此攻之灾也。故善用兵者，屈人之兵，而非战也。拔人之城，而非攻也；毁人之国，而非久也。必以全争于天下，故兵不顿⑥而利可全，此谋攻之法也。

注释

①故上兵伐谋：用兵之道，以计谋取胜为上。 ②伐交：以外交手段瓦解敌人。 ③修橹、轒辒：橹，大盾。轒辒，攻城之车具。 ④距𬮱：修土山以越过城墙进攻。𬮱，通“堙”，土山。 ⑤蚁附：士兵多如蚂蚁，沿城墙而上。 ⑥顿：疲惫受挫。

故用兵之法，十则围之①，五则攻之，倍则分之②，敌则能战之③，少则能逃之，不若则能避之。故小敌之坚，大敌之擒也④。

注释

①十则围之：如有十倍兵力则围困敌人。 ②倍则分之：兵力两倍于敌人则可夹攻。 ③敌则能战之：势均力敌则奋力抗击。 ④小敌之坚，大敌之擒：弱兵如固执坚战，必为强敌所擒。

夫将者，国之辅也。辅周①则国必强，辅隙②则国必弱。

故君之所以患于军者三：不知军之不可以进，而谓③之进；不知军之不可以退，而谓之退；是谓縻军④。不知三军之事，而同⑤三军之政者，则军士惑矣；不知三军之权，而同三军之任，则军士疑矣。三军既惑且疑，则诸侯之难至矣，是谓乱军引胜⑥。

注释

①辅周：才智周备去辅国。②辅隙：辅国有缺点。隙：有所缺。 ③谓：使。④縻军：束缚军队。縻，束缚。 ⑤同：（外行）干预。 ⑥乱军引胜：自乱其军引敌取胜。

故知胜有五：知可以与战、不可与战者胜；识众寡之用者胜；上下同欲者胜；以虞待不虞者胜①；将能而君不御者胜②。此五者，知胜之道也。

故曰：知彼知己，百战不殆③；不知彼而知己，一胜一负④；不知彼，不知己，每战必殆。

注释

①以虞待不虞者胜：有准备对无准备，自可得胜。 ②将能而君不御者胜：将帅有能而君主不加干预者胜。 ③殆：危殆，危险。 ④一胜一负：或胜或负，无必胜之把握。

管　子

作者简介

管仲

管仲（？～公元前645年），春秋初期齐国主政之卿，政治家、军事谋略家。又称管敬仲，名夷吾，字仲。周王同族姬姓之后，生于颍上（颍水之滨）。齐襄公时，与鲍叔牙同为齐国公室侍臣。在齐国内乱中，助公子纠同公子小白（齐桓公）争夺君位失败。虽一度为齐桓公所忌恨，终以经世之才，经鲍叔牙力荐，被桓公重用为卿，主持国政。辅佐桓公励精图治，推行旨在富国强兵的改革。军事上实行兵民合一，军政合一，开创诸侯大国有三军，每军万人的军事体制。加强兵器制造，并制定用甲兵赎罪的法令，以增加武器，使齐成为军事实力最强之国。后佐桓公北攻山戎，南征楚国，扶助王室，救邢存卫，主持会盟，终成首创霸业之功。因有殊勋于齐，被桓公尊为仲父。

作品简介

《管子》今存76篇，主要以法家和道家思想为主，兼有儒家、兵家、纵横家、农家、阴阳家的思想，更涉及天文、伦理、地理、教育等问题，是先秦时独成一家之言的最大的一部杂家著作。

选文

任　法①

圣君任法而不任智②，任数而不任说③，任公而不任私，任大道而不任小物④，然后身佚⑤而天下治。失君⑥则不然，舍法而任智，故民舍事而好誉⑦；舍数而任说，故民舍实而好言；舍公而好私，故民离法而妄行；舍大道而任小物，故上烦劳，百姓迷惑而国家不治。圣君则不然，守道要⑧，处佚乐，驰骋弋猎，钟鼓竽瑟，宫中之乐，无禁圉⑨也。不思不虑，不忧不图，利身体，便形躯，养寿命，垂拱⑩而天下治。是故人主有能用其道者，不事心，不劳意，不动力，而土地自辟，囷仓⑪自实，蓄积自多，甲兵自强，群臣无诈伪，百官无奸邪，奇术技艺之人莫敢高言孟行⑫以过其情⑬以遇⑭其主矣。

注释

①《任法》选自《管子》卷十五。主张君主治国应该稳定法令，并且向百姓公开法令，严格执法，这样才能保证对国家的统治。任法就是“用法”。 ②智：个人的判断。 ③数：理。说：言辞。 ④小物：小谋略。 ⑤身佚：身体安乐。 ⑥失君：有过失的君主。 ⑦事：实事。好誉：追求虚名。 ⑧道要：大道的关键。 ⑨禁圉：禁止。 ⑩垂拱：垂衣拱手，形容很容易。 ⑪囷仓：圆形仓库。 ⑫高言孟行：说大话，做夸大奇异的事情。 ⑬过其情：不真实。 ⑭遇：游说、沟通。

昔者尧之治天下也，犹埴之在埏①也，唯陶②之所以为，犹金之在炉，恣冶③之所以铸。其民引之而来，推之而往，使之而成，禁之而止。故尧之治也，善明法禁之令而已矣。黄帝之治天下也，其民不引而来，不推而往，不使而成，不禁而止。故黄帝之治也，置法④而不变，使民安其法者也。

所谓仁义礼乐者，皆出于法。此先圣之所以一民⑤者也。《周书》曰：“国法，法不一，则有国者不祥；民不道法⑥，则不祥；国更⑦立法以典民，则祥。群臣不用礼义教训，则不祥；百官服事⑧者离法而治，则不祥。”故曰：法者不可恒也，存亡治乱之所从出，圣君所以为天下大仪也。君臣上下贵贱皆发焉，故曰“法”。

古之法也，世无请谒任举⑨之人，无间识博学辩说之士，无伟服⑩，无奇行，皆囊于法⑪以事其主。故明王之所恒者二：一曰明法而固守之，二曰禁民私⑫而收使之。此二者主之所恒也。夫法者，上之所以一民使下也；私者⑬，下之所以侵法乱主也。故圣君置仪设法而固守之，然故堪材习士⑭闻识博学之人不可乱也，众强富贵私勇者不能侵也，信近亲爱者不能离也，珍怪奇物不能惑也，万物百事非在法之中者不能动也。故法者，天下之至道也，圣君之实用也。

注释

①埴之在埏也：埴，黏土。埏：用水和土。比喻十分自然地塑造百姓。 ②陶：制作陶器的工匠。 ③冶：冶金工匠。 ④置法：设置法令。 ⑤一民：统一百姓的行为。 ⑥道法：按照法律行事。 ⑦更：改变。 ⑧服事：执行职务。 ⑨请谒任举：托人请求保荐。 ⑩伟服：奇异的服装。 ⑪囊于法：在法的范围之内。 ⑫民私：百姓私自行事。 ⑬私者：不守法的个人行为。 ⑭堪材习士：谌材，凭才干管理事务的人。习士：办事熟练的人。

今天下则不然，皆有善法而不能守也。然故堪材习士闻识博学之士能以其智乱法惑上，众强富贵私勇者能以其威犯法侵陵，邻国诸侯能以其权置子立相①，大臣能以其私附百姓，剪②公财以禄私士。凡如是而求法之行，国之治，不可得也。

圣君则不然，卿相不得剪其私，群臣不得辟③其所亲爱，圣君亦明其法而固守之。群臣修通辐凑④以事其主，百姓辑睦⑤，听令道法以从其事。故曰：有生法，有守法，有法于法。夫生法者，君也，守法者，臣也，法于法者，民也。君臣上下贵贱皆从法，此谓为大治。故主有三术：夫爱人不私赏也，恶人不私罚也，置仪设法以度量断者，上主也。爱人而私赏之，恶人而私罚之，倍⑥大臣，离左右，专以其心断者，中主也。臣有所爱而为私赏之，有所恶而为私罚之，倍其公法，损其正心，专听其大臣者，危主也。故为人主者，不重爱人，不重恶人。重爱曰失德，重恶曰失威。威德皆失，则主危也。

故明王之所操者六：生之、杀之，富之、贫之，贵之、贱之。此六柄者，主之所操也。主之所处者四：一曰文、二曰武、三曰威、四曰德。此四位者，主之所处也。藉人以其所操，命曰夺柄⑦。藉人以其所处，命曰失位⑧。夺柄失位，而求令之行，不可得也。法不平，令不全，是亦夺柄失位之道也。故有为枉法，有为毁令，此圣君之所以自禁也。故贵不能威，富不能禄，贱不能事⑨，近不能亲，美不能淫也。植固⑩而不动，奇邪乃恐，奇革而邪化⑪，令往而民移。故圣君矢度量，置仪法，如天地之坚，如列星之固，如日月之明，如四时之信，然故令往而民从之。而失君则不然，法立而还废之，令出而后反之，枉法而从私，毁令而不全。是贵能威之，富能禄之，贱能事之，近能亲之，美能淫之也。此五者不禁于身，是以群臣百姓人挟其私而幸其主。彼幸而得之，则主日侵⑫；彼幸而不得，则怨日产。夫日侵而产怨，此失君之所宜慎也。

注释

①置子立相：立太子和宰相。 ②剪：剥夺。 ③辟：征辟。 ④修通辐凑：增加自己的修养，团结一致。 ⑤辑睦：和睦。 ⑥倍：背。 ⑦夺柄：剥夺权柄。 ⑧失位：失去君主的位置。 ⑨贱不能事：不能（因为同情而）听信下贱的人。 ⑩植固：植根牢固。 ⑪奇革而邪化：消除了怪异、邪僻的人。 ⑫侵：削弱。

凡为主而不得用其法，不能适①其意，顾臣而行②，离法而听贵臣，此所谓贵而威之也。富人用金玉事主而来焉，主离法而听之，此所谓富而禄之也。贱人以服约③卑敬悲色告愬其主，主因离法而听之，此所谓贱而事之也。近者以偪近④亲爱有求其主，主因离法而听之，此所谓近而亲之也。美者以巧言令色请其主，主因离法而听之，此所谓美而淫之也。

治世则不然，不知亲疏远近、贵贱、美恶，以度量断之。其杀戮人者不怨也，其赏赐人者不德也。以法制行之，如天地之无私也。是以官无私论，士无私议，民无私说，皆虚其胸⑤以听其上。上以公正论，以法制断，故任⑥天下而不重也。今乱君则不然，有私视⑦也，故有不见也；有私听也，故有不闻也；有私虑也，故有不知也。夫私者，壅蔽失位之道也。上舍公法而听私说，故群臣百姓皆设私立方⑧以教于国，群党比周⑨以立其私，请谒任举以乱公法，人用其心以幸于上。上无度量以禁之，是以私说日益而公法日损，国之不治，从此产矣。

夫君臣者，天地之位也。民者，众物之象也⑩。各立其所职以待君令，群臣百姓安得各用其心而立私乎？故遵主令而行之，虽有伤败，无罚；非主令而行之，虽有功利，罪死。然故下之事上也，如响之应声也；臣之事主也，如影之从形也。故上令而下应，主行而臣从，此治之道也。夫非主令而行，有功利，因赏之，是教妄举也；遵主令而行之，有伤败，而罚之，是使民虑利害而离法也。群臣百姓人虑利害，而以其私心举措，则法制毁而令不行矣。

注释

①适：顺从。 ②顾臣而行：听凭臣下的意思做事。 ③服约：服从，小心。 ④偪近：十分亲近。 ⑤虚其胸：没有主观成见。 ⑥任：负担。 ⑦私视：有偏见地看。 ⑧方：不合法令的标准。 ⑨群党比周：结党营私。 ⑩众物之象：地上的万物。

鬼谷子

作者简介

鬼谷子

鬼谷子（生卒年不详），战国时期纵横家之鼻祖，姓王，名诩。齐国人。常入云梦山采药修道，因隐居清溪之鬼谷，故自称鬼谷子。所谓“智用于众人之所不能知，而能用于众人之所不能见”。主要著作有《鬼谷子》及《本经阴符七术》，《鬼谷子》侧重于权谋策略及言谈辩论技巧；《本经阴符七术》则集中于养神蓄锐之道。

作品简介

潜谋于无形，常胜于不争不费，此为《鬼谷子》之精髓所在。《孙子兵法》侧重于总体战略，而《鬼谷子》则专于具体技巧，两者可说是相辅相成。

选文

捭阖第一

粤若①稽②古，圣人之在天地间也，为众生之先。观阴阳③之捭阖④以名命⑤物，知存亡之门户⑥，筹策⑦万类之终始，达人心之理，见变化之朕⑧焉，而守司⑨其门户。故圣人之在天下也，自古及今，其道一也。变化无穷，各有所归，或阴或阳，或柔或刚；或开或闭，或驰或张。是故圣人一守司其门户，审察其所先后，度权量能，校其伎巧短长。

注释

①粤若：古代一种文体，作开端发语词之用，无实义。 ②稽：考察。 ③阴阳：古人认为万事万物均源于阴阳二气，阴阳二气相辅相成促进事物的运动发展。如昼夜、明暗、君臣、男女、积极和消极、开放和封闭等。 ④捭：开的意思。如打开心扉、积极行动、采纳良言、任用贤才皆可谓之捭。阖：闭的意思。如封闭心扉、采取守势、拒绝外物、排斥人才皆可谓之阖。 ⑤命：判断、辨别。 ⑥门户：这里是关键所在的意思。 ⑦筹策：这里指谋划、计划的意思。 ⑧朕：先兆、征兆。 ⑨守司：主管、把握。

夫贤不肖、智愚、勇怯有差①，乃可捭，乃可阖；乃可进，乃可退；乃可贱，乃可贵；无为②以牧之。审定有无与其实虚，随其嗜欲③以见其志意。微排其所言而捭反之，以求其实，贵得其指④；阖而捭之，以求其利⑤。或开而示之，或阖而闭之。开而示之者，同其情也；阖而闭之者，异其诚也⑥。可与不可，审明其计谋，以原其同异。离合有守⑦，先从其志。

注释

①贤：具有德行、才能的人。不肖：不具有德行、才能的人。 ②无为：道家哲学概念，即顺应自然的规律与变化。 ③嗜欲：喜欢，特殊的爱好。 ④微排：试探性地反驳。反：反复阐述。指：旨意，真实主张。 ⑤阖：指对方闭口不说话。捭：使动用法，促使对方开口说话。利：指对方追求的利益、目标等。 ⑥同其情：使双方思想相同。异其诚：分辨出对方的诚意。 ⑦离合：离，离开，不一致。合，闭合。合拢与“开”相对。有守：确立自己的意思而加以信守。

即欲捭之贵周①，即欲阖之贵密。周密之贵微，而与道相追。捭之者，料其情也；阖之者，结其诚也②。皆见其权衡轻重，乃为之度数③。圣人因而为之虑。其不中权衡度数，圣人因而自为之虑④。故捭者，或捭而出之，而捭而内之⑤。阖者，或阖而取之，或阖而去之。捭阖者，天地之道。捭阖者，以变动阴阳，四时开闭，以化万物⑥，纵横反出、反复反忤，必由此矣。

注释

①即欲捭之贵周：要采取行动时，必须作周详的考虑。 ②料其情：料，估计。就是检验事情的真伪、善恶、良莠、利害。结其诚：结，结交。使其诚心坚定。 ③权衡轻重：指权衡、比较谁轻谁重。为之度数：原指度数，指重量与长度的数值，此指行为规则。 ④中：符合。这句的意思是，如果对方的意见不符合要求，就要另行考虑。 ⑤或捭而出之，或捭而内之：出之，使之出去。内之，收容，接纳；内，同“纳”。意思是或开放，让有的人出去；或开放，使一些人进来。 ⑥四时开闭，以化万物：就像春、夏、秋、冬的开始与结束一样，来促使万物发展变化。

捭阖者，道之大化，说之变也①，必豫审②其变化。吉凶大命繫焉。口者，心之门户③也；心者，神④之主⑤也。志意、喜欲、思虑、智谋，此皆由门户出入⑥。故关之以捭阖，制之以出入。捭之者，开⑦也，言也，阳也；阖之者，闭也，默也，阴也。阴阳其和⑧，终始其义⑨。故言长生、安乐、富贵、尊荣、显名、爱好、财利、得意、喜欲，为阳，曰“始”⑩。故言死亡、忧患、贫贱、苦辱、弃损、亡利、失意、有害、刑戮、诛罚，为阴，曰“终”。诸言法阳之类者，皆曰“始”，言善以始其事。诸言法阴之类者，皆曰“终”，言恶以终其谋。

注释

①道之大化、说之变也：事物运行规律最高的境界，游说主张变化的依据。 ②豫审：豫通“预”，预先详知，明悉。 ③门户：房屋的出入处，引申为关键、途径、门径。 ④神：精神。 ⑤主：掌管，主持。 ⑥此句意为：志向意愿，喜好欲望，思考打算，智慧谋略，这些都通过口表达出来。 ⑦开：放开、张开、公开。⑧和：和谐、协调。⑨义：本义，这是指阴阳在事物发展变化中和谐得当。 ⑩始：开始。

捭阖之道，以阴阳试之①。故与阳言者，依崇高；与阴言者，依卑小。以下求②小，以高求大。由此言之，无所不出，无所不入，无所不可③。可以说人，可以说家，可以说国，可以说天下。为小无内，为大无外④。益损、去就、倍反⑤，皆以阴阳御其事。阳动而行，阴止而藏，阳动而出，阴隐而入。阳还终阴，阴极反阳⑥。以阳动者，德相生也；以阴静者，形相成也。以阳求阴，苞以德也⑦；以阴结阳，施以力也⑧。阴阳相求，由捭阖也。此天地阴阳之道，而说人之法也。为万事之先，是谓“圆方之门户”。

注释

①以阴阳试之：指用正或反、激烈或和缓等或属阳或归阴的游说方法去试探、了解对方的思想。试，试行、试探。 ②求：求取，指游说中设法获得对方的心理认同，取消双方因心理态势而造成的隔阂。 ③无所不可：此句意指掌握了上述方法，游说就能游刃有余，没有什么目的不能达到，没有什么事情办不了。 ④为小无内，为大无外：指言说、游说的事情可以无限的微小，也可以无限的宽大。缩小没有内限，扩大而无边界，事情可大可小都能应用，也即说服术可及无限小或无限广。 ⑤益损、去就、倍反：指事情的益损、人的去就、道的背反。倍，指背叛、逆转。反，指复归、回归。倍，通“背”。反，通“返”。 ⑥阳还终阴，阴极反阳：指阴阳互转，相生相化，阳复始而阴尽，阴尽而阳来的阴阳转化。 ⑦以阳求阴，苞以德也：对方消极、犹豫、迟疑，则要鼓动他，使对方激昂、振奋，这样要靠道德、品格来感化。苞，通“包”，包容。 ⑧以阴结阳，施以力也：对方处于优势、昂扬、很得意的状态，则要抑制他，打压对方要以力进逼、恐吓。

飞箝第五①

凡度权量能②，所以征远来近。立势而制事③，必先察同异，别是非之语，见内外之辞，知有无之数，决安危之计，定亲疏之事。然后乃权量之，其有隐括④，乃可征，乃可求，乃可用。

引⑤钩箝之辞，飞而箝之；钩箝之语，其说辞⑥也，乍同乍异⑦。其不可善者⑧，或先征之⑨而后重累⑩；或先重以累而后毁之。或以重累为毁，或以毁为重累。其用或称财货、琦玮⑪、珠玉、璧帛、采色以事之，或量能立势以钩之，或伺候见峒⑫而箝之，其事用抵巇⑬。

注释

①飞：制造声誉。箝：钳制。飞箝的意思就是：先以为对方制造声誉来赢取欢心，再以各种技巧来钳制他。 ②度权量能：揣度人的智谋，测量人的才干。 ③立势而制事：造成一种声势，掌握事物的规律。 ④隐括：不清楚的地方。 ⑤引：借助。 ⑥说辞：游说的辞令。⑦乍同乍异：忽同忽异。 ⑧不可善：无法用钩箝之术控制的。 ⑨征：威胁利诱。 ⑩重累：反复试探。 ⑪琦玮：玉石。 ⑫峒：漏洞。⑬巇：术。

将欲用之于天下，必度权量能，见天时之盛衰，制地形之广狭，岨崄①之难易，人民货财之多少，诸侯之交孰亲孰疏，孰爱孰憎，心意之虑怀。审其意，知其所好恶，乃就说其所重，以飞箝之辞，钩其所好，以箝求之。用之于人，则量智能、权财力，料气势，为之枢机②。以迎之随之，以箝和③之，以意宣之，此飞箝之缀④也。

用之于人，则空往而实来⑤，缀而不失，以究其辞。可箝而从，可箝可横⑥；可引而东，可引而西；可引而南，可引而北；可引而反，可引而覆。虽覆能复，不失其度⑦。

注释

①岨崄：险易。 ②枢机：突破口。 ③和：达成协议。 ④缀：妙用。 ⑤空往而实来：用好听的空话去套出对方的实情。 ⑥横：连横。 ⑦度：节度。

谋篇第十

凡谋有道①，必得其所因②，以求其情③。审④得其情，乃立三仪⑤。三仪者：曰上，曰中，曰下，参以立焉⑥，以生奇。奇不知其所壅⑦，始于古之所从⑧。

注释

①凡谋有道：谋，指设谋、进谋、施说、提出建议。道，规律、事理。 ②得其所因：得知其因由。 ③求其情：把握有关的实际情况。 ④审：审察、弄明白。 ⑤立三仪：三仪又指天、地、人。这里指三种策略。 ⑥参以立焉，以生奇：意谓三仪

互相参考运用，就可以产生卓越策略。 ⑦奇不知其所壅：这种设计奇谋的方法并非我们的创造。 ⑧始于古之所从：这是从古以来所遵从的共同规律。从，遵从、遵循。

故郑人之取玉也，载司南之车，为其不惑也①。夫度材，量能，揣情者，亦事之司南也。故同情而相亲者，其俱成者也；同欲而相疏者，其偏成者也②。同恶而相亲者，其俱害者也；同恶而相疏者，偏害者也③。故相益则亲，相损则疏。其数行④也，此所以察异同之分也。故墙坏于其隙，木毁于其节⑤，斯盖其分也。

注释

①取玉：指入山采玉。载：乘坐。司南之车：装有指南针一类仪器以测定方位的车子。惑：迷失。 ②同情：思想感情相同。相亲：互相亲近。俱成：双方都有成效，都有收获。同欲：共同的欲望。相疏：互相疏远。偏成：只对一方有利。 ③同恶：共同被人憎恶。俱害：双方都受到损害。偏害：只有一方受到损害。 ④数行：屡次发生，经常发生。 ⑤节：竹木的枝干交接处。分：分界。

故变生事，事生谋，谋生计，计生议，议生说，说生进，进生退，退生制①。因以制于事，故百事一道而百度一数也②。

注释

①谋：谋略。计：计划，思考。议：议论，商讨。说：游说之辞。进：进取。退：退却。制：制约。 ②百事：各种事物。百度：各种法度。数：法则、规律。

夫仁人①轻货②，不可诱以利③，可使出费④；勇士轻难⑤，不可惧以患⑥，可使据危⑦；智者达于数，明于理⑧，不可欺以不诚，可示以道理，可使立功⑨；是三才⑩也。故愚者易蔽也，不肖者易惧也，贪者易诱也，是因事而裁之⑪。故为强者，积于弱也；为直者，积于曲也；有余者，积于不足也。此其道术行⑫也。

注释

①仁人：有仁义道德的人。 ②轻货：轻视物质利益。 ③诱以利：用获利益来引诱。 ④出费：提供费用。 ⑤难：困难。 ⑥患：忧患。 ⑦危：危险的地方。 ⑧达于数，明于理：通达于规律，明白道理。 ⑨立功：建立功业。 ⑩三才：天、地、人为三才，此中指仁人、勇士和智者。 ⑪裁之：对某事做出决定。 ⑫行：体现，表现。

故外亲而内疏者①，说内；内亲而外疏者，说外。故因其疑以变之②，因其见以然之，因其说以要之③，因其势以成之，因其恶以权之④，因其患以斥之。摩而恐之⑤，高而动之，微⑥而证之，符而应之，拥而塞之，乱而惑之，是谓计谋。

注释

①外：外表。亲：亲密。内：内心深处。疏：疏远。 ②因其疑以变之：根据对方的疑惑而随时变换自己的言辞。因：根据，凭借。 ③因其说以要之：根据对方的言辞而交往于他。说，言辞，不作“游说”解。要：相约，交往。 ④因其恶以权之：根据对方的厌恶情绪来权衡利弊得失。恶，讨厌，不喜欢。 ⑤摩而恐之：用“揣摩”之术去恐吓他。⑥微：暗暗地，悄悄地。

计谋之用，公不如私①，私不如结②，结比而无隙者也③。正不如奇，奇流而不止者也④。故说人主者，必与之言奇⑤；说人臣者，必与之言私⑥。其身内，其言外者疏；其身外，其言深者危。无⑦以人之所不欲⑧而强⑨之于人，无以人之所不知而教之于人。人之有好也，学而顺之；人之有恶也，避而讳之。故阴道而阳取之。故去之者从之，从之者乘之。貌者，不美又不恶，故至情讬焉。可知者，可用也⑩；不可知者，谋者所不用也。

注释

①公不如私：公开不如保密来得好。 ②私不如结：私下谋划不如加深与对方的感情。③比：亲密无间。 ④正不如奇，奇流而不止者也：循常理不如出其不意，奇计一出则不可阻止。 ⑤言奇：意思是进献奇策。 ⑥言私：意思是要说关乎其切身利益的言辞。 ⑦无：不，不要。 ⑧所不欲：不喜欢的事物。 ⑨强：强加。 ⑩可知者，可用也：可以了解的人，可以使用。

故曰事贵制人，而不贵见制于人①。制人者，握权也；见制于人者，制命②也。故圣人之道阴③，愚人之道阳④。智者事易，而不智者事难。以此观之，亡不可以为存，而危不可以为安⑤。然而无为而贵智矣⑥。智用于众人之所不能知，而能用于众人之所不能见。既用，见可，否⑦择事而为之，所以自为也⑧；见不可⑨，择事而为之，所以为人也⑩。故先王之道阴。言有之曰：“天地之化，在高于深，圣人之制道，在隐于匿。”非独忠信仁义也，中正而已矣⑪。道理达于此之义⑫，则可于语。由能得此⑬，则可以穀远近之诱。

注释

①事贵制人，而不贵见制于人：事贵主动，先发制人，不应处于被动，为他人所

制。②制命：命运为人所控制。③圣人之道阴：圣德的人行事的方法隐秘。④愚人之道阳：愚笨的人行事的方法大肆张扬。⑤亡不可以为存，而危不可以为安：指救亡图存和转危为安都是很难的事。⑥无为而贵智矣：他人不能为，只有智者才能做到。⑦见可，否择事而为之：否，为衍字。“见可”与下文“见不可”相对为文。见可，即于己有利。⑧自为：为己考虑。⑨见不可：于己不利。⑩为人：为人着想。⑪非独忠信仁义也，中正而已矣：不只是可用忠、信、仁、义，只要是中正之道都可采用。⑫道理达于此义者：能通达此理者。⑬由能得此，则可以觳远近之诱：如果能够这样，就可以培养远近的关系。

韩非子

作者简介

韩非

韩非（约公元前280～前233年），战国末期韩国人，法家学说的集大成者。出身于韩国贵族，曾多次上书韩王，力主变法图强，都未被采用，于是写下《孤愤》、《五蠹》、《内外储》、《说林》、《说难》等著作。秦王嬴政看到文章后大为赞赏，便发兵攻韩，使韩王送韩非入秦。但由于李斯等人从中作梗，他并没有得到重用。后来又由于李斯、姚贾的陷害而入狱，最终被毒死在狱中。

作品简介

韩非的思想集中体现在《韩非子》一书中。在政治上，他主张“法治”，并提出了一套“法、术、势”相结合的封建君主统治术，为封建中央集权奠定了理论基础；在历史观点上，他认为历史是发展的，人们应该按照现实的要求进行变革。他发展了荀子的朴素唯物主义思想，否定天命鬼神，崇尚人力。

选文

说难第十二①

凡说之难：非吾知之，有以说之之难也②；又非吾辩之，能明吾意之难也；又非吾敢横失③，而能尽之难也。凡说之难，在知所说④之心，可以吾说当⑤之。所说出于为名高者也，而说之以厚利，则见下节⑥而遇⑦卑贱，必弃远矣。所说出于厚利者也，而说之以名高，则见无心而远事情，必不收矣。所说阴为厚利而显为名高者也，而说之以名高，则阳收其身而实疏之；说之以厚利，则阴用其言显弃其身矣。此不可不察也。

注释

①本文论述了游说君王的困难，对游说者提出了种种告诫。 ②有以说之：有游说的本领。 ③横失：放纵。 ④所说：游说的对象。指君王。 ⑤当：合适。 ⑥下节：气节卑下。 ⑦遇：对待。

夫事以密成，语以泄败。未必其身泄之也，而语及所匿之事，如此者身危。彼①显有所出事，而乃以成他故，说者不徒知所出而已矣，又知其所以为②，如此者身危。规异事而当③，知者揣④之外而得之，事泄于外，必以为己也，如此者身危。周泽未渥也⑤，而语极知，说行而有功，则德忘⑥；说不行而有败，则见疑，如此者身危。贵人有过端，而说者明言礼义以挑其恶，如此者身危。贵人或得计而欲自以为功，说者与知焉，如此者身危。强以其所不能为，止以其所不能已，如此者身危。故与之论大人，则以为间⑦己矣；与之论细人⑧，则以为卖重⑨。论其所爱，则以为藉资；论其所憎，则以为尝⑩己也。径省⑪其说，则以为不智而拙之；米盐⑫博辩，则以为多而交之。略事陈意，则曰怯懦而不尽；虑事广肆⑬，则曰草野而倨侮⑭。此说之难，不可不知也。

注释

①彼：游说的对象。 ②所以为：用意。 ③规异事而当：谋划异常的事情，但是不符合（君王的）意思。 ④揣：揣测。 ⑤周泽未渥也：周：密切。泽：恩泽。渥：浓厚。 ⑥德忘：忘记他的好处。 ⑦间：离间。 ⑧细人：君王身边亲近的人。 ⑨卖重：出卖权势。 ⑩尝：试探。 ⑪径省：径，直接。省：省略试探。 ⑫米盐：比喻琐碎的事情。 ⑬广肆：放言无忌。 ⑭草野而倨侮：草野，粗俗。倨侮：傲慢且无礼。

凡说之务，在知饰所说之所矜而灭①其所耻。彼有私急也，必以公义示而强之。其意有下也，然而不能已，说者因为之饰其美而少其不为也。其心有高也，而实不能及，说者为之举其过而见其恶，而多②其不行也。有欲矜以智能，则为之举异事之同类者③，多为之地④，使之资⑤说于我，而佯不知也，以资其智。欲内相存之言⑥，则必以美名明之，而微见其合于私利也。欲陈危害之事，则显其毁诽而微见其合于私患也。誉异人与同行⑦者，规异事与同计者。有与同污者，则必以大饰其无伤也；有与同败者，则必以明饰其无失也。彼自多其力，则毋以其难概⑧之也；自勇其断，则无以其谪⑨怒之；自智其计，则毋以其败穷之。大意无所拂悟⑩，辞言无所击縻⑪，然后极骋智辩焉。此道所得，亲近不疑而得尽辞也。

注释

①灭：掩盖。 ②多：称赞。 ③异事之同类者：其他同类的事例。 ④地：余地。 ⑤资：采纳。 ⑥内相存之言：内，采纳。相存之言：救助的话。 ⑦异人与同行：异人，他人。同行：一样的行为。 ⑧概：阻止。 ⑨谪：过失。 ⑩大意无所拂悟：大意，大略的意思。拂悟：抵触。 ⑪击縻：抵触。

伊尹为宰①，百里奚为虏②，皆所以干③其上也。此二人者，皆圣人也；然犹不能无役身以进，如此其污也！今以吾言为宰虏，而可以听用而振世④，此非能仕⑤之所耻也。夫旷日弥久，而周泽既渥，深计而不疑，引争而不罪，则明割⑥利害以致其功，直指是非以饰其身，以此相持，此说之成也。

昔者郑武公欲伐胡，故先以其女妻⑦胡君以娱其意。因问于群臣："吾欲用兵，谁可伐者？"大夫关其思对曰："胡可伐。"武公怒而戮之，曰："胡，兄弟之国也。子言伐之，何也？"胡君闻之，以郑为亲己，遂不备郑。郑人袭胡，取之。宋有富人，天雨墙坏。其子曰："不筑，必将有盗。"其邻人之父亦云。暮而果大亡其财。其家甚智其子，而疑邻人之父。此二人说者皆当矣，厚者为戮，薄者见疑，则非知之难也，处⑧之则难也。故绕朝⑨之言当矣，其为圣人于晋，而为戮于秦也，此不可不察。

注释

①伊尹为宰：伊尹是商汤时的贤相，曾经做过负责饮食事务的小官。 ②百里奚为虏：百里奚原来是春秋时虞国的大夫，晋灭虞之后，被作为陪嫁小臣送给秦国，他逃到楚国，秦穆公听说他的贤名，把他赎回来，封为大夫。 ③干：求。 ④振世：救世。 ⑤能仕：即能士。 ⑥割：剖析。 ⑦妻：嫁给。 ⑧处：处理。 ⑨绕朝：绕朝是秦国的大夫，识破了晋国的阴谋，但是秦王没有听从，反而被晋国用离间计害死。

昔者弥子瑕①有宠于卫君。卫国之法：窃驾君车者罪刖②。弥子瑕母病，人闻有夜告弥子，弥子矫驾君车以出。君闻而贤之曰："孝哉！为母之故，忘其刖罪。"异日，与君游于果园，食桃而甘，不尽，以其半啖君。君曰："爱我哉！忘其口味以啖寡人。"及弥子色衰爱弛，得罪于君，君曰："是固尝矫驾吾车，又尝啖我以余桃。"故弥子之行未变于初也，而以前之所以见贤而后获罪者，爱憎之变也。故有爱于主，则智当而加亲；有憎于主，则智不当见罪而加疏。故谏说谈论之士，不可不察爱憎之主而后说焉。

夫龙之为虫也，柔可狎而骑也；然其喉下有逆鳞径尺，若人有婴③之者，则必杀人。人主亦有逆鳞，说者能无婴人主之逆鳞，则几④矣。

注释

①弥子瑕：卫灵公的宠臣。 ②刖：断足之刑。 ③婴：同"撄"，触犯。 ④几：差不多。

司马法

作者简介

司马穰苴

司马穰苴，生卒年不详，姓田，名穰苴，春秋时期齐国人，是齐景公时掌管军事的大司马，所以后人称他为司马穰苴。他是我国早期的著名军事家、军事理论家，深通兵法。辑有《司马穰苴兵法》。

作品简介

《司马法》是我国古代重要兵书之一。大约成书于战国时代。根据《史记·司马穰苴传》记载：齐威王使大夫追论古者司马兵法而附穰苴于其中，因号曰《司马穰苴兵法》，因而《司马法》的作者一是齐国大夫；二是司马穰苴。《司马法》亡佚很多，现仅残存五篇：《仁本第一》、《天子之义第二》、《定爵第三》、《严位第四》、《用众第五》。

选文

仁本第一

古者，以仁为本，以义治之之为正①。正不获意则权。权出于战，不出于中人②，是故杀人安人，杀之可也；攻其国，爱其民，攻之可也；以战止战，虽战可也。故仁见亲，义见说③，智见恃，勇见身，信见信。内得爱焉，所以守也；外得威焉，所以战也。

战道：不违时，不历民病④，所以爱吾民也。不加丧，不因凶，所以爱夫其民也；冬夏不兴师，所以兼爱民也。故国虽大，好战必亡；天下虽安，忘战必危。

天下既平，天下大恺⑤，春搜蒐秋狝⑥，诸侯春振旅，秋治兵。所以不忘战也。

古者：逐奔不过百步，纵绥不过三舍，是以明其礼也；不穷不能而哀怜伤病，是以明其仁也；成列而鼓，是以明其信也；争义不争利，是以明其义也；又能舍服，是以明其勇也；知终知始，是以明其智也。六德以时合教，以为民纪之道也，自古之政也。

先王之治，顺天之道；设地之宜；官民之德，而正名治物，立国辨职，以爵分禄，诸侯说怀，海外来服，狱弭而兵寝，圣德之治也。

其次，贤王制礼乐法度，乃作五刑⑦，兴甲兵，以讨不义。巡狩省方，会诸侯，考不同。其有失命乱常，背德逆天之时，而危有功之君，遍告于诸侯，彰明有罪。乃告于皇天上帝、日月星辰，祷于后土四海神祇、山川冢社，乃造于先王。然后冢宰征师于诸侯曰："某国为不道，征之。以某年月日，师至于某国会天子正刑。"

冢宰与百官布令于军曰："入罪人之地，无暴神祇，无行田猎，无毁土功，无燔墙屋，无伐林木，无取六畜、禾黍、器械。见其老幼，奉归勿伤。虽遇壮者，不校⑧勿敌。敌若伤之，医药归之。"既诛有罪，王及诸侯修正其国，举贤立明，正复厥职。

王、伯之所以治诸侯者六：以土地形诸侯；以政令平诸侯；以礼信亲诸侯；以材力说诸侯；以谋人维诸侯；及兵革服诸侯。同患同利以合诸侯，比小事大以和诸侯。

会⑨之以发禁者九：凭弱犯寡者则眚⑩之；贼贤害民则伐之；暴内陵外则坛⑪之；野荒民散则削之；负固不服则侵之；贼杀其亲则正之；放弑其君则残之；犯令陵政则杜之；外内乱，禽兽行，则灭之。

注释

①正：通"政"。 ②人：通"仁"。此句意思是，政治达不到目的时，就要使用权力。权力出于战争，而不是出于中和和仁爱。 ③说：同"悦"。 ④不历民病：不在疫病流行时兴兵作战。历，选择；病，疾疫。 ⑤恺：同"凯"，古代的军乐。⑥春搜秋狝：是从殷代流传下来的田猎之风。蒐，春天出猎的名称，又指检阅军队；狝，秋天出猎的名称。 ⑦五刑：即商周时期的五种刑罚。 ⑧校：同"较"，抵抗。⑨会：会合。 ⑩眚：瘦削，削弱。 ⑪坛：清除空地，废掉。

天子之义第二

天子之义，必纯取法天地，而观于先圣。士庶之义，必奉于父母，而正于君长。故虽有明君，士不先教，不可用也。

古之教民，必立贵贱之伦经，使不相陵。德义不相逾，材技不相掩，勇力不相犯；故力同而意和也。

古者，国容①不入军，军容不入国，故德义不相逾。上贵不伐之士，不伐之士，上之器也。若不伐则无求，无求则不争。国中之听，必得其情；军旅之听，必得其宜；故材技不相掩。从命为士上赏，犯命为士上戮，故勇力不相犯。

既致教其民，然后谨选而使之。事极修，则百官给矣；教极省，则民兴良矣；习惯成，则民体俗矣。教化之至也。

古者，逐奔不远，纵绥不及②。不远则难诱，不及则难陷。以礼为固，以仁为胜。既胜之后，其教可复，是以君子贵之也。

有虞氏戒于国中，欲民体其命也。夏后氏誓于军中，欲民先成其虑也。殷誓于军门之外，欲民先意，以待事也。周将交刃而誓之，以致民志也。夏后氏正其德也，未用兵之刃。故其兵不杂。殷义也，始用兵之刃矣。周力也，尽用兵之刃矣。夏赏于朝，贵善也。殷戮于市，威不善也。周赏于朝，戮于市，劝君子，惧小人也。三王章其德一也。

兵不杂则不利，长兵以卫，短兵以守。太长则难犯，太短，则不及。太轻则锐，锐则易乱。太重则钝，钝则不济。

戎车③，夏后氏曰钩车，先④正也。殷曰寅车，先疾也。周曰元戎，先良也。

旗，夏后氏玄首，人之执也。殷白，天之义也。周黄，地之道也。

章，夏后氏以日月，尚明也。殷以虎，尚威也；周以龙，尚文也。

师多务威则民诎，少威则民不胜。上使民不得其义，百姓不得其叙，技用不得其利，牛马不得其任，有司陵之，此谓多威。多威则民诎。上不尊德而任诈慝，不尊道而任勇力，不贵用命而贵犯命，不贵善行而贵暴行。凌之有司，此谓少威。少威则民不胜。

军旅以舒⑤为主，舒则民力足。虽交兵致刃，徒不趋，车不驰，逐奔不逾列，是以不乱。军旅之固，不失行列之政，不绝人马，迟速不过诫命。

古者，国容不入军，军容不入国。军容入国则民德废，国容入军则民德弱。故在国言文而语温，在朝恭以逊，修己以待人，不召不至，不问不言，难进易退。在军抗而立，在行遂而果，介者不拜，兵车不式，城上不趋，危事不齿。故礼与法表里也。文与武左右也。

古者贤王，明民之德，尽民之善，故无废德，无简民，赏无所生，罚无所试。有虞氏不赏不罚，而民可用，至德也。夏赏而不罚，致教也。殷罚而不赏，至威也。周以赏罚，德衰也。赏不逾时，欲民速得为善之利也。罚不迁列，欲民速睹为不善之害也。大善不赏，上下皆不伐善。上苟不伐善，则不骄矣；下苟不伐善，则亡等矣。上下不伐善若此，让之至也。大败不诛，上下皆以不善在己。上苟以不善在己，必悔其过；下苟以不善在己，必远其罪。上下分恶若此，让之至也。

古者戍兵，三年不兴，睹民之劳也；上下相报若此，和之至也。

得意则恺歌，示喜也。偃伯⑥灵台⑦，答民之劳，示休也。

注释

①国容：朝廷礼仪。 ②逐奔：追击败逃的敌人。纵绥：追踪主动退却的敌人。③戎车：战车，兵车。春秋以前，战车是战斗的主力，四马挽曳，车上乘甲士三人，中驾车，左持箭主射，右持兵器主击。 ④先：注重。 ⑤舒：舒缓。 ⑥偃伯：停止争霸战争。偃：息。伯：同“霸”。 ⑦灵台：周文王所建的台名。

吴子兵法

作者简介

吴起

吴起（？～公元前381年），战国时期军事家、政治家。卫国左氏（今山东定陶）人。初任鲁将，继任魏将，屡建战功，被魏文侯任为西河守。文侯死，遭陷害，逃至楚国，佐楚悼王实行变法图强。尔后率军南攻百越，北胜魏，西却秦，使楚之兵威盛于一时。楚悼王死后，吴起被楚贵族射杀并车裂。战国时，吴起作为军事家与孙武齐名。所著兵学著作《吴子兵法》与《孙子兵法》合称孙吴兵法。

作品简介

《吴子兵法》是一部与《孙子兵法》齐名的兵法理论著作。据专家考证，原文《吴子兵法》已亡佚，今本《吴子兵法》并非吴起原著。今本《吴子兵法》六篇：图国、料敌、治兵、论将、应变、励士。内容是吴起与魏文侯、魏武侯讨论军事问题的辑录。

“图国”为《吴子兵法》第一篇。图国即筹划治理国家。此篇主要是讨论治国、治军、兴兵作战、亲民用贤等治国大计。

选文

图国第一

吴起儒服，以兵机见魏文侯。文侯曰：“寡人不好军旅之事。”起曰：“臣以见①占隐，以往察来，主君何言与心违？今君四时使斩离皮革②，掩以朱漆，画以丹青，烁以犀象，冬日衣之则不温，夏日衣之则不凉；为长戟二丈四尺，短戟一丈二尺；革车奄户，缦轮笼毂③，观之于目则不丽，乘之于田则不轻。不识主君安用此也？若以备进战退守，而不求能用者，譬犹伏鸡之搏狸，乳犬之犯虎，虽有斗心，随之死矣。昔承桑氏④之君，修德废武，以灭其国；有扈氏⑤之君，恃众好勇，以丧其社稷。明主鉴兹，必内修文德，外治武备。故当敌而不进，无逮于义矣；僵尸而哀之，无逮于仁矣。”于是文侯身自布席，夫人捧觞，醮吴起于庙，立为大将，守西河。与诸侯大战七十六，全胜六十四，余则钧解⑥。辟土四面，拓地千里，皆起之功也。

吴子曰：“昔之图国者，必先教百姓⑦而亲万民。有四不和：不和于国，不可以出军；不和于军，不可以出阵；不和于阵，不可以进战；不和于战，不可以决胜。是以有道之主，将用其民，先和而造大事，不敢信其私。谋必告于祖庙，启于元龟⑧，参之天时，吉乃后举。民知君之爱其命，惜其死，若此之至，而与之临战，则士以尽死为荣、退生为辱矣。”

吴子曰：“夫道者，所以反本复始；义者，所以行事立功；谋者，所以违害就利；要者，所以保业守成。若行不合道，举不合义，而处大居贵，患必及之。是以圣人绥之以道，理之以义，动之以礼，抚之以仁。此四德者，修之则兴，废之则衰。故成汤讨桀，而夏民喜悦；周武伐纣，而殷人不非。举顺天人，故能然矣。”

吴子曰：“凡制国治军，必教之以礼，励之以义，使有耻也。夫人有耻，在大足以战，在小足以守矣。然战胜易，守胜难。故曰：天下战国，五胜者祸，四胜者弊，三胜者霸，二胜者王，一胜者帝。是以数胜得天下者稀，以亡者众。”

吴子曰：“凡兵之所起者有五：一曰争名，二曰争利，三曰积恶，四曰内乱，五曰因饥。其名又有五：一曰义兵，二曰强兵，三曰刚兵，四曰暴兵，五曰逆兵。禁暴救乱，曰义；恃众以伐，曰强；因怒兴师，曰刚；弃礼贪利，曰暴；国乱人疲，举事动众，曰逆。五者之数，各有其道。义必以礼服，强必以谦服，刚必以辞服，暴必以诈服，逆必以权服。”

武侯问曰：“愿闻治兵、料人、固国之道。”起对曰：“古之明王，必谨君臣之礼，饰上下之仪；安集吏民，顺俗而教；简募良材，以备不虞。昔齐桓募士五万，以霸诸侯；晋文召为前行四万，以获其志；秦缪置陷陈三万，以服邻敌。故强国之君，必料其民。民有胆勇气力者，聚为一卒⑨；乐以进战效力，以显其忠勇者，聚为一卒；能踰高超远、轻足善走者，聚为一卒；王臣失位，而欲见功于上者，聚为一卒；弃城去守，欲除其愧者，聚为一卒。此五者，军之练锐也。有此三千人，内出可以决围，外入可以屠城矣。”

武侯问曰：“愿闻阵必定、守必固、战必胜之道。”起对曰：“立见且可，岂直闻乎？君能使贤者居上，不肖者处下，则阵已定矣；民安其田宅，亲其有司，则守已固矣；百姓皆是吾君，而非邻国，则战已胜矣。”

武侯尝谋事，群臣莫能及，罢朝而有喜色。起进曰：“昔楚庄王尝谋事，群臣莫能及，罢朝而有忧色。申公问曰：‘君有忧色，何也？’曰：‘寡人闻之，世不绝圣，国不乏贤；能得其师者王，得其友者霸。今寡人不才，而群臣莫及者，楚国其殆矣！’此楚庄王之所忧，而君说之，臣窃惧矣！”于是武侯有惭色。

注释

①见：同“现”。 ②皮革：古代制造战争装具的重要材料。 ③缦轮笼毂：缦笼，指用皮革蒙罩于外，以防箭石。 ④承桑氏：传说是上古神农时的部落之一。⑤有扈氏：夏禹时的部落之一。 ⑥钧解：钧同“均”，解同“和”。 ⑦百姓：春秋前期对贵族的总称。⑧元龟：大龟，古人用来占卜吉凶。 ⑨卒：古代军队编制单位之一。周制百人为卒。这里意指编成一个单位。

素书

作者简介

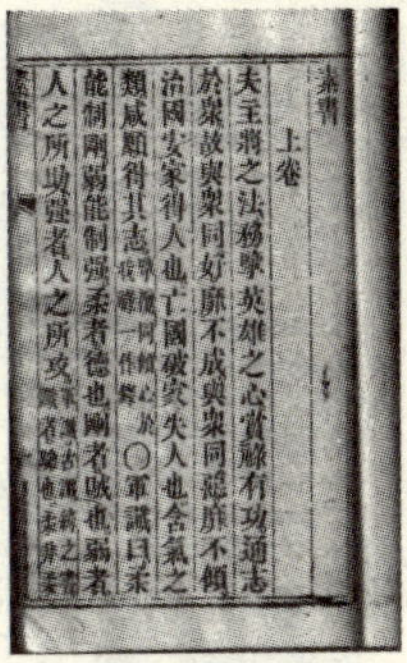

《素书》书影

黄石公，又称圯上老人。传说圯上老人是秦朝的隐士，他知道秦国将亡，汉朝将兴，因此把《素书》授予张良。据说，张良就是靠这本书，辅佐汉高祖刘邦取得了天下。

作品简介

《素书》一共六章，1300余字，阐述了用人、修身、治国、处世等方面的问题，文字简略但含意深湛。

选文

正　道①

德足以怀远②，信足以一异③，义足以得众④，才足以鉴古⑤，明足以照下⑥。此人之俊也。行足以为仪表⑦，智足以决嫌疑⑧，信可以使守约，廉可以使分财。此人之豪也。守职而不废，处义而不回⑨，见嫌而不苟免，见利而不苟得。此人之杰也。

注释

①本章讲述用人的原则。 ②怀远：安抚边远的人。 ③一异：统一不同的意见。 ④得众：得到众人的拥戴。 ⑤鉴古：从历史汲取教训。 ⑥照下：了解下属。 ⑦仪表：表率。 ⑧嫌疑：疑难问题。 ⑨回：改变。

求人之志①

绝嗜禁欲，所以除累。抑非损恶，所以禳过②。贬酒阙色，所以无污。避嫌远疑，所以不误。博学切问，所以广知。高行微言③，所以修身。恭俭谦约，所以自守。深计远虑，所以不穷。亲仁友直④，所以扶颠⑤。近恕笃行⑥，所以接人。任材使能，所以济物⑦。瘅恶斥谗，所以止乱。推古验今，所以不惑。先揆后度⑧，所以应卒⑨。设变致权，所以解结。括囊顺会⑩，所以无咎。橛橛梗梗⑪，所以立功。孜孜淑淑⑫，所以保终⑬。

注释

①本章讲述修身的道理。 ②禳过：避免过失。 ③高行微言：行为高尚，词锋不露。 ④亲仁友直：亲近仁义之士，结交正直之人。 ⑤扶颠：在逆境中得到帮助。⑥近恕笃行：为人宽容，行为敦厚。 ⑦济物：使人尽其才，物尽其用。 ⑧先揆后度：了解事态。 ⑨应卒：应付仓卒事变。 ⑩括囊顺会：心中有数，闭口不言，顺从时机。 ⑪橛橛梗梗：形容坚定，刚强。 ⑫孜孜淑淑：勤勉、善良。 ⑬保终：善终。

本德宗道①

夫志心笃行②之术，长莫长于博谋③，安莫安于忍辱，先莫先于修德，乐莫乐于好善，神莫神于至诚，明莫明于体物④，吉莫吉于知足，苦莫苦于多愿⑤，悲莫悲于精散⑥，病莫病于无常，短莫短于苟得，幽莫幽于贪鄙⑦，孤莫孤于自恃，危莫危于任疑⑧，败莫败于多私。

注释

①本章讲述坚定志向的道理。 ②志心笃行：坚定志向。 ③博谋：深思熟虑。④体物：明察秋毫。 ⑤多愿：过分的妄想。 ⑥精散：心思分散。 ⑦贪鄙：贪婪卑鄙。⑧任疑：任人而疑。

遵 义①

以明示下者暗②，有过不知者蔽，迷而不返者惑，以言取怨者祸，令与心乖者废③，后令缪前者毁④，怒而无威者犯⑤，好众辱人者殃，戮辱所任者危，慢其所敬者凶⑥，貌合心离者孤，亲谗远忠者亡，近色远贤者昏⑦，女谒公行者乱⑧，私人以官者浮，凌下取胜者侵，名不胜实者耗，略己而责人者不治，自厚而薄人者弃废，以过弃功者损，群下外异者沦⑨，既用不任者疏，行赏吝色者沮⑩，多许少与者怨，既迎而拒者乖⑪。薄施厚望者不报，贵而忘贱者不久，念旧恶而弃新功者凶，用人不得正者殆，强用人者不畜，为人择官者乱⑫，失其所强者弱，决策于不仁者险，阴计外泄者败，厚敛薄施者凋，战士贫、游士富者衰⑬，货赂公行者昧，闻善忽略、记过不忘者暴，所任不可信、所信不可任者浊，牧人以德者集，绳人以刑者散。

小功不赏，则大功不立。小怨不赦，则大怨必生。赏不服人、罚不甘心者叛。赏及无功、罚及无罪者酷。听谗而美、闻谏而仇者亡。能有其有者安⑭，贪人之有者残⑮。

注释

①本章讲述御下的道理。 ②以明示下者暗：在部下面前显示高明，是愚蠢的。③令与心乖者废：思想与政令矛盾，会坏事。 ④后令谬前者毁：政令前后不一，一定会失败。 ⑤犯：侵犯。 ⑥慢其所敬者凶：怠慢应受尊重的人，一定会招致不幸。⑦昏：昏聩，糊涂。 ⑧女谒公行者乱：女子干涉大政，一定会有动乱。 ⑨群下外异者沦：部下纷纷有离异之心，必定沦亡。 ⑩行赏吝色者沮：论功行赏时吝啬小气，形于颜色，必定使人感到沮丧。⑪既迎而拒者乖：起初竭诚欢迎，末了又拒于门外，一定会恩断义绝。 ⑫为人择官者乱：用人无法摆脱人情纠结，政事必越理越乱。⑬战士贫、游士富者衰：奋勇征战的将士生活贫穷，鼓舌摇唇的游士安享富贵，国势一定会衰落。 ⑭能有其有者安：以百姓的富有作为本身的富有，才会安定。 ⑮贪人之有者残：贪求别人所有的，必然残民以逞。

六韬

作品简介

《六韬》成书于战国末期和西汉前期之间，是一部集先秦军事思想之大成的著作，也是现存早期文字最多、内容最丰富的一部兵家著作，它标志着先秦军事思想的成熟，对后代的军事思想有很大的影响，被誉为“兵家权谋的始祖”。相传是周朝的姜尚所著。《六韬》分别以文、武、龙、虎、豹、犬为标题，各为1卷，共61篇，近两万字。其内容十分广泛，涉及战争观、军队建设、战略战术等有关军事的许多方面，其中又以战略和战术的论述最为精彩，它的权谋家思想也很突出。

《六韬》书影

选文

赏　罚①

文王问太公曰：“赏所以存劝②，罚所以示惩。吾欲赏一以劝百，罚一以惩众，为之奈何？”

太公曰：“凡用赏者贵信，用罚者贵必③。赏信罚必于耳目之所闻见，则不闻见者莫不阴④化矣。夫诚，畅于天地⑤，通于神明，而况于人乎。”

注释

①本篇选自《六韬·文韬》。本篇为《六韬》的第十一篇，主要阐述了政治（文治）和军事（武功）的关系。《文韬》认为，政治先于军事。政治是军事的基础，军事则是政治的另一种手段的继续。它指出，战争本乎道义，要想夺取战争的胜利，取得天下的统治权，就必须运用“文韬”，即通过政治收揽天下人之心。收揽人心的关键在于爱民，在于按为君之道施政行事，处理好君臣关系，推行相应的内外政策和发展经济。 ②劝：奖励，鼓励。 ③必：标准。 ④阴：无形中。 ⑤畅：通畅，通达。

兵　道①

武王问太公曰：“兵道如何？”太公曰：“凡兵之道，莫过乎一②。一者，能独往独来。黄帝曰：‘一者，阶③于道，几④于神。用之在于机，显之在于势，成之在于君。’故圣王号兵为凶器，不得已而用之。今商王知存而不知亡，知乐而不知殃⑤。夫存者非存，在于虑⑥亡。乐者非乐，在于虑殃。今王已虑其源，岂忧其流乎。”

武王问曰：“两君相遇，彼不可来，此不可往，各设固备⑦，未敢先发。我欲袭之，不得其利⑧，为之奈何？”太公曰：“外乱而内整，示饥而实饱，内精而外钝。一合一离，一聚一散，阴其谋，密其机，高其垒，伏其锐，士寂若无声，敌不知我所备。欲其西，袭其东。”

武王曰：“敌知我情，通我谋，为之奈何？”太公曰：“兵胜之术，密察敌人之机而速乘其利，复疾⑨击其不意。”

注释

①本篇选自《六韬·武韬》。本篇为《六韬》的第十六篇，主要从战略的角度出发，主张在使用武力、进行战争的同时，还要采取“修德”、“安民”等政治手段争取民心，瓦解敌人。 ②一：纯一不杂。 ③阶：因由。 ④几：接近，几乎。 ⑤殃：灾祸。 ⑥虑：考虑到。 ⑦固备：坚固的防御。 ⑧利：空隙，方便。⑨疾：迅速。

励 军①

武王问太公曰：“吾欲令三军之众，攻城争先登，野战争先赴，闻金声而怒，闻鼓声而喜②，为之奈何？”太公曰：“将有三胜。”武王曰：“敢闻其目？”太公曰：“将冬不服裘③，夏不操扇，雨不张盖④，名曰礼将。将不身服礼⑤，无以知士卒之寒暑。出隘塞，犯⑥泥涂，将必先下步，名曰力将。将不身服力，无以知士卒之劳苦。军皆定次，将乃就舍；炊者皆熟，将乃就食；军不举火，将亦不举，名曰止欲将。将不身服止欲，无以知士卒之饥饱。将与士卒共寒暑劳苦饥饱，故三军之众，闻鼓声则喜，闻金声则怒。高城深池，矢石繁⑦下，士争先登；白刃始合，士争先赴。士非好死而乐伤也，为其将知寒暑饥饱之审，而见劳苦之明也。”

注释

①本篇选自《六韬·龙韬》。本篇是《六韬》的第二十三篇，主要论述军队的统帅和指挥等问题。 ②古代军队作战时，鸣金（锣）表示收兵，击鼓表示开始战斗。③服裘：穿毛裘。 ④张盖：打伞。 ⑤将不身服礼：作为将军，如果不身体力行，做到“礼”。 ⑥犯：碰撞，触及。 ⑦繁：密集，众多。

三十六计

（节选）

作品简介

《三十六计》是我国古代兵家计谋的总结和军事谋略学的宝贵遗产，作者不详。它主要讲述的是作战的策略，六六三十六，数中有术，术中有数。阴阳燮理，要在其中。原书按计名排列，共分6套，分别是胜战计、敌战计、攻战计、混战计、并战计、败战计。每套都有开始和结尾，顺序相接，作战谋略，尽在其中。

《三十六计》书影

选文

第一计　瞒天过海

备周则意怠①，常见则不疑。阴在阳之内，不在阳之对②。太阳，太阴③。

注释

①备周则意怠：防备得十分严密周全，往往容易松懈大意。　②阴在阳之内，不在阳之对：阴计可用于阳事进程中，不是阳事之敌对面。　③太阳，太阴：至阴之术，可以为至阳之目的服务。

第二计　围魏救赵

共敌不如分敌①，敌阳不如敌阴②。

注释

①共敌不如分敌：进攻兵力集中的敌人，不如设法分散它而后再打。　②敌阳不如敌阴：攻击敌军的阳刚部分，不如攻击敌人的阴弱部分。

第三计　借刀杀人

敌已明，友未定，引友杀敌，不自出力，以《损》推演①。

注释

①以《损》推演：这是根据周易《损》卦推演出来的。

第四计　以逸待劳

困敌之势，不以战①。损刚益柔②。

注释

①困敌之势，不以战：使敌人的势力损耗，不需使用武力。　②损刚益柔：敌方刚强之势消耗了，我方的力量自然就会增强。

第八计　暗渡陈仓

示之以动，利其静而有主①，益动而巽②。

注释

①利其静而有主：利用敌方的决定，暗中实行真实的行动。　②益动而巽：事物的增益，因为变动而顺达。

第十一计　李代桃僵

势必有损，损阴以益阳①。

注释

①这句话的意思是，当局势发展到必然有所损失时，应舍得小的损失而保全大局。

第十二计　顺手牵羊

微隙在所必乘①，微利在所必得。少阴，少阳②。

注释

①微隙在所必乘：再微小的疏忽，也必须利用。 ②少阴，少阳：变对方的疏忽为我方的小胜利。

第十五计 调虎离山

待天以困之，用人以诱之，往蹇来返①。

注释

①往蹇来返：敌人占据坚固难攻的阵地，我们便返回。

第十七计 抛砖引玉

类以诱之，击蒙也①。

注释

①这句话的意思是，用类似的东西去引诱敌人，从而打击被蒙骗的敌人。

第三十计 反客为主

乘隙插足，扼其主机①，渐之进也②。

注释

①扼其主机：扼住它的关键部分。 ②渐之进也：循序渐进地达到自己的目的。

第三十六计 走为上

全师①避敌。左次无咎②，未失常③也。

注释

①全师：保全实力。 ②左次无咎：虽退居次位，但免遭到灾祸。 ③常：常见的用兵之法。

百战奇略

（节选）

作者简介

刘基

刘基（1311～1375年），明代政治家、思想家和文学家。字伯温，青田（今浙江温州文成）人。出身于名门望族，自幼聪明好学，有神童之誉。23岁时一举考中进士，开始步入仕途。他立志报国，但朝廷昏庸腐败，使他20余年的官海生涯屡遭磨难贬抑。1360年接受朱元璋的邀请，成为参赞军务的谋士，为明王朝的建立和发展，立下汗马功劳。明朝建立后，他任御史中丞兼太史令，负责明朝的历法编订、军卫制度的建立、朝廷体制的整顿以及金陵皇城的工程设计等，主张禁止滥杀，整肃纲纪，对明初政治的稳定和社会的发展起到了重要作用。后因受李善长、胡惟庸等人的排挤而辞官，回归故里，直至病死。他与姜太公、诸葛亮一道被后人誉为我国历史上的“三大军师”。他多才多艺，天文、地理、兵法无不通晓，诗歌、散文也是大家之范，著有《郁离子》、《写情集》、《梨眉公集》等。

作品简介

《百战奇略》原名《百战奇法》，清雍正后才更名为《百战奇略》，署名是明代刘基所著。据考证，《百战奇法》应该是北宋末期的兵书，但作者已不可考。《百战奇法》以《武经七书》等古代兵法为依据，收集了从先秦到五代近一千七百年间，散见于二十一种史籍的各种类型的战例或事例，按照作战双方的军事、政治、经济、自然诸条件列为百题，分篇立论，对比分析，是中国古代分条论述作战原则和作战方法的著名兵书。

选文

谋　战①

凡敌始有谋，我从而攻之，使彼计衰而屈服。法曰：“上兵伐谋。”

春秋时，晋平公欲伐齐，使范昭往观齐国之政。齐景公觞②之。酒酣，范昭请君之樽酌③。公曰：“寡人令樽进客。”范昭已饮，晏子彻④樽，更为酌。范昭佯醉，不悦而起舞，谓太师⑤曰：“能为我奏成周之乐⑥呼？吾为舞之。”太师曰：“瞑臣⑦不习。”范昭出。景公曰：“晋，大国也。来观吾政，今子怒大国之使者，将奈何？”

晏子曰："观范昭非陋于礼者，且将惭吾国，臣故不从也。"太师曰："夫成周之乐，天子之乐也，惟人主舞之。今范昭人臣，而欲舞天子之乐，臣故不为也。"范昭归报晋平公曰："齐未可伐，臣欲辱其君，晏子知之；臣欲犯其礼，太师识之。"仲尼闻之曰："不越樽俎[8]之间，而折冲千里之外，晏子之谓也。"

注释

①《谋战》阐述了如何挫败敌人的战争图谋问题。当敌人在谋划战争的时候，就应该及时运用谋略挫败敌人的战争图谋，使其因图谋败露而屈服。本篇引自孙子"上兵伐谋"一语，意思是，用兵的上策是挫败敌人的战争图谋。 ②觞：古代盛酒器。这里用作动词，指用酒招待。 ③樽酌：樽，酒杯。酌：斟酒、饮酒。 ④彻：通"撤"。 ⑤太师：中国古代乐官名。 ⑥成周之乐：周天子的乐曲。 ⑦瞑臣：眼睛失明之臣。因为春秋晋国著名乐师师旷生而目盲，所以齐国乐官太师以"瞑臣"自谦。 ⑧樽俎：盛酒肉的器具，这里指筵席。

信　战①

凡与敌战，士卒蹈万死一生之地，而无悔惧之心者，皆信令使然也。上好信以任诚，则下用情而无疑，故战无不胜。法曰："信则不欺。"

三国魏明帝自征蜀，幸长安，遣司马懿督张郃诸军，雍、凉劲卒三十万，潜军密进，窥向剑阁。蜀相诸葛亮时在祁山，旌旗利器，守在险要，十二更下，在者八万。时魏军始阵，幡兵[2]适交，参佐咸以贼众强盛，非力不制，宜权停下兵一月，以并声势。亮曰："吾统武行师，以大信为本，得原失信[3]，古人所惜；去者速装以待期，妻子鹄立[4]而计日，虽临征难，义所不废。"皆催令去。于是去者皆悦，愿留一战；征者奋勇，思致死命。相谓曰："诸葛公之恩，死犹未报也。"临战之日，莫不拔剑争先，以一当十，杀张郃，却司马懿，一战大克，信之由也。

注释

①《信战》主要阐述了将帅以"信"治军的重要性。 ②幡兵：幡，同"旛"，旌旗；幡兵，指正在换防的部队。 ③得原失信：晋文公率兵围攻原国，预定三天攻下，但届期未克，晋文公即下令退兵。这时侦察人员报告说原国人已经准备投降了。晋文公说认为信义是国家之宝，如果得到原国而失掉信义，那是因小而失大。最后退兵三十里，而原国也归降。 ④鹄立：鹄，长颈鸟，能远望，比喻引领切盼之意。

奇　战①

凡战，所谓奇者，攻其无备，出其不意也。交战之际，惊前掩后，冲东击西，使敌莫知所备。如此则胜。法曰："敌虚则我必为奇。"②

三国魏景元四年，诏诸军征蜀，大将军司马文王指授节度，使邓艾与蜀将姜维相缀连③，雍州刺史诸葛绪邀维，令不得归。艾遣天水太守王颀等直攻维营，陇西太守牵洪邀其前，金城太守杨欣诣甘松。维闻钟会诸军已入汉中，退还。欣等蹑于强川口，大战，维败走。闻雍州④已塞道，屯桥头，从孔函谷入北道，欲出雍州后。诸葛绪闻之，却还三十里。维入北道三十里，闻绪军却，寻还，从桥头过，绪趣⑤截维，较一日不及。维遂东还守剑阁。钟会攻维未能克。艾上言："今贼摧折，宜遂从阴平由邪径⑥经汉中德阳亭趣涪，去剑阁西百里，去成都三百里，奇兵冲其腹心。剑阁之守必还赴涪，则会方轨⑦而进；剑阁之军不还，则应涪之兵寡矣。军志⑧曰：'攻其无备，出其不意'。今掩其空虚，破之必矣。"冬十月，艾自阴平道行无人之地七百余里，凿山通道，造作桥阁⑨，山高谷深，而甚艰难，粮运将匮，频至危殆。艾以毡自裹，推转而下，将士皆攀木缘崖，鱼贯而进。至江油，蜀守将马邈降。蜀卫将军诸葛瞻自涪还绵竹，列阵待艾。艾遣其子邓忠等出其右，司马师纂等出其左。忠、纂战不利，并退还，曰："贼未可胜。"艾怒曰："存亡之分，在此一举，何不可之有？"乃叱忠、纂等，将斩之。忠、纂驰还更战。大破之，斩瞻及尚书张遵等首，进军到雒。刘禅遣使请降，遂灭蜀。

注释

①《奇战》阐述了作战中如何运用出奇制胜的原则和方法问题。奇与正是构成一对相反相成的军事术语。"奇正"论是中国古代兵家研究克敌制胜的一种军事辩证理论。 ②敌虚则我必为奇：发现敌人有虚弱之点，就用出奇制胜战法袭击它。 ③缀连：本谓连结，这里指保持接触以吸引对方。 ④雍州：即雍州刺史诸葛绪的代称。 ⑤趣：谓急速，赶快。 ⑥邪径：谓险僻小路。 ⑦方轨：谓平坦的大道。⑧军志：犹言兵书。这里指《孙子兵法》。 ⑨桥阁：栈道。

危 战①

凡与敌战，若陷在危亡之地，当激励将士决死而战，不可怀生，则胜。法曰："兵士甚陷，则不惧。"

后汉将吴汉讨公孙述，进入犍为界。诸县皆城守。汉攻广都，拔之。遣轻骑烧成都市桥，武阳以东诸小城皆降。帝戒汉曰："成都十余万众，不可轻也。但坚据广都，待其来攻，勿与争锋。若不敢来，公转营追之，须其力疲，乃可击也。"汉不听，乘利遂自将步、骑二万余人进逼成都，去城十余里，阻江北为营，作浮桥，使别将刘尚将万余人屯于江南，相去二十余里。帝大惊，责汉曰："比敕公千条万端，何意临事悖乱？既轻敌深入，又与尚别营，事有缓急，不复相及。贼若出兵缀公，以大众攻尚，尚破，公即败矣。幸无他者，急率兵还广都！"诏书未到，述果遣其将谢丰、袁吉将众十余万出攻汉，使别将将万金人劫刘尚，令不得相救。汉与大战一日，兵败走入壁，丰围之。汉召诸将厉②之曰："吾与诸将逾越险阻，转战千里，所在斩获，遂深入敌地，今至其城下，而与尚二处受围，势既不接，其祸难量。欲潜师就尚于江南御之。若能同心协力，人自为战，大功可立，如其不然，败必无余。成败之机在此一举。"诸将皆曰："诺！"于是飨士秣马，闭营三日不出，乃多立幡旗，使烟火不绝，夜衔枚引马与尚合军。丰等不觉，明日乃分兵拒江北，自将兵攻江南。汉悉兵迎战，自旦至晡，遂大败之，斩谢丰、袁吉。于是率兵还广都，留刘尚拒述，具以状闻，而深自谴责。帝报曰："公还广都，甚得其宜，述必不敢略尚而击公。若先攻尚，公从广都五十里悉步、骑赴之，适当值其危困，破之必矣。"于是，汉与述战于广都、成都之间，八战八克，遂军于郭中。述自将数万人出城大战，汉使护军高午、唐邯将锐卒数万击之。述兵败走，高午奔阵刺述，杀之。旦日城降，斩述首传送洛阳。蜀遂平。

注释

①《危战》阐述部队作战陷入危险境地时，将帅应当采取何种措施，以扭转战局。 ②厉：通"励"，激励。

饥 战①

凡兴兵征讨，深入敌地，刍粮乏阙，必须分兵抄掠，据其仓廪，夺其蓄积，以继军饷，则胜。法曰："因粮于敌，故军食可足也。"

《北史》：北周将贺若敦率兵渡江取陈湘州。陈将侯瑱讨之。秋水泛滥，江路遂断。粮援既绝，人怀危惧。敦于是分兵抄掠，以充资费。恐瑱等知其粮少，乃于营内多聚土，覆之以米。召侧近村人佯有访问，随即遣之。瑱等闻之，以粮为实。敦又增修营垒，造庐舍，示以持久。湘、罗之间遂废农业。瑱等无如之何。初，土人乘轻船载米粟及笼鸡鸭以饷军。敦患之，乃伪为土人船，伏兵甲于中。军望见，谓饷船至，逆水争取。敦甲士遂擒之。又敦军数有叛者乘马投瑱，瑱辄纳之。敦乃取一马，牵以趣船，令船中人以鞭鞭之。如是者再三，马畏船不敢上。后伏兵于江岸，使人乘畏船马诈投瑱军，瑱即遣兵迎接，争来牵马。马既畏船不上，伏兵发，尽杀之。后实有馈饷及亡奔瑱者，犹恐敦设诈，兵不敢受。相持岁余，瑱不能制。

注释

①《饥战》阐述了深入敌国作战时如何解决后勤供应以防止部队因缺粮而失败的问题。

劳　战①

凡与敌战，若便利之地，敌先结阵而据之，我后去趋战，则我劳而为敌所胜。法曰："后处战地而趋战者劳。"

晋司空刘琨遣将军姬澹率兵十余万讨石勒。勒将拒之，或谏曰："澹兵马精盛，其锋不可当，且深沟高垒以挫其锐，攻守势异，必获万全。"勒曰："澹军远来，体疲力竭，犬马乌合，号令不齐，一战可擒也，何强之有！寇已垂至，胡可舍去，大军一动，岂易中还②！若澹乘我之退，顾乃无暇，焉得深沟高垒乎！此谓不战而自取灭亡之道。"遂斩谏者。以孔苌为前锋都督，令三军后出者斩。设疑兵于山下，分为二伏。勒率兵与澹战，伪收众而北。澹纵兵追之，勒前后伏发，夹击，澹大败而退。

注释

①《劳战》取义于"劳困"，旨在阐述先敌占领有利地形对于争取战场主动权的重要意义。　②岂易中还：意思是怎么容易中途退还。

败　战①

凡与敌战，若彼胜我负，未可畏怯，须思害中之利，当整励器械，激扬士卒，候彼懈怠而击之，则胜。法曰："因害而患可解也。"

晋末，河间王颙在关中，遣张方讨长沙王乂，率众自函谷入屯河南。惠帝遣左将军皇甫商拒之，方潜军破商，遂入洛阳。乂奉命讨方于城内，方军望见乘舆②，于是少却，方止之不可得，众遂大败，杀伤满衢巷。方退壁于十三里桥，人情挫衄，无复固志，多劝方夜遁。方曰："兵之利钝③是常事，贵因败以为成耳。我更前作垒，出其不意，此兵法之奇也。"乃夜潜进逼洛阳城七里。乂既新捷，不以为意，忽闻方垒成，乃出战，遂大败而还。

注释

①《败战》阐述打了败仗之后应当如何防止产生畏怯气馁情绪的问题。　②乘舆：帝王乘坐的车子。　③利钝：顺利与不顺利。

不　战①

凡战，若敌众我寡，敌强我弱，兵势不利；彼或远来，粮饷不绝，皆不可与战，宜坚壁持久以敝之，则敌可破。法曰："不战在我。"

唐武德中，太宗帅兵渡河东讨刘武周。江夏王李道宗时年十七，从军，与太宗登玉壁城观贼阵，顾谓道宗曰："贼恃其众，来邀我战，汝谓如何？"对曰："群贼锋不可当，易以计屈，难以力争。今深沟高垒，以挫其锋，乌合之徒，莫难持久，粮运将竭，当自离散，可不战而擒也。”太宗曰：“汝见识与我相合。”后果食尽夜遁，追入介州，一战败之。

注释

①《不战》取“不急于决战”之意，阐述何种条件下采取持久防御作战的问题。

和 战①

凡与敌战，必先遣使约和。敌虽许诺，言语不一。因其懈怠，选锐卒击之，其军可败。法曰：“无约而请和者，谋也。”

秦末，天下兵起。沛公西入武关，欲以二万人击峣关，张良曰：“秦兵尚强，未可轻。闻其将多屠、贾子，易以利动。愿沛公且留壁，使人先行，为五万人具食，且日益张旗帜为疑兵，而使郦生持重宝啖②秦将。”秦将果欲连和俱西袭咸阳，沛公欲听之。良曰：“此独其将欲叛，恐士卒不从。不从必危，不如因其懈怠击之。”沛公乃引兵出击秦军，大破之。

注释

①《和战》阐述如何运用“和谈”手段配合军事的问题。 ②啖：引诱。

人 战①

凡战，所谓人者，推人士②而破妖祥③也。行军之际，或枭集牙旗，或杯酒变血，或麾竿毁折，唯主将决之。若以顺讨逆，以直伐曲，以贤击愚，皆无疑也。法曰：“禁祥去疑，至死无所之。”

唐武德六年，辅公祏反，诏赵郡王李孝恭等讨之。将发，与将士宴集，命取水。水忽变为血，在座皆失色，孝恭举止自若，徐谕之曰：“祸福无门，唯人所召。毋疑，诸君。此杯中血乃公祏授首④之征也。”遂饮而尽之，众为安。先是，贼将拒险邀战，孝恭坚壁不出，以奇兵绝其粮道，贼饥，夜薄李孝恭，孝恭坚卧不动。明日，以羸兵扣贼营挑战，别选骑阵以待。俄而羸兵却，贼追北且嚣，遇祖尚，薄战遂败。赵郡王乘胜破其别阵，辅公祏穷走，追骑生擒之，江南悉平。

注释

①《人战》阐述了战争中如何发挥人的主观能动作用的问题。 ②推人士：谓推举堪当任事的人。 ③妖祥：指妖灾怪异等不吉利现象。 ④授首：谓被杀。

厚黑学

作者简介

李宗吾

李宗吾（1879～1943年），四川人。早年加入同盟会，曾为四川大学教授，后为自由撰稿人。几十年间目睹人间冷暖，看透宦海沉浮，写出《厚黑学》一书，被誉为“影响中国20世纪的20大奇才怪杰”之一。

作品简介

本文为《厚黑学》的著书原由，文中列举了曹操、刘备、孙权等人的事迹，充分体现了李家吾的厚黑学思想。

选文

我自读书识字以来，就想为英雄豪杰，求之四书五经，茫无所得，求之诸子百家，与夫廿四史，仍无所得，以为古之为英雄豪杰者，必有不传之秘，不过吾人生性愚鲁，寻他不出罢了。穷索冥搜，忘寝废食，如是者有年，一旦偶然想起三国时几个人物，不觉恍然大悟曰：得之矣，得之矣，古之为英雄豪杰者，不过面厚心黑而已。

三国英雄，首推曹操，他的特长，全在心黑：他杀吕伯奢，杀孔融，杀杨修，杀董承伏完，又杀皇后皇子，悍然不顾，并且明目张胆地说：“宁我负人，毋人负我。”心子之黑，真是达于极点了。有了这样本事，当然称为一世之雄了。

其次要算刘备，他的特长，全在于脸皮厚：他依曹操，依吕布，依刘表，依孙权，依袁绍，东窜西走，寄人篱下，恬不为耻，而且生平善哭。做《三国演义》的人，更把他写得维妙维肖，遇到不能解决的事情，对人痛哭一场，立即转败为功，所以俗语有云：“刘备的江山，是哭出来的。”这也是一个有本事的英雄。他和曹操，可称双绝；当着他们煮酒论英雄的时候，一个心子最黑，一个脸皮最厚，一堂晤对，你无奈我何，我无奈你何，环顾袁本初诸人，卑鄙不足道，所以曹操说：“天下英雄，惟使君与操耳。”

此外还有一个孙权，他和刘备同盟，并且是郎舅之亲，忽然夺取荆州，把关羽杀了，心之黑，仿佛曹操，无奈黑不到底，跟着向蜀请和，其黑的程度，就要比曹操稍逊一点。他与曹操比肩称雄，抗不相下，忽然在曹丞驾下称臣，脸皮之厚，仿佛刘备，无奈厚不到底，跟着与魏绝交，其厚的程度也比刘备稍逊一点。他虽是黑不如操，厚不如备，却是二者兼备，也不能不算是一个英雄。他们三个人，把各人的本事施展开来，你不能征服我，我不能征服你，那时候的天下，就不能不分而为三。

后来曹操、刘备、孙权，相继死了，司马氏父子乘时崛起，他算是受了曹刘诸人的熏陶，集厚黑学之大成，他能欺人寡妇孤儿，心之黑与曹操一样；能够受巾帼之辱，脸皮之厚，还更甚于刘备；我读史见司马懿受辱巾帼这段事，不禁拍案大叫："天下归司马氏矣！"所以得到了这个时候，天下就不得不统一，这都是"事有必至，理有固然"。

诸葛武侯，天下奇才，是三代下第一人，遇著司马懿还是没有办法，他下了"鞠躬尽瘁，死而后已"的决心，终不能取得中原尺寸之地，竟至呕血而死，可见王佐之才，也不是厚黑名家的敌手。

我把他几个人物的事反复研究，就把这千古不传的秘诀，发现出来。一部二十四史，可一以贯之："厚黑而已。"兹再举汉的事来证明一下。

项羽拔山盖世之雄，暗哑叱咤，横扫千军，为什么身死东城，为天下笑？他失败的原因，韩信所说的"妇人之仁，匹夫之勇"两句话包括尽了。妇人之仁，是心有所不忍，其病根在心子不黑；匹夫之勇，是受不得气，其病根在脸皮不厚。鸿门之宴，项羽和刘邦，同坐一席，项庄已经把剑取出来了，只要在刘邦的颈上一划，"太高皇帝"的招牌，立刻可以挂出，他偏偏徘徊不忍，竟被刘邦逃走。垓下之败，如果渡过乌江，卷土重来，尚不知鹿死谁手？他偏偏又说："籍与江东子弟八千人，渡江而西，今无一人还，纵江东父兄，怜我念我，我何面目见之。纵彼不言，籍独不愧于心乎？"这些话，真是大错特错！他一则曰："无面见人"；再则曰："有愧于心。"究竟敌人的面，是如何长起得，敌人的心，是如何生起得？也不略加考察，反说"此天亡我，非战之罪"，恐怕上天不能任咎吧。

我们又拿刘邦的本事研究一下，《史记》载：项羽问汉王曰："天下匈匈数岁，徒以吾两人耳，愿与汉王挑战决雌雄。"汉王笑谢曰："吾宁斗智不斗力。"请问笑谢二字从何生出？刘邦见郦生时，使两女子洗脚，郦生责他倨见长者，他立刻辍为之谢。还有自己的父亲，身在俎下，他要分一杯羹；亲生儿女，孝惠鲁元，楚兵追至，他能够为了逃命推他们下车；后来又杀韩信，杀彭越，"鸟尽弓藏，兔死狗烹"，请问刘邦的心子，是何状态，岂是那"妇人之仁，匹夫之勇"的项羽所能想到的？太史公著本纪，只说刘邦隆准龙颜，项羽是重瞳子，独于二人的面皮厚薄，心之黑白，没有一字提及，未免有愧良史的称号。

刘邦的面，刘邦的心，比较别人特别不同，可称天纵之圣。刘邦对黑字的运用，真是"生和安行，从心所欲不逾矩"，至于厚字方面，还加了点学历，他的业师，就是三杰中的张良，张良的业师，是圯上老人，他们的衣钵真传，是彰彰可考的。圯上受书一事，老人种种作用，无非教张良脸皮厚罢了。这个道理，苏东坡的《留候论》，说得很明白。张良是有夙根的人，一经指点，言下顿悟，故老人以王者师期之。这种无上妙法，断非钝根的人所能了解，所以《史记》上说："良为他人言，皆不省，独沛公善之，良曰，沛公殆天授也。"可见这种学问，全是关乎资质，明师固然难得，好徒弟也不容易寻找。韩信求封齐王的时候，刘邦几乎误会，全靠他的业师张良在旁指点。就像在学校中，教师改正学生习题一般。以刘邦的天资，有时还有错误，这种学问的精深，就此可以想见了。

刘邦天资既高，学历又深，把流俗所传君臣、父子、兄弟、夫妇、朋友五伦关系一一打破，又把礼义廉耻，扫除净尽，所以能够平荡群雄，统一海内。一直经过了四百几十年，他那厚黑的余气，方才消灭。汉家的系统于是乎才断绝了。

楚汉的时候，有一个人，脸皮最厚，心不黑，终归失败，此人为谁？就是人人知道的韩信。胯下之辱，他能够忍受，厚的程度，不在刘邦之下。无奈对于黑字欠了研究；他为齐王时，果能听蒯通的话当然贵不可言，他偏偏系念著刘邦解衣推食的恩惠，冒冒昧昧地说："衣人之衣者，怀人之忧；食人之食者，死人之事。"后来长乐钟室，身首异处，夷及九族，真是咎由自取。他讥诮项羽是妇人之仁，可见心子不黑，作事还要失败的，这个大原则，他本来也是知道的，但他自己也在这里失败，这也怪韩信不得。

同时又有一个人，心最黑，脸皮不厚，也归失败，此人也是人人知道的，姓范名增。刘邦破咸阳，系子婴，还军坝上，秋毫不犯，范增千方百计，总想把他置之死地，心子之黑，也同刘邦仿佛；无奈脸皮不厚，受不得气，汉用陈平计，间疏楚君王，增大怒求去，归来至彭城，疽后背死，大凡做大事的人，那有动辄生气的道理？"增不去，项羽不亡"，他若能隐忍一下，刘邦的破绽很多。随时都可以攻进去。他愤然求去，把自己的老命，把项羽的江山，一齐送掉，因小不忍，坏了大事，苏东坡还称他为人杰，未免过誉？

据上面的研究，厚黑学这种学问，法子很简单，用起来却很神妙，小用小效，大用大效，刘邦司马懿把它学完了，就统一天下；曹操刘备各得一偏，也能称孤道寡，割据争雄；韩信、范增，也是各得一偏，不幸生不逢时，偏偏与厚黑兼全的刘邦，并世而生，以致同归失败。但是他们在生的时候，凭其在厚黑上的一得之长，博取王侯将相，炫赫一时，身死之后，史传中也占了一席之地，后人谈到他们的事迹，大家都津津乐道，可见厚黑学终不负人。

上天生人，给我们一张脸，而厚即在其中，给我们一颗心，而黑即在其中。从表面上看去，广不数寸，大不盈掬，好像了无奇异，但，若精密的考察，就知道它的厚是无限的，它的黑是无比的，凡人世的功名富贵、宫室妻妾、衣服车马，无一不从这区区之地出来，造物生人的奇妙，真是不可思议。钝根众生，身有至宝，弃而不用，可谓天下之大愚。

厚黑学共分三步功夫，第一步是"厚如城墙，黑如煤炭"。起初的脸皮，好像一张纸，由分而寸，由尺而丈，就厚如城墙了。最初心的颜色，作乳白状，由乳色而炭色、而青蓝色，再进而就黑如煤炭了。到了这个境界，只能算初步功夫；因为城墙虽厚，轰以大炮，还是有攻破的可能；煤炭虽黑，但颜色讨厌，众人都不愿挨近它。所以只算是初步的功夫。

第二步是“厚而硬，黑而亮”。深于厚学的人，任你如何攻打，他一点不动，刘备就是这类人，连曹操都拿他没办法。深于黑学的人，如退光漆招牌，越是黑，买主越多，曹操就是这类人，他是著名的黑心子，然而中原名流，倾心归服，真可谓“心子漆黑，招牌透亮”，能够到第二步，固然同第一步有天渊之别，但还露了迹象，有形有色，所以曹操的本事，我们一眼就看出来了。

第三步是“厚而无形，黑而无色”。至厚至黑，天上后世，皆以为不厚不黑，这个境界，很不容易达到，只好在古之大圣大贤中去寻求。有人问：“这种学问，哪有这样精深？”我说：“儒家的中庸，要讲到‘无声无臭’方能终止；学佛的人，要讲到‘菩提无树，明镜非台’，才算正果；何况厚黑学是千古不传之秘，当然要做到‘无形无色’，才算止境。”

总之，由尧舜禹以至于今，王侯将相，豪杰圣贤，不可胜数，苟其事之有成，无一不出于此；书册俱在，事实难诬，读者倘能本我指示的途径，自去搜寻，自然左右逢源，头头是道。

哲学宗教

哲学可以让人领悟到生命的多元化，宗教可以使人坚信生命可以承受的重量。“玄妙之书，大道之源”的《周易》，全篇都贯穿着阴阳学说，包含着深邃的哲理，对后世中国传统哲学和宗教的形成与发展有着极其重要的影响；“上古以来之书”的《尚书》中蕴含着朴素唯物主义的萌芽；“儒家之经典”《论语》、《孟子》中包含了深刻的修身之道；《道德经》既是道教经典，又是哲学名著；《庄子》堪称中华民族深邃而充满意蕴的思想资源与哲学宝库；《淮南子》是“崇尚自然和谐之哲学”。此外，《抱朴子内篇》、《六祖法宝坛经》、《仁说》、《中国哲学简史》等作品在哲学、宗教史上有很大影响。

周 易

内容简介

先天八卦图

《周易》为中国儒家重要经典。成书于何时、何人所著尚无定论，大约非出于一人一时之作。在商代晚期的甲骨、铜器和陶器上面，就有以数字记爻的易卦出现。这种数字卦就是《周易》的前身。《周易》由文字和符号两部分组成。其文字部分包括卦名、爻名、卦辞、爻辞、用辞。卦名是64个易卦的名称，爻名是每一个卦中6爻各自的名称，卦辞是在64卦的卦名之下的文字，爻辞是384爻的爻名之下的文字。全书的卦辞、爻辞、用辞一共450条，统称为筮辞。其符号部分由64卦的符号和包含于64卦中的384爻的符号构成。整部书的卦序、每一个卦的卦画结构、阴阳卦的观念，以及阴阳爻位的观念，都贯穿着阴阳学说，包含着深邃的哲理，对后世中国传统哲学和宗教的形成和发展有着极其重要的影响。

选文

乾 卦

䷀[1](下乾上乾[2])

乾[3]：元亨[4]，利贞[5]。

初九[6]：潜龙，勿用[7]。

九二：见龙[8]在田，利见大人[9]。

九三：君子终日乾乾[10]，夕惕若[11]，厉无咎[12]。

九四：或跃在渊，无咎。

九五：飞龙在天，利见大人。

上九：亢龙有悔[13]。

用九[14]：见群龙无首，吉。

注释

①这里的符号被称为“卦象”，由六根阳爻构成。 ②括号内的文字为《周易》的注释者所加。“下”指下面的三根爻组成独立的卦象，“上”则指由上面的三根爻组成独立的卦象，都是乾卦。从出土的西周文物可以看到，原先的六爻卦是一整体，

并非是由两个三爻卦构成的。把六爻卦看成是由两个三爻卦组成是后世易学家的做法。③这里的“乾”字在易学上称为“卦名”。乾象征天。④元：大。亨：祭祀。元亨：一种隆重的祭祀。这里及以下各卦的注释参考各家之解，但主要取高亨的《周易大传今注》之说，“元亨”以及下文的“利贞”的字义在各个时代有许多不同的理解。⑤贞：占问。利贞：有利于占问。⑥初：由下往上数第一根爻。由下往上数每一卦的爻，确定它们的爻位，是易学的传统做法。九：指阳爻。每根爻的名称以下的文字称为“爻辞”。⑦勿用：勿动，意思是不要轻举妄动。⑧见：同“现”，出现。⑨大人：指有很高地位的人，如贵族。⑩终日：整个白天。乾乾：勤勉努力。⑪夕惕若：夜里表现出警惕的样子。⑫厉：危险。咎：灾。⑬亢：极高之位。悔：较小的不幸。⑭用：通。用九：六根阳爻其数都为九，按照传统筮法，都要变为阴爻。

坤卦

䷁(下坤上坤)

坤①：元亨。利牝马之贞②。君子有攸③往，先迷后得主④，利。西南得朋⑤，东北丧朋。安贞⑥吉。

初六：履⑦霜，坚冰至。

六二：直方⑧，大不习⑨，无不利。

六三：含章⑩，可贞。或从王事，无成有终。

六四：括囊⑪，无咎，无誉。

六五：黄裳⑫，元古⑬。

上六：龙战于野，其血玄黄⑭。

用六⑮：利永贞⑯。

注释

①坤：象征大地。②牝马：雌马。利牝马之贞：对于询问乘牝马出征或出行的占卜吉利。③攸：所。④迷：迷失方向。主：主人。⑤朋：朋友，一说指古代钱币。⑥安贞：了解是否安全的占卜。⑦履：踩踏。⑧直方：为人正直，品行方正。⑨不习：不熟悉某事和某个环境。⑩含：具有，但不急于表现。章：色彩，花纹，比喻卓越的品质和才能。⑪括：收紧。囊：盛物的袋子。⑫黄：黄色，在周朝代表尊贵、吉祥。裳：古代男性下身服装，多穿在外衣的里面，似裙。⑬元吉：大吉。⑭玄：青色。玄黄：青黄混合之色。⑮用：通。用六：六根阴爻其数都为六，按照传统筮法，都要变为阳爻。⑯永贞：有利于关于长期之事的占问。

泰卦

䷊(下乾上坤)

泰①：小往大来②；吉，亨。

《彖》曰："《泰》，'小往大来，吉，亨'，则是天地交而万物通也。上下交而其志同也。内阳而外阴③，内健而外顺，内君子而外小人。君子道长，小人道消也。"

《象》曰："天地交，《泰》。后以财成天地之道④，辅相天地之宜⑤，以左右⑥民。"

初九：拔茅茹，以其汇⑦。征吉。

《象》曰："'拔茅'、'征，吉'志在外⑧也。"

九二：包荒⑨，用冯河⑩，不遐遗⑪。朋亡⑫，得尚于中行⑬。

《象》曰："'包荒'、'得尚于中行'，以光大也⑭。"

九三：无平不陂⑮，无往不复⑯。艰贞无咎⑰。勿恤其孚⑱，于食有福。

《象》曰："'无往不复'，天地际⑲也。"

六四：翩翩⑳，不富，以其邻不戒以孚㉑。

《象》曰："'翩翩，不富'，皆失实㉒也。'不戒以孚'㉓，中心愿㉔也。"

六五：帝乙归妹，以祉㉕元吉。

《象》曰："'以祉元吉'，中以行愿㉖也。"

上六：城复于隍㉗。勿用师㉘，自邑。告命㉙，贞吝㉚。

《象》曰："'城复于隍'，其命㉛乱也。"

注释

①泰：通，表示天地之气、阴阳之气相通。 ②小：指的是坤阴，即此卦之上卦或外卦(即泰卦上面三根爻构成的卦象)。大：指的是乾阳，即此卦之下卦或内卦(即泰卦下面三根爻构成的卦象)。小往大来：阴本来在下，由下而上，故曰"往"；阳本来在上，由上而下，故曰"来"。小往大来有阴阳相遇、相交、相通之象。 ③内：指泰卦下面三根阳爻构成的内卦，是为乾卦。外：指泰卦上面三根阴爻构成的外卦，是为坤卦。 ④后：君主。财：借为"裁"，剪裁。财成：以适当的举措来实现。 ⑤辅相：辅助。天地之宜：天地山川适时出现或产生的事物。 ⑥左右：支配。 ⑦茅：茅草。茹：茅根。以：及。汇：同类。茅草及其同类是危害庄稼生长的杂草。最早比喻为危害国家生存的势力。 ⑧志在外：志在征讨外邦。 ⑨包：借为瓠，即今之葫芦。荒：又空又大。 ⑩冯河：浮水渡河，这里是说将大葫芦缚于腰间渡河。 ⑪遐：远。遗：遗弃。 ⑫朋亡：汉帛书《周易》作"弗忘"，古代"亡"、"忘"通用，因此"弗忘"可以解为朋友未死，也可解为不忘记。 ⑬得尚：得到奖赏。中行：途中。

一说“中行”为人名。⑭以光大：(得到奖赏)是因为帮助朋友渡河的行为表现了崇高的品质。⑮陂：倾斜的坡。⑯复：返回。⑰咎：凶。⑱恤：忧虑，担心。孚：诚信，一说即“俘”字，俘虏。⑲天地际：天地之法则。⑳翩翩：鸟疾飞的样子，形容人的游荡。㉑戒：戒备。孚：这里意为被掠夺。㉒实：财物。失实：失去财物。㉓不戒以孚：《象传》把这句爻辞解读为“不以诚信给以告戒”。㉔中心：内心。愿：借为“傆”，狡猾之义。㉕帝乙：殷代君主，名乙。纣王之父。归：嫁。妹：少女。以：因而。祉：福。帝乙嫁女于周文王，周邦因而得福。㉖中：正。愿：愿望。㉗复：同“覆”，倾倒。隍：城下沟，即护城河。㉘用师：用兵。㉙告命：请命。㉚吝：难。㉛命：用兵的命令。

尚书

选文

洪范

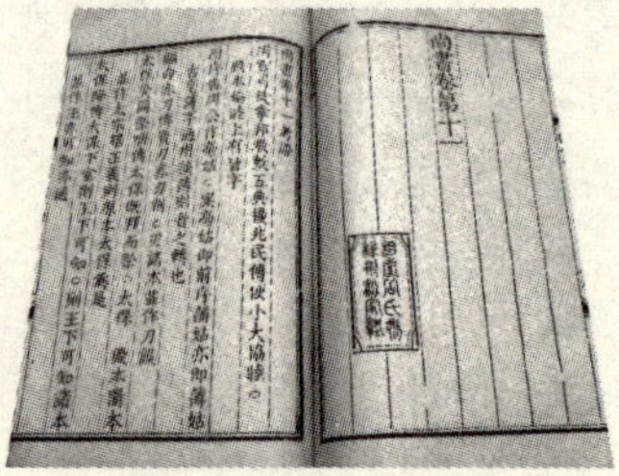
《尚书》书影

惟十有三祀①，王访于箕子②。王乃言曰："呜呼！箕子。惟天阴骘③下民，相协厥④居，我不知其彝伦攸叙⑤。"

箕子乃言曰："我闻在昔，鲧陻⑥洪水，汩陈其五行，帝乃震怒，不畀'洪范'九畴⑦，彝伦攸斁⑧。鲧则殛⑨死，禹乃嗣兴。天乃锡禹'洪范'九畴，彝伦攸叙。"

初一曰五行，次二曰敬用五事，次三曰农用八政，次四曰协用五纪⑩，次五曰建用皇极⑪，次六曰乂⑫用三德，次七曰明用稽疑⑬，次八曰念用庶征⑭，次九曰向⑮用五福，威用六极⑯。

注释

①惟十有三祀：有，又。祀，年。惟十有三年，十三年。 ②王访于箕子：王，周武王，姓姬名发。箕子，殷纣王叔父。 ③阴骘：不言而决定。 ④厥：天所生之人。 ⑤彝伦攸叙：彝伦，常理。攸，所。叙，顺。 ⑥陻：堵塞。鲧以陻治水，失败后，被撤职流放。 ⑦畀：给予。洪范：大法，根本法则。畴：种类。 ⑧斁：败坏。 ⑨殛：诛责，在此指流放。 ⑩五纪：五种记录时间的方法。 ⑪建：建立。皇：大。极：至高无上，这里指高无上之准则。 ⑫乂：治理。 ⑬稽：考察。疑：疑惑、疑难之事。 ⑭念：思虑。庶：多。征：征兆。 ⑮向：通"享"，享受。 ⑯六级：六大困厄。

一、五行：一曰水，二曰火，三曰木，四曰金，五曰土。水曰润下，火曰炎上，木曰曲直，金曰从革①，土爰稼穑。润下作咸②，炎上作苦，曲直作酸③，从革作辛，稼穑作甘。

二、五事：一曰貌，二曰言，三曰视，四曰听，五曰思。貌曰恭，言曰从，视曰明，听曰聪，思曰睿。恭作肃，从作乂，明作哲，聪作谋，睿作圣。

三、八政：一曰食④，二曰货⑤，三曰祀，四曰司空⑥，五曰司徒⑦，六曰司寇⑧，七曰宾⑨，八曰师⑩。

四、五纪：一曰岁，二曰月，三曰日，四曰星辰，五曰历数⑪。

五、皇极：皇建其有极。敛时五福。用敷锡厥庶民，惟时厥庶民于汝极，锡汝保极[12]。凡厥庶民，无有淫朋[13]，人无有比德，惟皇作极。凡厥庶民，有猷有为有守[14]，汝则念之。不协于极，不罹于咎，皇则受之。而康而色[15]，曰：'予攸好德。'汝则锡之福，时人斯其惟皇之极。无虐茕独[16]，而畏高明。人之有能有为，使羞其行，而邦其昌。凡厥正人，既富方谷，汝弗能使有好于而家，时人斯其辜[17]。于其无好德，汝虽锡之福，其作汝用咎。

注释

①从革：顺从人意，在锻铸中变革形态。 ②润下作咸：江河湖泊中的水味淡，但最终流入大海，海水味咸。 ③曲直作酸：树木的果实多酸味。 ④食：以粮食为主的所有食品。 ⑤货：指衣料及以天然物质制造用作一般等价物的货币。 ⑥司空：金文作司工，掌管工程官员。 ⑦司徒：金文多作司土，掌管土地和人民的官员。 ⑧司寇：掌管司法事务的官员。 ⑨宾：掌管诸侯朝觐的官员。 ⑩师：掌管军事的官员。 ⑪历数：推算岁时节候的次序。将其所得为一定的系统，是为历法。 ⑫保极：保有至高无上的原则。 ⑬淫朋：在交游中结成的朋党、集团。 ⑭猷：谋虑。守：执守。 ⑮第一个"而"，如果。康：和谐。第二个"而"：你。色：态度表情。 ⑯茕独：孤独无所依靠的人。 ⑰斯：就。辜：罪。

无偏无陂，遵王之义；无有作好①，遵王之道；无有作恶②，遵王之路。无偏无党，王道荡荡；无党无偏，王道平平；无反无侧，王道正直。会其有极，归其有极，曰，皇极之敷言③，是彝是训④，于帝其训。凡厥庶民，极之敷言，是训是行，以近⑤天子之光。曰，天子作民父母，以为天下王。

六、三德：一曰正直，二曰刚克，三曰柔克。平康，正直；强弗友，刚克；燮友⑥，柔克。沈潜，刚克；高明，柔克。惟辟作福，惟辟作威，惟辟玉食。臣无有作福、作威、玉食。臣之有作福、作威、玉食，其害于而家，凶于而国。人用侧颇僻，民用僭忒⑦。

七、稽疑：择建立卜筮人，乃命卜筮。曰雨，曰霁，曰蒙⑧，日驿，曰克，曰贞，曰悔，凡七。卜五⑨，占用二⑩，衍忒⑪。立时人作卜筮，三人占，则从二人之言。汝则有大疑，谋及乃心，谋及卿士，谋及庶人，谋及卜筮。汝则从，龟从，筮从，卿士从，庶民从，是之谓大同。身其康强，子孙其逢，吉。汝则从，龟从，筮从，卿士逆，庶民逆，吉。卿士从，龟从，筮从，汝则逆，庶民逆，吉。庶民从，龟从，筮从，汝则逆，卿士：逆，吉。汝则从，龟从，筮逆，卿士逆，庶民逆，作内⑫，吉；作外⑬，凶。龟筮违于人，用静，吉；用作，凶。

八、庶征：曰雨，曰旸⑭，曰燠⑮，曰寒，曰风。曰：时五者来备，各以其叙，庶草蕃庑⑯。一极备，凶；一极无，凶。

曰休征⑰：曰肃，时雨若；曰乂，时旸若；曰哲⑱，时燠若；曰谋，时寒若；曰圣，时风若。

曰咎征：曰狂，恒雨若；曰僭[19]，恒旸若；曰豫[20]，恒燠若；曰急，恒寒若；曰蒙，恒风若。

曰：王省惟岁[21]，卿士惟月，师尹惟日。岁、月、日时无易，百谷用成，乂用明，俊民用章，家用平康。日、月、岁时既易，百奔用不成，乂用昏不明，俊民用微，家用不宁。

庶民惟星，星[22]有好风，星[23]有好雨。日月之行，则有冬有夏。月之从星[24]，则以风雨。

九、五福：一曰寿，二曰富，三曰康宁，四曰攸好德，五曰考终命。六极：一曰凶短折，二曰疾，三曰忧，四曰贫，五曰恶，六曰弱。

注释

①好：私自一己之好。②恶：私自一己之恶。③敷言：公之于众的言论。④彝：法。训：教。⑤近：亲附。⑥燮友：和善可亲。⑦僭：过分。忒：同慝，恶念。⑧蒙：古人以天气下降所造成的空中昏暗。⑨卜五：前五种用甲骨占卜。⑩占用二：后两种用蓍草占卦。⑪衍：推演、演述。忒：变化。⑫内：家内之事。⑬外：对外之事。⑭旸：日出，指晴天。⑮燠：炎热。⑯蕃：生长茂盛。庑：芜，丰盛。⑰休征：美好的征兆。⑱晢：明智。⑲僭：差错无序。⑳豫：安逸。㉑省：即眚，过失。岁：指过失影响一年。㉒星：此处指箕星。㉓星：指毕星。㉔月之从星：月亮在空中运行，以二十八宿为坐标。箕、毕是二十八宿中的二宿。

道德经

选文

道可道①

道可道，非常道。名可名，非常名。无，名天地之始；有，名万物之母。故常无欲以观其妙，常有欲以观其徼。此两者同出而异名，同谓之玄。玄之又玄，众妙之门。

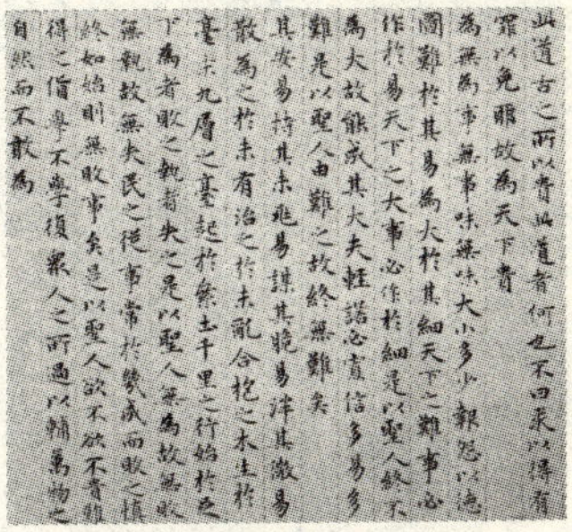

《道德经》书影

注释

①本文选自《道德经》第一章。

天地不仁①

天地不仁，以万物为刍狗；圣人不仁，以百姓为刍狗②。天地之间，其犹橐籥③乎？虚而不屈，动而愈出。多言数穷，不如守中④。

注释

①选自《道德经》第五章。 ②刍狗：刍，干草。用干草束成狗形，以泥粉饰。先秦民间祭祀有此风俗，用于祈禳，祭祀之后则弃之。 ③橐籥：风箱。 ④中：知其所止，守其知之中。

持而盈之，不如其已①

持而盈之②，不如其已③；揣而锐之④，不可长保。金玉满堂，莫之能守；富贵而骄，自遗⑤其咎⑥。功成身退，天之道也。

注释

①选自《道德经》第九章。 ②持而盈之：端得满满的。 ③已：停止、罢手。④揣而锐之：磨得尖尖的。 ⑤自遗：自取。 ⑥咎：灾祸。

五色令人目盲①

五色②令人目盲，五音③令人耳聋，五味④令人口爽，驰骋畋猎⑤令人心发狂，难得之货令人行妨⑥。是以圣人之治也，为腹不为目⑦，故去彼取此。

注释

①选自《道德经》第十二章。 ②五色：指青、赤、白、黑、黄五种颜色，古代以此五者为正色。这里泛指各种颜色。 ③五音：中国古代五声音阶中的五个音级，即宫、商、角、征、羽。这里泛指各种音乐。 ④五味：指酸、甜、苦、辣、咸五种味道。这里泛指各种食物。 ⑤畋猎：打猎。 ⑥行妨：行为败坏。 ⑦为腹不为目：只为吃饱，不贪求耳目的享受。

绝圣弃智①

绝圣弃智，民利百倍②；绝仁弃义，民复孝慈；绝巧弃利，盗贼无有。此三者以为文③不足。故令有所属④：见素⑤抱朴⑥，少私寡欲，绝学无忧。

注释

①选自《道德经》第十九章。 ②民利百倍：人民可以得到百倍的利益。 ③文：条文、法则。 ④属：归顺、从属。指使百姓归顺。 ⑤见素：识见纯素。指不要见解。 ⑥抱朴：保持质朴（本质）。

论 语

选文

贤哉回也①

孔子

子曰："贤哉，回②也！一箪③食，一瓢饮，在陋巷，人不堪④其忧，回也不改其乐。贤哉，回也！"

注释

①本文选自《论语·雍也篇》。 ②回：指孔子的弟子颜回。 ③箪：古代用来盛饭食的盛器。以竹或苇编成，圆形，有盖。 ④不堪：无法忍受。

子贡问仁①

子贡曰："如有博施②于民而能济众③，何如？可谓仁④乎？"子曰："何事于仁！必也圣⑤乎！尧、舜其犹病诸⑥！夫仁者，己欲立而立人，己欲达而达人⑦。能近取譬，可谓仁之方也已。"

注释

①本文选自《论语·雍也篇》。 ②博施：普遍施与，多多给予。 ③济众：救助众人。 ④仁：关于人的德性，孔子强调仁和义。义是事之"宜"，即"应该"，即社会中的每个人都应该做的事、必须做的事，因为做这些事在道德上是绝对的，义的观念是形式的观念，仁的观念则是具体的，人在社会中的义务，其形式的本质就是它们的"应该"，因为这些义务都是他应该做的事。但是这些义务的具体的本质则是"爱人"，就是"仁"。有时，孔子也用"仁"来指一切德性的总和。 ⑤圣：孔子的最高理想"圣人"。 ⑥尧、舜其犹病诸：尧、舜是上古二帝王，为孔子所推崇。病：有所不足。 ⑦"己欲立而立人，己欲达而达人"，这是推己及人的肯定方面，孔子称之为"忠"，推己及人的否定方面，孔子称之为"恕"，即"己所不欲，勿施于人"。推己及人的这两个方面合在一起，就叫做忠恕之道，就是实行仁的方法。忠恕之道同时就是仁道，所以行忠恕就是行仁。行仁就必然履行在社会中的责任和义务，这就包括了义的性质。因而忠恕之道就是人的道德生活的开端和终结。

子路、曾皙、冉有、公西华侍坐①

子路、曾皙、冉有、公西华侍坐。子曰："以吾一日长乎尔，毋吾以也②。居则曰'不吾知也，'如或知尔，则何以哉？"

子路率尔而对曰："千乘之国，摄乎大国之间，加之以师旅，因之以饥馑。由也为之，比及三年，可使有勇，且知方③也"夫子哂之④。"求！尔何如？"

对曰："方六七十⑤，如五六十，求也为之，比及三年，可使足民。如其礼乐，以俟君子。"

"赤！尔何如？"

对曰："非曰能之，愿学焉。宗庙之事，如会同⑥，端章甫⑦，愿为小相焉。"

"点！尔何如？"

鼓瑟希，铿尔⑧，舍瑟而作，对曰："异乎二三子者之撰⑨。"

子曰："何伤乎？亦各言其志也。"

曰："莫春⑩者，春服⑪既成，冠者⑫五六人，童子六七人，浴乎沂，风乎舞雩⑬，咏而归。"

夫子喟然叹曰："吾与⑭点也！"

三子者出，曾皙后。曾皙曰："夫三子者之言何如？"

子曰："亦各言其志也已矣。"

曰："夫子何哂由也？"

曰："为国以礼，其言不让⑮。是故哂之。"

"唯求则非邦也与？"

"安见方六七十如五六十而非邦也者？"

"唯求则非邦也与？"

"宗庙会同，非诸侯而何？赤也为之小，孰能为之大？"

注释

①本篇选自《论语·先进篇》，记述了孔子与其弟子关于人生志向的讨论。 ②以吾一日长乎尔，毋吾以也：不要因为我的年龄比你们大一些，就受拘束。 ③方：知道努力的方向，即向义而行。 ④哂：微微一笑。 ⑤方六七十：六七十里见方，指小国。 ⑥会同：诸侯会盟。 ⑦端章甫：穿礼服，戴礼帽。 ⑧铿尔：铿的一声。 ⑨撰：具有，指前面三人所表达的志向。 ⑩莫春："莫"同"暮"，指暮春时节。 ⑪春服：春天穿的衣服。 ⑫冠者：成年人。 ⑬风乎舞雩：风，吹风，乘凉。舞雩：鲁国祭天求雨的地方，这里指在祭台上演奏乐曲。 ⑭与：赞同。 ⑮让：谦虚。

季路问事鬼神①

季路问事②鬼神。子曰："未能事人，焉能事鬼？"

曰："敢问死。"曰："未知生，焉知死？"

注释

①本篇选自《论语·先进篇》，记述了孔子关于鬼神的思想——应该从人事活动中去体认天命。②事：侍奉；供奉。

子路问君子①

子路问君子。子曰："修己以敬②。"

曰："如斯而已乎？"曰："修己以安人。"

曰："如斯而已乎？"曰："修己以安百姓。修己以安百姓，尧、舜其犹病诸。"

注释

①本篇选自《论语·宪问篇》。记述了孔子关于道德典范——君子的观念。②敬：恭敬、端肃。

叶公问孔子于子路①

叶公问孔子于子路，子路不对②。

子曰："女③奚不曰，其为人也，发愤忘食，乐以忘忧，不知老之将至云尔。"

注释

①本篇选自《论语·述而篇》。②对：回答。③女：同"汝"，你。

孟子

选文

告子上①（节选）

告子曰："性，犹杞柳②也，义，犹桮棬③也；以人性为仁义，犹以杞柳为桮棬。"

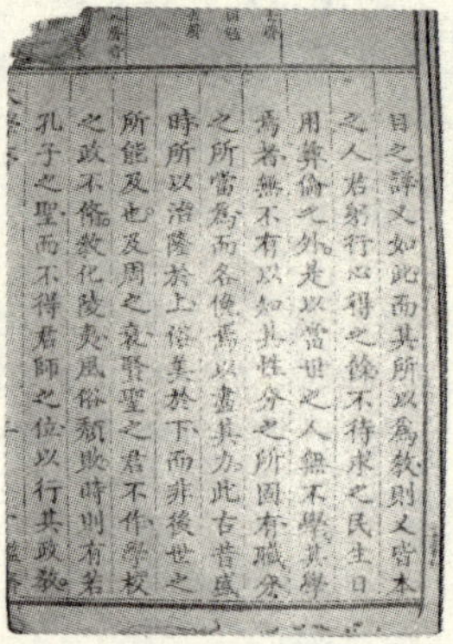

《孟子》书影

孟子曰："子能顺杞柳之性而以为桮棬乎？将戕贼④杞柳而后以为桮棬也？如将戕贼杞柳而以为桮棬，则亦将戕贼人以为仁义与？率天下之人而祸⑤仁义者，必子之言夫！"

告子曰："性犹湍水⑥也，决诸东方则东流，决诸西方则西流。人性之无分于善不善也，犹水之无分于东西也。"

孟子曰："水信⑦无分于东西，无分于上下乎？人性之善也，犹水之就⑧下也。人无有不善，水无有不下。今夫水，搏而跃之，可使过颡；激而行之，可使在山。是岂水之性哉？其势则然也。人之可使为不善，其性亦犹是也。"

告子曰："生之谓性。"

孟子曰："生之谓性也，犹白之谓白与？"

曰："然。"

"白羽之白也，犹白雪之白，白雪之白犹白玉之白与？"

曰："然。"

"然则犬之性犹牛之性，牛之性犹⑨人之性与？"

告子曰："食色，性也。仁，内也，非外也；义，外也，非内也。"

注释

①中国古代的战国中期曾经出现一场关于人性问题的大论争。这场被后世称为"人性善恶之辩"延续了很长一段时间。这场争论最集中体现在《孟子》的《告子》篇中。 ②杞柳：一种柳树，枝条细长柔韧，可编织箱筐等器物。 ③桮棬：木质饮水器具。 ④戕贼杞柳：毁害杞柳的本性。 ⑤祸：危害。 ⑥湍水：势急而旋的水。 ⑦信：诚然，的确。 ⑧就：趋向。 ⑨犹：犹如。

公都子曰："告子曰：'性无善无不善也。'或曰：'性可以为善，可以为不善；是故文武[①]兴，则民好善；幽厉[②]兴，则民好暴。’或曰：‘有性善，有性不善；是故以尧为君而有象；以瞽瞍为父而有舜；以纣为兄之子，且以为君，而有微子启、王子比干。’今曰：‘性善’，然则彼皆非[③]与？”

孟子曰：“乃若[④]其情，则可以为善矣，乃所谓善也。若夫为不善，非才之罪也。恻隐之心，人皆有之；羞恶之心，人皆有之；恭敬之心，人皆有之；是非之心，人皆有之。恻隐之心，仁也；羞恶之心，义也；恭敬之心，礼也；是非之心，智也。仁义礼智，非由外铄[⑤]我也，我固有之也，弗思[⑥]耳矣。故曰，‘求则得之，舍则失之。’或相倍蓰而无算者，不能尽其才者也。《诗》曰：‘天生蒸民，有物有则。民之秉彝，好是懿德。’孔子曰：‘为此诗者，其知道乎！故有物必则；民之秉彝也，故好是懿德。’”

孟子曰：“富岁[⑦]，子弟多赖；凶岁[⑧]，子弟多暴，非天之降才尔殊[⑨]也，其所以陷溺[⑩]其心者然也。今夫麰麦[⑪]，播种而耰[⑫]之，其地同，树之时又同，浡然而生，至于日至之时，皆孰矣。虽有不同，则地有肥硗，雨露之养、人事之不齐也。故凡同类者，举相似也，何独至于人而疑之？圣人，与我同类者。故龙子曰：‘不知足而为屦，我知其不为蒉也。’屦之相似，天下之足同也。口之于味，有同耆[⑬]也；易牙[⑭]先得我口之所耆者也。如使口之于味也，其性与人殊，若犬马之与我不同类也，则天下何耆皆从易牙之于味也？至于味，天下期于易牙，是天下之口相似也。惟耳亦然。至于声，天下期于师旷，是天下之耳相似也。惟目亦然。至于子都，天下莫不知其姣[⑮]也。不知子都之姣者，无目者也。故曰，口之于味也，有同耆焉；耳之于声也，有同听焉；目之于色也，有同美焉，至于心，独无所同然乎？心之所同然者何也？谓理也，义也。圣人先得我心之所同然耳。故理义之悦我心，犹刍豢[⑯]之悦我口。”

孟子曰：“牛山[⑰]之木尝美矣，以其郊于大国也，斧斤伐之，可以为美乎？是其日夜之所息，雨露之所润，非无萌蘖[⑱]生焉，牛羊又从而牧之，是以若彼濯濯[⑲]之也。人见其濯濯也，以为未尝有材焉，此岂山之性也哉？虽存乎人者，岂无仁义之心哉？其所以放其良心者，亦犹斧斤之于木也，旦旦而伐之，可以为美乎？其日夜之所息，平旦之气，其好恶与人相近也者几希，则其旦昼之所为，有梏[⑳]亡之矣。梏之反覆，则其夜气不足以存；夜气不足以存，则其违禽兽不远矣。人见其禽兽也，而以为未尝有才焉者，是岂人之情也哉？故苟得其养，无物不长；苟失其养，无物不消。孔子曰：‘操则存，舍则亡；出入无时，莫知其乡。’惟心之谓与？”

孟子曰：“无或乎王之不智也。虽有天下易生之物也，一日暴之，十日寒之，未有能生者也。吾见亦罕矣，吾退而寒之者至矣，吾如有萌焉何哉？今夫弈之为数，小数也；不专心致志，则不得也。弈秋，通国之善弈者也。使弈秋诲二人弈，其一人专心致志，惟弈秋之为听。一人虽听之，一心以为有鸿鹄将至，思援弓缴而射之，虽与之俱学，弗若之矣，为是其智弗若与？曰：非然也。”

注释

①文武：周文王和周武王。②幽厉：周幽王和周厉王。③非：错。④乃若：发语助词，至于。⑤铄：渗入、授予。⑥弗思：没有意识到。⑦富岁：丰年。⑧凶岁：荒年。⑨尔殊：如此不同。⑩陷溺：堕落、陷入。⑪辫麦：大麦。⑫耰：古代农具，此处作动词，覆盖之意。⑬耆：通“嗜”，喜好。⑭易牙：春秋时人，擅长烹饪。⑮姣：容貌美丽。⑯刍豢：吃草的家畜叫刍，如牛羊等；吃谷类的叫豢，如猪狗等。⑰牛山：地名，在今山东临淄县南。⑱萌蘖：萌芽、嫩芽。⑲濯濯：草木光秃秃的样子。⑳梏：原指戒具，此作圈围、圈禁，意指不让善心流布。

孟子曰：“鱼，我所欲也，熊掌亦我所欲也；二者不可得兼，舍鱼而取熊掌者也。生亦我所欲也，义亦我所欲也；二者不可得兼，舍生而取义者也。生亦我所欲，所欲有甚于生者，故不为苟得①也；死亦我所恶，所恶有甚于死者，故患有所不辟也。如使人之所欲莫甚于生，则凡可以得生者，何不用也？使人之所恶莫甚于死者，则凡可以辟患者，何不为也？由是则生而有不用也，由是则可以辟患而有不为也，是故所欲有甚于生者，所恶有甚于死者。非独贤者有是心也，人皆有之，贤者能勿丧耳。一箪食，一豆②羹，得之则生，弗得则死，嘑尔③而与之，行道之人弗受；蹴④尔而与之，乞人不屑也；万钟⑤不辩礼义而受之。万钟于我何加焉？为宫室之美、妻妾之奉、所识穷乏者得我与？乡为身死而不受，今为宫室之美为之；乡为身死而不受，今为妻妾之奉为之；乡为身死而不受，今为所识穷乏者得我⑥而为之，是亦不可以已乎？此之谓失其本心。”

孟子曰：“仁，人心也；义，人路也。舍其路而弗由，放其心而不知求，哀哉！人有鸡犬放，则知求之；有放心而不知求。学问之道无他，求其放心⑦而已矣。”

……

注释

①苟得：苟且偷生。②豆：古代一种盛食物的器皿。③嘑尔：呵斥。④蹴：踢、踏。⑤万钟：指万钟俸禄的高官职务。⑥得我：感激我。⑦求其放心：找回丧失的良心。

孟子曰：“人之于身①也，兼所爱。兼所爱②，则兼所养也。无尺寸之肤不爱焉，则无尽寸之肤不养也。所以考其善不善者，岂有他哉？于己取之而已矣。体有贵贱，有小大。无以小害大，无以贱害贵。养其小者为小人，养其大者为大人。今有场师，舍其梧槚③，状其樲棘④，则为贱场师焉。养其一指而失其肩背，而不知也，则为狼疾⑤

人也。饮食之人⑥，则人贱之矣，为其养小以失大也。饮食之人无有失也，则口腹岂适为尺寸之肤哉？”

公都子问曰：“钧是人也，或为大人，或为小人，何也？”

孟子曰：“从其大体为大人，从其小体为小人。”

曰：“钧是人也，或从其大体，或从其小体，何也？”

曰：“耳目之官不思，而蔽于物⑦。物交物⑧，则引之而已矣。心之官则思，思则得之，不思则不得也。此天之所与我者。先立乎其大者，则其小者不能夺也。此为大人而已矣。

孟子曰：“有天爵⑨者，有人爵⑩者。仁义忠信，乐善不倦，此天爵也；公卿大夫，此人爵也。古之人修其天爵，而人爵从之。今之人修其天爵，以要人爵；既得人爵，而弃其天爵，则惑之甚者也，终亦必亡而已矣。”

孟子曰：“欲贵者，人之同心也。人人有贵于己者，弗思耳矣。人之所贵者⑪，非良贵也。赵孟之所贵，赵孟能贱之。《诗》云：‘既醉以酒，既饱以德。’言饱乎仁义也，所以不愿人之膏粱之味也；令闻广誉施于身，所以不愿人之文绣⑫也。”

注释

①人之于身：人们对于身体。 ②兼所爱：指对所有部分都爱护。 ③梧槚：梧桐和楸树，都是上等木料。 ④樲棘：酸枣和荆棘，都是下等木材。 ⑤狼疾：昏乱、糊涂。 ⑥饮食之人：贪图吃喝而不顾思想品德培养的人。 ⑦蔽于物：被外物所蒙蔽。 ⑧物交物：物与物相交，前一物指耳目，后一物指外物。 ⑨天爵：自然的爵位，即后文的“仁、义、忠、信、乐善不倦”。 ⑩人爵：人为的爵位。 ⑪人之所贵者：别人所加予的尊贵。 ⑫文绣：古代有爵位的人才能穿有绣花花纹的官服，这里的文绣是官位的意思。

庄子

作者简介

庄子

庄子（约公元前369～前286年），先秦著名思想家，道家学派的代表人物和集大成者，名周。宋国蒙（今河南商丘东北）人。他住在贫民区，生活穷苦，靠打草鞋过活，过着隐居生活。楚威王听说他是贤才，曾派人以重金迎他到楚国去做国相，被他拒绝。他涉猎各家学说，但独对老子的学说特别敬重，并最终继承老子衣钵，成为战国时期道家学派的代表人物和集大成者。

作品简介

《庄子》一书是道家与道教的经典，对后世产生了极其深远的影响。《庄子》共分33篇，分"内篇"、"外篇"、"杂篇"三个部分。内篇最集中表现庄子哲学的是《齐物论》、《逍遥游》、《大宗师》等。

选文

逍遥游①

北冥②有鱼，其名为鲲。鲲之大，不知其几千里也。化而为鸟，其名为鹏。鹏之背，不知其几千里也。怒而飞，其翼若垂天之云。是鸟也，海运③则将徙于南冥。南冥者，天池④也。《齐谐》者⑤，志怪⑥者也。《谐》之言曰："鹏之徙于南冥也，水击三千里，抟扶摇而上者九万里，去以六月息⑦者也。"野马也，尘埃也，生物之以息相吹也⑧。天之苍苍，其正色邪？其远而无所至极邪⑨？其视下也，亦若是则已矣。且夫水之积也不厚，则其负大舟也无力。覆杯水于坳堂⑩之上，则芥为之舟⑪；置杯焉则胶⑫，水浅而舟大也。风之积也不厚，则其负大翼也无力，故九万里则风斯在下矣。而后乃今培风⑬，背负青天而莫之夭阏者，而后乃今将图南⑭。蜩与学鸠⑮笑之曰："我决起而飞，抢榆枋⑯，时则不至，而控于地而已矣；奚以之九万里而南为？"适莽苍⑰者，三飡⑱而反，腹犹果然⑲；适百里者，宿舂粮；适千里者，三月聚粮。之二虫又何知？小知不及大知，小年不及大年。奚以知其然也？朝菌不知晦朔⑳，蟪蛄不知春秋㉑，此小年也。楚之南有冥灵㉒者，以五百岁为春，五百岁为秋；上古有大椿者，以八千岁为春，八千岁为秋。而彭祖㉓乃今以久特闻，众人匹之，不亦悲乎！

注释

①节选自《庄子·逍遥游》。《逍遥游》是《庄子》最具代表性的一篇，它以形

象的语言，开宗明义地表达了庄子的基本价值取向和根本的哲学观念。 ②北冥：北海。鲲：传说中的大鱼之名。 ③海运：古有“六月海动”之说。海动必有大风，有大风鹏鸟始可借风力而南徙。 ④天池：天然形成的大海。 ⑤《齐谐》：书名，齐国俳谐之书。⑥志怪：记怪异的事物。 ⑦六月息：六月的大风。息，这里指风。 ⑧野马也，尘埃也，生物之以息相吹也：山野中的雾气，空中的尘埃，都是生物用气息相吹拂的结果。野马，游动的雾气，旧说春天山林沼泽中的雾气奔腾如野马，所以叫“野马”。 ⑨天之苍苍，其正色邪？其远而无所至极邪：天色深蓝，是它的真正颜色呢？还是因为天高远而看不到尽头呢？ ⑩坳堂：堂上低洼之处。 ⑪则芥之为舟：就只能拿芥草作舟。 ⑫胶：粘，着地。 ⑬而后乃今培风：然后才能乘风。 ⑭图南：图谋南行，南飞。 ⑮蜩与学鸠：蝉和斑鸠。 ⑯我决起而飞，抢榆枋：我一下子起飞，碰到树木就停下来。 ⑰莽苍：郊野景象。指近郊。 ⑱飡：即“餐”。 ⑲果然：食饱之状。 ⑳朝菌不知晦朔：朝菌不知一月的时间变化。 ㉑蟪蛄不知春秋：蟪蛄不知一年的时间变化。蟪蛄，寒蝉。 ㉒冥灵：树名。 ㉓彭祖：传说为帝尧之臣，名铿，寿八百岁。

汤之问棘①也是已：“穷发②之北有冥海者，天池也。有鱼焉，其广数千里，未有知其修者，其名曰鲲。有鸟焉，其名曰鹏，背若太山，翼若垂天之云，抟扶摇羊角③而上者九万里，绝云气，负青天，然后图南，且适南冥也。斥鴳④笑之曰：‘彼且奚适也？我腾跃而上，不过数仞而下，翱翔蓬蒿之间，此亦飞之至也。而彼且奚适也？’”此小大之辩也。

故夫知效一官⑤、行比一乡⑥、德合一君⑦、而征一国者⑧，其自视也，亦若此矣。而宋荣子⑨犹然笑之。且举世而誉之而不加劝⑩，举世而非之而不加沮⑪，定乎内外之分⑫，辩乎荣辱之境⑬，斯已矣。彼其于世，未数数然也⑭。虽然，犹有未树也⑮。夫列子⑯御风而行，泠然⑰善也，旬有五日而后反⑱。彼于致福者，未数数然也⑲。此虽免乎行，犹有所待者也⑳。若夫乘天地之正㉑，而御六气之辨㉒，以游无穷者，彼且恶乎待㉓哉！故曰：至人㉔无己㉕，神人无功㉖，圣人无名㉗。

注释

①汤：商朝开国之君，子姓，名履。棘：商汤时之贤人。 ②穷发：传说中极荒远的不生草木之地。 ③羊角：旋风，旋风盘旋而上如羊角。 ④斥鴳：小雀。 ⑤知效一官：才智能胜任一官之职。 ⑥行比一乡：善行能联合一乡的人。 ⑦德合一君：品德可使一君主满意。 ⑧而征一国：能力使一国的人的信任。 ⑨宋荣子：宋国的贤人。 ⑩举世誉之而不加劝：世人都称赞他（宋荣子），他却并不因此而奋勉。⑪沮：沮丧。 ⑫定乎内外之分：（宋荣子）认清我与物的分际。 ⑬辩乎荣辱之境：

辨明荣辱的界限。⑭彼其于世，未数数然也：他在世间，没有追求什么。⑮犹有未树也：还有没树立的。意为修养还不够。⑯列子：姓列，名御寇，郑人。⑰泠然：轻快的样子。⑱旬有五日而后反：周游天下，用十五日。⑲彼于致福者，未数数然也：他对于招福的事，没有拼命追求。致福，使福到来，招福。⑳此虽免乎行，犹有所待者也：（列子乘风）虽然免于步行，（可是非有风则不能行）还是有所依靠。㉑乘天地之正：顺应天地万物之性。㉒御六气之辨：驾驭六气的变化。六气，阴、阳、风、雨、晦、明。辨，通“变”，变化。㉓恶乎待哉：凭借什么呢？也就是无所待。㉔至人：庄子认为修养最高的人。下文“神人”、“圣人”义相近。㉕无己：无我。即忘掉一切。㉖无功：无所为，故无功利。㉗无名：不求声名。

骈拇①

意仁义其非人情乎！彼仁人何其多忧也。且夫骈于拇者，决之则泣；枝于手者，龁之则啼②。二者或有余于数，或不足于数，其于忧一也。今世之仁人，蒿目③而忧世之患；不仁之人，决性命之情而饕④贵富。故意仁义其非人情乎！自三代以下者，天下何其嚣嚣⑤也？

且夫待钩绳规矩⑥而正者，是削其性者也；待绳约⑦胶漆而固者，是侵其德者也；屈折⑧礼乐，呴俞⑨仁义，以慰天下之心者，此失其常然也。天下有常然。常然者，曲者不以钩，直者不以绳，圆者不以规，方者不以矩，附离不以胶漆，约束不以纆索⑩。故天下诱然皆生，而不知其所以生；同焉皆得，而不知其所以得。故古今不二，不可亏也。则仁义又奚连连⑪如胶漆纆索，而游乎道德之间为哉！使天下惑也！

夫小惑易方⑫，大惑易性。何以知其然邪？自虞氏招仁义以挠⑬天下也，天下莫不奔命于仁义。是非以仁义易其性与？

故尝试论之：自三代以下者，天下莫不以物易其性矣！小人则以身殉利；士则以身殉名；大夫则以身殉家；圣人则以身殉天下。故此数子者，事业不同，名声异号，其于伤性以身为殉，一也。

注释

①此文节选自《庄子·骈拇》。庄子认为人们应从对名利的追逐中超脱出来，且仁义并不是出于人性，而是对人性的一种歪曲，而抛弃“仁义礼乐”的儒家道德伦理规范，是达到“逍遥”的第一步。②骈拇：是大拇指和第二指相连，合为一指；“枝指”是大拇指傍枝生一指，成为六指比喻多余无用之物。龁：毁伤。③蒿目：极目远望。④饕：贪婪。⑤嚣嚣：喧哗、纷乱貌。⑥钩绳：古代木工用以正曲直的工具。规矩：规和矩。古代校正圆形和方形的两种工具。⑦绳约：绳索。比喻约束。⑧屈折：屈身；贬抑。⑨呴俞：化育爱抚。⑩纆索：绳索。⑪连连：接连不断。⑫方：品类。⑬挠：扰乱。

淮南子

作者简介

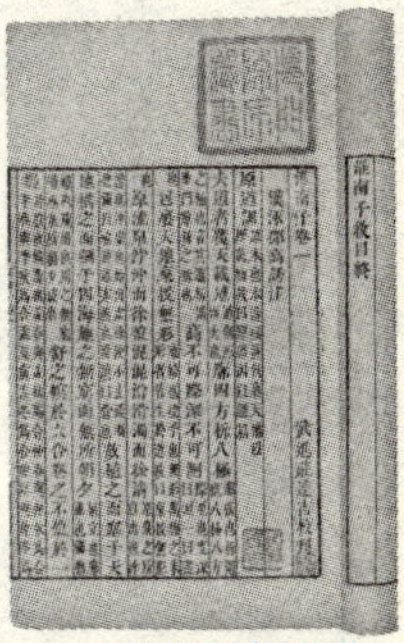
《淮南子》书影

刘安（约公元前179～前122年），西汉思想家、文学家。沛郡（今江苏丰县）人，汉高祖之孙，袭父爵封为淮南王。刘安才思敏捷，好读书，善文辞，乐于鼓琴。奉汉武帝之命，著《离骚体》，是我国最早对屈原及其《离骚》做出高度评价的著作。

作品简介

刘安与宾客方术之士数千人集体编著而成的《淮南鸿烈》，又名《淮南子》，是一部对后世影响深远的著作。今仅存《内篇》21篇。该书以道家思想为指导，吸收诸子百家学说，融会贯通而成，是战国至汉初黄老之学理论体系的代表作。

选文

原道训（节选）

夫道者，覆天载地，廓①四方，柝②八极，高不可际，深不可测，包裹天地，禀授无形；原流泏泏③，冲④而徐盈；混混滑滑⑤，浊而徐清。故植⑥之而塞于天地，横之而弥于四海；施之无穷，而无所朝夕。舒之幎⑦于六合，卷之不盈于一握。约而能张，幽而能明，弱而能强，柔而能刚，横四维而含阴阳，纮⑧宇宙而章三光。甚淖而滒⑨，甚纤而微。山以之高，渊以之深，兽以之走，鸟以之飞，日月以之明，星历以之行，麟以之游，凤以之翔。

泰古二皇⑩，得道之柄，立于中央，神与化游，以抚四方，是故能天运地滞，转轮而无废，水流而不止，与万物终始。风兴云蒸，事无不应；雷声雨降，并应无穷。鬼出电入，龙兴鸾集，钧旋毂转，周而复匝，已雕已琢，还反于朴，无为为之而合于道，无为言之而通乎德。恬愉无矜而得于和，有万不同而便于性。神托于秋豪之末，而大宇宙之总。其德优天地而和阴阳，节四时而调五行，呴谕⑪覆育，万物群生，润于草木，浸于金石，禽兽硕大，豪毛润泽，羽翼奋也，角觡⑫生也，兽胎不贕⑬，鸟卵不毈⑭。父无丧子之忧，兄无哭弟之哀，童子不孤，妇人不孀，虹霓不出，贼星不行，含德之所致也。

注释

①廓：开拓。②柝：拓展。③浡：渤涌。④冲：通“盅”，意为“虚”。⑤混混滑滑：水流奔流急速的样子。⑥植：通“直”。⑦幎：覆盖。⑧纮：维系。⑨淖而滒：指“道”的柔靡状态。⑩泰古二皇：指伏羲和神农。⑪响谕：化育爱抚。⑫角觡：泛指兽角。⑬殰：胎不成的兽称“殰”。⑭毈：蛋不成的鸟称“毈”。

夫太上之道，生万物而不有，成化而弗宰①。跂行喙息，蠉飞②蠕动，待而后生，莫之知德，待之后死，莫之能怨。得以利者不能誉，用而败者不能非，收聚畜积而不加富，布施禀授而不益贫，旋县而不可究，纤微而不可勤，累之而不高，堕之而不下，益之而不众，损之而不寡，斫之而不薄，杀之而不残，凿之而不深，填之而不浅。忽兮恍兮，不可为象兮；恍兮忽兮，用不屈兮；幽兮冥兮，应无形兮；遂兮洞兮，不虚动兮；与刚柔卷舒兮，与阴阳俯仰兮。

昔者冯夷、大丙之御也，乘云车，入云霓，游微雾，骛③恍忽，历远弥高以极往。经霜雪而无迹，照日光而无景。扶摇抮抱④羊角而上。经纪⑤山川，蹈腾昆仑，排阊阖，沦⑥天门。末世之御，虽有轻车良马，劲策利锻，不能与之争先。是故大丈夫恬然无思，澹然无虑，以天为盖，以地为舆，四时为马，阴阳为御，乘云陵霄，与造化者俱。纵志舒节，以驰大区。可以步而步，可以骤而骤。令雨师洒道，使风伯扫尘；电以为鞭策，雷以为车轮；上游于霄雿⑦之野，下出于无垠之门。刘览偏照，复守以全。经营四隅，还反于枢。故以天为盖则无不覆也；以地为舆则无不载也；四时为马，则无不使也；阴阳为御，则无不备也。是故疾而不摇，远而不劳，四支不动，聪明不损，而知八纮⑧九野之形埒者，何也？执道要之柄，而游于无穷之地。是故天下之事不可为也，因其自然而推之；万物之变不可究也，秉其要归之趣。夫镜水之与形接也，不设智故而方圆曲直弗能逃也。是故响不肆应，而景不一设，叫呼仿佛，默然自得。人生而静天之性也；感而后动性之害也；物至神应，知之动也。知与物接而好憎生焉，好憎成形而知诱于外，不能反己而天理灭矣。故达于道者，不以人易天，外与物化而内不失其情。至无而供其求，时骋而要其宿。小大修短，各有其具，万物之至，腾踊肴乱而不失其数。是以处上而民弗重，居前而众弗害，天下归之，奸邪畏之，以其无争于万物也。故莫敢与之争。

夫临江而钓，旷日而不能盈罗，虽有钩箴芒距⑨，微纶芳饵，加之以詹何、娟嬛⑩之数，犹不能与网罟争得也。射鸟者扜号之弓⑪，弯棋卫之箭，重之羿、逢蒙子之巧，以要飞鸟，犹不能与罗者竞多，何则？以所持之小也。张天下以为之笼，因江海以为罟，又何亡鱼失鸟之有乎？故矢不若缴，缴不若无形之像。夫释大道而任小数，无以异于使蟹捕鼠，蟾蠩⑫诸捕蚤，不足以禁奸塞邪，乱乃逾滋。昔者夏鲧作三仞之城，诸侯背之，海外有狡心。禹知天下之叛也，乃坏城平池，散财物，焚甲兵，施之以德，海外宾伏，四夷纳职，合诸侯于涂山，执玉帛者万国。故机械之心藏于胸中则纯白不粹、神德不全。在身者不知，何远之所能怀？是故革坚则兵利，城成则冲生。若以汤沃沸，乱乃逾甚。是故鞭噬狗，策蹄马而欲教之，虽伊尹、造父弗能化。欲寅之心亡于中，则饥虎可尾，何况狗马之类乎？故体道者逸而不穷，任数者劳而无功。夫峭法刻诛者非霸王之业也；垂策繁用者非致远之术也。离朱之明，察箴末于百步之外，不能见渊中之鱼；师旷之聪，合八风之调而不能听十里之外。故任一人之能，不足以治三亩之宅也。

注释

①弗宰：不自为主宰。②蠉飞：虫飞的样子。③骛：驰骋。④抮抱：缠绕转动。⑤经纪：经过、通过。⑥沦：进入。⑦霄雿：虚无寂寥、虚廓高渺。⑧八纮：古代称大地极远处有八纮。⑨芒距：钓钩上锋利的倒刺。⑩詹何、娟嬛：传说中的术士，善钓。⑪乌号之弓：用桑柷树木做的弓。⑫蟾蠩：即蟾蜍。

修道理之数，因天地之自然，则六合不足均也。是故禹之决渎[1]也，因水以为师；神农之播谷也，因苗以为教。夫萍树根于水，木树根于土，鸟排虚而飞，兽蹠实而走；蛟龙水居，虎豹山处，天地之性也。两木相摩而然，金火相守而流，员者常转，窾者主浮，自然之势也。是故春风至则甘雨降，生育万物，羽者妪伏[2]，毛者孕育，草木荣华，鸟兽卵胎；莫见其为者而功既成矣。秋风下霜，倒生挫伤，鹰雕搏鸷，昆虫蛰藏，草木注根，鱼鳖凑渊；莫见其为者，灭而无形。木处榛巢，水居窟穴，禽兽有芃，人民有室，陆处宜牛马，舟行宜多水，匈奴出秽[3]裘，于越生葛絺[4]：各生所急以备燥湿；各因所处以御寒暑，并得其宜，物便其所。由此观之，万物固以自然，圣人又何事焉？九疑之南，陆事寡而水事众，于是民人被发文身，以像鳞虫；短绻不绔，以便涉游；短袂攘卷，以便刺舟，因之也。雁门之北，狄不谷食，贱长贵壮，俗尚气力，人不驰弓，马不解勒，便之也。故禹之裸国，解衣而入，衣带而出，因之也。今夫徙树者，失其阴阳之性则莫不枯槁。故橘树之江北则化而为枳；鸲鹆[5]不过济；貈[6]渡汶而死。形性不可易，势居不可移也。是故达于道者反于清静，究于物者终于无为。以恬养性，以漠处神，则入于天门。所谓天者，纯粹朴素，质直皓白，未始有与杂糅者也。

所谓人者，偶睳[7]智故，曲巧诈伪，所以俯仰于世人而与俗交者也。故牛岐蹄而戴角，马披髦而全足者，天也；络马之口，穿牛之鼻者，人也。循天者与道游者也；随人者与俗交者也。夫井鱼不可与语大，拘于隘也；夏虫不可与语寒，笃[8]于时也；曲士不可与语至道，拘于俗束于教也。故圣人不以人滑天，不以欲乱情，不谋而当，不言而信，不虑而得，不为而成，精通于灵府，与造化者为人。

夫善游者溺，善骑者堕，各以其所好，反自为祸。是故好事者未尝不中，争利者未尝不穷也。昔共工之力，触不周之山，使地东南倾。与高辛争为帝，遂潜于渊，宗族残灭，继嗣绝祀。越王翳逃山穴，越人熏而出之，遂不得已。由此观之，得在时，不在争；治在道，不在圣。土处下不争高，故安而不危；水下流不争先，故疾而不迟。昔舜耕于历山，期年而田者争处墝埆⑨，以封壤肥饶相让；钓于河滨，期年而渔者争处湍濑⑩，以曲隈⑪深潭相予。当此之时，口不设言，手不指麾，执玄德于心，而化驰若神。使舜无其志，虽口辩而户说之，不能化一人。是故不道之道，莽乎大哉！夫能理三苗，朝羽民，徒裸国，纳肃慎，未发号施令而移风易俗者，其唯心行者乎？法度刑罚何足以致之也！是故圣人内修其本而不外饰其末，保其精神，偃其智故，漠然无为，而无不为也，澹然无治也而无不治也。所谓无为者，不先物为也；所谓无不为者，因物之所为。所谓无治者，不易自然也；所谓无不治者，因物之相然也。万物有所生而独知守其根；百事有所出而独知守其门。故穷无穷，极无极；照物而不眩，响应而不乏。此之谓天解。

注释

①决渎：疏通河道。 ②妪伏：鸟类以体孵卵。 ③秽：粗糙。 ④葛絺：细葛布。 ⑤鸲鹆：鸟类，即八哥。 ⑥貉：即“貉”。 ⑦睦：不相伴。 ⑧笃：局限。 ⑨墝埆：土地贫瘠。 ⑩湍濑：水流浅急处。 ⑪曲隈：水湾。

故得道者志弱而事强，心虚而应当。所谓志弱而事强者，柔毳①安静，藏于不敢，行于不能，恬然无虑，动不失时，与万物回周旋转，不为先唱，感而应之。是故贵者必以贱为号，而高者必以下为基。托小以包大，在中以制外，行柔而刚，用弱而强，转化推移，得一之道而以少正多。所谓其事强者，遭变应卒，排患扞难，力无不胜，敌无不凌，应化揆时，莫能害之。是故欲刚者必以柔守之；欲强者必以弱保之。积于柔则刚，积于弱则强；观其所积，以知祸福之乡。强胜不若己者，至于若己者而同。柔胜出于己者，其力不可量。故兵强则灭，木强则折，革固则裂，齿坚于舌而先之弊。是故柔弱者生之干也；而坚强者死之徒也；先唱者，穷之路也；后动者，达之原也。何以知其然也？凡人中寿七十岁，然而趋舍指凑②，日以月悔也，以至于死。故蘧伯玉年五十而有四十九年非。何者？先者难为知，而后者易为攻也。先者上高则后者攀之；先者逾下则后者蹷③之；先者隤陷，则后者以谋；先者败绩，则后者违之。由此观之，先者则后者之弓矢质的也。犹錞④之与刃，刃犯难而錞无患者，何也？以其托于后位也。此俗世庸民之所公见也，而贤知者弗能避也。所谓后者，非谓其底滞而不发，凝结而不流，贵其周于数而合于时也。夫执道理以耦变，先亦制后，后亦制先。是何则？不失其所以制人，人不能制也。时之反侧，间不容息，先之则太过，后之则不逮。夫日回而月周，时不与人游，故圣人不贵尺之璧，而重寸之阴，时难得而易失也。禹之趋时也，履遗而弗取，冠挂而弗顾，非争其先也，而争其得时也。是故圣人守清道而抱雌节，因循应变，常后而不先，柔弱以静，舒安以定，攻大礳⑤坚，莫能与之争。

天下之物，莫柔弱于水，然而大不可极，深不可测，修极于无穷，远沦于无涯，息耗减益，通于不訾⑥。上天则为雨露，下地则为润泽；万物弗得不生，百事不得不成。大包群生而无好憎；泽及蚑蛲⑦而不求报；富赡天下而不既，德施百姓而不费；行而不可得穷极也，微而不可得把握也；击之无创，刺之不伤，斩之不断，焚之不然；淖溺⑧流遁，错缪相纷而不可靡散；利贯金石，强济天下；动溶无形之域，而翱翔忽区之上，邅川谷之间，而滔腾大荒之野；有余不足与天地取与，授万物而无所前后。是故无所私而无所公，靡滥振荡，与天地鸿洞⑨；无所左而无所右，蟠委错紾⑩，与万物始终。是谓至德。夫水所以能成其至德于天下者，以其淖溺润滑也。故老聃之言曰："天下至柔，驰骋天下之至坚。出于无有，入于无间。吾是以知无为之有益。"

注释

①毳：鸟兽的细毛，形容柔软。 ②指凑：行止。 ③屦：蹑，踩踏。 ④錞：古代矛戟等武器末端加的金属套。 ⑤礳：同"磨"，攻破、碾碎。 ⑥訾：计量。 ⑦蚑蛲：小虫。 ⑧淖溺：消融。 ⑨鸿洞：相通、贯通。 ⑩蟠委错紾：纷扰错杂。

抱朴子内篇

作者简介

葛洪

葛洪（283～363年），字稚川，自号抱朴子，丹阳句容（今属江苏）人。东晋道教理论家、医学家、炼丹术家。葛玄三世孙。他主张以神仙养生为内，以儒术应世为外，宣扬神仙在世、神仙可学论；推行内服金丹、外攘邪恶、形神相卫的“致太平”、“求成仙”的丹鼎派仙道学说。同时，还宣扬“儒道调和，互相补充”的思想，要求道教徒修习也要以忠、孝、仁、义、信为本。著述甚富，著有《抱朴子》、《金匮药方》100卷、《肘后备急方》3卷、《神仙传》10卷、《隐逸传》10卷、《西京杂记》等。

作品简介

《抱朴子内篇》是对战国至汉代的神仙思想和炼丹养生方术所作的系统的总结，全书20卷，是现代研究道教史和科学技术史的重要资料。

选文

畅 玄

抱朴子①曰：“玄者，自然之始祖，而万殊②之大宗③也。眇昧④乎其深也，故称微焉。绵邈乎其远也，故称妙焉。其高则冠盖乎九霄，其旷则笼罩乎八隅。光乎日月，迅乎电驰。或倏烁而景逝，或飘泮⑤而星流，或滉漾于渊澄，或雰霏而云浮。因兆类而为有，托潜寂而为无。沦大幽而下沈，凌辰极而上游。金石不能比其刚，湛露⑥不能等其柔。方而不矩，圆而不规。来焉莫见，往焉莫追。乾以之高，坤以之卑，云以之行，雨以之施。胞胎元一⑦，范铸两仪；吐纳大始，鼓冶亿类；佪旋四七，匠成草昧；辔策灵机，吹嘘四气；幽括冲默，舒阐粲尉⑧；抑浊扬清，斟酌河渭。增之不溢，挹⑨之不匮，与之不荣，夺之不瘁。故玄之所在，其乐不穷；玄之所去，器弊神逝。夫五声八音，清商流徵，损聪者也。鲜华艳采，或⑩丽炳烂，伤明者也。宴安⑪逸豫，清醪芳醴，乱性者也。冶容媚姿，铅华素质，伐命者也。其唯玄道，可与为永。不知玄道者，虽顾眄为生杀之神器，唇吻为兴亡之关键，绮榭俯临乎云雨，藻室华绿以参差。组帐雾合，罗帱云离。西毛⑫陈于闲房，金觞华以交驰，清弦嘈囋以齐唱，郑舞纷緂以逶迤⑬；哀箫鸣以凌霞，羽盖⑭浮于涟漪，掇芳华于兰林之囿，弄红葩于积珠之池，登峻则望远以忘百忧，临深则俯揽以遗朝饥，入宴千门之焜熀[15]，出駈[16]朱轮之华仪。然乐极则哀集，至盈必有亏。故曲终则叹发，燕罢则心悲也。寔理势之攸召，犹影响之相归也。彼假借而非真，故物往若有遗也。

注释

①抱朴子：葛洪自称。《老子》中有“见素抱朴，少私寡欲”句，葛洪以此为号，以言其志。 ②万殊：万般不同，多种多样。 ③大宗：谓事物的本原。 ④眇昧：高远而看不清。 ⑤飘泮：飘动。 ⑥湛露：浓重的露。 ⑦胞胎元一：即“孕育元气”之义。 ⑧粲尉：鲜明浓盛。 ⑨挹：舀，把水盛出来。 ⑩彧：文采繁盛的样子。 ⑪宴安：安逸。 ⑫西毛：指西施、毛嫱，她们都是中国古代的著名美女。 ⑬纷缲：纷纭杂沓；逶迤：绵延曲折的样子。 ⑭羽盖：用羽毛制成的车盖。 ⑮焜熀：光耀夺目。 ⑯駈：同“驱”。

夫玄道者，得之乎内，守之者外，用之者神，忘之者器，此思玄道之要言也。得之者贵，不待黄钺[1]之威。体之者富，不须难得之货。高不可登，深不可测。乘流光，策飞景[2]，凌六虚，贯涵溶。出乎无上，入乎无下。经乎汗漫[3]之门，游乎窈眇[4]之野。逍遥恍惚之中，倘佯彷佛之表。咽九华于云端，咀六气于丹霞。俳徊茫昧，翱翔希微，履略[5]蜿虹，践跚旋玑[6]，此得之者也。

其次则真知足，知足者则能肥遁[7]勿用，颐光山林。纡[8]鸾龙之翼于细介之伍，养浩然之气于蓬荜之中。褴缕带索，不以贸龙章[9]之炜晔[10]也；负步杖策，不以易结驷之骆驿也。藏夜光于嵩岫，不受他山之攻；沉鳞甲于玄渊，以违钻灼[11]之灾。动息知止，无往不足。弃赫奕[12]之朝华，避偾[13]车之险路。吟啸苍崖之闲，而万物化为尘氛。怡颜丰柯之下，而朱户变为绳枢。握耒甫田，而麾节忽若执鞭。啜荈漱泉[14]，而太牢同乎藜藿[15]。泰尔有余欢于无为之场，忻然齐贵贱于不争之地。含醇守朴，无欲无忧，全真虚器，居平味淡。恢恢荡荡，与浑成等其自然。浩浩茫茫，与造化钧其符契[16]。如闇[17]如明，如浊如清，似迟而疾，似亏而盈。岂肯委尸祝之坐，释大匠之位，越樽俎以代无知之庖，舍绳墨而助伤手之工。不以臭鼠之细琐，而为庸夫之忧乐。藐然不喜流俗之誉，坦尔不惧雷同之毁。不以外物汩其至精，不以利害污其纯粹也。故穷富极贵，不足以诱之焉，其余何足以悦之乎？直刃沸镬[18]，不足以劫之焉，谤蟠讟[19]何足以戚之乎？常无心于众烦，而未始与物杂也。

若夫操隋珠以弹雀[20]，舐秦痔以属车[21]，登朽缗[22]以探巢，泳吕梁以求鱼，旦为称孤之客，夕为狐鸟之余。栋挠餗覆[23]，倾溺不振，盖世人之所为载驰企及，而达者之所为寒心而凄怆者也。故至人嘿《韶》、《夏》而韬藻棁[24]，奋其六羽于五城之墟，而不烦衔芦之卫。翳其鳞角乎勿用之地，而不恃曲穴之备。俯无倨鵄之呼，仰无亢极之悔，人莫之识，邈矣辽哉！”

注释

①黄钺：以黄金为饰之钺。最初为天子所用，后世遂作为帝王之仪仗。有时遣大臣出师，亦假以黄钺以示威重。②飞景：这里是指飞星。③汗漫：无边无际。④窈眇：美妙。引申为幽暗玄妙。⑤履略：这里是巡视走过的意思。⑥践跚：踏巡。旋玑：旋通“璇”，璇玑，即魁星，北斗七星中的前四颗星：天枢、天璇、天玑、天权。这里指北斗星。⑦肥遁：亦作“飞遁”。《易·遁》：“上九，肥遁，无不利。”孔颖达疏：“子夏传曰：‘肥，饶裕也。’……上九最在外极，无应于内，无心疑顾，是遁之最优，故曰肥遁。”后来便称退隐为肥遁。⑧纡：绾结，系结。⑨龙章：带龙形图案的衣服，古代用于帝王诸侯的礼服，也称龙衮。⑩炜晔：光彩鲜明的样子。⑪钻灼：钻凿、炙烤。这是指古代占卜，把龟甲烧烤后，观其裂纹，以判断凶吉。⑫赫奕：显耀盛大。⑬偾：倾覆。⑭啜荈漱泉：即啜饮苦茶泉水。⑮藜藿：多用以指粗劣的饭菜。⑯符契：符节。⑰闇：同“暗”。⑱沸镬：把人放在煮沸的镬里煮，古代的一种酷刑。⑲蝼讟：非议，怨言。⑳操隋珠以弹雀：隋珠，古代传说中的明珠。此句是比喻做事不知衡量轻重，因而得不偿失。㉑舐秦痔以属车：属车，古代皇帝出行时的从车，这里引申为得到皇帝的宠幸。此句是比喻谄媚之徒趋炎附势的卑劣行为。㉒朽缗：朽烂的绳子。㉓栋挠餗覆：栋梁折断，鼎中之物倒出来，比喻社稷覆灭。㉔藻棁：梁上有彩画的短柱。

六祖法宝坛经

作者简介

慧能

惠能（638～713年），一作慧能，俗姓卢，祖籍范阳（今河北涿县），生于南海新兴（今广东新兴）。唐代僧人，禅宗南宗创始人。他传教说法长达三十七年之久，被奉为“禅宗宗经”，即《六祖法宝坛经》。他创立禅宗是佛教史上的一次空前的大改革，标志着佛教中国化的完成。他大胆破除佛祖的权威，不承认有所谓外在的佛，认为佛就在本心中，主张一切众生皆有佛性，人人都可以成佛；还主张不用背诵佛经，不需累世修行，只要本心，就能成佛，即所谓“顿悟成佛”；还提倡只有任远的生活方式，促使禅宗生活平民化、世俗化和进一步儒学化。

作品简介

《六祖法宝坛经》简称《坛经》，内容记载惠能一生得法传宗的事迹和启导门徒的言教，内容丰富，文字通俗，是研究禅宗思想渊源的重要依据。本文选自《六祖法宝坛经》行由品第一。

选文

祖①一日唤诸门人总来：“吾向汝说：世人生死事大，汝等终日只求福田②，不求出离生死苦海。自性若迷，福何可救？汝等各去，自看智慧，取自本心般若③之性，各作一偈④，来呈吾看。若悟大意，付汝衣法，为第六代祖。火急速去，不得迟滞。思量即不中用，见性之人，言下须见。若如此者，轮刀上阵，亦得见之。”

众得处分，退而递相谓曰：“我等众人，不须澄心用意作偈，将呈和尚，有何所益？神秀上座，现为教授师，必是他得。我辈谩作偈颂，枉用心力。”诸人闻语，总皆息心，咸言“我等已后，依止秀师，何须作偈？”神秀思惟：“诸人不呈偈者，为我与他为教授师，我须作偈，将呈和尚。若不呈偈，和尚如何知我心中见解深浅。我呈偈意，求法即善，觅祖即恶，却同凡心夺其圣位奚别？若不呈偈，终不得法，大难！大难！”

注释

①祖：指禅宗五祖弘忍。 ②福田：佛教用语。佛教以供养布施，行善修德，能受福报，犹如播种田亩，有秋收之利，故称。 ③般若：佛教用语。梵语的音译，佛

教用以指如实理解一切事物的智慧，为表示有别于一般所指的智慧，故用音译。大乘佛教称之为“诸佛之母”。 ④偈：梵语“偈佗”的简称，即佛经中的歌颂词。

五祖堂前，有步廊①三间，拟请供奉②卢珍画变相③《楞伽经》及《五祖血脉图》，流传供养。

神秀作偈成已，数度欲呈，行至堂前，心中恍惚，遍身汗流，拟呈不得，前后经四日，一十三度呈偈不得。

秀乃思惟：“不如向廊下书着。从他和尚看见，忽若道好，即出礼拜，云是秀作。若道不堪，枉向山中数年，受人礼拜，更修何道？”是夜三更，不使人知，自执灯，书偈于南廊壁间，呈心所见。

偈曰：“身是菩提树④，心如明镜台，时时勤拂拭，莫使惹尘埃。”

秀书偈了，便却归房，人总不知。秀复思惟：“五祖明日见偈欢喜，即我与法有缘；若言不堪，自是我迷，宿业障重，不合得法，圣意难测。”房中思想，坐卧不安，直至五更。

祖已知神秀入门未得，不见自性⑤。天明，祖唤卢供奉来，向南廊壁间绘画图相，忽见其偈。报言：“供奉却不用画，劳尔远来。经云：‘凡所有相，皆是虚妄！’但留此偈，与人诵持。依此偈修，免堕恶道；依此偈修，有大利益。”令门人炷香礼敬，尽诵此偈，即得见性。门人诵偈，皆叹善哉。

注释

①步廊：走廊。 ②供奉：用某种技艺侍奉的人。 ③变相：敷演佛经的内容而绘成的具体图相。一般绘制在石窟、寺院的墙壁上或纸帛上，多用几幅连续的画面表现故事的情节，是广泛传播教义的佛教通俗艺术。 ④菩提树：菩提是佛教名词，梵文音译。佛教用以指豁然彻悟的境界，又指觉悟的智慧和觉悟的途径。传说佛陀在菩提树成道，所以用菩提树象征成道的场所。 ⑤自性：佛教用语。指诸法各自有的不变不灭之性。

祖三更唤秀入堂，问曰：“偈是汝作否？”

秀言：“实是秀作，不敢妄求祖位，望和尚慈悲，看弟子有少智慧否？”

祖曰：“汝作此偈，未见本性，只到门外，未入门内。如此见解，觅无上菩提，了不可得。无上菩提，须得言下识自本心，见自本性，不生不灭；于一切时中，念念自见，万法无滞，一真一切真，万境自如如。如如之心，即是真实。若如是见，即是无上菩提之自性也。汝且去，一两日思惟，更作一偈，将来吾看。汝偈若入得门，付汝衣法。”神秀作礼而出。又经数日，作偈不成，心中恍惚，神思不安，犹如梦中，行坐不乐。

复两日，有一童子于碓坊①过，唱诵其偈。惠能一闻，便知此偈未见本性。虽未蒙教授，早识大意。遂问童子曰：“诵者何偈？”童子曰：“尔这獦獠②不知。大师言：‘世人生死事大，欲得传付衣法，令门人作偈来看，若悟大意，即付衣法，为第六祖。’神秀上座于南廊壁上，书无相偈。大师令人皆诵，依此偈修，免堕恶道，依此偈修，有大利益。”惠能曰：“我亦要诵此，结来生缘。上人，我此踏碓八个余月，未曾行到堂前。望上人引至偈前礼拜。”

童子引至偈前礼拜。惠能曰：“惠能不识字，请上人为读。”时有江州别驾，姓张，名日用，便高声读。惠能闻已，遂言：“亦有一偈，望别驾为书。”别驾言：“汝亦作偈，其事希有！”惠能向别驾言：“欲学无上菩提，不得轻于初学。下下人有上上智，上上人有没意智。若轻人，即有无量无边罪。”别驾言：“汝但诵偈，吾为汝书。汝若得法，先须度吾，勿忘此言。”

惠能偈曰：“菩提本无树，明镜亦非台；本来无一物，何处惹尘埃。”

书此偈已，徒众总惊，无不嗟讶，各相谓言：“奇哉！不得以貌取人。何得多时使他肉身菩萨③！”祖见众人惊怪，恐人损害，遂将鞋擦了偈，曰“亦未见性”，众以为然。

注释

①碓坊：碾房。 ②獦獠：古代对南方少数民族的称呼。亦以泛指南方人。因为慧能来自南方，故此称呼。 ③肉身菩萨：佛教语。谓即生修成菩萨，亦为大善知识的尊称。

答杨时论西铭书

作者简介

程颐

程颐（1033～1107年），北宋哲学家、学者。字正叔，祖籍黄陂（今湖北黄陂）。其兄程颢。和兄长相比，他的时间大多投入在学术研究和教育活动中。曾在汉州、许州、洛阳、关中等地讲学，与当时著名学者张载切磋学术，又接纳游定夫、吕太监、周纯明等众多学生，成为一时之盛。1097年“朋党议论”再起，他被黜放。宋徽宗登基后被赦免，回到洛阳。在流放的十多年间，他完成了《伊川易传》，接纳罗从彦为弟子，讲授《易》学。主要哲学著作有《周易程氏传》、《遗书》等。

作品简介

杨时是程颢的学生，程颢死后又学于程颐，被推为“程学正宗”。《西铭》原名《订顽》，为《正蒙·乾称篇》中的一部分。本文是程颐和杨时对《西铭》的讨论信件。

选文

前所寄史论十篇，其意甚正，才一观便为人借去，俟更子细看。西铭之论则未然。横渠①立言，诚有过者，乃在《正蒙》②。《西铭》之为书，推理以存义，扩前圣所未发，与孟子性善养气之论同功，岂墨氏之比哉？《西铭》明理一而分殊③，墨氏则二本而无分。分殊之蔽④，私胜⑤而失仁；无分之罪，兼爱而无义。分立而推理一，以止私胜之流，仁之方也。无别而迷兼爱，至于无父之极，义之贼也。子比⑥而同之，过矣。且谓“言体而不及用”，彼欲使人推而行之，本为用也，反谓“不及”，不亦异乎？

注释

①横渠：即张载。 ②《正蒙》：张载所著。 ③理一而分殊：程朱理学的重要概念，即理一分殊。理一分殊是指天下之理为一，即天理；具体事物各具一理，但都体现出完整之天理。 ④蔽：弊病。 ⑤私胜：为私心所胜。 ⑥比：比拟。

仁说

作者简介

朱熹

朱熹（1130～1200年），南宋诗人、哲学家，宋代理学集大成者，字元晦，又字仲晦，号晦庵，别称紫阳。徽州婺源（今属江西）人。早年出入佛、道。31岁正式拜程颐的三传弟子李侗为师，专心儒学，成为程颢、程颐之后儒学的重要人物。他继承周敦颐、二程，兼采释、道各家思想，形成了一个庞大的哲学体系。这一体系的核心范畴是“理”，或称“道”、“太极”。认为理是世界的本质，“理在先，气在后”，提出“存天理，灭人欲”。主要哲学著作有《四书集注》、《太极图说解》、《通书解》等。代表作品诗《春日》、《观书有感》，词集《晦庵词》。此外有《朱子语类》，是他与弟子们的问答录。

作品简介

朱熹的《仁说》是其思想体系中的重要组成部分。文章从对“仁”的概念、对“仁”与“公”的关系及忠恕之道的阐释、朱熹哲学思想中所体现的“仁”的伦理思想等四个方面，来阐发朱熹仁说体系中蕴含的丰富的生态伦理思想。

选文

天地以生物为心①者也，而人物之生，又各得夫天地之心以为心者也。故语心之德，虽其总摄贯通，无所不备，然一言以蔽之，则曰仁而已矣。请试详之。

盖天地之心，其德有四，曰元、亨、利、贞，而元无不统其运行焉，则为春、夏、秋、冬之序，而春生之气无所不通。故人之为心，其德亦有四，曰仁、义、礼、智，而仁无不包。其发用焉，则为爱恭宜别②之情，而恻隐之心无所不贯。故论天地之心者，则曰乾元、坤元，则四德之体用不待悉数而足。论人心之妙者，则曰仁，人心也，则四德之体用亦不待遍举而该③。

盖仁之为道，乃天地生物之心，即物而在。情之未发，而此体已具；情之既发，而其用不穷。诚能体而存之，则众善之源、百行之本莫不在是。此孔门之教所以必使学者汲汲④于求仁也。其言有曰：“克己复礼为仁。”言能克去己私，复乎天理，则此心之体无不在，而此心之用无不行也。又曰：“居处恭，执事故，与人忠”，则亦所以存此心也。又曰：“事亲孝，事兄弟，乃物恕”，则亦所以行此心也。又曰："求仁得仁"，则以让国而逃，谏伐而饿[⑤]为能不失乎此心也。又曰："杀身成仁"，则以欲甚于生、恶甚于死为能不害乎此心也。此心何心也？在天地则块然[⑥]生物之心，在人则温然爱人利物之心，包[⑦]四德而贯四端者也。

或曰："若子之言，则程子所谓'爱情仁性[⑧]，不可以爱为仁者'非欤？"曰："不然。程子之所诃[⑨]，以爱之发而名仁者也。吾之所论，以爱之理而名仁者也。盖所谓情性者，虽其分域之不同，然其脉络之通，各有攸属[⑩]者，则曷尝判然离绝而不相管哉？吾方病[⑪]夫学者诵程子之言而不求其意，遂至于判然离爱而言仁，故特论此以发明其遗意。而子顾以为异乎程子之说，不亦误哉？"

或曰："程氏之徒言仁多矣，盖有谓爱非仁，而以万物与我为一为仁之体者矣。亦有谓爱非仁，而以心有知觉[⑫]释仁之名者矣。今子之言若是，然则彼皆非欤？"曰："彼谓物我为一者，可以见仁之无不爱矣，而非仁之所以为体之真也。彼谓心有知觉者，可以见仁之包乎智矣，而非仁之所以得名之实也。观孔子答子贡'博施济众'之问，与程子所谓'觉不可以训仁'者，则可见矣。子尚安得复以此而论仁哉？抑泛言同体者，使人含糊昏缓而无警切之功，其弊或至于认物为己者有之矣。专言知觉者，使人张皇迫躁[⑬]而无沉潜之味，其弊或至于认欲为理者有之矣。一忘一助，二者盖胥[⑭]失之。而知觉之云者，于圣门所示乐山能守之气象尤不相似。子尚安得复以此而论仁哉？"

因并记其语，作《仁说》。

注释

①心：认识能力。 ②宜别：适当区别。 ③该：周备、详核。 ④汲汲：急切貌。 ⑤让国而逃，谏伐而饿：指伯夷、叔齐之事。 ⑥块然：原指弥漫状，此作整个、全体。 ⑦包：包容。 ⑧爱情仁性：爱是情，仁是性。朱熹认为，情是已发，性是未发，因此，情、性不可等同。 ⑨诃：怒斥。 ⑩攸属：归属。 ⑪病：以……为病。 ⑫知觉：感官认识客观事物的作用。 ⑬迫躁：窘迫急躁。 ⑭胥：皆、都。

中国哲学简史

作者简介

冯友兰

冯友兰（1895～1990年），字芝生。河南唐河人。现当代著名哲学家、教育家。1918年毕业于北京大学哲学系。1919年入美国哥伦比亚大学并获哲学博士学位。回国后，历任中州大学、广东大学、燕京大学哲学系教授，清华大学哲学系教授兼系主任，清华大学文学院院长，西南联合大学哲学系教授兼文学院院长，北京大学哲学系教授等职。他在中国哲学史的研究方面，形成了富有思辨性的独特思想体系，是第一个把中国哲学和西方哲学进行比较研究的人，也是较早地把中国哲学介绍到西方的中国人之一。他除长期从事教学工作外，还撰写了大量哲学与哲学史著作，中、英文著作近500万字。代表作有《中国哲学简史》。

作品简介

本文选自冯友兰《中国哲学简史》中的“人生的境界”，论述了作者对人生境界的看法。

选文

哲学的任务是什么？我在第一章曾提出，按照中国哲学的传统，它的任务不是增加关于实际的积极的知识，而是提高人的精神境界。在这里更清楚地解释一下这个话的意思，似乎是恰当的。

我在《新原人》一书中曾说，人与其他动物的不同，在于人做某事时，他了解他在做什么，并且自觉他在做。正是这种觉解，使他正在做的事对于他有了意义。他做各种事，有各种意义，各种意义合成一个整体，就构成他的人生境界。如此构成各人的人生境界，这是我的说法。不同的人可能做相同的事，但是各人的觉解程度不同，所做的事对于他们也就各有不同的意义。每个人各有自己的人生境界，与其他任何个人的都不完全相同。若是不管这些个人的差异，我们可以把各种不同的人生境界划分为四个概括的等级。从最低的说起，它们是：自然境界，功利境界，道德境界，天地境界。

一个人做事，可能只是顺着他的本能或其社会的风俗习惯。就像小孩和原始人那样，他做他所做的事，而并无觉解，或不甚觉解。这样，他所做的事，对于他就没有意义，或很少意义。他的人生境界，就是我所说的自然境界。

一个人可能意识到他自己，为自己而做各种事。这并不意味着他必然是不道德的人。他可以做些事，其后果有利于他人，其动机则是利己的。所以他所做的各种事，对于他，有功利的意义。他的人生境界，就是我所说的功利境界。

还有的人，可能了解到社会的存在，他是社会的一员。这个社会是一个整体，他是这个整体的一部分。有这种觉解，他就为社会的利益做各种事，或如儒家所说，他做事是为了“正其义不谋其利”。他真正是有道德的人，他所做的都是符合严格的道德意义的道德行为。他所做的各种事都有道德的意义。所以他的人生境界，是我所说的道德境界。

最后，一个人可能了解到超乎社会整体之上，还有一个更大的整体，即宇宙。他不仅是社会的一员，同时还是宇宙的一员。他是社会组织的公民，同时还是孟子所说的“天民”。有这种觉解，他就为宇宙的利益而做各种事。他了解他所做的事的意义，自觉他正在做他所做的事。这种觉解为他构成了最高的人生境界，就是我所说的天地境界。

这四种人生境界之中，自然境界、功利境界的人，是人现在就是的人；道德境界、天地境界的人，是人应该成为的人。前两者是自然的产物，后两者是精神的创造。自然境界最低，往上是功利境界，再往上是道德境界，最后是天地境界。它们之所以如此，是由于自然境界，几乎不需要觉解；功利境界、道德境界，需要较多的觉解；天地境界则需要最多的觉解。道德境界有道德价值，天地境界有超道德价值。

照中国哲学的传统，哲学的任务是帮助人达到道德境界和天地境界，特别是达到天地境界。天地境界又可以叫做哲学境界，因为只有通过哲学，获得对宇宙的某些了解，才能达到天地境界。但是道德境界，也是哲学的产物。道德认为，并不单纯是遵循道德律的行为；有道德的人也不单纯是养成某些道德习惯的人。他行动和生活，都必须觉解其中的道德原理，哲学的任务正是给予他这种觉解。

生活于道德境界的人是贤人，生活于天地境界的人是圣人。哲学教人以怎样成为圣人的方法。我在第一章中指出，成为圣人就是达到人作为人的最高成就。这是哲学的崇高任务。

在《理想国》中，柏拉图说，哲学家必须从感觉世界的“洞穴”上升到理智世界。哲学家到了理智世界，也就是到了天地境界。可是天地境界的人，其最高成就，是自己与宇宙同一，而在这个同一中，他也就超越了理智。

前几章已经告诉我们，中国哲学总是倾向于强调，为了成为圣人，并不需要做不同于平常的事。他不可能表演奇迹，也不需要表演奇迹。他做的都只是平常人所做的事，但是由于有高度的觉解，他所做的事对于他就有不同的意义。换句话说，他是在觉悟状态做他所做的事，别人是在无明状态做他们所做的事。禅宗有人说，觉字乃万妙之源。由觉产生的意义，构成了他的最高的人生境界。

所以中国的圣人是既入世而又出世的，中国的哲学也是既入世而又出世的。随着未来的科学进步，我相信，宗教及其教条和迷信，必将让位于科学；可是人的对于超越人世的渴望，必将由未来的哲学来满足。未来的哲学很可能是既入世而又出世的。在这方面，中国哲学可能有所贡献。

教育教学

本篇主要选录了我国教育史上的一些著名篇章。其中，《劝学》是荀子的代表作，作者旁征博引，对为学问题进行了深入的探讨，生动有力地阐明了学习的重要性以及学习的态度、途径和方法；《礼记》以“明明德、亲民、止于至善”为修养的目标，又提出“格物、致知、诚意、正心、修身、齐家、治国、平天下”八个实现天下大治的方法；张之洞的《劝学篇》是一本集新与旧、先进与落后于一体的着作，在当时引起了巨大反响。

除此之外，本篇还选录了颜之推的《颜氏家训》、韩愈的《进学解》、朱熹的《白鹿洞书院揭示》、黄宗羲的《明儒学案》、曾国藩的《曾国藩家书》、晏阳初的《平民教育概论》。

劝 学

作者简介

荀子

荀子（约公元前313～前238年），我国儒家学派的集大成者之一，名况，字卿，又称孙卿。战国末年赵国人。15岁就到齐国稷下游学，齐襄王时成为最有声望的稷下学者。他曾到过秦国和赵国，都没有得到重用，后来到了楚国，被楚相春申君任命为兰陵令，从事著述和讲学。他是继孟子之后儒家学派最重要的代表人物，其思想集中体现在著作《荀子》中。他站在儒家学派的立场上，总结了“百家争鸣”的理论成果，提出了自己既尊崇礼义又提倡法制的观点，并主张“人性本恶”，应该通过学习使人接受礼仪教化。最可贵的是，他提出了天道有其内在规律性，不以人的意志而改变；同时，他又主张发挥人的主观能动性，提出了“人定胜天”的思想。

作品简介

《劝学》是《荀子》一书的首篇，较系统地论述了学习的目的、意义、态度和方法，是历来为人们所传诵的名篇。

选文

君子曰：学不可以已。青①，取之于蓝②而青于蓝；冰，水为之而寒于水。木直中绳③，輮以为轮，其曲中规④，虽有槁暴⑤，不复挺者，輮使之然也。故木受绳则直，金就砺⑥则利，君子博学而日参省⑦乎己，则知⑧明而行无过矣。

注释

①青：一种染料，靛青。 ②蓝：一种草本植物，叶子可以制蓝靛。 ③中绳：符合墨线。绳，木匠用来取直的墨线。 ④规：木匠用来取圆的工具。 ⑤槁暴：槁，枯。暴，通“曝”，晒干。 ⑥砺：磨刀石。 ⑦参省：检查反省。参：验，检查。省：省察。 ⑧知：通“智”，指见识。

吾尝终日而思矣，不如须臾①之所学也，吾尝跂②而望矣，不如登高之博见也。登高而招，臂非加长也，而见者远；顺风而呼，声非加疾也，而闻者彰。假舆马者，非利足也，而致千里；假舟楫③者，非能水也，而绝江河。君子生④非异也，善假于物也。

注释

①须臾：片刻，很短的一段时间。 ②跂：踮起脚后跟。 ③楫：船浆。 ④生：通“性”，天资，资质。

积土成山，风雨兴焉；积水成渊，蛟①龙生焉；积善成德，而神明自得，圣心备焉。故不积跬步②，无以致千里；不积小流，无以成江海。骐骥③一跃，不能十步④；驽马十驾⑤，功在不舍。锲⑥而舍之，朽木不折；锲而不舍，金石可镂⑦。蚓无爪牙之利，筋骨之强，上食埃土，下饮黄泉，用心一也。蟹六跪而二螯⑧，非蛇鳝之穴无可寄托者，用心躁也。是故无冥冥⑨之志者，无昭昭之明；无惛惛⑩之事者，无赫赫之功。行衢道⑪者不至，事两君者不容。目不能两视而明，耳不能两听而聪。螣蛇⑫无足而飞，鼫鼠五技而穷⑬。《诗》曰：“尸鸠在桑，其子七兮。淑人君子，其仪一兮。其仪一兮，心如结兮！⑭”故君子结于一⑮也。

注释

①蛟：传说中一种能发洪水的龙。 ②跬：半步。古代称跨出一脚为“跬”，跨两脚为“步”。 ③骐骥：骏马。 ④步：这里是一种长度单位，先秦时六尺为一步。⑤驽马：劣马。驾：马拉一天车所走的路程叫一驾，十驾就是拉十天的路程。 ⑥锲：刻。 ⑦镂：雕刻。 ⑧六跪：六条腿。蟹实际上是八条腿。跪，蟹脚。螯：指蟹前面的一对钳夹。 ⑨冥冥：过于专心而对外界事物视而不见。 ⑩惛惛：同“冥冥”。⑪衢道：歧路。 ⑫螣蛇：龙的一种。 ⑬鼫鼠五技而穷：传说鼫鼠有五种无效用的技能。 ⑭“尸鸠在桑”六句：见《诗·曹风·尸鸠》。引此诗以明为学须专心如一。 ⑮结于一：专心一致。

礼记

作品简介

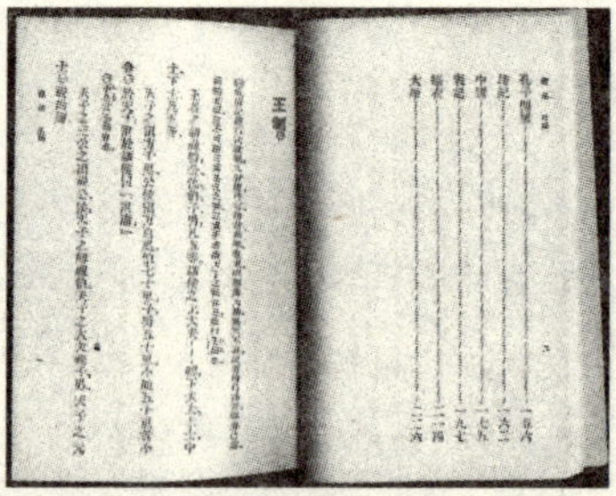
《礼记》书影

《礼记》是我国古代一部重要的典章制度书籍。它是战国至秦汉年间儒家学者解释说明经书《仪礼》的文章选集，是一部儒家思想的资料汇编。其作者不止一人，写作时间也有先有后，其中多数篇章可能是孔子的七十二弟子及其学生们的作品，还兼收先秦的其他典籍。汉代把孔子定的典籍称为“经”，其弟子对“经”的解说是“传”或“记”，《礼记》因此得名，即对“礼”的解释。该书主要记载和论述先秦的礼制和礼仪，解释仪礼，记录孔子和弟子等的问答，记述修身做人的准则。它涉及政治、法律、道德、哲学、历史、祭祀、文艺、日常生活、历法、地理等诸多方面，包罗万象，集中体现了先秦儒家的政治、哲学和伦理思想，是研究先秦社会的重要资料。

选文

曲礼(节选)

道德仁义，非礼不成；教训正俗①，非礼不备；分争辩讼，非礼不决；君臣上下，父子兄弟，非礼不定；宦学②事师，非礼不亲；班朝③、治军、莅官④、行法，非礼威严不行；祷祠祭祀，供给鬼神，非礼不诚不庄⑤。

注释

①正俗：匡正风俗。 ②宦学：谓学习仕宦所需的各种知识。 ③班朝：正朝仪位次。 ④莅官：官吏上任履行职务。 ⑤不庄：不恭敬。

学记(节选)

古之教者，家有塾，党有庠①，术有序②，国有学。比年入学，中年考校。一年视离经辨志③，三年视敬业乐群④，五年视博习亲师，七年视论学取友，谓之小成。九年知类通达⑤，强立⑥而不反，谓之大成。夫然后足以化民易俗，近者说服，而远者怀之。此大学之道也。

注释

①党：古代一种地方基层组织。五家为邻，五邻为里，五百家为党。庠：古代的学校，特指乡学。 ②术：古代的行政区划，百家为里，十里为术。序：学校。③离：分析。辨志：辨明志向。 ④乐群：友爱同学。 ⑤知类：懂得事物间类比的关系，依类推理。通达：通晓、洞达。 ⑥强立：独立判断的能力。

大学(节选)

古之欲明明德①于天下者，先治其国。欲治其国者，先齐②其家。欲齐其家者，先修其身。欲修其身者，先正其心。欲正其心者，先诚其意。欲诚其意者，先致其知。致知③在格物④。物格而后知至，知至而后意诚，意诚而后心正，心正而后身修，身修而后家齐，家齐而后国治，国治而后天下平。自天子以至于庶人，壹是皆以修身为本。

注释

①明德：光明之德，美德。 ②齐：治理。 ③致知：推及知识。 ④格物：推究事物的道理。

中庸(节选)

凡事豫①则立，不豫则废。言前定则不跲②，事前定则不困③，行前定则不疚④，道前定则不穷⑤。在下位不获乎上，民不可得而治矣。获⑥乎上有道，不信乎朋友，不获乎上矣。信乎朋友有道，不顺乎亲，不信乎朋友矣。顺乎亲有道，反诸身不诚，不顺乎亲矣。诚身有道，不明乎善，不诚乎身矣。诚者，天之道也。诚之者，人之道也。诚者，不勉⑦而中⑧，不思而得，从容中道，圣人也。诚之者，择善而固执之者也。

注释

①豫：同“预”，预备，事先准备。 ②跲：绊倒。 ③困：困顿。 ④疚：内心不安。⑤穷：陷入困境。 ⑥获：得到信任。 ⑦勉：努力。 ⑧中：合适，适中。

颜氏家训

作者简介

颜之推（531~约595年），南北朝时期的文学家和教育家。字介，原籍琅邪临沂（今山东省临沂市），世居建康（今江苏南京市）。颜之推历仕梁、北齐、北周、隋四朝。著有《颜氏家训》，传世著作还有《还冤志》等。

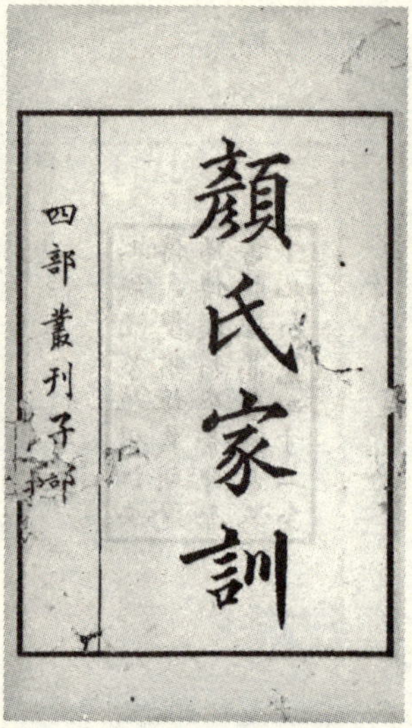

《颜氏家训》书影

作品简介

颜之推结合自己从小的家庭教育和切身经历，著有《颜氏家训》共20篇。他认为，人在小的时候，精神专一；长大以后，思想分散，不易学习。这是他一生关于士大夫立身、治家、处事、为学的经验总结，在封建家庭教育发展史上有重要的影响。后世称此书为“家教规范”。

选文

教子第二

上智不教而成，下愚虽教无益，中庸之人，不教不知也。古者，圣王有胎教之法：怀子三月，出居别宫，目不邪视，耳不妄听，音声滋味，以礼节之。书之玉版①，藏诸金匮。生子咳嘷②，师保固明，孝仁礼义，导习之矣。凡庶纵不能尔，当及婴稚识人颜色，知人喜怒，便加教诲，使为则为，使止则止。比及数岁，可省笞罚。父母威严而有慈，则子女畏慎而生孝矣。吾见世间，无教而有爱，每不能然；饮食运为，恣其所欲，宜诫翻奖，应诃反笑，至有识知③，谓法当尔。骄慢已习，方复制之，捶挞④至死而无威，忿怒日隆而增怨，逮于成长，终为败德。孔子云“少成若天性，习惯如自然”是也。俗谚曰：“教妇初来，教儿婴孩。”诚哉斯语！

凡人不能教子女者，亦非欲陷其罪恶；但重于诃怒，伤其颜色，不忍楚挞⑤惨其肌肤耳。当以疾病为谕，安得不用汤药针艾救之哉？又宜思勤督训者，可愿苛虐于骨肉乎？诚不得已也。

王大司马母魏夫人，性甚严正；王在湓城时，为三千人将，年踰四十，少不如意，犹捶挞之，故能成其勋业。梁元帝时，有一学士，聪敏有才，为父所宠，失于教义：一言之是，遍于行路，终年誉之；一行之非，揜⑥藏文饰，冀其自改。年登婚宦，暴慢日滋，竟以言语不择⑦，为周逖抽肠衅鼓云。

父子之严，不可以狎；骨肉之爱，不可以简。简则慈孝不接，狎则怠慢生焉。由命士以上，父子异宫，此不狎之道也；抑搔痒痛⑧，悬衾箧枕，此不简之教也。或问曰："陈亢喜闻君子之远其子，何谓也？"对曰："有是也。盖君子之不亲教其子也，《诗》有讽刺之辞，《礼》有嫌疑之诫，《书》有悖乱之事，《春秋》有邪僻之讥，《易》有备物之象：皆非父子之可通言，故不亲授耳。"

齐武成帝子琅邪王，太子母弟也。生而聪慧，帝及后并笃爱之，衣服饮食，与东宫相准。帝每面称之曰："此黠儿也，当有所成。"及太子即位，王居别宫，礼数优僭，不与诸王等；太后犹谓不足，常以为言。年十许岁，骄恣无节，器服玩好，必拟乘舆；常朝南殿，见典御⑨进新冰，钩盾献早李，还索不得，遂大怒，诟曰："至尊已有，我何意无？"不知分齐，率皆如此。识者多有叔段、州吁之讥。后嫌宰相，遂矫诏斩之，又惧有救，乃勒麾下军士，防守殿门；既无反心，受劳而罢，后竟坐此幽薨。

人之爱子，罕亦能均；自古及今，此弊多矣。贤俊者自可赏爱，顽鲁者亦当矜怜；有偏宠者，虽欲以厚之，更所以祸之。共叔之死，母实为之。赵王之戮，父实使之。刘表之倾宗覆族，袁绍之地裂兵亡，可为灵龟明鉴⑩也。

齐朝有一士大夫，尝谓吾曰："我有一儿，年已十七，颇晓书疏，教其鲜卑语及弹琵琶，稍欲通解，以此伏事公卿，无不宠爱，亦要事也。"吾时俛而不答。异哉，此人之教子也！若由此业，自致卿相，亦不愿汝曹为之。

注释

①书：书写。玉版：刊刻文字的白石板。 ②咳媞：即孩提，小儿哭笑，后转意表示幼儿时期。 ③识知：指孩子懂事以后。 ④捶挞：用棍子、鞭子痛打。 ⑤楚挞：楚：荆，可以作杖。楚挞：拷打。 ⑥揜：通"掩"，遮盖，掩盖。 ⑦不择：不当心，不注意，指言语冒犯人。 ⑧抑搔痒痛：为长辈抓痒按摩。 ⑨典御：负责皇帝饮食的官员。 ⑩灵龟明鉴：灵验的龟卜，明了的镜鉴。古人以龟壳占卜决疑，以铜镜自照。故龟鉴有借鉴之喻。

进学解

作者简介

韩愈（768～824年），字退之，河南河阳（今河南孟县）人，祖籍昌黎，又称韩昌黎。唐贞元十九年（803年）任监察御史，因上疏极言宫市之弊，贬为阳山令。晚年任吏部侍郎，又称韩吏部。韩愈学通贯六经百家，反对六朝以来的文风，提倡散体，文笔雄健，气势磅礴，由于他和柳宗元等人的倡导，终于形成了唐代古文运动，开辟了唐宋以来古文的发展道路。他的诗歌有独创成就，对宋诗的发展有重要影响。门人李汉编其撰作为《昌黎先生集》。

韩愈

作品简介

本文是元和七八年间韩愈任国子博士时所作，假托向学生训话，勉励他们在学业、德行方面取得进步。学生提出质问，他再进行解释，故名“进学解”，借以抒发自己怀才不遇、仕途坎坷的牢骚。

选文

国子先生①晨入太学②，召诸生立馆下，诲之曰：“业精于勤荒于嬉，形成于思毁于随③。方今圣贤相逢，治具④毕张，拔去凶邪⑤，登崇⑥畯良。占小善者率以录⑦，名一艺者无不庸⑧。爬罗剔抉⑨，刮垢磨光⑩。盖有幸而获选，孰云多而不扬⑪。诸生业患不能精，无患有司⑫之不明；行患不能成，无患有司之不公。”

注释

①国子先生：韩愈的自称。当时韩愈任国子监博士。 ②太学：指国子监。 ③随：随意，率性而为。 ④治具：治民的工具，指法律政令。 ⑤凶邪：残暴邪恶的人。 ⑥登崇：进用推崇。 ⑦占小善者率以录：占，具有。率：大都。以：通“已”。录：任用。 ⑧名一艺者无不庸：名，闻名。庸：通“用”，任用。 ⑨爬罗剔抉：搜罗挑选。 ⑩刮垢磨光：比喻训练造就人才。 ⑪多而不扬：多，有才能。扬：任用。 ⑫有司：主管的官吏。

言未既，有笑于列者曰："先生欺余哉！弟子事先生于兹有年矣。先生口不绝吟于六艺①之文，手不停披于百家②之编；记事者必提其要③，纂言者必钩其玄④；贪多务得，细大不捐⑤，焚膏油以继晷⑥，恒兀兀⑦以穷年：先生之业，可谓勤矣。觝排异端，攘斥佛老⑧。补苴罅漏⑨，张皇幽眇⑩；寻坠绪之茫茫⑪，独旁搜而远绍⑫，障百川而东之，回狂澜于既倒。先生之于儒，可谓有劳矣。"

注释

①六艺：《六经》即《诗》、《书》、《礼》、《乐》、《易》、《春秋》。②百家：诸子百家。 ③记事者必提其要：对于记事类的书，提取其中的要点。 ④纂言者必钩其玄：对于理论类的书，探求书中的精义。 ⑤细：小。捐：舍弃。 ⑥焚膏油：燃烛、点灯。晷：日影，指白天。 ⑦兀兀：勤奋的样子。 ⑧觝排异端，攘斥佛老：意指韩愈为维护儒家道统，反对佛教。 ⑨补苴罅漏：补充缺漏。 ⑩张皇：发扬。幽眇：深刻、细微的道理。 ⑪坠绪：失落的儒家道统。茫茫：没有头绪的样子。 ⑫旁搜：多方寻求。绍：继承。

"沈浸酞郁①，含英咀华②。作为文章，其书满家。上规姚姒③，浑浑④无涯；周《诰》、殷《盘》⑤，佶屈聱牙⑥；《春秋》谨严，《左氏》浮夸，《易》奇而法⑦，《诗》正而葩⑧；下逮《庄》、《骚》，太史所录，子云、相如，同工异曲。先生之于文，可谓闳其中而肆其外矣⑨。少始知学，勇于敢为；长通于方⑩，左右具宜。先生之于为人，可谓成矣。"

"然而公不见信于人，私不见助于友。跋前踬后⑪，动辄得咎。暂为御史，遂窜南夷⑫。三年博士，冗不见治⑬；命与仇谋⑭，取败⑮几时！冬暖而儿号寒，年丰而妻啼饥；头童齿豁，竟死何裨⑯。不知虑此，而反教人为？"

注释

①酞郁：浓郁的香气。指典籍的意味。 ②英、华：指文章的精华。咀：咀嚼。③规：取法。姚：虞舜的姓。姒：夏禹的姓。姚姒：指《尚书》中的《禹书》和《夏书》。 ④浑浑：深博的样子。 ⑤《周诰》：指《尚书·周书》中的《大诰》、《康诰》等篇。《殷盘》：指《尚书·商书》中的《盘庚》三篇。 ⑥佶屈聱牙：形容文章艰深难读。 ⑦奇而法：奇妙而有规则。 ⑧正而葩：纯正华美。 ⑨闳：宏大。中：思想。肆：不受约束。外：文章的形式。 ⑩长：年长。方：道理。 ⑪跋前踬后：跋，踩踏。踬，被东西绊倒。喻进退两难，不得自由。 ⑫暂为御史，遂窜南夷：指韩愈被贬至阳

山（今广东阳山）。⑬三年博士，冗不见治：指韩愈在国子监做博士。⑭谋：相伴。⑮取败：受挫折。⑯裨：益处。

先生曰："吁，子来前！夫大木为宗[①]，细木为桷[②]。欂栌侏儒[③]，椳闑扂楔[④]，各得其宜，施以成室者，匠氏之工[⑤]也；玉札丹砂，赤箭青芝，牛溲马勃[⑥]，败鼓之皮[⑦]，俱收并蓄，待用无遗者，医师之良也；登明[⑧]选公，杂[⑨]进巧拙，纡馀为妍[⑩]，卓荦[⑪]为杰，校短量长，惟器是适者，宰相之方也。昔者孟轲好辩，孔道以明，辙环天下[⑫]，卒老于行；荀卿守正，大论是弘，逃谗于楚，废死兰陵。是二儒者，吐辞为经，举足为法。绝类离伦，优入圣域，其遇于世何如也？"

注释

①宗：栋梁。②桷：椽子。③欂栌：柱上托梁的斗拱。侏儒：原指矮子，这里指梁上的短柱。④椳：门枢。闑：门中央的短木。扂：门闩。楔：竖在门边阻止车辆出入撞坏门的短木。⑤匠氏：工匠。工：精巧。⑥玉札：玉屑。丹砂，朱砂。赤箭，即"天麻"。青芝，灵芝。此四者皆珍贵药物。牛溲，即"车前"。马勃，一种球形菌体。⑦败鼓之皮：破烂的鼓皮。⑧登：升用。明：不受蒙蔽。⑨杂：不一律。⑩纡馀：指深厚的修养。妍：美好。⑪卓荦：超群出众。⑫辙环天下：车轮的痕迹遍于天下。

"今先生学虽勤而不繇其统[①]，言虽多而不要其中，文虽奇而不济于用，行虽修而不显于众，犹且月费俸钱，岁靡廪[②]粟；子不知耕，妇不知织，乘马从徒，安坐而食，踵常途之促促[③]，窥陈编以盗窃[④]；然而圣主不加诛，宰臣不见斥，兹非其幸欤？动而得谤，名亦随之，投闲置散[⑤]，乃分之宜。若夫商财贿[⑥]之有亡，计班资之崇庳[⑦]，忘己量之所称[⑧]，指前人之瑕疵，是所谓诘匠氏之不以杙为楹[⑨]，而訾医师以昌阳[⑩]引年，欲进其豨苓[⑪]也。"

注释

①统：道统。②廪：国家的米仓。③踵：跟随。常途：世俗的道路。促促：矜持拘谨的样子。④陈编：古人的著作。盗窃：剽窃。⑤投闲置散：安置到闲散的位置。⑥商：计算。财贿：财物。⑦班资：官职地位。崇庳：高低。⑧称：符合。⑨杙：小木桩。楹：柱子。⑩昌阳：菖蒲，中药材，据说可以益寿延年。⑪豨苓：中药名，泻药。

白鹿洞书院揭示

作者简介

朱熹（1130～1200年），字元晦，南宋徽州府婺源县（今江西婺源）人。南宋著名的理学家、思想家、哲学家、教育家、诗人，世称朱子，是孔、孟以来最杰出的儒学大家。朱熹一生著述甚多，他的学术思想在中国元明清三代一直是封建统治阶级的官方哲学，标志着封建社会意识形态的更趋完备；在世界文化史上，也有重要影响。

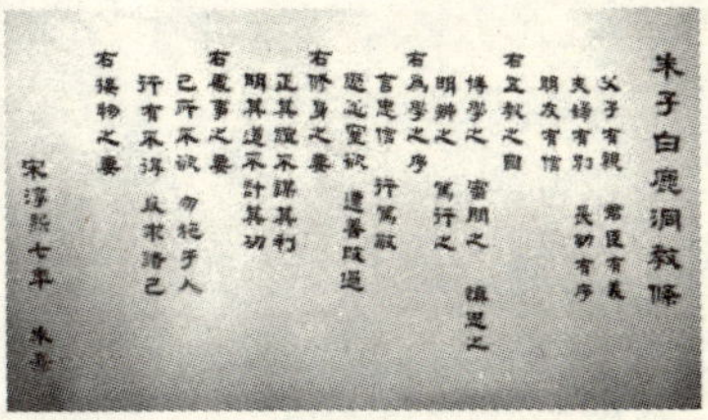

《白鹿洞书院揭示》书影

作品简介

江西白鹿洞书院与湖南岳麓书院、河南嵩阳书院和应天书院并称为“中国古代四大书院”。《白鹿洞书院揭示》即《白鹿洞书院学规》，是朱熹为培养人才而制定的教育方针和学生守则。它集儒家经典语句而成，便于记诵，自问世以来，一直作为封建社会教育的共同准则。

选文

父子有亲，君臣有义，夫妇有别，长幼有序，朋友有信①。

右②五教之目。尧舜使契为司徒，敬敷五教，即此是也。学者学此而已，而其所以学之之序，亦有五焉，其别如左：

博学之，审问之，慎思之，明辨之，笃行之③。

右为学之序。学问思辨四者，所以穷理也。若夫笃行之事，则自修身以至于处事接物，亦各有要，其别如左：

言忠信，行笃敬④，惩忿窒欲⑤，迁善改过⑥。

右修身之要。

正其义，不谋其利，明其道，不计其功⑦。

右处事之要。

己所不欲，勿施于人⑧。行有不得，反求诸己⑨。

右接物之要。

熹窃观古昔圣贤所以教人为学之意，莫非使之讲明义理，以修其身，然后推以及人，非徒欲其务记览为词章，以钓声名取利禄而已也。今人之为学者，则既反是矣。

然圣贤所以教人之法，具存于经，有志之士，固当熟读深思而问辨之。苟知其理之当然，而责其身以必然，则夫规矩禁防之具，岂待他人设之而后有所持循哉？近世于学有规，其待学者为已浅矣，而其为法，又未必古人之意也，故今不复以施于此堂。而特取凡圣贤所以教人为学之大端，条列如右，而揭之楣间，诸君其相与讲明遵守，而责之于身焉，则夫思虑云为之际，其所以戒谨而恐惧者，必有严于彼者矣。其有不然，而或出于此言之所弃，则彼所谓规者，必将取之，固不得而略也。诸君其亦念之哉！

注释

①“父子有亲”五句：见《孟子·滕文公上》。 ②右：古文从右至左竖行书写，上一句话在本句的右边，故称“右”。 ③“博学之”五句：见《礼记·中庸》。 ④“言忠信”二句：见《论语·卫灵公》。 ⑤惩忿窒欲：见《周易·损卦》：“君子以惩忿窒欲”。指惩戒忿懑，抑止情欲。 ⑥迁善改过：见《周易·益卦》：“君子以见善则迁，有过则改。” ⑦“正其义”二句：见《汉书·董仲舒传》。 ⑧“己所不欲”二句：见《论语·卫灵公》。 ⑨“行有不得”二句：见《孟子·离娄上》。

明儒学案

作者简介

黄宗羲

黄宗羲（1610～1695年），字太冲，号南雷，晚年自称梨洲老人。浙江余姚人。明末清初经学家、史学家、思想家、地理学家、天文历算学家、教育家。思想深邃，著作宏富，与顾炎武、王夫之并称明末清初三大思想家；与弟黄宗炎、黄宗会号称浙东三黄；与顾炎武、方以智、王夫之、朱舜水并称为“清初五大师”，亦有“中国思想启蒙之父”之誉。

作品简介

《明儒学案》是明代学术思想史专著，黄宗羲著，是我国古代第一部完整的学术史著作，开创了学案体史书体裁的先河。古籍目录前有发凡，用以揭示全书的要旨或体例，本文即《明儒学案》的“发凡”部分。在文中，黄宗羲强调博求文献，分别宗旨，纂要钩玄，辨其源流。他批评“凡倚门傍户、依样葫芦者，非流俗之士，则经生之业也”，而对于具有创造性的“一偏之见，相反之论”则认为“正宜着眼理会”。

选文

从来理学之书，前有周海门①《圣学宗传》，近有孙钟元②《理学宗传》，诸儒之说颇备。然陶石篑《与焦弱侯书》③云：“海门意谓身居山泽，见闻狭陋，常愿博求文献，广所未备，非敢便称定本也。”且各家自有宗旨，而海门主张禅学，扰金银铜铁为一器，是海门一人之宗旨，非各家之宗旨也。钟元杂收，不复甄别，其批注所及，未必得其要领，而其闻见亦犹之海门也。学者观羲是书，而后知两家之疎略。

大凡学有宗旨，是其人之得力处，亦是学者之入门处。天下之义理无穷，苟非定以一二字，如何约之使其在我。故讲学而无宗旨，即有嘉言，是无头绪之乱丝也。学者而不能得其人之宗旨，即读其书，亦犹张骞初至大夏，不能得月氏要领也。是编分别宗旨，如灯取影，杜牧之曰：“丸之走盘，横斜圆直，不可尽知。其必可知者，知是丸不能出于盘也。”夫宗旨亦若是而已矣。

尝谓有明文章事功，皆不及前代，独于理学，前代之所不及也，牛毛茧丝，无不辨晰，真能发先儒之所未发。程、朱之辟释氏，其说虽繁，总是只在迹上；其弥近理而乱真者，终是指他不出。明儒于毫厘之际，使无遁影。陶石篑亦曰：“若以见解论，当代诸公尽有高过者。”与羲言不期而合。

每见钞先儒语录者，荟撮数条，不知去取之意谓何。其人一生之精神未尝透露，如何见其学术？是编皆从全集纂要钩玄，未尝袭前人之旧本也。

儒者之学，不同释氏之五宗，必要贯串到青原、南岳④。夫子既焉不学⑤，濂溪无待而兴，象山不闻所受⑥，然其间程、朱之至何、王、金、许⑦，数百年之后，犹用高、曾之规矩，非如释氏之附会源流而已。故此编以有所授受者，分为各案；其特起者，后之学者不甚著者，总列诸儒之案。

学问之道，以各人自用得着者为真。凡倚门傍户，依样画葫芦者，非流俗之士，则经生之业也。此编所列，有一偏之见，有相反之论，学者于其不同处，正宜着眼理会，所谓一本而万殊也。以水济水⑧，岂是学问！

胡季随⑨从学晦翁，晦翁使读《孟子》。他日问季随："至于心，独无所同，然乎⑩？"季随以所见解，晦翁以为非，且谓其读书卤莽不思。季随思之既苦，因以致疾，晦翁始言之。古人之于学者，其不轻授如此，盖欲其自得之也。即释氏亦最忌道破，人便作光影玩弄耳。此书未免风光狼籍，学者徒增见解，不作切实工夫，则羲反以此书得罪于天下后世矣。

是书搜罗颇广，然一人之闻见有限，尚容陆续访求。即羲所见而复失去者，如朱布衣《语录》、韩苑洛、南瑞泉、穆玄庵、范栗斋诸公集⑪，皆不曾采入。海内有斯文之责者，其不吝教我，此非末学一人之事也。

注释

①周海门：即周汝澄，字继元，号海门，明嵊县人，师从罗汝芳，其学近佛教，旨在会通儒释，撰有《圣学宗传》十八卷，辑录前代儒者近释之语。 ②孙钟元：即孙奇逢。 ③陶石篑《与焦弱侯书》：陶石篑，即陶望龄，明会稽人，师从周汝登，其学亦试图糅合儒释。焦弱侯，即焦竑，明江宁人，著有《澹园集》、《焦氏类林》等。 ④青原、南岳：佛教禅宗慧能派，传其宗者，一为怀让，住南岳，因此分为两支系，后青原宗传为曹洞、云门、法眼三宗，南岳宗传为沩仰、临济二宗。 ⑤"夫子"句：见《论语·子张》："夫子焉不学，而亦何尝师之有？" ⑥"濂溪"二句：意指周敦颐、陆九渊之学不闻师传。 ⑦何、王、金、许：此四人分别为何基、王柏、金履祥、许谦。 ⑧以水济水：语见《左传》昭公二十年，晏婴与齐侯论"和"与"同"，说"以水济水，谁能食之；若琴瑟之专一，谁能听之"。 ⑨胡季随：即胡大时，南宋崇安人，师事张栻，也受学于朱熹。 ⑩"至于心"三句：见《孟子·告子上》。 ⑪"朱布衣"五句：此五人分别为：朱布衣，即朱用纯，清昆山人，著有《愧讷集》、《大学中庸讲义》等；韩苑洛，即韩邦奇，明朝邑人，著有《乐志》等；南瑞泉，即南大吉，明渭南人；穆玄庵，即穆孔辉，明堂邑人；范栗斋，即范瓘，明山阴人。

曾国藩家书

作者简介

曾国藩

曾国藩（1811～1872年），晚清军事家，湘军的创立者和统帅。原名子城，字伯涵，号涤生。湖南湘乡人。道光进士。曾任内阁学士兼礼部侍郎等职。1853年在湖南办团练，扩编为湘军。1855年在湖口、九江被太平军打败，退守南昌。1860年升两江总督，主张“借洋兵助剿”。1862年为协办大学士，派李鸿章、左宗棠会同“常胜军”、“常捷军”夹攻太平军，并派曾国荃攻陷天京。继又奉命督办镇压捻军。后与李鸿章、左宗棠创办江南制造局、福州船政局等军事工业。1868年任直隶总督。1870年回任两江总督。1872年病死南京，谥文正。有《曾文正公全集》传世。

作品简介

《曾国藩家书》是曾国藩的书信集，记录了曾国藩在清道光三十年至同治十年前后达30年的翰苑和从武生涯，近1500封。是曾国藩一生的主要活动和其治政、治家、治学之道的生动反映，是后人研究曾国藩思想的宝贵资料。

选文

致诸弟·读书宜立志有恒

诸位贤弟足下：

……

十一前月八日已将日课抄与弟阅，嗣后每次家书，可抄三页付回。日课本皆楷书，一笔不苟，惜抄回不能作楷书耳。

冯树堂进攻最猛，余亦教之如弟，知无不言。可惜弟不能在京，与树堂日日切磋，余无日无刻不太息也。九弟在京年半，余懒散不努力，九弟去后，余乃稍能立志，盖余实负九弟矣。

余尝语岱云曰：“余欲尽孝道，更无他事，我能教诸弟进德业一分，则我之孝有一分；能教诸弟进十分，则我之孝有十分；若全不能教弟成名，则我大不孝矣。”九弟之无所进，是我之大不孝也。惟愿诸弟发奋立志，念念有恒，以补我不孝不罪，幸甚幸甚。

岱云与易五近亦有日课册，惜其识不甚超越。余虽日日与之谈论，渠究不能悉心领会，颇疑我言太夸。然岱云近极勤奋，将来必有所成。何子敬近待我甚好，常彼此作诗唱和。盖因其兄钦佩我诗，且谈字最相合，故子敬亦改容加礼。

子贞现临隶字，每日临七八页，今年已千页矣。近又考订《汉书》之伪，每日手不释卷。盖子贞之学长于五事：一曰《仪礼》精，二曰《汉书》熟，三曰《说文》精，四曰各体诗好，五曰字好。此五事者，渠意皆欲有所传于后。以余观之，前三者余不甚精，不知浅深究竟何如，若字则必传千古无疑矣。诗亦远出时手之上，而能卓然成家。近日京城诗家颇少，故余亦欲多做几首。

金竺虔在小珊家住，颇有面善心非之隙。唐诗甫亦与小珊有隙。余现仍与小珊来往，泯然无嫌①，但心中不甚惬洽②耳……黄子寿处本日去看他，工夫甚长进，古文有才华，好买书，东翻西阅，涉猎颇多，心中已有许多古董。

何世兄亦甚好，沈潜之至，天分不高，将来必有所成。吴竹如近日未出城，余亦未去，盖每见则耽搁一天也。其世兄亦极沈潜，言动中礼，现在亦学倭艮峰先生。吾观何吴两世兄之姿质，与诸弟相等，远不及周受珊、黄子寿，而将来成就，何、吴必更切实。此其故，诸弟能看书自知之，愿诸弟勉之而已。此数子者，皆后起不凡之人才也，安得诸弟与之联镳并驾，则余之大幸也。

季仙九先生到京服阙③，待我甚好，有青眼相看之意。同年会课，近皆懒散，而十日一会如故。余今年过年，尚须借银百五十金，以五十还杜家，以百金用。李石梧到京，交出长郡馆公费，即在公项借用，免出外开口更好。不然，则尚须张罗也。

门上陈升一言不合而去，故余作《傲奴诗》，现换一周升作门上，颇好。余读《易·旅卦》“丧其童仆”，象曰：“以旅与下，其义丧也。”解之者曰：“以旅与下者，谓视童仆如旅人，刻薄寡恩，漠然无情，则童仆将视主如逆旅矣。”余待下虽不刻薄，而颇有视如逆旅之意，故人不尽忠，以后余当视之如家人手足也。分虽严明而情贵周通，贤弟待人亦宜知之。

余每闻折差到，辄望家信。不知能设法多寄几次否？若寄信则诸弟必须详写日记数天，幸甚。余写信亦不必代诸弟多立课程，盖恐多看则生厌，故但将余近日实在光景写示而已，伏惟诸弟细察。

（道光二十二年十一月十六日）

注释

①泯然无嫌：指表面上没有嫌隙。 ②不甚惬洽：指不太乐意和融洽。惬：惬意。 ③阙：止，止息，此处指期满。

致诸弟·勉励自立课程

诸位贤弟足下：

九弟到家，偏走各亲戚家，必各有一番景况，何不详以告我？四妹小产以后生育颇难，然此事最大，断不可以人力勉强。劝渠家只须听其自然，不可过于矜持。又闻四妹起晏①，往往其姑②反服事他。此反常之事。最足折福，天下未有不孝之妇而可得好处者，诸弟必须时劝导之，晓之以大义。

诸弟在家读书，不审每日如何用功？余自十月初一日立志自新以来，虽懒惰如故，而每日楷书写日记，每日读史十页，每日记茶余偶谈一则，此三事未尝一日间断。十月廿一日誓永戒吃水烟，洎③今已两月不吃烟，已习惯成自然矣。予自立课程甚多，惟记茶余偶谈，读史十页，写日记楷本，此三事者誓终身不间断也。诸弟每人自立课程，必须有日日不断之功，虽行船走路，须带在身边。予除此三事外，他课程不必能有成，而此三事者、将终身以之。

前立志作《曾氏家训》一部，曾与九弟详细道及。后因采择经史，若非经史烂熟胸中，则割裂零碎，毫无线索；至于采择诸子各家之言，尤为浩繁，虽抄数百卷犹不能尽收。然后知古人作《大学衍义》、《衍义补》诸书，乃胸中自有条例自有议论，而随便引书以证明之，非翻书而偏抄之也，然后知著书之难。故暂且不作《曾氏家训》，若将来胸中道理愈多，议论愈贯串，仍当为之。

现在朋友愈多，讲躬行心得者则有镜海先生、艮峰前辈、吴竹如、窦兰泉、冯树堂，穷经知道者则有吴子序、邵慧西，讲诗文字而艺通于道者则有何子贞，才气奔放则有汤海秋，英气逼人志大神静则有黄子寿；又有王少鹤（名锡振，广西主事，年廿七岁，张筱涌之妹夫）、朱廉甫（名琦，广西乙未翰林）、吴莘畬（名尚志，广东人，吴抚台之世兄）、庞作人（名文寿，浙江人），此四君者，皆闻予名而先来拜，虽所造有浅深，要皆有志之士，不甘居于庸碌者也。

京师为人文渊薮④，不求则尤之，愈求则愈出。近来闻好友甚多，予不欲先去拜别人，恐徒标榜虚声。盖求友以匡己之不逮，此大益也；标榜以盗虚名，是大损也。天下有益之事，即有足损者寓乎其中，不可不辨。

黄子寿近作《选将论》一篇，共六千余字，真奇才也。黄子寿戊戌年始作破题，而六年之中遂成大学问，此天分独绝，万不可学而至，诸弟不必反而惊之。予不愿诸弟学他，但愿诸弟学吴世兄、何世兄。吴竹如之世兄现亦学艮峰先生写日记，言有矩，动有法，其静气实实可爱。

何子贞之世兄，每日自朝至夕，总是温书，三百六十日，除作诗文时，无一刻不温书，真可谓有恒者矣。故予从前限功课教诸弟，近来写信寄弟，从不另开课程，但教诸弟有恒而已。盖士人读书，第一要有志，第二要有识，第三要有恒。有志则断不甘为下流。有识则知学问无尽，不敢以一得自足；如河伯之观海，如井蛙之窥天，皆无识者也。有恒则断无不成之事。此三者缺一不可。诸弟此时，惟有识不可以骤几⑤，至于有志有恒，则诸弟勉之而已。予身体甚弱，不能苦思，苦思则头晕，不耐久坐，久坐则倦乏，时时属望，惟诸弟而已。

明年正月恭逢祖父大人七十大寿，京城以进十为正庆。予本拟在戏园设寿筵，窦兰泉及艮峰先生劝止之，故不复张筵。盖京城张筵唱戏，名为庆寿，实则打把戏。兰泉之劝止，正以此故。现作寿屏两架，一架淳化笺四大幅，系何子贞撰文并书，字有茶碗口大。一架冷金笺八小幅，系吴子序撰文，予自书。淳化笺系内府用纸，纸厚如钱，光彩耀目，寻常琉璃厂无有也。昨日偶有之，因买四张。子贞字甚古雅，惜太大，万不能寄回，奈何奈何！书不能尽言，惟诸弟鉴察。

兄国藩手草

（道光二十二年十二月二十日）

附：课程表

主敬（整齐严肃、无时不俱。无事时心在腔子里，应事时专一不杂。）

静坐（每日不拘何时，静坐一会，体验静极生阳来复之仁心。正位凝命，如鼎之镇⑥。）

早起（黎明即起，醒后勿沾恋。）

读书不二（一书未点完断不看他书。东翻西阅，都是徇外⑦为人。）

读史（廿三史每日读十页，虽有事不间断。）

写日记（须端楷，凡日间过恶，身过，心过，口过，皆记出，终身不间断。）

日知其所亡⑧（每日记《茶余偶谈》一则，分德行门，学问门，经济门，艺术门。）

月无忘所能（每月作诗文数首，以验积理之多寡，养气之盛否。）

谨言（刻刻留心。）

养气（无不可对人言之事。气藏丹田。）

保身（谨遵大人手谕，节欲、节劳、节饮食。）

作字（早饭后作字，凡笔墨应酬，当作自己功课。）

夜不出门（旷功疲神，切戒切戒。）

注释

①晏：迟，晚。 ②姑：此处指婆母。 ③洎：到、至。 ④渊薮：人或事物聚集的地方。 ⑤骤几：突然接近。 ⑥正位凝命，如鼎之镇：此句意为宁心静气，内心踏实安稳，如鼎镇住一般。 ⑦徇外：顺从于身外的客观环境。 ⑧亡：无。

致诸弟·讲读经史方法

诸位老弟足下：

正月十五日接到四弟、六弟、九弟十二月初五日所发家信。四弟之信三页，语语平实，责我待人不恕，甚为切当。谓月月书信徒以空言责弟辈，却又不能实有好消息，令堂上阅兄之书，疑弟辈粗俗庸碌，使弟辈无地可容云云，此数语，兄读之不觉汗下。我去年曾与九弟闲谈，云为人子者，若使父母见得我好些，谓诸兄弟俱不及我，这便是不孝；若使族党称道我好些，谓诸兄弟俱不如我，这便是不悌①。何也？盖使父母心中有贤愚之分，使族党②口中有贤愚之分，则必其平日有讨好底意思，暗用机计，使自己得好名声，而使兄弟得坏名声，必其后日之嫌隙，由此而生也。刘大爷、刘三爷兄弟皆想做好人，卒至视如仇雠③，因刘三爷得好名声于父母族党之间，而刘大爷得坏名声故也。今四弟之所责我者，正是此道理，我所以读之汗下。但愿兄弟五人，各各明白这道理，彼此互相原谅，兄以弟得坏名为忧，弟以兄得好名为快。兄不能使弟尽道得令名，是兄之罪；弟不能使兄尽道得令名，是弟之罪。若各各如此存心，则亿万年无纤芥④之嫌矣。

……

衡阳风俗，只有冬学要紧，自五月以后，师弟皆奉行故事而已。同学之人，类皆庸鄙无志者，又最好讪笑人。（其笑法不一，总之不离乎轻薄而已。四弟若到衡阳去，必以翰林⑤之弟相笑，薄俗可恶。）乡间无朋友，实是第一恨事，不惟无益，且大有损，习俗染人，所谓与鲍鱼处，亦与之俱化也。兄尝与九弟道及，谓衡阳不可以读书，涟滨不可以读书，为损友太多故也。

今四弟意必从觉庵师游，则千万听兄嘱咐，但取明师之益，无受损友之损也。接到此信，立即率厚二到觉庵师处受业。其束修，今年谨具钱十挂，兄于八月准付回，不至累及家中。非不欲从丰，实不能耳。兄所最虑者，同学之人无志嬉游，端节以后放散不事事，恐弟与厚二效尤耳，切戒切戒。凡从师必久而后可以获益。四弟与季弟今年从觉庵师，若地方相安，则明年仍可从游；若一年换一处，是即无恒者见异思迁也，欲求长进难矣。……

六弟之信，乃一篇绝妙古文，排奡⑥似昌黎，拗很似半山⑦。予论古文，总须有倔强不驯之气、愈拗愈深之意，故于太史公⑧外，独取昌黎、半山两家。论诗亦取傲兀不群⑨者，论字亦然。每蓄此意而不轻谈，近得何子贞意见极相合，偶谈一二句，两人相视而笑。不知六弟乃生成有此一枝妙笔，往时见弟文亦无大奇特者，今观此信然后知吾弟真不羁才也，欢喜无极，欢喜无极！凡兄所有志而力不能为者，吾弟皆可为之矣。

信中言兄与诸君子讲学，恐其渐成朋党⑩，所见甚是，然弟尽可放心。兄最怕标榜，常存暗然尚䌹⑪之意，断不至有所谓门户自表者也。信中言四弟浮躁不虚心，亦切中四弟之病，四弟当视为良友药石之言。……信中又言“弟之牢骚，非不人之热中，乃志士之惜阴”，读至此，不胜惘然，恨不得生两翅忽飞到家，将老弟劝慰一番，纵谈数日乃快。然向使诸弟已入学，则谣言必谓学院傲惰，众口铄金[12]，何从辨起？所谓塞翁失马安知非福，科名迟早实有前定，虽惜阴念切，正不必以虚名萦怀耳。

来信言“看《礼记疏》一本半，浩浩茫茫，苦无所得，今已尽弃，不敢复阅，现读《朱子纲目》日十余页”云云，说到此处，兄不胜悔恨，恨早岁不曾用功，如今虽欲教弟，譬盲者而欲导人之迷途也，求其不误难矣。然兄最好苦思，又得诸益友相质证，于读书之道，有必不可易者数端：穷经必专一经，不可泛骛。读经以研寻义理为本，考据名物为末。读经有一耐字诀：一句不通，不看下句；今日不通，明日再读；今年不通，明年再读——此所谓耐也。读史之法，莫妙于设身处地。每看一处，如我便与当时之人酬酢笑语于其间。不必人人皆能记也，但记一人，则恍如接其人；不必事事皆能记也，但记一事，则恍如亲其事。经以穷理，史以考事，舍此二者，更别无学矣。

盖自西汉以至于今，识字之儒约有三途，曰义理之学，曰考据之学，曰词章之学[13]，各执一途，互相诋毁。兄之私意，以为义理之学最大，义理明则躬行有要，而经济有本；词章之学，亦所以发挥义理者也；考据之学，吾无取焉矣。此三途者，皆从事经史，各有门径。吾以为欲读经史，但当研究义理，则心一而不纷。是故经则专守一经，史则专熟一代，读经史则专主义理。此皆守约之道，确乎不可易者也。

若夫经史而外，诸子百家，汗牛充栋。或欲阅之，但当读一人之专集，不当东翻西阅。如读昌黎集，则目之所见耳之所闻无非昌黎，以为天地间除昌黎集而外更无别书也。此一集未读完，断断不换他集，亦专字诀也。六弟谨记之。读经、读史、读专集，讲义理之学，此有志者万不可易者也，圣人复起，必从吾言矣。然此亦仅为有大志者言之，若夫为科名之学，则要读四书文，读试帖、律赋，头绪甚多。四弟、九弟、厚二弟天资较低，必须为科名之学。六弟既有大志，虽不科名可也，但当守一耐字诀耳。观来信言读《礼记疏》似不能耐者，勉之勉之。

兄少时天分不甚低，厥后[14]日与庸鄙者处，全无所闻，窍被茅塞[15]久矣。及乙未到京后，始有志学诗古文并作字之法，亦洎无良友。近年得一二良友，知有所谓经学者经济者，有所谓躬行实践者，始知范韩[16]可学而至也，马迁韩愈亦可学而至也，程朱亦可学而至也，慨然思尽涤前日之污，以为更生之人，以为父母之肖子，以为诸弟之先导。无如体气本弱，耳鸣不止，稍稍用心，便觉劳顿，每自思念，天既限我以不能古思，是天不欲成我之学问也，故近日以来，意颇疏散。……

来信又言四弟与季弟从游觉庵师，六弟、九弟仍来京中，或肄业城南云云。兄之欲得老弟共住京中也，其情如孤雁之求曹也。自九弟辛丑秋思归，兄百计挽留，九弟当能言之。及至去秋决计南归，兄实无可如何，只得听其自便。若九弟今年复来，则一岁之内忽去忽来，不恃堂上诸大人不肯，即旁观亦且笑我兄弟轻举妄动。且两弟同来，途费须得八十金，此时实难措办。……六弟言能自为计，亦未历甘苦之言耳。若我今年能得一差，则两弟今冬与朱啸山同来甚好，如六弟不以为然，则再写信来商议可也。

九弟之信，写家事详细，惜话说太短，兄则每每太长，以后截长补短为妙。尧阶若有大事，诸弟随去一人帮他几天。牧云接我长信，何以全无回信？毋乃嫌我话大直乎？扶乩之事，全不足信。九弟总须立志读书，不必想及此等事。季弟一切皆须听诸兄话。此次折并走甚急，不暇抄日记本，余容后告。……

……

（道光二十三年正月十六日）

注释

①悌：是儒家有关兄弟伦常的道德范畴。 ②族党：家族、乡党 ③仇雠：雠，同仇字，这里指互相看作仇人。 ④纤芥：细微。 ⑤翰林：清代设翰林院，以及第进士充之，其官员称翰林。 ⑥排奡：矫健。 ⑦ 拗很：曲年生隙。半山：宋代政治家王安石。 ⑧太史公：汉代史家司马迁。 ⑨傲兀不群：高傲而不流于俗。 ⑩朋党：小集团，互相勾结。 ⑪然尚䌹：䌹，罩在外面的单衣服，也指禅衣，这里指糊涂地崇尚禅法。 ⑫暗铄金：熔化金子，此处指众口纷纭，莫衷一是。 ⑬义理之学：即宋明理学，是讲求儒学经义，探究名理的学问。考据：考注据实古书古义的确凿出处与含义。词章：这是研究词赋的学问。 ⑭厥后：自那以后。 ⑮窍被茅塞：不开窍，被蒙蔽。 ⑯范韩：即范仲淹、韩琦等宋代政治家和文学家。

致六弟·述学诗习字之法

温甫六弟左右：

五月廿九、六月初一连接弟三月初一、四月廿五、五月初一三次所发之信，并四书文二首，笔仗实实可爱。信中有云："于兄弟出直达其隐，父子祖孙间不得不曲致其情。"此数语有大道理。余之行事，每自以为至诚可质天地，何妨直情径行。昨接四弟信，始知家人天亲之地，亦有时须委曲以行之者。吾过矣，吾过矣！

香海为人最好，吾虽未与久居，而相知颇深，尔以兄事之可也。丁秩臣、王衡臣两君，吾皆未见，大约可为尔之师。或师之，或友之，在弟自为审择。若果威仪可则①、淳实宏通②，师之可也；若仅博雅能文，友之可也。或师或友，皆宜常存敬畏之心，不宜视为等夷，渐至慢亵③，则不复能受其益矣。

尔三月之信所定功课太多，多则必不能专，万万不可。后信言已向陈季牧借《史记》，此不可不熟看之书。尔既看《史记》，则断不可看他书。功课无一定呆法，但须专耳。余从前教诸弟，常限以功课。近来觉限人以课程，往往强人以所难，苟其不愿，虽日日遵照限程，亦复无益。故近来教弟，但有一专字耳。专字之外，又有数语教弟，兹特将冷金笺写出，弟可贴之座右，时时省览，并抄一付寄家中三弟。

香海言时文须家《东莱博议》，甚是。尔先须用笔圈点一遍，然后自选几篇读熟，即不读亦可。无论何书，总须从首至尾通看一遍，不然乱翻几页，摘抄几篇，而此书之大局精处茫然不知也。学诗从《中州集》入亦好，然吾意读总集不如读专集。此事人人意见各殊，嗜好不同。吾之嗜好，于五古则喜读《文选》，于七古则喜读《昌黎集》，于五律则喜读《杜集》④，七律亦最喜《杜诗》，而苦不能步趋，故兼读《元遗山集》。

吾作诗最短于七律，他体皆有心得，惜京都无人可与畅语者。尔要学诗，先须看一家集，不要东翻西阅；先须学一体，不可各体同学，盖明一体则皆明也。凌笛舟最善为律诗，若在省，尔可就之求救。习字临《千字文》亦可，但须有恒。每日临帖一百字，万万无间断，则数年必成书家矣。陈季牧最喜谈字，且深思善悟。吾见其寄岱云信，实能知写字之法，可爱可畏。尔可从之切磋，此等好学之友，愈多愈好。

来信要我寄诗回南，余今年身体不甚壮健，不能用心，故作诗绝少，仅作感春诗七古五章，慷慨悲歌，自谓不让陈卧子，而语太激烈，不敢示人。余则仅作应酬诗数首，了无可观。顷作寄贤弟诗二首，弟观之以为何如?

京笔现在无便可寄，总在秋间寄回，若无笔写，暂向陈季牧借一枝，后日还他可也。

兄国藩手草

（道光二十三年六月初六日）

注释

①威仪可则：则，效法。此意为威风凛凛的仪态可以效法。 ②淳实宏通：淳厚朴实而且宽宏通过。 ③慢亵：怠慢、轻视。 ④《杜集》：唐代诗人杜甫的文集。

致诸弟·劝述孝悌之道

澄侯、叔淳、季洪三弟左右：

五月底连接三月初一，四月十八，两次所发家信。四弟之信，具见真性情，有困心衡虑、郁积思通之象①。此事断不可求速效，求速效必助长，非徒无益，而又害之。只要日积月累，如愚公之移山，终久必有豁然贯通之侯，愈欲速则愈锢蔽②矣。来书往往词不达意，我能深谅其苦。

今人都将学字看错了，若细读"贤贤易色"③一章，则绝大学问即在家庭日用之间，于孝悌两字上尽一分便是一分学，尽十分便是十分学。今人读书皆为科名起见，于孝悌伦纪之大，反似与书不相关。殊不知书上所载的，作文时所代圣贤说的，无非要明白这个道理。若果事事做得，即笔下说不出何妨。若事事不能做，并有亏于伦纪之大，即文章说得好，亦只算个名教中之罪人。

贤弟性情真挚，而短于诗文，何不日日在孝悌两字上用功？《曲礼·内则》④所说的，句句依他做出，务使祖父母、父母、叔父母无一时不安乐，无一时不用适，下而兄弟妻子皆蔼然⑤有恩，秩然有序，此真大学问也。若诗文不好，此小事不足计，即好极亦不值一钱，不知贤弟肯听此语否？科名之所以可贵者，谓其足以承堂上之欢也，谓禄仕⑥可以养亲也。今吾已得之矣，即使诸弟不得，亦可以承欢，可以养亲，何必兄弟尽得哉？贤弟若细思此理，但于孝悌上用功，不于诗文上用功，则诗文不期进而自进矣。

凡作字总须得势，务使一笔可以走千里。三弟之字，笔笔无势，是以局促不能远纵。去年曾与九弟说及，想近来已忘之矣。九弟欲看余白折，余所写折子甚少，故不付。……

地仙为人主葬，害人一家，丧良心不少，未有不家败人亡者，不可不力阻凌云也。至于纺棉花之说，如直隶之三河县、灵寿县，无论贫富男妇，人人纺布为生，如我境之耕田为生也。江南之妇人耕田，犹三河之男人纺布也。湖南如浏阳之夏布，祁阳之葛布，宜昌之棉花，皆无论贫富男妇人，皆依以为业，此并不足为骇异也。第风俗难以遽变，必至骇人听闻，不如删去一段为妙。书不尽言。

兄国藩手草

（道光二十三年六月初六日）

注释

①这句话意谓困苦心志、竭力思考，百思不得其解的样子。 ②锢蔽：禁锢、蒙蔽。③贤贤易色：此句出于《论语》中，意为孝亲之道。 ④《曲礼·内则》：此系儒家经典之一的《礼记》中之篇名。 ⑤蔼然：和蔼可亲的样子。 ⑥禄仕：做官的俸禄。

致诸弟·勿为时文所误

四位老弟足下：

余于三月廿四日移寓前门内西边碾儿胡同，与城外消息不通。四月间到折差一次，余竟不知；迨既知，而折差已去矣。惟四月十九欧阳小岑南归，余寄衣箱银物并信一件。四月廿四梁菉庄南归，余寄书卷零物并信一件。两信皆仅数语，至今想尚未到，四月十三黄仙垣南归，余寄闱墨并无书信，想亦未到。兹将三次所寄各物，另开清单付回，待三人到时，家中照单查收可也。

内城现住房共廿八间，每月房租京钱三十串，极为宽敞。冯树堂、郭筠仙所住房皆清洁。甲三于三月廿四日上学，天分不高不低。现已读四十天，读至自修齐至平治矣。因其年大小，故不加严。已读者字皆能认。两女皆平安。陈岱云之子在余家亦甚好。内人身子如常，现又有喜，大约九月可生。

余体气较去年略好，近因应酬太紧，天气渐热，又有耳鸣之病。今年应酬较往年更增数倍：第一为人写对联条幅，合四川、湖南两省求书者几日不暇给；第二公车来借钱者甚多，无论有借无借，多借少借，皆须婉言款待；第三则请酒拜客及会馆公事；第四则接见门生颇费精神。又加以散馆，殿试则代人料理，考差则自己料理，诸事冗杂，遂无暇读书矣。

……

五月十一日接到四月十三家信，内四弟六弟各文二首，九弟季弟各文一首。四弟东皋课文甚洁净，诗亦稳妥，“则何以哉”一篇亦清顺有法，第词句多不圆足，笔亦平沓不超脱。平沓最为文家所忌，宜力求痛改此病。六弟笔爽利，近亦渐就范围，然词意平庸，无才气峥嵘之处，非吾意中之温甫也。如六弟之天姿不凡，此时作文，当求议论纵横，才气奔放，作为如火如荼之文，将来庶①有成就。不然一挑半剔，意浅调卑，即使获售，亦当渐其文之浅薄不堪，若其不售，则又两失之矣。

今年从罗罗山游，不知罗山意见如何？吾谓六弟今年入泮②固妙，万一不入，则当尽弃前功，一志从事于先辈大家之文。年过二十，不为少矣，若再扶墙摩壁，役役于考卷截搭小题之中，将来时过而业仍不精，必有悔恨于失计者，不可不早图也。余当日实见不到此，幸而早得科名，未受其害，向使至今未尝入泮，则数十年从事于吊渡映带之间，仍然一无所得，岂不腼颜③也哉！此中误人终身多矣。温甫以世家之子弟，负过人之姿质，即使终不入泮，尚不至于饥饿，奈何亦以考卷误终身也？

九弟要余改文详批，余实不善改小考文，当请曹西垣代改，下次折弁付回。季弟文气清爽异常，喜出望外，意亦层出不穷，以后务求才情横溢，气势充畅，切不可挑剔敷衍，安于庸陋④，勉之勉之，初基不可不大也。书法亦有褚字笔意，尤为可喜。总之吾所望于诸弟者，不在科名之有无，第一则孝悌为端，其次则文章不朽。诸弟若果能自立，当务其大者远者，毋徒汲汲于进学也。

冯树堂、郭筠仙在寓看书作文，功无间断。陈季牧日日习字，亦可畏也。四川门生留京约二十人，用功者颇多。余不尽言。

兄国藩手草

（道光二十四年五月十二日）

注释

①庶：将近。 ②入泮：泮，是旧时学宫前的水池。入泮，喻指童蒙入学宫，也指生童考中秀才。 ③腼颜：脸面无光，惭愧。 ④庸陋：庸俗、浅陋。

禀父母·教弟注重看书

男国藩跪禀父母亲大人万福金安：

初十日顺天乡试发榜，湖南中三人，长沙周荇农中南元。率五之归，本拟附家心斋处。因率五不愿坐车，故附陈岱云之弟处，同坐粮船。昨岱云自天津归，云船不甚好，男颇不放心，幸船上人多，应可无虑。

诸弟考试后，闻肄业小罗巷庵，不知勤惰若何？此时惟季弟较小，三弟俱年过二十，总以看书为主。我境惟彭薄墅先生看书略多，自后无一人讲究者，大抵为考试文章所误。殊不知看书与考试全不相碍，彼不看书者，亦仍不利考如故也。我家诸弟，此时无论考试之利不利，无论文章之工不工①，总以看书为急。不然，则年岁日长，科名无成，学问亦无一字可靠，将来求为塾师②而不可得。或经或史，或诗集文集，每日总要看二十页。

男今年以来，无日不看书，虽万事丛忙，亦不废正业。闻九弟意欲与刘霞仙同读书，霞仙近来见道甚有所得，九弟若去，应有进益，望大人斟酌行之，男不敢自主。此事在九弟自为定计，若愧奋直前，有破釜沉舟之志，则远游不负；若徒悠忽因循③，则近处尽可度日，何必远行百里外哉？求大人察九弟之志而定计焉。馀容续呈。

男谨禀

（道光二十四年九月十九日）

注释

①文章之工不工：此意为文章精美与否。工，精细、完美。 ②塾师：封建时代乡村私塾学堂里的教书先生。 ③悠忽因循：摇摆不定，循环往复。

致诸弟·必须立志猛进

四位老弟足下：

自七月发信后未接诸弟信，乡间寄信较省城寄信百倍之难，故余亦不望也。

九弟前信有意与刘霞仙同伴读书，此意甚佳。霞仙近来读朱子书，大有所见，不知其言语容止、规模气象何如？若果言动有礼，威仪可则，则直以为师可也，岂特友之哉！然与之同居，亦须真能取益乃佳，无徒浮慕虚名。人苟能自立志，则圣贤毫杰，何事不可为？何必借助于人？“我欲仁，斯仁至矣。”我欲为孔孟，则日夜孜孜，惟孔孟之是学，人谁得而御①我哉？若自己不立志，则虽日与尧舜禹汤同住，亦彼自彼我自我矣，何与于我哉？

去年温甫欲读书省城，吾以为离却家门局促之地而与省城诸胜己者处，其长进当不可限量。乃两年以来看书亦不甚多，至于诗文，则绝无长进，是不得归咎于地方之局促也。

去年余为择师丁君叙忠，后以丁君处太远，不能从，余意中遂无他师可从。今年弟自择罗罗山改文，而嗣后杳无信息，是又不得归咎于无良友也。日月逝矣，再过数年则满三十，不能不趁三十以前立志猛进也。

余受父教，而余不能教弟成名，此余所深愧者。他人与余交，多有受余益者，而独诸弟不能受余之益，此又余所深恨者也。今寄霞仙信一封，诸弟可钞存信稿而细玩之。此余数年来学思之力，略具大端。

六弟前嘱余将所作诗钞录寄回，余往年皆未存稿，近近存稿者，不过百余首耳，实无暇钞写，待明年将全本付回可也。

国藩草

（道光二十四年九月十九日）

注释

①御：抵御，阻止。

劝学篇

作者简介

张之洞（1837～1909年），字孝达，号香涛，晚年自号抱冰老人，死后追谥文襄，直隶南皮（今属河北省）人，近代教育家，后期洋务运动的主要代表人物。历任翰林院侍讲学士、内阁学士、两广总督、湖广总督、督办商务大臣、协办大学士、军机大臣等职。张之洞一生的文牍、书信、论著等后收入《张文襄公全集》。

张之洞

作品简介

《劝学篇》（1898年刊印）堪称洋务教育思想的代表作。它通过总结洋务运动及教育的实践，对“中体西用”思想进行了高度的理论概括，形成了一个较为完整的思想体系，成为指导清末“新政”时期教育改革的纲领性文献。

选文

序

昔楚庄王①之霸也，以“民生在勤”箴其民，以“日讨军实”儆其军，以“祸至无日”训其国人。夫楚当春秋鲁文、宣②之际，土方辟，兵方强，国势方张，齐、晋、秦、宋无敢抗颜③行，谁能祸楚者，何为而急迫震惧如是之皇皇④耶？君子曰：“不知其祸，则辱至矣；知其祸，则福至矣。”今日之世变，岂特春秋所未有，抑秦、汉以至元、明所未有也。语其祸，则共工之狂、辛有之痛⑤，不足喻也。庙堂旰食⑥，乾惕震厉⑦，方将改弦以调琴瑟，异等以储将相。学堂建，特科⑧设，海内志士，发愤搤捥⑨。于是图救时者言新学，虑害道者守旧学，莫衷于一。旧者因噎而食废，新者歧多而羊亡；旧者不知通，新者不知本；不知通则无应敌制变之术，不知本则有非薄名教之心。夫如是，则旧者愈病新，新者愈厌旧，交相为瘉，而恢诡倾危乱名改作之流，遂杂出其说以荡众心。学者摇摇，中无所主，邪说暴行，横流天下。敌既至，无与战，敌未至，无与安。吾恐中国之祸，不在四海之外，而在九州之内矣。

窃惟古来世运之明晦，人才之盛衰，其表在政，其里在学。不佞承乏两湖⑩，与有教士化民之责，夙夜兢兢，思有所以裨助之者。乃规时势，综本末，著论二十四篇，以告两湖之士，海内君子，与我同志，亦所不隐。内篇务本，以正人心；外篇务通，以开风气。

内篇九

曰同心。明保国、保教、保种为一义。手足利则头目康，血气盛则心志刚。贤才众多，国势自昌也。

曰教忠。陈述本朝德泽深厚，使薄海臣民咸怀忠良，以保国也。

曰明纲。三纲为中国神圣相传之至教，礼政之原本，人禽之大防，以保教也。

曰知类。闵神明之胄裔[11]，无沦胥[12]以亡，以保种也。

曰宗经。周秦诸子，瑜不掩瑕，取节则可，破道勿听，必折衷于圣也。

曰正权。辨上下，定民志，斥民权之乱政也。

曰循序。先入者为主，讲西学必先通中学，乃不忘其祖也。

曰守约。喜新者甘，好古者苦，欲存中学，宜治要而约取也。

曰去毒。洋药涤染，我民斯活，绝之使无萌柹[13]也。

外篇十五

曰益智。昧者来攻，迷者有凶也。

曰游学。明时势，长志气，扩见闻，增才智，非游历外国不为功也。

曰设学。广立学堂，储为时用，为习帖括者击蒙也。

曰学制。西国之强，强以学校，师有定程，弟有适从，授方任能，皆出其中，我宜择善而从也。

曰广译。从西师之益有限，译西书之益无方也。

曰阅报。眉睫难见，苦药难尝，知内弊而速去，知外患而预防也。

曰变法。专己袭常，不能自存也。

曰变科举。所习所用，事必相因也。

曰农工商学。保民在养，养民在教，教农工商，利乃可兴也。

曰兵学。教士卒不如教将领，教兵易练，教将难成也。

曰矿学。兴地利也。

曰铁路。通血气也。

曰会通。知西学之精意通于中学，以晓固蔽也。

曰非弭兵。恶教逸欲而自毙也。

曰非攻教。恶逞小忿而败大计也。

二十四篇之义，括之以五知：一、知耻。耻不如日本[14]，耻不如土耳其[15]，耻不如暹罗[16]，耻不如古巴[17]。二、知惧。惧为印度，惧为越南、缅甸、朝鲜，惧为埃及，惧波兰[18]。三、知变。不变其习，不能变法，不变其法，不能变器。四、知要。中学考古非要，致用为要；西学亦有别，西艺非要，西政为要。五、知本。在海外不忘国，见异俗不忘亲，多智巧不忘圣。

凡此所说，窃尝考诸《中庸》而有合焉。鲁，弱国也。哀公问政，而孔子告之曰："好学近乎知，力行近乎仁，知耻近乎勇。"终之曰："果能此道矣，虽愚必明，虽柔必强。"兹内篇所言，皆求仁之事也，外篇所言，皆求智求勇之事也。夫《中庸》之书，岂特原心杪忽⑲、校理分寸而已哉？孔子以鲁秉礼而积弱，齐、邾、吴、越皆得以兵侮之，故为此言，以破鲁国臣民之聋聩，起鲁国诸儒之废疾，望鲁国幡然有为，以复文武之盛。然则无学、无力、无耻则愚且柔；有学、有力、有耻，则明且强。在鲁且然，况以七十万方里之广，四百兆人民之众者哉？

吾恐海内士大夫狃于晏安而不知祸之将及也，故举楚事。吾又恐甘于暴弃而不复求强也，故举鲁事。《易》曰："其亡其亡，系于苞桑。"惟知亡，则知强矣。

注释

①楚庄王：春秋时楚国国君，在位期间励精图治，国势强盛，成为霸主。 ②鲁文、宣：即鲁文公、鲁宣公，春秋时鲁国国君。 ③抗颜：抗拒不屈。 ④皇皇：通"惶惶"，恐惧不安。 ⑤共工之狂、辛有之痛：共工，中国古代神话传说中的水神，炎帝的后裔。辛有，东周大夫，因周室衰落，被迫东迁而伤悲万分。 ⑥旰食：指古代帝王因焦虑繁忙而很晚就餐。 ⑦乾惕震厉：指心怀忧虑，不敢懈怠而励志奋发。 ⑧特科："经济特科"的简称。 ⑨搤捥：即"扼腕"，意为表达激愤、失意、惋惜等情绪。 ⑩不佞承乏两湖：不佞，谦称；佞，有才智。承乏，旧时在任官吏常用之谦称。两湖，指湖南、湖北两省。 ⑪闵神明之胄裔：闵，通"悯"，忧愁。胄裔，帝王或贵族的后裔。 ⑫沦胥：意指沦落为普通人。⑬萌柠：植物的新芽。柠，同"蘖"，被砍倒或倒下的树木新长出的芽。 ⑭耻不如日本：指日本经明治维新后，国势日臻强盛，一改受西方列强侵略的局面。 ⑮耻不如土耳其：指土耳其在19世纪捍卫国家主权，战胜了埃及、希腊，实现了君主立宪制。 ⑯耻不如暹罗：指暹罗（即泰国）在19世纪经过改革，取得了长足的进步。 ⑰耻不如古巴：指古巴通过"三十年解放战争"，争取了民族独立和人民民主。 ⑱"惧为印度"四句：指作者忧虑中国也有可能像印度、越南、缅甸、朝鲜、埃及、波兰一样丧失国家主权，沦为列强的殖民地、半殖民地。 ⑲杪忽：原指树枝的细梢，引申为细小。

游学第二

出洋一年，胜于读西书五年，此赵营平"百闻不如一见"之说也。入外国学堂一年，胜于中国学堂三年，此孟子"置之庄岳"之说也。游学之益，幼童不如通人，庶僚不如亲贵，尝见古之游历者矣。晋文公在外十九年，遍历诸侯，归国而霸。赵武灵王微服游秦①，归国而强。春秋战国最尚游学，贤如曾子、左邱明，才如吴起、乐羊子，皆以游学闻，其余策士杂家，不能悉举。后世英主名臣，如汉光武学于长安，昭烈周旋于郑康成、陈元方，明孙承宗未达之先周历边塞，袁崇焕为京官之日潜到辽东。此往事明效也。请论今事。日本，小国耳，何兴之暴也？伊藤、山县、榎本、陆奥诸人，皆二十年前出洋之学生也，愤其国为西洋所胁，率其徒百余人分诣德、法、英诸国，或学政治、工商，或学水陆兵法，学成而归，用为将相，政事一变，雄视东方。不特此也。俄之前主大彼得，愤彼国之不强，亲到英吉利、荷兰两国船厂为工役十余年，尽得其水师轮机驾驶之法，并学其各厂制造，归国之后，诸事丕变②，今日遂为四海第一大国。不特此也。暹罗久为法国涎伺，于光绪二十年与法有衅，行将吞并矣。暹王感愤，国内毅然变法，一切更始，遣其世子游英国学水师。去年暹王游欧洲，驾火船出红海来迎者，即其学成之世子也。暹王亦自通西文西学，各国敬礼有加，暹罗遂以不亡。上为俄，中为日本，下为暹罗，中国独不能比其中者乎？

至游学之国，西洋不如东洋：一、路近省费，可多遣；一、去华近，易考察；一、东文近于中文，易通晓；一、西学甚繁，凡西学不切要者，东人已删节而酌改之。中东情势风俗相近，易仿行。事半功倍，无过于此。若自欲求精求备，再赴西洋有何不可？

或谓："昔尝遣幼童赴美学习矣，何以无效？"曰："失之幼也。"又："尝遣学生赴英、法、德学水陆师各艺矣，何以人才不多？"曰："失之使臣监督不措意，又无出身明文也。"又："尝派京员游历矣，何以材不材相兼？"曰："失之不选也。"虽然，以予所知，此中固亦有足备时用者矣，若因噎废食之谈，豚蹄篝车之望③，此乃祸人家国之邪说，勿听可也。

尝考孟子所论，圣贤帝王将相历险难，成功业，其要归不过曰动心忍性，增益其所不能而已，曰生于忧患而已。夫受侮而不耻，蹙国而不惧，是不动也。冥然罔觉，悍然不顾，以效法人为耻，是不忍也。习常蹈故，一唱百和，惮于改作，官无一知，士无一长，工无一技，外不远游，内不立学，是不增益所不能也。无心无性无能，是将死于忧患矣，何生之足云！

注释

①赵武灵王微服游秦：战国时赵武灵王为进攻秦国，于公元前298年，乔装成赵国使者来到秦国，亲自了解秦国的情况。 ②丕变：大变。 ③豚蹄篝车之望：见《史记·滑稽列传》。后世用以讥讽人们奢望以微薄投资而换取丰厚回报。

设学第三

今年特科之诏下，士气勃然，濯①磨兴起。然而六科②之目，可以当之无愧，上副圣心者，盖不多觏③也。去年有旨令各省筹办学堂，为日未久，经费未集，兴办者无多。夫学堂未设，养之无素，而求之于仓卒④，犹不树林木而望隆栋，不作陂池⑤而望巨鱼也。游学外洋之举，所费既巨，则人不能甚多，且必学有初基，理已明、识已定者，始遣出洋，则见功速而无弊。是非天下广设学堂不可，各省各道各府各州县皆宜有学。京师省会为大学堂，道府为中学堂，州县为小学堂。中小学以备升入大学堂之选。府县有人文盛、物力充者，府能设大学，县能设中学，尤善。小学堂习四书，通中国地理、中国史事之大略、算数绘图格致之粗浅者。中学堂各事，较小学堂加深，而益以习五经，习通鉴，习政治之学，习外国语言文字。大学堂又加深加博焉。

或曰："天下之学堂以万数，国家安得如此之财力以给之？"曰："先以书院改为之。"学堂所习，皆在诏书科目之内，是书院即学堂也，安用骈枝⑥为？

或曰："府县书院，经费甚薄，屋宇甚狭，小县尤陋，甚者无之，岂足以养师生、购书器？"曰："一县，可以善堂之地、赛会演戏之款改为之。一族，可以祠堂之费改为之。""然数亦有限，奈何？"曰："可以佛道寺观改为之。"今天下寺观，何止数万？都会百余区，大县数十，小县十余，皆有田产，其物业皆由布施而来，若改作学堂，则屋宇田产悉具，此亦权宜而简易之策也。方今西教日炽，二氏日微，其势不能久存。佛教已际末法中半⑦之运，道家亦有其鬼不神⑧之忧。若得儒风振起，中华乂安⑨，则二氏固亦蒙其保护矣。大率每一县之寺观，取什之七以改学堂，留什之三以处僧道。其改为学堂之田产，学堂用其七，僧道仍食其三。计其田产所值，奏明朝廷旌奖。僧道不愿奖者，移奖其亲族以官职。如此，则万学可一朝而起也。以此为基，然后劝绅富捐资以增广之。昔北魏太武太平真君⑩七年，唐高祖武德九年，武宗会昌五年皆尝废天下僧寺矣。然前代意在税其丁，废其法，或为抑释以伸老，私也；今为本县育才，又有旌奖，公也。若各省荐绅先生，以兴起其乡学堂为急者，当体察本县寺观情形，联名上请于朝，诏旨宜无不允也。

其学堂之法约有五要⑪：

一曰：新旧兼学。四书、五经、中国史事、政书、地图为旧学，西政、西艺、西史为新学。旧学为体，新学为用，不使偏废。

一曰：政艺兼学。学校、地理、度支、赋税、武备、律例、劝工、通商，西政也。算、绘、矿、医、声光、化、电，西艺也（西政之刑狱立法最善。西艺之医，最于兵事有益，习武备者必宜讲求）。才识远大而年长者，宜西政。心思精敏而年少者，宜西艺。小学堂先艺而后政，大中学堂先政而后艺。西艺必专门，非十年不成。西政可兼通数事，三年可得要领。大抵救时之计，谋国之方，政尤急于艺。然讲西政者亦宜略考西艺之功用，始知西政之用意。

一曰：宜教少年。学算，须心力锐者；学图，须目力好者；学格致、化学、制造，须质性颖敏者；学方言，须口齿清便者；学体操，须气体精壮者。中年以往之士，才性精力已减，功课往往不能中程，且成见已深，难于虚受，不惟见功迟缓，且恐终不深求，是事倍而功半也。

一曰：不课时文。新学既可以应科目，是与时文无异矣。况既习经书，又兼史事、地理、政治、算学，亦必于时文有益。诸生自可于家习之，何劳学堂讲授，以分其才思、夺其日力哉？朱子曰："上之人曾不思量，时文一件，学子自是著急⑫，何用更要你教？”（《语类》卷一百九）谅哉言乎！

一曰：不令争利。外国大小学堂，皆须纳金于堂，以为火食束脩之费，从无给以膏火者。中国书院积习，误以为救济寒士之地，往往专为膏火奖赏而来，本意既差，动辄计较锱铢，忿争攻讦，颓废无志，紊乱学规，剽袭冒名，大雅扫地矣。今纵不能遽从西法，亦宜酌改旧规，堂备火食，不令纳费，亦不更给膏火，用北宋国学积分之法，每月核其功课，分数多者，酌予奖赏。数年之后，人知其益，即可令纳费充用，则学益广、才益多矣。

一曰：师不苛求。初设之年，断无千万明师。近年西学诸书，沪上刊行甚多，分门别类，政艺要领，大段已详。高明之士，研求三月，可以教小学堂矣。两年之后，省会学堂之秀出者，可以教中学堂矣。大学堂初设之年，所造亦浅，每一省访求数人，亦尚可得。三年之后，新书大出，师范愈多，大学堂亦岂患无师哉？

若书院猝不能多设，则有志之士当自立学会，互相切磋。文人旧俗，凡举业楷书，放生惜字，赋诗饮酒，围棋叶戏，动辄有会，何独于关系身世安危之学而缓之？古人牧豕都养⑬，尚可听讲通经，岂必横舍千间，载书兼两⑭，而后为学哉？始则二三，渐至什佰，精诚所感，必有应之于千里之外者。昔原伯鲁以不悦学而亡，越勾践以十年教训而兴，国家之兴亡，亦存乎士而已矣。

注释

①濯：洗。 ②六科：指1898年初准备设立后因戊戌政变而停止的经济特科的六个科目（内政、外交、理财、经武、格物、考工）。 ③觏：遇见。 ④仓卒：通“仓猝”。 ⑤陂池：池塘。 ⑥骈枝：骈拇枝指的简称。骈拇，指脚的大拇指跟二拇指相连。枝指，指手的大拇指或小拇指旁边多长出一个手指。喻指多余的、不必要的。⑦末法中半：佛教用语，指已到了末法的中期，行将衰落。 ⑧其鬼不神：指道教也将衰败。 ⑨乂安：太平无事。乂，治理、安定。 ⑩太平真君：北魏太武帝拓跋焘的年号。 ⑪五要：有误，下文列出六条，似应为“六要”。 ⑫著急：通“着急”。⑬牧豕都养：指求学时生活贫困。牧豕，放养猪。都养，替众人烧饭。 ⑭载书兼两：指书多得要用两辆或许多辆车装载。两，通“辆”。

学制第四

外洋各国学校之制，有专门之学，有公共之学。专门之学，极深研几①，发古人所未发，能今人所不能，毕生莫殚，子孙莫究，此无限制者也。公共之学所读有定书，所习有定事，所知有定理，日课有定程，学成有定期（或三年，或五年），入学者不中程不止，惰者不得独少，既中程而即止，勤者不必加多，资性敏者同为一班，资性钝者同为一班，有间断迟误者附其后班，生徒有同功，师长有同教，此有限制者也。无事无图，无堂无算，师无不讲之书，徒无不解之义。师以已习之书为教，则师不劳。徒以能解之事为学，则徒不苦。问其入何学堂，而知其所习何门也。问其在学堂几年，而知其所造何等也。文武将吏，四民②百艺，其学无不皆同。小学堂之书较浅，事较少，如天文、地质、绘图、算学、格致、方言、体操之类，具体而微。中学堂书较深，事较多。（如小学堂地图则极略，仅具疆域山水大势，又进则有府县详细山水，又进则有铁路、电线、矿山、教堂。余书仿此。）方言则兼各国，算学则讲代数、对数，于是化学、医术、政治，以次而及，余事仿此。大学堂又有加焉。小学、中学、大学，又各分为两三等，期满以后，考其等第，给予执照。国家欲用人才，则取之于学堂。验其学堂之凭据，则知其任何官职而授之。是以官无不习之事，士无无用之学。

其学堂所读之书，则由师儒纂之，学部定之，颁于国中。数年之后，或应增减订正，则随时修改之。

其学堂之费，率皆出地方绅富之捐集，而国家略发官款以补助之。入学堂者但求成才，不求膏火，每人月须纳金若干，以为饮食束脩之费，贫家少纳，富家多纳。其官绅所筹学堂之费，专为建堂、延师、购书、制器之用，不为学生膏奖（亦有义学③，以教极贫子弟，学生出资甚微，然义学甚少，所教极浅）。来学者既已出费，则必欲有所得而后归。学成之后，仕宦工商，各有生计，自无冻馁。此以教为养之法也。是以一国之内，尝有小学数万区，中学数千，大学百数，由费不仰给于官、亦不尽仰给于绅故也。其善有三：出资来学则不惰，志不在利则无争，官不多费则学广。苏子瞻沮新法学校之说曰："必将发民力以治宫室，敛民财以养游士。"如西法所为，可无多费之虞矣。王介甫悔新法学校之误曰："本欲变学究为秀才，不谓变秀才为学究。"如西法所为，可无变为学究之患矣。凡东西洋各国，立学之法，用人之法，小异而大同，吾将以为学式。

注释

①极深研几：穷尽幽深，研究细微。 ②四民：指士、农、工、商。 ③义学：一种免费私塾。

广译第五

十年以来，各省学堂，尝延西人为教习矣。然有二弊：师生言语不通，恃翻译为枢纽。译者学多浅陋，或仅习其语而不能通其学，传达失真，豪厘千里，其不解者，则以意删减之，改易之。此一弊也。即使译者善矣，而洋教习所授，每日不过两三时，所教不过一两事。西人积习，往往故作迟缓，不尽其技，以久其期，故有一加减法而教一年者矣。即使师不惮劳，而一西人之学，能有几何？一西师之费，已为巨款，以故学堂虽建，迄少成才，朱子所谓无得于心而所知有限者也。此二弊也。前一弊学不能精，后一弊学不能多。至机器制造局厂，用西人为工师。华匠不通洋文，仅凭一二翻译者，其弊亦同。

尝考三代即讲译学。《周书》有舌人。《周礼》有象胥诵训。扬雄录别国方言。

朱酺译西南夷乐歌。于谨兼通数国言语。《隋志》有国语杂文、鲜卑号令、婆罗门书、扶南胡书、外国书。近人若邵阳魏源，于道光之季，译外国各书各新闻报，为《海国图志》，是为中国知西政之始。南海冯焌光，于同治之季，官上海道时，创设方言馆，译西书数十种，是为中国知西学之始。迹其先几远蹠①，洵②皆所谓豪杰之士也。

若能明习中学，而兼通西文，则有洋教习者，师生对语，不惟无误，且易启发；无洋教习者，以书为师，随性所近，博学无方。况中外照会、条约、合同，华洋文义，不尽符合，动为所欺，贻害无底。吾见西人善华语华文者甚多，而华人通西语西文者甚少，是以虽面谈久处而不能得其情，其于交涉之际，失机误事者多矣。

大率商贾市井，英文之用多；公牍条约，法文之用多；至各种西学书之要者，日本皆已译之，我取径于东洋，力省效速，则东文之用多。惟是翻译之学有深浅：其仅能市井应酬语，略识帐目字者，不入等；能解浅显公牍书信，能识名物者，为下等；能译专门学问之书（如所习天文矿学，则只能译天文矿学书），非所习者不能译也，为中等；能译各门学问之书，及重要公牍律法深意者，为上等。下等三年，中等五年，上等十年。我既不能待十年以后译才众多而后用之，且译学虽深，而其志趣才识固未可知，又未列于仕宦，是仍无与于救时之急务也。是惟多译西国有用之书，以教不习西文之人。凡在位之达官、腹省之寒士、深于中学之耆儒、略通华文之工商，无论老壮，皆得取而读之，采而行之矣。

译书之法有三：一、各省多设译书局；一、出使大臣访其国之要书而选译之；一、上海有力书贾、好事文人，广译西书出售，销流必广，主人得其名，天下得其用矣（此可为贫士治生之计，而隐有开物成务之功。其利益与石印场屋书等，其功德比刻善书则过之。惟字须略大，若石印书之密行细字，则年老事繁之人不能多读，即不能多销也。今日急欲开发新知者，首在居官任事之人，大率皆在中年以上，且事烦暇少，岂能挑灯细读？译洋报者亦然）。

王仲任之言曰："知古不知今，谓之陆沈；知今不知古，谓之聋瞽。"吾请易之曰："知外不知中，谓之失心；知中不知外，谓之聋瞽。"夫不通西语，不识西文，不译西书，人胜我而不信，人谋我而不闻，人规我而不纳，人吞我而不知，人残我而不见，非聋瞽而何哉？学西文者，效迟而用博，为少年未仕者计也。译西书者，功近而效速，为中年已仕者计也。若学东洋文，译东洋书，则速而又速者也。是故从洋师不如通洋文，译西书不如译东书。

注释

①迹其先几远蹠：迹，寻察、推究。先几远蹠，喻指自古以来讲译学、知外情的前驱们。蹠，原意为脚掌，借指前人留下的真实记录。 ②洵：诚然，实在。

平民教育概论

作者简介

晏阳初

晏阳初（1890～1990年），原名兴复，又名遇春，字阳初，四川巴中县人，近代教育家。1916年夏赴美留学，1918年毕业于耶鲁大学。1920年获普林斯顿大学历史学硕士学位，同年8月回国，主编《平民千字课》，成立中华平民教育促进会总会，推进平民教育。1927年9月，他举家迁往河北定县，全力从事“彻底的、集中的、整个的县单位实验”，几十年如一日，以牧师般的热忱和献身精神，致力于中国和世界的乡村教育事业。1943年，他被“哥白尼逝世四百周年纪念会”推选为十名“我们时代里具有哥白尼精神，并为时代作出革命性贡献的人”之一，和杜威、爱因斯坦等齐名。1950年后，定居美国，从事国际平民教育运动。

作品简介

本文原系“平民教育丛书”之一，1928年4月，商务印书馆出版。晏阳初在本文中详细阐述了他的“平民教育”的理念。

选文

平民教育运动在中国虽有了八九年的历史，但社会上能彻底了解平民教育的人，确实不多。这并不是因为平民教育是一个奥妙难明白的东西，实在是因为它是中国特创的教育，社会上一般人，少见少闻，对于它就没有一个整个的观念。兹作此篇以介绍平民教育。

一、平民教育的意义

（一）平民信条　人的人格本来平等，原无上下高低之分；因为社会制度不良，一部分的人得有受教育的机会，一部分的人没有受教育的机会，于是各人的学问、德行显出不同，而人格的上下高低亦即由是而判别。吾人在社会组织未经改良之前，惟有努力于教育机会的平等，使人人所蕴蓄的无限能力都有发展的机会。这样，人格不平等的原因就可以消除了。

（二）平民界说　现在全国只有最少数的人民得受教育，其余最多数的人民全没有教育。依中华教育改进社的调查统计，不识字的人民占全国总数80%以上，就是全国四万万人中有三万万二千万不识字的人。其中有一部分是6岁至12岁的学龄儿童，虽不能得其概数，但依欧美各国的统计，学龄儿童约占人口总数五分之一，所以现在国内至少有七千万的失学儿童。这种学龄儿童应受国家的义务教育；假使政治上了轨道，还有受教育的机会。其余二万万以上的青年和成人，政府对于他们不负责任，社会对于他们没法补救，真是不幸极了。所以应受平民教育的平民，从狭义讲，就是指导这一般失学的青年和成人；从广义讲，就是一般粗通文字没有常识的男女，也应包括在内。

（三）平民教育　平民教育的目的是教人做人。做什么人？做“整个的人”。什么叫做“整个的人”？第一要有知识力，第二要有生产力，第三要有公德心。要造就整个的人，须有三种教育：

1.文字教育——民智　就我国人对于读书的观念来说，常有一种根本误谬的观念，以为读书是读书人的专业，其他的人可不必读书。士农工商之中，惟士可以读书；若农，若工商，就不必读书。所以现在除商人需要文字，尚有一部分读书以外；其余农、工人几乎全数都是不识字的。我们应先将此种观念根本推翻，使人人觉悟读书识字是人类共有的权利，无论什么人都应享受。若是只有一小部分人读书，最大多数愚蠢，必致产生许多痛苦和羞耻的事。

就我国的新文化运动来说，所谓新文化运动，都是少数学者的笔墨运动，和多数平民真是风马牛不相及。其中虽亦有关于改进平民生活，免除平民压迫的问题，然而平民生活只有一天比一天堕落，各种压迫只有一天比一天加重。尽管一些研究社会学的学者在报章上对于工人有什么8小时工作制啦，增加工资啦，工人卫生和工人教育啦，对于农民又有什么打倒地主啦，保障农民利益啦，高谈阔论，说得天花乱坠。而城市的工人每天工作仍然在15小时以上，所得工资只顾个人的口腹尚虞不足，至于教育、卫生，更是梦想不到；乡村的农民，终年忙碌，所有生产都被政府、地主剥夺净尽，自己则“乐岁终身苦，凶年不免于死”。像这样无知识的人，对于自己的生活没有改进的方法，对于外界的压迫没有免除的能力，社会上种种切身关系的运动，也不知道参加，岂不是“一生辛苦有谁怜！”再从人类和牛马的分别来说：牛马供人的驱使，所得不过满腹。现在的农民工人，为吃饭而劳动，为劳动而吃饭，和牛马有什么分别？与其名之为人，不如称为两腿动物。倘人类与牛马仅在两腿与四腿之争，人生还有什么意义？有什么价值？但人类无论如何，决不屑自等于牛马，皆愿享受教育以培植其知识；更愿将所得的知识分给多数的人，以消除其牛马的生活。

最后就人类生存的竞争来说：知识是生存竞争必不可少的东西，无论个人，无论国家，其优胜者，必定是知识超越的！其劣败者，必定是知识低下的。现在国家受异族的压迫，人民受军阀的摧残，其根本原因就在我国人民的平均知识低下。假使我们真有为民族争自由，为民权图发展的决心，则应先努力于提高民智，使我国牛马奴隶生活的民众一变而为有知识有头脑的国民。

文字是传播知识的工具，也是寻求知识的钥匙。欲传播知识，须先传授文字；欲得知识，必须认识文字，所以平民教育第一步必须有文字教育。

2.生计教育——民生 文字教育可以消除大多数的文盲。即使文盲除尽，人人能应用日常必需的文字，其与国家社会的前途究竟有什么利益？这是平民教育第一重要问题。并且中国人还有一种最通行的毛病，在没有读书以前，尚肯做工，以谋个人的生活，一到抱了书本以后，便成文人，文人自己可以不必生产，社会应负供养的责任。还有一部分的人，终日埋头窗下，只求书本的知识，至于实际生活，尽可菽麦不分。这种寄生虫似的书呆子，不是平民教育的需求，且应极力设法消除。所以平民教育于实施文字教育以外，即需有生计教育，使人人具备生产的技能，造成能自立的国民。倘全国人民均有生产能力，国民生计必皆富足，社会经济自极活动，就是将来世界的经济也都要受中国的影响了。

3.公民教育——民德 平民教育从文字方面以提高民智，从生产方面以裕民生。即使民智提高，民生充裕，对于国家社会的前途究竟有什么利益？这是平民教育第二重要的问题。试看历来的卖国奴，何一非知识超越，经济富足的人呢？盖其人缺乏公德心，一举一动，只知有自己的祸福利害，不顾国家社会的祸福利害；所有知识、经济，只足以供其为恶之资，所作之恶，常比无知识无能力者高出万倍。倘平民教育处处都是养成这种自私自利的亡国奴，岂是国家之福？所以平民教育于实施文字教育和生计教育外，另有公民教育，希望造成热诚奉公的公民。

总之，平民教育是养成有知识、有生产力和公德心的整个人。

二、今昔平民教育的区别

（一）以前有许多人误解平民教育为贫民教育。办理贫民教育的动机，也就是以慈善为怀。平民学校招收的学生，虽十之八九都是贫民，其实平民教育何曾是施米施粥的教育。近来所提倡平民教育，在中国现状之下，比较高等教育，中等教育和义务教育还更重要。凡是中华民国国民，无论男女贫富，只要他是在应受教育期内而未曾受教育的，或受过基本教育而缺乏公民常识的，都应领受平民教育。民主国家里最重要、最正宗的教育事业，莫过于此。

（二）以前的平民教育，多是中等以上的学生于求学之余抽暇来办的。这种关系我国二百兆平民的重大问题，岂是学生课余附带办理的方法所能解决。现今所提倡的平民教育，必须有专门的人才、专门的研究和专门的组织去办，才有成功的希望。

（三）以前办理平民教育的人，是东一个西一个，零零碎碎彼此毫无联络。现在办理平民教育的人是很有联络的，因为现今的平民教育是有组织、有系统的。就组织方面说：北京有中华平民教育促进会总会，各省区有省分会、市分会、县分会、村分会，运用灵活，如脑之使臂，臂之使指。就系统方面说：有高初两级平民教育和继续教育等。

（四）以前办理平民教育的，不外授予学生以文字教育，绝没想到生计教育和公民教育的必要，只能养成有知识而无生产力及公德心的片面人。现在我们知道一个人至少必具知识力、生产力及公德心三种要素，才能成为整个的人。因此才有文字教育、生计教育及公民教育。

（五）以前办理平民教育的，多是社会热心人士的提倡。某地有热心的人，某地平民教育即可发达，所以运动的范围都是限于一小区域之内。自民国十二年（1923年），全国平民教育代表集合于北京，组织中华平民教育促进会总会以后，这种运动才有普及全国之势。现时各省虽未见都能进行无碍，但平教空气确已遍传于全国，兼及各地的华侨所在地了。

三、平民教育的急需

（一）齐家　中国人对于国家的观念，非常薄弱，但对于家庭的观念，确是根深蒂固，牢不可破。这种观念，有利有害，随各人见解而不同，现在有许多人觉得有害无利，主张打破家庭的组织与制度。但能否打破，尚属疑问，即使能够打破，必另产生新组织新制度的家庭。可以断言，无论旧家庭或新家庭，精神方面纵不讲怎么纲常伦秩，亦必一家人相亲相爱，通力合作。物质方面虽不必高楼大厦，画栋雕梁，亦必窗明几净，室无微尘。倘进其门则秽气冲天，登其堂则粪土满地，入其室则立无容身，家人相语则此诟彼谇，人类的团体生活和男女的共同生活，无论取任何形式的组织，恐怕也不应有这样的现象吧？西洋人对于家庭观念，虽不及中国人，但对于家庭的整理，亦非常注意。可见齐家一事，无论古今中外都是必要的。现在中国仍是以家庭为国家组织的单位，欲治其国，必从齐家起。平民教育为齐家所亟需的至少有两点：

1.平民教育与家长教育　欧美的教育注重在儿童；中国的教育应注重在家长。为什么呢？因为中国现在做家长的，自己都没受过教育，不知道教育的重要，多不肯送子女弟妹们去上学。倘若他们受过教育，至少可以觉悟教育的重要和不识字的害处，推想到子弟不受教育的害处，自然很愿意送他们去读书。

2.家庭教育与学校教育　学校教育固然重要，但是家庭教育和儿童的发展，更形密切。因为学校教育是有限制的，家庭的教育是无限制的。家长的一举一动，影响于子女者甚大；而教师的一言一行，影响于学生者甚小。有人以为家庭不过吃饭与睡觉的处所，对于儿童教育没有关系；其实家庭是造人的工厂，要想制造有学问有道德的好人，须看家长是否有学问有道德的好人。倘家长受过平民教育，便有好习惯以教训灌输于子女。同时，学校教育得到家庭的协助与合作，定可收最大的效果。

（二）治国　儿童是将来国家的主人，这句话谁都不能否认的。欧美各国对于义务教育特别注重，以培养国民的基础，担负将来国家的责任。近常有人说：今日的中国是没有希望了。要建设明日的中国，尽可努力于义务教育，数十年之后，便可收效。不知欧美各国所以能努力于将来，是否因为现在的结果已由前人艰难缔造好了。中国的先民既不肯艰难缔造，致生今日举国文盲的结果。倘今日中国所处的地位，还有数十年从容制造国民的机会，那么，现在的青年和成人，只好任他随时而逝，不容我辈操心。不幸中国所处的地位危险已极，救国的责任，加不到数十年后的人身上，只好借重现在不长进，号称为文盲的青年和成人。

1.平民教育与平民政治　中国今日已为共和国家，若能把共和推翻，恢复十六年前的专制，则蚩蚩者氓，仍可不识不知，顺帝之则，凡努力于平民教育的人们，都是多事。现在这民主国的金字招牌，是脱不下了的。聪明的人，就得脚踏实地地做共和国家以民为主的工作，从根本上唤醒民众，使他们知道人民都应该参与政治运动，人民都能参与政治，才是真正的民主的政治。不参与政治，让一般军阀、官僚、政客去把持，就是假民主的政治。现在国家弄到这步田地，固然应该痛恨一般军阀、官僚、政客的误国殃民，但是我们也得自怨自艾。为什么不摆起主人翁的架子来管政治？我们不管政治，是因为多数的民众没有政治的知识，不知道国家是什么东西，和自身有什么关系。所以我们觉得现在应从速施行平民教育，提高民众的知识，才有实现真正的民主政治的希望。孙中山先生说：外国人建屋重在奠基，中国人的建屋重在加梁，我们建设民主政治的华夏，请从奠基始。

2.平民教育与建国人才　中国现在最危险的现象，就是无论在政治界或教育界的舞台上，都是这一般老角色在台上轮流演唱，我们做听曲的民众，实在已经听倦了，不爱听了，喊他一声倒好。知趣点的就下台，不知趣的简直是恋栈不去，始终看不到一个新名角出台，这不是国内人才将破产了吗？其实不然。试以美国为例，其人口约一万万，自立国至今不过200年，人才辈出，且所谓人才，大多数都是平民。数年前某报发起选举历来国内伟人50名，投票者共200万人，选出的伟人50名中，有32人是平民政治家，远之如华盛顿、林肯，其出身寒微，固已人人皆知；近之如哈丁、顾理治，亦均出自平民。科学家，如福兰克林、爱迪生；大商人如福特等，无一不是从平民出身。中国前此何独不然，所谓“将相本无种”，“茅庐出公卿”，就是这个意思。中国人口四倍于美国，按照美国若于10年之内能产生一个拔萃的人才，中国于同样10年之内应出4个，才合比例的数目。但为什么竟没有一人呢？其原因就在美国人民都受了基本的教育，凡是天才都有自行发展的机会。中国虽号称四万万，其得受教育的机会的，不过八千万人，其不能多产人才，也是理之当然。中国现在不是没有人才，是民众的“脑矿”未开，有许多“豪杰”、“智士”、“哲人”和其他有用的人，都埋没在不识字的人脑海中了。平民教育是开脑矿最简单最适用的工具，使大多数人民均有受教育的机会，然后从多数人中产生人才。有了真正的人才，从民众中产生，然后才有多数人去负担国家各种的责任。所以欲谋国家发扬光大，惟有推行平民教育之一法。

（三）平天下 1.平民教育与国际关系 民国十二年（1923年）在美加利佛尼亚举行世界教育会议时，各国代表报告本国文盲的人数。在英国每百人中只有3人，在法国只有4人，在美国只有6人，在日本也只有4人；我国代表报告每百人中有80人时，各国无不惊讶。即此一端，在国际上已无地位之可言。该会并议决12年以内，除尽全世界的文盲。倘此时若不努力，以后要在中国举行世界教育会议时，不知我国有担任的勇气没有?

2.平民教育与世界和平 太平洋沿岸各国国民，得欧战的教训，不愿人类再演战争的惨剧，于民国十四年（1925年），特召集国民代表会议，实行国民真正的公开外交，打破政府秘密的外交。赴会的共9国，代表百余人。阳初为中国国民代表之一，曾提出平民教育案。闭会时，会长韦尔伯博士当众宣言，此次通过议案60余件中，依我个人的意见及各专门家的观察，最有关系于太平洋沿岸各国的太平的，莫如现在中国的平民教育运动。在各国或含有夸扬之意，在我国实敢受之而不愧。我国地大物博，人口占世界四分之一，前此所以无大发展者，即在民众知识的低下，生产力的薄弱，和公德心的缺乏。设若平民教育运动成功，把民众都养成社会整个的人，那就不难建设健全的国家。以全国人民之多，一举一动，真有影响世界之力。吾民族素有大同思想，正可尽量发挥，以保持世界永久的和平。

四、平民教育的原则

（一）全民的 即凡一般已过学龄时期，而不识字或已识字而缺乏常识的青年和成人，不分男女、老少、富贵贫贱，都有领受平民教育的必要。

（二）以平民需要为标准的 平民是因为缺乏某种常识，或需要某种技能，才来上学。是故所学当为所用，所用即为所学而后可。倘平民学校不能满足其需求，平民教育就算失败了。

（三）适合平民生活状况的 平民大多数都很穷苦，每天工作的时间很长，要使他们筹出一点钱，在百忙之中来受教育，非用最少的经济、最短的时间，万办不到。所以平民教育第一要图金钱和时间的经济。课程及教材，也应力求简单，读书的时间过长，易使平民生厌倦之心，势必半途而废，所以教育的期间不能过四个月。

（四）根据本国国情和人民心理的 平民教育是我国特有的教育问题，非抄袭东西洋而来；要想抄袭，亦无从抄袭。只有根据本国国情、人民心理而定教育的目标、方法与进行的步骤。

（五）地方自动负责的 平民教育应普及于全国。事业远大，不是一个机关可以包办的。不说财力不足，人才缺乏，没有包办的本领。就是财力、人才都很充足，在原则上讲，也不应由少数人来包办。因为由本地方的人，出本地方的钱，办本地方的事，不特可以持久，更可养成本地责任观念和自立精神。

（六）人人有参加的可能 现在社会上很难得有一件事人人都有参加的可能，只有平民教育，无论什么人都可以参加。受过教育的人，可以来教人，未受过教育的人，可以来受教。所以人民对于平民教育运动，不必问能否参加，但问愿不愿参加而已。

五、平民教育实施的方法

（一）学校式的　学校式的教育，对于青年较为适宜。因为青年脑筋灵敏，思想活泼，用形式的、有系统的训练，收效甚易。在学校式的教育中，因教具和教法的不同，可分为三种：

1.单班学校　普通的单班教学，用不着特别的教具。

2.挂图学校　所用教具是挂图、挂课、挂字等。

3.幻灯学校　应用幻灯，可以教授多数的学生。

（二）社会式的　成人年龄已长，事务较多，脑筋纷杂，记忆薄弱，只能施以社会式的教育。如讲演、戏剧、展览、电影、音乐等，都是教育成人最好的方法。

（三）表证式的　凡事徒空谈理论而没有实验证明，往往不易使人信服；尤其是平民厌听空话，爱看实验。所以在生计教育方面，多采这种方法，使平民易于相信，并能仿效。

六、平民教育的现状

（一）国内　可分为城市和乡村两部分来说：

1.城市　全国各省已经成立平民教育促进分会的，有19处，特别区分会3处，市分会20余处。

2.乡村　全国乡村平民教育促进会，有150余处，都是自动组织的。由总会直接办理的直隶保定道属的20县。并以定县为推广平民教育的试验区，进行不及数月，成绩很好。

全国平民学校及已受平民教育的男女共有若干，本会未得完全的报告，无从统计。但据上海各大书局报告售出平民千字课的总数，截至去年（本文发表于1928年。去年应至少是1927年，但具体哪年不太明确。——编者）九月底止，共360万部。准此以推，全国平民学校毕业生，至少已达300万名以上。

（二）国外　亦可分两层来说：

1.华侨教育的发展　前述太平洋国民会议在檀香山举行时，因阳初有关于平民教育的提案，得多人的赞扬，该地华侨大受感动，组织檀香山华侨平民教育促进会，推行平民教育。已毕业学生120人；其继续开办的，不久亦将毕业。此外菲律宾、澳大利亚、日本及其他各国各地华侨，亦闻风继起，常来信探询推行平民教育的情形。

华侨旅居异国，受外国的教育，易被异族同化，对于祖国的文化，每怀轻视之心，真是国家前途最不幸事！海外同胞，富于冒险，善于居积，所以都能独立奋斗，造成巨富。孙中山先生前此提倡革命，得他们的助力不少。可见华侨尚未忘情祖国，应急推行教育，使他们能欣赏祖国的文化，生爱国之心，并愿协助国内文化事业的发展。

2.国际教育的联络　自太平洋国民会议以后，平民教育影响不但及于华侨，其他国也受了相当的影响。现在菲律宾已进行最大规模的平民运动（指平民教育运动），计划在五年之内，普及平民教育。印度、朝鲜有志之士，也都觉得平民教育的重要，正在设法推行，彼此声气互通。我们倘能由国际教育的联络，进而为东亚民族的联络，由东亚民族的联络，进而为谋东亚民族的自由解放而联络，力量之巨大，真可撼山岳，泣鬼神。我希望努力平民教育的人都有这种抱负。

七、平民教育总机关的组织

中华平民教育促进会总会的组织，包含有三种制度：

（一）行政制度　本会于总干事之下，设有总务、城市、乡村、华侨四部，每部直辖若干股，分担一切行政事宜。

（二）研究制度　本会设有调查统计、平民文学、视导训练、公民教育、生计教育、直观教育、妇女教育、健康教育八科，每科直辖若干门，分担一切研究事宜。

（三）训练制度　本会设立平民教育师范院、育才院、研究院，以培养全国平教事业需要的人才。

八、平民教育运动的使命

平民教育运动的使命，在于“作新民”。分析其内容，有下列三项：

（一）养成有知识，有生产力，有公共心的整个人。

（二）养成社会健全的分子，发展社会的事业。

（三）养成建设国家的国民，增高国际的地位。

九、平民教育推行的政策

平民教育促进会总会是平教的学术机关；至于推行平民教育，是各地平民教育促进会的责任。要希望平民教育达到普及的目的，非全国各地方一致努力进行不可。根据各处推行平教的经验并希望各地推行平教顺利，我们采取了鼎足而三的平教推行政策。这三足是：一、地方人士；二、平教专家；三、地方政府。三足分工合作的责任大致如下：

（一）地方上各界领袖，自动结合各法团各机关和一般热心人士共同提倡平教，并分任各委员会的委员，协助专家实施平教；

（二）培养或聘请平教专门人才，专任实施平教事宜，并请托平教总会选派专家指导一切；

（三）呈请地方政府补助经费，维持秩序，并规定褒奖和惩戒办法，使平民教育在地方上易于普及。

注释

①在20世纪二三十年代，晏阳初开始倡导“平民教育”运动。他认为，教育是社会改良的根本所系，教育的作用非“实业救国、产业救国”以及“革命救国、政治救国”所能代替。他希望在常规教育之外，发展出对一般人都适用、涵盖面极广、有效性很强、成本低廉的平民教育。晏阳初自认深受“孔子、基督、苦力”影响的思想，号召“解除苦力的苦，开发苦力的力”，“爱人，爱民，爱贫苦大众”，以“民为邦本，本固邦宁”为信念，这种教育观的实质，就是以人为中心，是为了人的发展的教育。

文艺论著

文艺是人类谱写的最具智慧和灵性的灿烂篇章，不仅昭示着人类所拥有的不可比拟的创造力和想象力，还可以提高人的人文素养。本篇选取了一些在文学和艺术方面都影响深远的著作，《典论》是我国较早的文艺理论批评专著；《文赋》是我国文学理论批评史上第一篇比较完整而系统的文学理论著作；《文心雕龙》是我国现存最早的自成体系的文学批评著作；《诗品》是我国古代最早的一部诗歌理论专著；《人间词话》是受到了西洋美学思想洗礼后，以崭新的眼光对中国旧文学所作的评论。此外，朱自清的《论雅俗共赏》、宗白华的《中国艺术意境之诞生》、老舍的《文学概论讲义》、梁思成的《中国建筑史》，也可以帮助读者从中获取启迪和灵感。

典 论

作者简介

曹丕

曹丕（187～226年），名丕，字子恒，即魏文帝，沛国谯县（今安徽亳州）人，曹操第二子。曹操病死后，曹丕嗣位为丞相、魏王。220年迫汉帝禅位，自立为帝，国号"魏"，年号"黄初"，将都城由许昌迁至洛阳。他在位时推行"九品中正制"，确立了士族豪强在政治上的特权，开辟了魏晋南北朝时期的氏族门阀制度。他也是中国文学史上重要的文学家，建安时期的文坛领袖，善作散文，还写过不少诗，流传到今天的有40首左右。

作品简介

《典论》是曹丕在建安后期为魏太子时所撰的一部政治、社会、道德、文化论集。全书由多篇专文组成。《论文》是其中的一篇，也是中国文学批评史上第一篇文学专论。文章不仅对建安七子的文章、诗赋进行了评论，而且还讨论了文学批评者的态度，指出了两种错误观念："贵远贱近，向声背实"；"阇于自见，谓己为贤"，"各以所长相轻所短"。还提出"文以气为主"的命题，并论述了文学事业的社会功能。

选文

文人相轻，自古而然。傅毅①之于班固，伯仲之间耳，而固小②之，与弟超书曰："武仲以能属文为兰台令史，下笔不能自休③。"夫人善于自见，而文非一体，鲜能备善，是以各以所长，相轻所短。里语曰："家有弊帚，享之千金。"斯不自见之患也。

今之文人：鲁国孔融文举、广陵陈琳孔璋、山阳王粲仲宣、北海徐幹伟长、陈留阮瑀元瑜、汝南应玚德琏、东平刘桢公幹④，斯七子者，于学无所遗，于辞无所假，咸自以骋骥騄⑤于千里，仰齐足⑥而并驰。以此相服，亦良难矣。盖君子审己以度人，故能免于斯累，而作论文。

注释

①傅毅（？～约90年）字武仲，东汉文学家。 ②小：看轻。 ③休：停止。 ④孔融、陈琳、王粲、徐幹、阮瑀、应玚、刘桢都是当时著名的文学家。 ⑤骥騄：千里

马。⑥齐足：犹并驾。前进的速度相同。

王粲长于辞赋，徐幹时有齐气①，然粲之匹也。如粲之《初征》、《登楼》、《槐赋》、《征思》，幹之《玄猿》、《漏卮》、《圆扇》、《橘赋》，虽张、蔡②不过也。然于他文，未能称是。琳、瑀之章表书记，今之隽③也。应玚和而不壮④；刘桢壮而不密。孔融体气⑤高妙，有过人者；然不能持论⑥，理不胜辞；以至乎杂以嘲戏；及其所善，扬、班⑦俦也。常人贵远贱近，向声背实⑧，又患闇⑨于自见，谓己为贤。夫文本同而末异，盖奏议宜雅，书论宜理，铭诔⑩尚实，诗赋欲丽。此四科不同，故能之者偏也；唯通才能备其体。

文以气为主，气之清浊有体，不可力强而致。譬诸音乐，曲度⑪虽均，节奏同检⑫，至于引气不齐，巧拙有素⑬，虽在父兄，不能以移子弟。

注释

①齐气：气有所不足。齐地风俗舒缓，故齐地文人个性品质受其影响，为文较为散漫。②张、蔡：张衡、蔡邕。③隽：同“俊”。④和而不壮：和：平和。壮：豪壮，豪迈。⑤体气：指诗文的体制格调。⑥持论：立论，提出主张。⑦扬、班：扬雄、班固。⑧向声背实：向往虚名而不求实际，注重传闻而背离事实。⑨闇：同“暗”。⑩铭诔：泛指记述死者经历和功德的文章。⑪曲度：歌曲的节拍、音调。⑫检：法式，法度。⑬有素：本来具有，原有。

盖文章，经国①之大业，不朽之盛事。年寿有时而尽，荣乐止乎其身，二者必至之常期②，未若文章之无穷。是以古之作者，寄身于翰墨③，见意于篇籍，不假良史之辞，不托飞驰④之势，而声名自传于后。故西伯幽而演《易》⑤，周旦⑥显而制《礼》，不以隐约而弗务⑦，不以康乐而加思⑧。

夫然则古人贱尺璧⑨而重寸阴，惧乎时之过已。而人多不强力，贫贱则慑于饥寒，富贵则流于逸乐，遂营目前之务，而遗千载之功。日月逝于上，体貌衰于下，忽然与万物迁化，斯志士之大痛也！

融等已逝，唯幹著论，成一家言。

注释

①经国：治理国家。②常期：一定的期限。③翰墨：笔墨，借指文章书画。④飞驰：指飞黄腾达，驰骋于仕途的达官贵人。⑤故西伯幽而演《易》：传说周文王是在囚禁的时候创出《周易》。⑥周旦：即周公旦，传说他制礼作乐。⑦隐约：穷困。务：做。⑧康乐：安乐。加思：转移（著述的）念头。⑨尺璧：直径一尺的璧玉。言其珍贵。

文赋

作者简介

陆机（261～303年），字士衡，吴县华亭（今上海市）人，西晋文学家。其作品多，影响大，代表了西晋一代文学风气。他所著的《文赋》为古代重要的赋体文学理论著作。

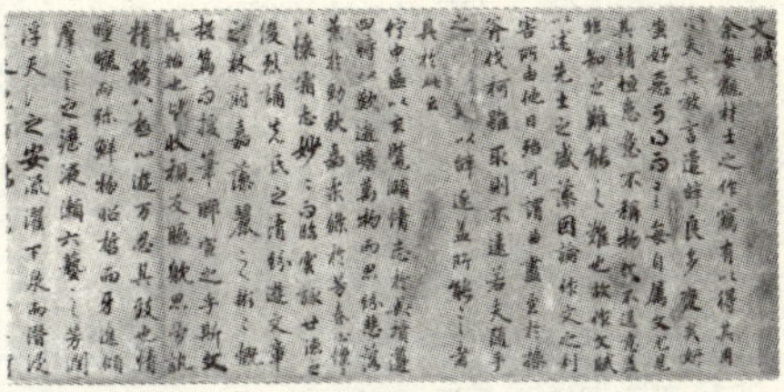

《文赋》书影

作品简介

《文赋》把文体分为10类：诗、赋、碑、诔、铭、箴、颂、论、奏、说，并对不同文体的风格特征作了比较恰当的概括。它还涉及了文学与现实、内容与形式及文学的社会功能等问题。因此，被称为中国文学理论批评史上第一篇比较完整而系统的文学理论著作。

选文

伫中区以玄览，颐情志于典坟①。遵四时以叹逝，瞻万物而思纷。悲落叶于劲秋，喜柔条于芳春。心懔懔以怀霜，志眇眇而临云。咏世德之骏烈，诵先人之清芬。游文章之林府②，嘉丽藻之彬彬。慨投篇而援笔，聊宣之乎斯文。

其始也，皆收视反听，耽思傍讯，精骛八极③，心游万仞。其致也，情曈昽而弥鲜，物昭晰而互进。倾群言之沥液，漱六艺之芳润④。浮天渊以安流，濯下泉而潜浸。于是沈辞怫悦，若游鱼衔钩而出重渊之深；浮藻联翩，若翰鸟缨缴而坠曾云之峻。收百世之阙文，采千载之遗韵。谢朝华于已披，启夕秀于未振⑤。观古今于须臾，抚四海于一瞬。

注释

①典坟：三坟五典，指古代典籍。 ②林府：多如林木，富如府库。 ③精骛八极：让思想驰骋在八方极远之处。 ④这两句是说，吸取前人文章的精华以陶冶自己的文思。 ⑤这两句是说，前人用过的词采就不要再用，要有所创新。

然后选义按部，考辞就班。抱景者咸叩，怀响者毕弹①。或因枝以振叶，或沿波而讨源。或本隐以之显，或求易而得难。或虎变②而兽扰，或龙见而鸟澜③。或妥帖而易施，或岨峿而不安。罄澄心以凝思，眇众虑而为言。笼天地于形内，挫万物于笔端。始踯躅于燥吻④，终流离于濡翰⑤。理扶质以立干，文垂条而结繁⑥。信情貌之不差，故每变而在颜。思涉乐其必笑，方言哀而已叹。或操觚⑦以率尔，或含毫而邈然⑧。

伊兹事之可乐，固圣贤之所钦。课虚无以责有，叩寂寞而求音。函绵邈于尺素，吐滂沛乎寸心。言恢之而弥广，思按之而逾深。播芳蕤⑨之馥馥，发青条之森森。粲风飞而猋⑩竖，郁云起乎翰林。

注释

①这两句是说，文章正式写作之际要根据内容结构的安排，选择并遣使辞句，力求使文章做到有声有色。 ②虎变：虎的斑状花纹，比喻文章警策部分出现时的样子。 ③鸟澜：飞鸟散尽。比喻文章中纷乱零碎之处消失时的情状。 ④燥吻：干燥的嘴唇。 ⑤濡翰：润湿的笔锋。 ⑥这两句是说，义理就像文章的主干，文采就像文章的枝叶。 ⑦觚：古人书写的木简。 ⑧邈然：遥远而迷茫。形容文思迟迟不来，下笔迟缓的样子。 ⑨蕤：草木下垂貌，这里指花。 ⑩猋：同“飙”，疾风。

体有万殊，物无一量①。纷纭挥霍，形难为状。辞程才以效伎，意司契而为匠②。在有无而黾俛③，当浅深而不让。虽离方而遁员，期穷形而尽相。故夫夸目者尚奢，惬心者贵当。言穷者无隘，论达者唯旷。

诗缘情而绮靡，赋体物而浏亮④。碑披文以相质，诔⑤缠绵而凄怆。铭博约而温润，箴⑥顿挫而清壮。颂优游以彬蔚，论精微而朗畅。奏平彻以闲雅，说炜晔而谲诳。虽区分之在兹，亦禁邪而制放。要辞达而理举，故无取乎冗长。

其为物也多姿，其为体也屡迁。其会意也尚巧，其遣言也贵妍。暨音声之迭代，若五色之相宣。虽逝止之无常，固崎锜而难便⑦。苟达变而识次，犹开流以纳泉。如失机而后会，恒操末以续颠。谬玄黄之秩序，故淟涊⑧而不鲜。

注释

①量：标准。 ②这两句是说，构思立意是文章的主脑，言辞是文章的表现手段。 ③黾俛：勉强。 ④浏亮：清楚明朗。 ⑤诔：一种哀悼死者的文体。 ⑥箴：用以规劝讽刺的文体。 ⑦便：安，宜。难便，即难以调和音声之意。 ⑧淟涊：污浊貌。

或仰逼于先条，或俯侵于后章①。或辞害而理比，或言顺而义妨。离之则双美，合之则两伤。考殿最于锱铢，定去留于毫芒②。苟铨衡③之所裁，固应绳其必当。或文繁理富，而意不指适④。极无两致，尽不可益。立片言而居要，乃一篇之警策。虽众辞之有条，必待兹而效绩⑤。亮⑥功多而累寡⑦，故取足而不易⑧。

或藻思绮合⑨，清丽芊眠⑩。炳若缛绣，凄若繁弦。必所拟之不殊，乃暗合乎曩篇⑪。虽杼轴于予怀，怵他人之我先⑫。苟伤廉而愆义，亦虽爱而必捐⑬。

或苕发颖竖⑭，离众绝致。形不可逐，响难为系。块孤立而特峙，非常音之所纬。心牢落而无偶，意徘徊而不能揥。石韫⑮玉而山晖，水怀珠而川媚。彼榛楛之勿翦，亦蒙荣于集翠⑯。缀《下里》于《白雪》，吾亦济乎所伟。

注释

①这两句是说，文章前后有冲突或矛盾。 ②这两句是说，即使最细微的差别也要仔细观察，以决定其优劣。 ③铨衡：衡量轻重的器具。 ④意不指适：文意和主观意向不符合。 ⑤效绩：效其功绩。 ⑥亮：同"谅"，确实。 ⑦累寡：毛病很少。 ⑧取足而不易：恰当而不用修改。 ⑨藻思绮合：文辞华美。 ⑩清丽芊眠：风格清丽，光色鲜明。 ⑪曩篇：前人成功的作品。 ⑫这两句是说，即使是自己的独创，也担心和前人重复。 ⑬这两句是说，如果和前人有重复，即使自己喜欢的词句也不应该用。 ⑭苕发颖竖：苕，草茎。颖，禾穗。发，放。竖，立。苕发颖竖，比喻文章中精妙之句。 ⑮韫：蕴藏。 ⑯这两句是说，榛楛等恶木之所以不被砍掉，是因为翠鸟停在上面。比喻文中有此精妙句在，则庸拙之句也因之添光生色。

或讬言于短韵，对穷迹而孤兴①。俯寂寞而无友，仰寥廓而莫承。譬偏弦之独张，含清唱而靡应。

或寄辞于瘁②音，徒靡③言而弗华。混妍蚩④而成体，累良质而为瑕。象下管⑤之偏疾，故虽应而不和。

或遗理以存异，徒寻虚以逐微。言寡情而鲜爱，辞浮漂而不归。犹弦么而徽急，故虽和而不悲。

或奔放以谐合，务嘈囋而妖冶。徒悦目而偶俗，固高声而曲下。寤⑥《防露》与《桑间》，又虽悲而不雅。

或清虚以婉约，每除烦而去滥。阙大羹之遗味，同朱弦之清泛⑦。虽一唱而三叹，固既雅而不艳。

若夫丰约之裁，俯仰之形。因宜适变，曲有微情。或言拙而喻巧，或理朴而辞轻。或袭故而弥新，或沿浊而更清。或览之而必察，或研之而后精。譬犹舞者赴节以投袂，歌者应弦而遣声。是盖轮扁⑧所不得言，故亦非华说之所能精。

注释

①这两句意思是，比喻文章在辞与意等方面的贫乏，单调。 ②瘁：忧伤。 ③靡：华美。 ④妍蚩：美与丑。 ⑤下管：指堂下之乐。 ⑥寤：领悟。 ⑦清泛：清雅平淡。 ⑧轮扁：古代制作车轮的名匠，名扁。他手艺高超，但是认为自己无法用语

言表达自己技艺最精妙的东西。

普辞条与文律，良余膺之所服。练世情之常尤，识前修①之所淑。虽浚②发于巧心，或受蚩③于拙目。彼琼敷与玉藻④，若中原之有菽。同橐籥之罔穷，与天地乎并育⑤。虽纷蔼⑥于此世，嗟不盈于予掬⑦。患挈瓶之屡空，病昌言⑧之难属。故踸踔⑨于短韵，放庸音⑩以足曲⑪。恒遗恨以终篇，岂怀盈而自足。惧蒙尘于叩缶⑫，顾取笑乎鸣玉。

注释

①前修：前代的贤人。 ②浚：深。 ③蚩：讥笑。 ④琼敷与玉藻：用玉来装饰，比喻词采华美。 ⑤这两句是说，佳句是无穷的。 ⑥纷蔼：纷乱繁多。 ⑦掬：捧。 ⑧昌言：恰当的言辞。 ⑨踸踔：跛行貌。 ⑩庸音：平庸的语言。 ⑪足曲：足以成篇。 ⑫蒙尘于叩缶：即所谓自惭形秽。

若夫应感之会，通塞之纪。来不可遏，去不可止。藏若景灭，行犹响起。方天机①之骏利，夫何纷而不理。思风发于胸臆，言泉流于唇齿。纷威蕤②以馺遝③，唯毫素④之所拟。文徽徽以溢目，音泠泠而盈耳。及其六情底滞，志往神留。兀若枯木，豁若涸流。览营魂以探赜⑤，顿精爽于自求。理翳翳⑥而愈伏，思轧轧⑦其若抽。是以或竭情而多悔，或率意而寡尤。虽兹物之在我，非余力之所戮。故时抚空怀而自惋，吾未识夫开塞⑧之所由。

注释

①天机：指自然之性。 ②威蕤：草木繁盛貌。 ③馺遝：多貌。 ④毫素：笔和纸。 ⑤赜：杂。 ⑥翳翳：晦暗貌。 ⑦轧轧：涩而难出貌，或作乙乙。 ⑧开塞：文思的通畅与阻塞。

伊兹文之为用，固众理之所因。恢万里而无阂①，通亿载而为津。俯贻则②于来叶③，仰观象乎古人。济文武于将坠，宣风声于不泯。涂无远而不弥④，理无微而弗纶⑤。配沾润于云雨，象变化乎鬼神⑥。被⑦金石而德广，流管弦而日新。

注释

①阂：限制。 ②贻则：原则。 ③来叶：来世。 ④弥：满，包括。 ⑤纶：缀合。 ⑥这两句是说，文章如同滋润万物的云雨，又如鬼神一样变化莫测。 ⑦被：遭遇。这里意思是“刻”。

文心雕龙

作者简介

刘勰（约466～539年），字彦和，东莞郡莒县（今山东莒县）人，世居京口（今江苏镇江）。中国南朝齐、梁时期文学理论批评家，早年丧父，家境贫寒，无力婚娶，但笃志好学，曾依靠沙门僧佑居上定林寺十余年。

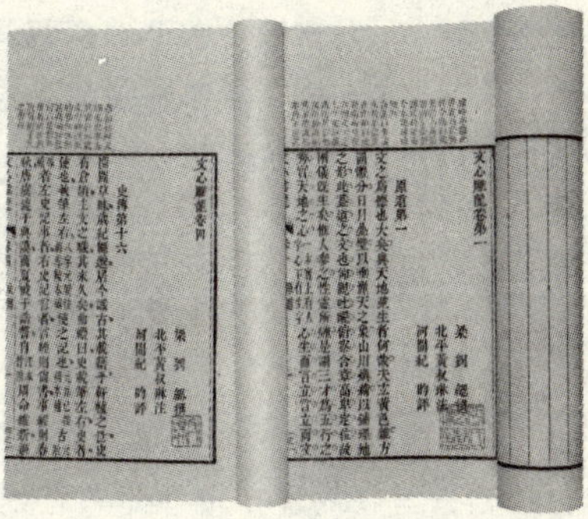

《文心雕龙》书影

作品简介

刘勰精研佛理，饱览经籍，于南齐末年写成3.6万字的文学理论名著《文心雕龙》，共50篇，内容博大精深，采用骈体体裁，却具有议论文性质。它是我国现存最早的自成体系的文学批评著作，全书包括总论、文体论、创作论、批评论四个主要部分。总论是论“文之枢纽”，是全书理论的基础。文体论对主要文体都做到“原始以表末，释名以章义，选文以定篇，敷理以举统”。其分体详细，论述周密。创作论分论创作过程、作家个性风格、文质关系、写作技巧、文辞声律等类的问题。批评论从不同角度对过去时代的文风，作家的成就提出批评，并对批评方法作了专门探讨。最后一篇《序志》说明自己的创作目的和全书的部署意图。

选文

神　思①

古人云：“形在江海之上，心存魏阙②之下。”神思之谓也。文之思也，其神远矣。故寂然凝虑③，思接千载；悄焉动容，视通万里；吟咏之间，吐纳珠玉之声；眉睫之前，卷舒风云之色；其思理④之致乎！故思理为妙，神与物游。神居胸臆，而志气⑤统其关键；物沿耳目，而辞令管其枢机⑥。枢机方通，则物无隐貌；关键将塞，则神有遁心⑦。是以陶钧⑧文思，贵在虚静，疏瀹五藏⑨，澡雪⑩精神。积学以储宝，酌理以富才，研阅以穷照⑪，驯致以绎辞⑫，然后使玄解之宰⑬，寻声律⑭而定墨；独照⑮之匠，窥意象而运斤⑯，此盖驭文之首术，谋篇之大端。

注释

①《神思》是《文心雕龙》的第26篇。主要阐述了刘勰关于创作的思想。　②魏

阙：古代宫门外两边高耸的楼观。楼观下常为宣布法令之所。此借指朝廷。 ③寂然：形容寂静的状态。凝虑：凝思。 ④思理：构思。 ⑤志气：意志和精神。 ⑥枢机：比喻事物的关键部分。 ⑦遁心：隐晦不明的心意。 ⑧陶钧：原指制作陶器所用的转轮。此处比喻陶冶、造就。 ⑨疏瀹：疏浚，疏通。五藏：即五脏。 ⑩澡雪：洗涤使之清洁。 ⑪穷照：透彻地理解洞察事理。 ⑫驯致：逐渐达到；逐渐招致。绎：寻究。 ⑬玄解之宰：深得妙理的主宰。玄解：对事物奥秘的理解。 ⑭声律：语言文字的声韵格律。 ⑮独照：独到的眼光，独特的认识。 ⑯斤：斧头。

夫神思方运，万涂竞萌，规矩虚位，刻镂①无形。登山则情满于山，观海则意溢于海，我才之多少，将与风云而并驱矣。方其搦翰②，气倍辞前，暨乎篇成，半折心始③，何则？意翻空而易奇，言征实而难巧也。是以意授于思，言授于意，密则无际，疏则千里。或理在方寸而求之域表④，或义在咫尺而思隔山河。是以秉心养术，无务⑤苦虑；含章司契⑥，不必劳情也。人之禀才，迟速异分，文之制体，大小殊功。相如含笔而腐毫⑦，扬雄辍翰而惊梦⑧，桓谭疾感于苦思，王充气竭于思虑，张衡研《京》⑨以十年，左思练《都》⑩以一纪：虽有巨文，亦思之缓也。淮南崇朝⑪而赋《骚》，枚皋应诏而成赋，子建援牍⑫如口诵，仲宣⑬举笔似宿构，阮瑀据案而制书，祢衡当食而草奏：虽有短篇，亦思之速也。

注释

①刻镂：描摹和修饰。 ②搦翰：执笔。 ③半折心始：只达到神思开始时的一半。半折：减半。 ④域表：极远处，比喻宽泛。 ⑤无务：不需要。 ⑥含章：含有文采。司契：执掌规则。 ⑦相如含笔而腐毫：传说西汉司马相如作赋“控引天地，错综古今，忽然如睡，焕然而兴，几百日而后成”。后来以此形容司马相如行文迟巧。腐毫：笔毫枯干。 ⑧扬雄辍翰而惊梦：形容扬雄行文之快。辍翰：停笔。 ⑨《京》：指张衡的《二京赋》。 ⑩《都》：指左思的《三都赋》。 ⑪淮南：指汉淮南王刘安。崇朝：终朝。从天亮到早饭时，比喻时间短。 ⑫子建：指曹植。援牍：执简，即写作。 ⑬仲宣：指王粲。

若夫骏发①之士，心总要术②，敏在虑前，应机立断；覃思③之人，情饶歧路，鉴在疑后，研虑方定。机敏故造次而成功，虑疑故愈久而致绩。难易虽殊，并资博练④。若学浅而空迟，才疏而徒速，以斯成器，未之前闻。是以临篇缀虑，必有二患：理郁⑤者苦贫⑥，辞弱者伤乱，然则博见为馈贫之粮，贯一为拯乱之药，博而能一，亦有助乎心力矣。

若情数诡杂⑦，体变迁贸⑧，拙辞或孕于巧义，庸事或萌于新意。视布于麻，虽云未费，杼轴⑨献功，焕然⑩乃珍。至于思表纤旨⑪，文外曲致⑫，言所不追，笔固知止。至精而后阐其妙，至变而后通其数⑬。伊挚⑭不能言鼎，轮扁⑮不能语斤：其微矣乎！

赞曰：神用象通，情变所孕。物心貌求，心以理应。刻镂声律，萌芽比兴。结虑司契，垂帷制胜。

注释

①骏发：英俊风发。骏同“俊”。 ②要术：重要的策略和方法，这里指写作方法。③覃思：深思。 ④博练：博学勤练。 ⑤郁：郁积。 ⑥贫：文辞贫乏、苍白。 ⑦情数：情思，情感。诡杂：诡异杂乱。 ⑧体变：诗文体制、风格的变化。迁贸：变化不定。 ⑨杼轴：本义是织布机上的两个部件，即用来持纬（横线）的梭子和用来承经（直线）的筘。此处比喻诗文的组织、构思。 ⑩焕然：光明貌。 ⑪纤旨：精微的道理。 ⑫曲致：曲折而有情致。 ⑬数：规律与技巧。 ⑭伊挚：即伊尹，商汤时的宰相，相传他善调汤味。 ⑮轮扁：春秋时齐国著名的制作车轮的工匠。

诗品

作者简介

钟嵘

钟嵘（约468～约518年），字仲伟，颍川长社（今河南长葛）人。南朝梁文学家、诗论家，曾任参军、记室一类的小官。

作品简介

钟嵘谙熟《周易》，擅长辞藻，经过勤学精思和用心编撰，写成诗歌评论专著《诗品》，以五言诗为主，将两汉至梁作家122人，分为上、中、下三品进行评论，提出了一套比较系统的诗歌品评的标准，是我国古代最早的一部诗歌理论专著，和刘勰的《文心雕龙》一起，被称为南宋文学理论批评的两大专著。

选文

魏陈思王植①

其源出于《国风》。骨气奇高，词采华茂，情兼雅怨，体被文质②，粲溢今古，卓尔不群。嗟乎！陈思之于文章也，譬人伦之有周、孔③，鳞羽之有龙凤，音乐之有琴笙，女工之有黼黻④。俾尔怀铅吮墨者⑤，抱篇章而景慕⑥，映余晖以自烛。故孔氏之门如用诗，则公幹⑦升堂，思王入室，景阳、潘、陆⑧，自可坐于廊庑⑨之间矣。

注释

①魏陈思王植：指三国诗人曹植，封陈王，谥思。 ②体被文质：即兼具骨气与词采之意。 ③周、孔：周公和孔子。 ④黼黻：礼服上绣的华美花纹。 ⑤怀铅吮墨者：从事著述的人。 ⑥景慕：仰慕。 ⑦公幹：三国时期文学家刘桢的字。 ⑧景阳、潘、陆：指西晋文学家张协、潘岳、陆机。 ⑨廊庑：大堂前的廊屋。此处以入孔门之深浅，喻诗歌成就之高低。

魏侍中①王粲

其源出于李陵。发愀怆②之词，文秀而质羸。在曹、刘③间别构一体。方陈思不足，比魏文有余。

注释

①侍中：古代职官名。秦始置，两汉沿置，为正规官职外的加官之一，侍从于皇帝左右。 ②愀怆：黯然伤情之貌。 ③曹、刘：曹植、刘桢。

晋步兵[1]阮籍

其源出于《小雅》。虽无雕虫之功。而《咏怀》之作，可以陶性灵[2]，发幽思[3]。言在耳目之内，情寄八荒之表。洋洋乎会于《风》、《雅》，使人忘其鄙近，自致远大，颇多感慨之词。厥旨渊放[4]，归趣难求。颜延年注，怯言其志。

注释

①步兵：古代官名。 ②陶性灵：陶冶情操的意思。 ③发幽思：启发内心幽微的情思。 ④渊放：深远放达。

晋记室[1]左思

其源出于公斡。文典以怨，颇为精切[2]，得讽谕之致。虽野于陆机，而深于潘岳。谢康乐[3]尝言："左太冲[4]诗，潘安仁[5]诗，古今难比。"

注释

①记室：官名。东汉置，主管章表、书记、文檄。 ②精切：精练确切。 ③谢康乐：指东晋诗人谢灵运。 ④左太冲：左思。 ⑤潘安仁：指潘岳。

人间词话

作者简介

王国维

王国维（1877～1927年），字静安，号观堂，浙江海宁人。近现代著名学者、文学评论家。他早年广泛研读了西方哲学及文学著作，对德国唯心主义哲学家叔本华的学说尤为喜爱。30岁以后，从事中国戏曲史和词曲研究，著有《曲录》、《宋元戏曲考》和《人间词话》等，初步勾勒出中国古代戏曲发展的轮廓。特别是《人间词话》影响很大。论词标举境界说，所论涉及艺术特征和现实主义与浪漫主义的创作方法等问题。

作品简介

《人间词话》共六十四则，最初发表于1908年。王国维以境界说为中心，论述了文艺的特征和创作方法等问题，构成了一个较完整的文化体系。王国维的境界说认为，文学作品的意境是由作品所描写的生活实际和它所表现的思想感情融合一致而形成的，是主观、客观统一而成，所以成功的作品必须是理想与写实的密切结合，高境界必须用真情实景。

选文

[一] 词以境界为最上。有境界则自成高格，自有名句。五代、北宋之词所以独绝者在此。

[二] 有造境，有写境，此理想与写实二派之所由分。然二者颇难分别，因大诗人所造之境必合乎自然，所写之境亦必邻于理想故也。

[三] 有有我之境，有无我之境。“泪眼问花花不语，乱红飞过秋千去”，“可堪孤馆闭春寒，杜鹃声里斜阳暮”，有我之境也。“采菊东篱下，悠然见南山”，“寒波澹澹起，白鸟悠悠下”，无我之境也。有我之境，以我观物，故物皆着我之色彩。无我之境，以物观物，故不知何者为我，何者为物。古人为词，写有我之境者为多。然未始不能写无我之境，此在豪杰之士能自树立耳。

[四] 无我之境，人惟于静中得之。有我之境，于由动之静时得之。故一优美，一宏壮也。

[五] 自然中之物，互相关系，互相限制。然其写之于文学及美术中也，必遗其关系、限制之处。故写实家亦理想家也。又虽如何虚构之境，其材料必求之于自然，而其构造亦必从自然之法则。故虽理想家亦写实家也。

［六］境非独谓景物也，喜怒哀乐，亦人心中之一境界。故能写真景物、真感情者，谓之有境界。否则谓之无境界。

［七］“红杏枝头春意闹”，著一“闹”字而境界全出。“云破月来花弄影”，著一“弄”字而境界全出矣。

［八］境界有大小，不以是而分优劣。“细雨鱼儿出，微风燕子斜”，何遽不若“落日照大旗，马鸣风萧萧”？“宝帘闲挂小银钩”，何遽不若“雾失楼台，月迷津渡”也?

［九］严沧浪《诗话》谓：“盛唐诸公（诗话“公”作“人”）唯在兴趣，羚羊挂角，无迹可求。故其妙处，透澈玲珑，不可凑拍，如空中之音，相中之色，水中之影，镜中之象，言有尽而意无穷。”余谓北宋以前之词亦复如是。然沧浪所谓兴趣，阮亭所谓神韵，犹不过道其面目，不若鄙人拈出“境界”二字，为探其本也。

［十］太白纯以气象胜。“西风残照，汉家陵阙”，寥寥八字，遂关千古登临之口。后世唯范文正之《渔家傲》，夏英公之《喜迁莺》，差足继武，然气象已不逮矣。

［十一］张皋文谓：飞卿之词“深美闳约”。余谓：此四字唯冯正中足以当之。刘融斋谓：“飞卿精艳绝人。”，差近之耳。

［十二］“画屏金鹧鸪”，飞卿语也，其词品似之。“弦上黄莺语”，端己语也，其词品亦似之。正中词品，若欲于其词句中求之，则“和泪试严妆”，殆近之欤?

［十三］南唐中主词“菡萏香销翠叶残，西风愁起绿波间”，大有“众芳芜秽”，“美人迟暮”之感。乃古今独赏其“细雨梦回鸡塞远，小楼吹彻玉笙寒”，故知解人正不易得。

［十四］温飞卿之词，句秀也。韦端己之词，骨秀也。李重光之词，神秀也。

［十五］词至李后主而眼界始大，感慨遂深，遂变伶工之词而为士大夫之词。周介存置诸温、韦之下，可谓颠倒黑白矣。“自是人生长恨水长东”，“流水落花春去也，天上人间”，《金荃》、《浣花》能有此气象耶?

［十六］词人者，不失其赤子之心者也。故生于深宫之中，长于妇人之手，是后主为人君所短处，亦即为词人所长处。

［十七］客观之诗人不可不多阅世，阅世愈深，则材料愈丰富，愈变化，《水浒传》、《红楼梦》之作者是也。主观之诗人，不必多阅世，阅世愈浅，则性情愈真，李后主是也。

［十八］尼采谓：“一切文学，余爱以血书者。”后主之词，真所谓以血书者也。宋道君皇帝《燕山亭》词亦略似之。然道君不过自道身世之戚，后主则俨有释迦、基督担荷人类罪恶之意，其大小固不同矣。

［十九］冯正中词虽不失五代风格，而堂庑特大，开北宋一代风气。与中后二主

词皆在《花间》范围之外，宜《花间集》中不登其只字也。

［二十］正中词除《鹊踏枝》、《菩萨蛮》十数阕最煊赫外，如《醉花间》之“高树鹊衔巢，斜月明寒草”，余谓韦苏州之“流萤度高阁”，孟襄阳之“疏雨滴梧桐”，不能过也。

［二一］欧九《浣溪沙》词：“绿杨楼外出秋千”。晁补之谓：只一“出”字，便后人所不能道。余谓：此本于正中《上行杯》词“柳外秋千出画墙”，但欧语尤工耳。

［二二］梅圣俞《苏幕遮》词：“落尽梨花春事了，满地斜阳，翠色和烟老。”刘融斋谓：少游一生似专学此种。余谓：冯正中《玉楼春》词：“芳菲次第长相续，自是情多无处足，尊前百计得春归，莫为伤春眉黛蹙。”永叔一生似专学此种。

［二三］人知和靖《点绛唇》、梅圣俞《苏幕遮》、永叔《少年游》三阕为咏春草绝调，不知先有正中“细雨湿流光”五字，皆能摄春草之魂者也。

［二四］《诗·蒹葭》一篇，最得风人深致。晏同叔之“昨夜西风凋碧树，独上高楼，望尽天涯路”，意颇近之。但一洒落，一悲壮耳。

［二五］“我瞻四方，蹙蹙靡所骋”，诗人之忧生也。“昨夜西风凋碧树，独上高楼，望尽天涯路”似之。“终日驰车走，不见所问津”，诗人之忧世也。“百草千花寒食路，香车系在谁家树”似之。

［二六］古今之成大事业、大学问者，必经过三种之境界。“昨夜西风凋碧树，独上高楼，望尽天涯路”，此第一境也。“衣带渐宽终不悔，为伊消得人憔悴”，此第二境也。“众里寻他千百度，回头蓦见，那人正在灯火阑珊处”，此第三境也。此等语皆非大词人不能道。然遽以此意解释诸词，恐晏、欧诸公所不许也。

［二七］永叔“人间自是有情痴，此恨不关风与月”，“直须看尽洛城花，始与东风容易别”，于豪放之中有沉著之致，所以尤高。

［二八］冯梦华《宋六十一家词选·序例》谓：“淮海、小山，古之伤心人也，其淡语皆有味，浅语皆有致。”余谓此惟淮海足以当之。小山矜贵有余，但可方驾子野、方回，未足抗衡淮海也。

［二九］少游词境最凄婉。至“可堪孤馆闭春寒，杜鹃声里斜阳暮”，则变而凄厉矣。东坡赏其后二语，犹为皮相。

［三十］“风雨如晦，鸡鸣不已”，“山峻高以蔽日兮，下幽晦以多雨。霰雪纷其无垠兮，云霏霏而承宇”，“树树皆秋色，山山尽落晖”，“可堪孤馆闭春寒，杜鹃声里斜阳暮”，气象皆相似。

［三一］昭明太子称：陶渊明诗“跌宕昭彰，独超众类，抑扬爽朗，莫与之京”。王无功称：薛收赋“韵趣高奇，词义晦远，嵯峨萧瑟，真不可言”。词中惜少此二种气象，前者惟东坡，后者惟白石，略得一二耳。

［三二］词之雅郑，在神不在貌。永叔、少游虽作艳语，终有品格。方之美成，

便有淑女与倡伎之别。

［三三］美成深远之致不及欧、秦，唯言情体物，穷极工巧，故不失为一流之作者。但恨创调之才多，创意之才少耳。

［三四］词忌用替代字。美成《解语花》之“桂华流瓦”，境界极妙，惜以“桂华”二字代“月”耳。梦窗以下，则用代字更多。其所以然者，非意不足，则语不妙也。盖意足则不暇代，语妙则不必代。此少游之“小楼连苑，绣毂雕鞍”，所以为东坡所讥也。

［三五］沈伯时《乐府指迷》云：“说桃不可直说破‘桃’，须用‘红雨’、‘刘郎’等字；说柳不可直说破‘柳’，须用‘章台’、‘灞岸’等字。”若惟恐人不用代字者。果以是为工，则古今类书具在，又安用词为耶？宜其为《提要》所讥也。

［三六］美成《青玉案》①词：“叶上初阳干宿雨，水面轻圆，一一风荷举。”此真能得荷之神理者。觉白石《念奴娇》、《惜红衣》二词犹有隔雾看花之恨。

［三七］东坡《水龙吟·咏杨花》，和韵而似原唱；章质夫词，原唱而似和韵。才之不可强也如是！

［三八］咏物之词，自以东坡《水龙吟》为最工，邦卿《双双燕》次之。白石《暗香》、《疏影》格调虽高，然无一语道着，视古人“江边一树垂垂发”等句何如耶？

［三九］白石写景之作，如“二十四桥仍在，波心荡、冷月无声”，“数峰清苦，商略黄昏雨”，“高树晚蝉，说西风消息”，虽格韵高绝，然如雾里看花，终隔一层。梅溪、梦窗诸家写景之病，皆在一“隔”字。北宋风流，渡江遂绝，抑真有运会存乎其间耶？

［四十］问“隔”与“不隔”之别，曰：陶、谢之诗不隔，延年则稍隔矣；东坡之诗不隔，山谷则稍隔矣。“池塘生春草”，“空梁落燕泥”等二句，妙处唯在不隔。词亦如是。即以一人一词论，如欧阳公《少年游·咏春草》上半阕云：“阑干十二独凭春，晴碧远连云，千里万里，二月三月，行色苦愁人。”语语都在目前，便是不隔。至云“谢家池上，江淹浦畔”，则隔矣。白石《翠楼吟》：“此地，宜有词仙，拥素云黄鹤，与君游戏。玉梯凝望久，叹芳草萋萋千里。”便是不隔。至“酒祓清愁，花消英气”，则隔矣。然南宋词虽不隔处，比之前人，自有浅深厚薄之别。

［四一］“生年不满百，常怀千岁忧。昼短苦夜长，何不秉烛游？”“服食求神仙，多为药所误。不如饮美酒，被服纨与素。”写情如此，方为不隔。“采菊东篱下，悠然见南山。山气日夕佳，飞鸟相与还。”“天似穹庐，笼盖四野。天苍苍，野茫茫，风吹草低见牛羊。”写景如此，方为不隔。

［四二］古今词人格调之高，无如白石。惜不于意境上用力，故觉无言外之味，弦外之响，终不能与于第一流之作者也。

［四三］南宋词人，白石有格而无情，剑南有气而乏韵，其堪与北宋人颉颃者，唯一幼安耳。近人祖南宋而祧北宋，以南宋之词可学，北宋不可学也。学南宋者，不祖白石，则祖梦窗，以白石、梦窗可学，幼安不可学也。学幼安者，率祖其粗犷滑稽，以其粗犷滑稽处可学，佳处不可学也。幼安之佳处，在有性情，有境界。即以气象论，亦有“横素波、干青云”之概。宁后世龊龊小生所可拟耶?

［四四］东坡之词旷，稼轩之词豪。无二人之胸襟而学其词，犹东施之效捧心也。

［四五］读东坡、稼轩词，须观其雅量高致，有伯夷、柳下惠之风。白石虽似蝉蜕尘埃，然终不免局促辕下。

［四六］苏、辛，词中之狂，白石犹不失为狷。若梦窗、梅溪、玉田、草窗、中麓辈，面目不同，同归于乡愿而已。

［四七］稼轩中秋饮酒达旦，用《天问》体作《木兰花慢》以送月，曰：“可怜今夕月，向何处，去悠悠?是别有人间，那边才见，光景东头。”词人想象，直悟月轮绕地之理，与科学家密合，可谓神悟。

［四八］周介存谓：“梅溪词中喜用‘偷’字，足以定其品格。”刘融斋谓：“周旨荡而史意贪。”此二语令人解颐。

［四九］介存谓“梦窗词之佳者，如水光云影，摇荡绿波，抚玩无极，追寻已远。”余览《梦窗甲乙丙丁稿》中，实无足当此者。有之，其“隔江人在雨声中，晚风菰叶生秋怨”二语乎?

［五十］梦窗之词，余得取其词中之一语以评之，曰：“映梦窗，凌乱碧。”玉田之词，余得取其词中之一语以评之，曰：“玉老田荒。”

［五一］“明月照积雪”，“大江流日夜”，“中天悬明月”，“黄河落日圆”，此种境界，可谓千古壮观。求之于词，唯纳兰容若塞上之作，如《长相思》之“夜深千帐灯”、《如梦令》之“万帐穹庐人醉，星影摇摇欲坠”差近之。

［五二］纳兰容若以自然之眼观物，以自然之舌言情。此由初入中原，未染汉人风气，故能真切如此。北宋以来，一人而已。

［五三］陆放翁跋《花间集》，谓：“唐季五代，诗愈卑，而倚声辄简古可爱。能此不能彼，未可以理推也。”《提要》驳之，谓：“犹能举七十斤者，举百斤则蹶，举五十斤则运掉自如。”其言甚辨。然谓词必易于诗，余未敢信。善乎陈卧子之言曰：“宋人不知诗而强作诗，故终宋之世无诗。然其欢愉愁苦之致，动于中而不能抑者，类发于诗馀，故其所造独工。”五代词之所以独胜，亦以此也。

［五四］四言敝而有《楚辞》，《楚辞》敝而有五言，五言敝而有七言，古诗敝而有律绝，律绝敝而有词。盖文体通行既久，染指遂多，自成习套。豪杰之士，亦难于其中自出新意，故遁而作他体，以自解脱，一切文体所以始盛终衰者，皆由于此。故谓文学后不如前，余未敢信。但就一体论，则此说固无以易也。

［五五］诗之三百篇、十九首，词之五代、北宋，皆无题也。非无题也，诗词中之意，不能以题尽之也。自《花庵》、《草堂》每调立题，并古人无题之词亦为之作题。如观一幅佳山水，即曰此某山某河，可乎？诗有题而诗亡，词有题而词亡。然中材之士，鲜能知此而自振拔者矣。

［五六］大家之作，其言情也必沁人心脾，其写景也必豁人耳目，其辞脱口而出，无矫揉妆束之态。以其所见者真，所知者深也。诗词皆然。持此以衡古今之作者，可无大误矣。

［五七］人能于诗词中不为美刺投赠之篇，不使隶事之句，不用粉饰之字，则于此道已过半矣。

［五八］以《长恨歌》之壮采，而所隶之事，只“小玉双成”四字，才有馀也。梅村歌行，则非隶事不办。白、吴优劣，即于此见。不独作诗为然，填词家亦不可不知也！

［五九］近体诗体制，以五七言绝句为最尊，律诗次之，排律最下。盖此体于寄兴言情，两无所当，殆有韵之骈体文耳。词中小令如绝句，长调似律诗，若长调之《百字令》、《沁园春》等，则近于排律矣。

［六十］诗人对宇宙人生，须入乎其内，又须出乎其外。入乎其内，故能写之；出乎其外，故能观之。入乎其内，故有生气；出乎其外，故有高致。美成能入而不能出。白石以降，于此二事皆未梦见。

［六一］诗人必有轻视外物之意，故能以奴仆命风月。又必有重视外物之意，故能与花鸟共忧乐。

［六二］“昔为倡家女，今为荡子妇。荡子行不归，空床难独守。”“何不策高足，先据要路津？无为久贫贱，轗轲长苦辛。”可谓淫鄙之尤。然无视为淫词、鄙词者，以其真也。五代、北宋之大词人亦然。非无淫词，读之者但觉其亲切动人；非无鄙词，但觉其精力弥满。可知淫词与鄙词之病，非淫与鄙之病，而游词之病也。“岂不尔思，室是远而，”而子曰：“未之思也，夫何远之有？”恶其游也。

［六三］“枯藤老树昏鸦，小桥流水人家，古道西风瘦马。夕阳西下，断肠人在天涯。”此元人马东篱《天净沙》小令也。寥寥数语，深得唐人绝句妙境。有元一代词家，皆不能办此也。

［六四］白仁甫《秋夜梧桐雨》剧，沉雄悲壮，为元曲冠冕。然所作《天籁词》，粗浅之甚，不足为稼轩奴隶。岂创者易工而因者难巧欤？抑人各有能有不能也？读者观欧、秦之诗远不如词，足透此中消息。

中国艺术意境之诞生

作者简介

宗白华

宗白华（1897~1986年），原名宗之櫆，字伯华，江苏常熟人。现代哲学家、美学家、诗人。他是中国现代美学的先行者和开拓者，被誉为“融贯中西艺术理论的一代美学大师”。他特别关注中国魏晋玄学中的美学思想，认为其中包含有积极的东西。他还着重论述了中国艺术中的意境和空间意识问题，认为中国艺术中的空间表现了人与悠久无限的大自然生命的亲切统一，是一种节奏化、音乐化了的时空合一的空间；这种空间意识是以道家和《周易》的宇宙观为哲学基础的。著有《宗白华全集》及美学论文集《美学散步》、《艺境》等。译著有康德的《判断力批判》、《欧洲现代画派画论选》。

作品简介

本文原载于1943年3月《时与潮文艺》创刊号。从王国维开始，“意境”的概念被视为中国传统美学的典型形式。宗白华在本文中，进一步论证了“意境”在中国文化中的重要意义。

选文

引　言

世界是无穷尽的，生命是无穷尽的，艺术的境界也是无穷尽的。“适我无非新”（王羲之诗句），是艺术家对世界的感受。“光景常新”，是一切伟大作品的烙印。“温故而知新”，却是艺术创造与艺术批评应有的态度。历史上向前一步的进展，往往是伴着向后一步的探本穷源。李、杜的天才，不忘转益多师。16世纪的文艺复兴追摹着希腊，19世纪的浪漫主义憧憬着中古。20世纪的新派且溯源到原始艺术的浑朴天真。

现代的中国站在历史的转折点。新的局面必将展开。然而我们对旧文化的检讨，以同情的了解给予新的评价，也更形重要。就中国艺术方面——这中国文化史上最中心最有世界贡献的一方面——研寻其意境的特构，以窥探中国心灵的幽情壮采，也是民族文化的自省工作。希腊哲人对人生指示说："认识你自己！"近代哲人对我们说："改造这世界！"为了改造世界，我们先得认识。

（一）意境的意义

龚定庵在北京，对戴醇士说："西山有时渺然隔云汉外，有时苍然堕几榻前，不关风雨晴晦也！"西山的忽远忽近，不是物理上的远近，乃是心中意境的远近。

方士庶在《天慵庵随笔》里说："山川草木，造化自然，此实境也。因心造境，以手运心，此虚境也。虚而为实，是在笔墨有无间，——故古人笔墨具此山苍树秀，水活石润，于天地之外，别构一种灵奇。或率意挥洒，亦皆练金成液，弃滓存精，曲尽蹈虚揖影之妙。"中国绘画的整个精粹在这几句话里。本文的千言万语，也只是阐明此语。

恽南田题《洁庵图》说："谛视斯境，一草一树，一丘一壑，皆洁庵灵想之所独辟，总非人间所有。其意象在六合之表，荣落在四时之外。将以尻轮神马，御泠风以游无穷。真所谓藐姑射之山，汾水之阳，尘垢秕糠，绰约冰雪。时俗龌龊，又何能知洁庵游心之所在哉！"

画家诗人"游心之所在"，就是他独辟的灵境，创造的意象，作为他艺术创作的中心之中心。

什么是意境？人与世界接触，因关系层次的不同，可有五种境界：①为满足生理的物质的需要，而有功利境界；②因人群共存互爱的关系，而有伦理境界；③因人群组合互制的关系，而有政治境界；④因穷研物理，追求智慧，而有学术境界；⑤因欲返本归真，冥合天人，而有宗教境界。功利境界主于利，伦理境界主于爱，政治境界主于权，学术境界主于真，宗教境界主于神。但介乎后二者的中间，以宇宙人生的具体为对象，赏玩它的色相、秩序、节奏、和谐，借以窥见自我的最深心灵的反映；化实景而为虚境，创形象以为象征，使人类最高的心灵具体化、肉身化，这就是"艺术境界"。艺术境界主于美。

所以一切美的光是来自心灵的源泉：没有心灵的映射，是无所谓美的。瑞士思想家阿米尔（Amiel）说：

> "一片自然风景是一个心灵的境界。"

中国大画家石涛也说：

> "山川使予代山川而言也。……山川与予神遇而迹化也。"

艺术家以心灵映射万象，代山川而立言，他所表现的是主观的生命情调与客观的自然景象交融互渗，成就一个鸢飞鱼跃，活泼玲珑，渊然而深的灵境；这灵境就是构成艺术之所以为艺术的"意境"。（但在音乐和建筑，这时间中纯形式与空间中纯形式的艺术，却以非模仿自然的境相来表现人心中最深的不可名的意境，而舞蹈则又为综合时空的纯形式艺术，所以能为一切艺术的根本型态，这事后面再说到。）

意境是“情”与“景”（意象）的结晶品。王安石有一首诗：

杨柳鸣蜩绿暗，

荷花落日红酣。

三十六陂春水，

白头相见江南。

前三句全是写景。江南的艳丽的阳春，但着了末一句，全部景象遂笼罩上，啊，渗透进，一层无边的惆怅，回忆的愁思，和重逢的欣慰。情景交织，成了一首绝美的“诗”。

元人马东篱有一首《天净沙小令》：

枯藤老树昏鸦，

小桥流水人家，

古道西风瘦马，

夕阳西下——

断肠人在天涯！

也是前四句完全写景，着末了一句写情，全篇点化成一片哀愁寂寞，宇宙荒寒，枨触无边的诗境。

艺术的意境，因人因地因情因景的不同，现出种种色相，如摩尼珠，幻出多样的美。同是一个星天月夜的景，影映出几层不同的诗境：

元人杨载《景阳宫望月》云：

大地山河微有影，

九天风露浩无声。

明画家沈周《写怀寄僧》云：

明河有影微云外，

清露无声万木中。

清人盛青嵝咏《白莲》云：

半江残月欲无影，

一岸冷云何处香。

杨诗写涵盖乾坤的封建的帝居气概，沈诗写迥绝世尘的幽人境界，盛诗写风流蕴藉，流连光景的诗人情怀。一主气象，一主幽思（禅境），一主情致。至于唐人陆龟蒙咏白莲的名句：“无情有恨何人见，月晓风清欲堕时。”却系为花传神，偏于赋体，诗境虽美，主于咏物。

在一个艺术表现里情和景交融互渗，因而发掘出最深的情，一层比一层更深的情，同时也透入了最深的景，一层比一层更晶莹的景；景中全是情，情具象而为景，因而涌现了一个独特的宇宙，崭新的意象，为人类增加了丰富的想象，替世界开辟了新境，正如恽南田所说“皆灵想之所独辟，总非人间所有”！这是我的所谓“意境”。“外师造化，中得心源”。唐代画家张璪这两句训示，是这意境创现的基本条件。

（二）意境与山水

元人汤采真说：“山水之为物，禀造化之秀，阴阳晦冥，晴晦寒暑，朝昏昼夜，随形改步，有无穷之趣，自非胸中丘壑，汪汪洋洋，如万顷波，未易摹写。”

艺术意境的创构，是使客观景物作我主观情思的象征。我人心中情思起伏，波澜变化，仪态万千，不是一个固定的物象轮廓能够如量表出，只有大自然的全幅生动的山川草木，云烟明晦，才足以表象我们胸襟里蓬勃无尽的灵感气韵。恽南田题画说：“写此云山绵邈，代致相思，笔端丝纷，皆清泪也。”山水成了诗人画家抒写情思的媒介，所以中国画和诗，都爱以山水境界做表现和咏叹的中心。和西洋自希腊以来拿人体做主要对象的艺术途径迥然不同。董其昌说得好：“诗以山川为境，山川亦以诗为境。”艺术家禀赋的诗心，映射着天地的诗心。（《诗纬》云：“诗者天地之心。”）山川大地是宇宙诗心的影现；画家诗人的心灵活跃，本身就是宇宙的创化，它的卷舒取舍，好似太虚片云，寒塘雁迹，空灵而自然！

（三）意境创造与人格涵养

这种微妙境界的实现，端赖艺术家平素的精神涵养，天机的培植，在活泼泼的心灵飞跃而又凝神寂照的体验中突然地成就。元代大画家黄子久“终日只在荒山乱石，丛木深筱中坐，意态忽忽，人不测其为何。又每往泖中通海处看急流轰浪，虽风雨骤至，水怪悲诧而不顾”。宋画家米友仁说：“画之老境，于世海中一毛发事泊然无着染。每静室僧趺，忘怀万虑，与碧虚寥廓同其流。”黄子久以狄阿理索斯（Dionysius）的热情深入宇宙的动象，米友仁却以阿波罗（Apollo）式的宁静涵映世界的广大精微，代表着艺术生活上两种最高精神型式。

在这种心境中完成的艺术境界自然能空灵动荡而又深沉幽渺。南唐董源说：“写江南山，用笔甚草草，近视之几不类物象，远视之则景物粲然，幽情远思，如睹异境。”艺术家凭借他深静的心襟，发现宇宙间深沉的境地；他们在大自然里“偶遇枯槎顽石，勺水疏林，都能以深情冷眼，求其幽意所在。”黄子久每教人作深潭，以杂树滃之，其造境可想。

所以艺术境界的显现，绝不是纯客观地机械地描摹自然，而以“心匠自得为高”。（米芾语）尤其是山川景物，烟云变灭，不可临摹，须凭胸臆的创构，才能把握全景。宋画家宋迪论作山水画说：

"先当求一败墙，张绢素讫，朝夕视之。既久，隔素见败墙之上，高下曲折，皆成山水之象，心存目想：高者为山，下者为水，坎者为谷，缺者为涧，显者为近，晦者为远。神领意造，恍然见人禽草木飞动往来之象，了然在目，则随意命笔，默以神会，自然景皆天就，不类人为，是谓活笔。"

他这段话很可以说明中国画家所常说的"丘壑成于胸中，既寤发之于笔墨"，这和西洋印象派画家莫奈（Monet）早、午、晚三时临绘同一风景至于十余次，刻意写实的态度，迥不相同。

（四）禅境的表现

中国艺术家何以不满于纯客观的机械式的摹写？因为艺术意境不是一个单层的平面的自然的再现，而是一个境界层深的创构。从直观感相的摹写，活跃生命的传达，到最高灵境的启示，可以有三层次。蔡小石在《拜石山房词》序里形容词里面的这三境层极为精妙：

"夫意以曲而善托，调以杳而弥深。始读之则万萼春深，百色妖露，积雪缟地，余霞绮天，一境也。（案：这是直观感相的渲染）再读之则烟涛澒洞，霜飙飞摇，骏马下坡，泳鳞出水，又一境也，（案：这是活跃生物的传达）卒读之而皎皎明月，仙仙白云，鸿雁高翔，坠叶如雨，不知其何以冲然而澹，翛然而远也。（案：这是最高灵境的启示）"

江顺贻评之曰："始境，情胜也。又境，气胜也。终境，格胜也。""情"是心灵对于印象的直接反映，"气"是"生气远出"的生命，"格"是映射着人格的高尚格调。西洋艺术里面的印象主义、写实主义，是相等于第一境层。浪漫主义倾向于生命音乐性的奔放表现，古典主义倾向于生命雕像式的清明启示，都相当于第二境层。至于象征主义、表现主义、后期印象派，它们的旨趣在于第三境层。

而中国自六朝以来，艺术的理想境界却是"澄怀观道"（晋宋画家宗炳语），在拈花微笑里领悟色相中微妙至深的禅境。如冠九在《都转心庵词序》说得好：

"'明月几时有'词而仙者也。'吹皱一池春水'词而禅者也。仙不易学而禅可学。学矣而非栖神幽遐，涵趣寥旷，通拈花之妙悟，穷非树之奇想，则动而为沾滞之音矣。其何以澄观一心而腾踔万象。是故词之为境也，空潭印月，上下一澈，屏知识也。清馨出尘，妙香远闻，参净因也。鸟鸣珠箔，群花自落，超圆觉也。"

澄观一心而腾踔万象，是意境创造的始基，鸟鸣珠箔，群花自落，是意境表现的圆成。

绘画里面也能见到这意境的层深。明画家李日华在《紫桃轩杂缀》里说：

凡画有三次。一曰身之所容；凡置身处非邃密，即旷朗水边林下、多景所凑处是也。（案：此为身边近景）二曰目之所瞩；或奇胜，或渺迷，泉落云生，帆移鸟去是也。（案：此为眺瞩之景）三曰意之所游；目力虽穷而情脉不断处是也。（案：此为无尽空间之远景）然又有意有所忽处，如写一树一石，必有草草点染取态处。（案：此为有限中见取无限，传神写生之境）写长景必有意到笔不到，为神气所吞处，是非有心于忽，盖不得不忽也。（案：此为借有限以表现无限，造化与心源合一，一切形象都形成了象征境界）其于佛法相宗所云极迥色极略色之谓也。

于是绘画由丰满的色相达到最高心灵境界，所谓禅境的表现，种种境层，以此为归宿。戴醇士曾说："恽南田以'落叶聚还散，寒鸦栖复惊'（李白诗句）、品一峰（黄子久）笔，是所谓孤蓬自振，惊沙坐飞，画也而几乎禅矣！"禅是动中的极静，也是静中的极动，寂而常照，照而常寂，动静不二，直探生命的本原。禅是中国人接触佛教大乘教义后体认到自己心灵的深处而灿烂地发挥到哲学境界与艺术境界。静穆的观照和飞跃的生命构成艺术的两元，也是构成"禅"的心灵状态。《雪堂和尚拾遗录》里说："舒州太平灯禅师颇习经论，傍教说禅。白云演和尚以偈寄之曰：'白云山头月，太平松下影，良夜无狂风，都成一片境。'灯得偈颂之，未久，于宗门方彻渊奥。"禅境借诗境表达出来。

所以中国艺术意境的创成，既须得屈原的缠绵悱恻，又须得庄子的超旷空灵。缠绵悱恻，才能一往情深，深入万物的核心，所谓"得其环中"。超旷空灵，才能如镜中花，水中月，羚羊挂角，无迹可寻，所谓"超以象外"。色即是空，空即是色，色不异空，空不异色，这不但是盛唐人的诗境，也是宋元人的画境。

（五）道、舞、空白：中国艺术意境结构的特点

庄子是具有艺术天才的哲学家，对于艺术境界的阐发最为精妙。在他是"道"，这形而上原理，和"艺"，能够体合无间。"道"的生命进乎技，"技"的表现启示着"道"。在《养生主》里他有一段精彩的描写：

> "庖丁为文惠君解牛，手之所触，肩之所倚，足之所履，膝之所踦，砉然响然，奏刀騞然，若不中音。合于桑林之舞，乃中经首（尧乐章）之会（节也）。文惠君曰：'嘻，善哉！技盖至此乎？'庖丁释刀对曰：'臣之所好者道也，进乎技矣。始臣之解牛之时，所见无非牛者。三年之后，未尝见全牛也。方今之时，臣以神遇而不以目视，官知止而神欲行，依乎天理，批大郤，道大窾，因其固然，技经肯綮之未尝，而况大軱乎！良庖岁更刀，割也。族庖月更刀，折也。今臣之刀十九年矣，所解数千牛矣，而刀刃若新发于硎。彼节者有间，而刀刃者无厚，以无厚入有间，恢恢乎其于游刃，必有余地矣。是以十九年而刀刃若新发于硎。虽然，每至于族（交错聚结处）吾见其难为，怵然为戒，视为止，行为迟，动刀甚微，谍然已解，如土委地！提刀而立，为之四顾，为之踌躇满志。善刀而藏之。'文惠君曰：'善哉，吾闻庖丁之言，得养生焉。'"

"道"的生命和"艺"的生命，游刃于虚，莫不中音，合于桑林之舞，乃中经首之会。音乐的节奏是它们的本体。所以儒家哲学也说："大乐与天地同和，大礼与天地

同节。”《易》云：“天地细缊，万物化醇。”这生生的节奏是中国艺术境界的最后源泉。石涛题画云：“天地氤氲秀结，四时朝暮垂垂，透过鸿蒙之理，堪留百代之奇。”艺术家要在作品里把握到天地境界！德国诗人诺瓦理斯（Novalis）说：“混沌的眼，透过秩序的网幕，闪闪地发光。”石涛也说：“在于墨海中立定精神，笔锋下决出生活，尺幅上换去毛骨，混沌里放出光明。”艺术要刊落一切表皮，呈显物的晶莹真境。

艺术家经过“写实”、“传神”到“妙悟”境地，由于妙悟，他们“透过鸿蒙之理，堪留百代之奇”。这个使命是够伟大的！

那么艺术意境之表现于作品，就是要透过秩序的网幕，使鸿蒙之理闪闪发光。这秩序的网幕是由各个艺术家的意匠组织线、点、光、色、形体、声音或文字成为有机和谐的艺术形式，以表出意境。

因为这意境是艺术家的独创，是从他最深的“心源”和“造化”接触时突然的领悟和震动中诞生的，它不是一味客观的描绘，像用照相机摄影。所以艺术家要能拿特创的“秩序的网幕”来把住那真理的闪光。音乐和建筑的秩序结构，尤能直接地启示宇宙真体的内部和谐与节奏，所以一切艺术趋向音乐的状态、建筑的意匠。

然而，尤其是“舞”，这最高度的韵律、节奏、秩序、理性，同时是最高度的生命、旋动、力、热情，它不仅是一切艺术表现的究竟状态，且是宇宙创化过程的象征。艺术家在这时失落自己于造化的核心，沉冥入神，“穷元妙于意表，合神变乎天机”（唐代大批评家张彦远论画语）。“是有真宰，与之浮沉”（司空图《诗品》语），从深不可测的玄冥的体验中升化而出，行神如空，行气如虹。在这时只有“舞”，这最紧密的律法和最热烈的旋动，能使这深不可测的玄冥的境界具象化、肉身化。

在这舞中，严谨如建筑的秩序流动而为音乐，浩荡奔驰的生命收敛而为韵律。艺术表演着宇宙的创化。所以唐代大书家张旭见公孙大娘剑器舞而悟笔法，大画家吴道子请裴将军舞剑以助壮气说：“庶因猛厉以通幽冥！”郭若虚的《图画见闻志》上说：

> “唐开元中，将军裴旻居丧，诣吴道子，请于东都天宫寺画神鬼数壁，以资冥助。道子答曰：‘吾画笔久废，若将军有意，为吾缠结，舞剑一曲，庶因猛厉，以通幽冥！’旻于是脱去缞服，若常时装束，走马如飞，左旋右转，掷剑入云，高数十丈，若电光下射。旻引手执鞘承之，剑透室而入。观者数千人，无不惊栗。道子于是援毫图壁，飒然风起，为天下之壮观。道子平生绘事，得意无出于此。”

诗人杜甫形容诗的最高境界说：“精微穿溟涬，飞动摧霹雳。”（出自《夜听许十一诵诗爱而有作》）前句是写沉冥中的探索，透进造化的精微的机缄，后句是指着大气盘旋的创造，具象而成飞舞。深沉的静照是飞动的活力的源泉。反过来说，也只有活跃的具体的生命舞姿、音乐的韵律、艺术的形象，才能使静照中的“道”具象化、肉身化。德国诗人侯德林（Hoerdelin）有两句诗含义极深：

谁沉冥到那无涘际的“深”，将热爱着这最生动的“生”。

他这话使我们突然省悟中国哲学境界和艺术境界的特点。中国哲学是就“生命本身”体悟“道”的节奏。“道”具象于生活、礼乐制度。道尤表象于“艺”。灿烂的“艺”赋予“道”以形象和生命，“道”给予“艺”以深度和灵魂。庄子《天地》篇有一段寓言说明只有艺“象罔”才能获得道真“玄珠”：

黄帝游乎赤水之北，登乎昆仑之丘而南望，还归，遗其玄珠。（司马彪云：玄珠，道真也）使知（理智）索之而不得。使离朱（色也，视觉也）索之而不得。使吃诟（言辩也）索之而不得也。乃使象罔，象罔得之。黄帝曰：“异哉！象罔乃可以得之乎？”

吕惠卿注释得好：“象则非无，罔则非有，不皦不昧，玄珠之所以得也。”非无非有，不皦不昧，这正是艺术形象的象征作用。“象”是境相，“罔”是虚幻，艺术家创造虚幻的境相以象征宇宙人生的真际。真理闪耀于艺术形象里，玄珠的皪于象罔里。歌德曾说：“真理和神性一样，是永不肯让我们直接识知的。我们只能在反光、譬喻、象征里面观照它。”又说：“在璀灿的反光里面我们把握到生命。”生命在他就是宇宙真际。他在《浮士德》里面的诗句：“一切消逝者，只是一象征”，更说明“道”、“真的生命”是寓在一切变灭的形象里。英国诗人勃莱克的一首诗说得好：

一花一世界，
一沙一天国，
君掌盛无边，
刹那含永劫。

这诗和中国宋僧道灿的重阳诗句（田汉译）：“天地一东篱，万古一重九”，都能喻无尽于有限，一切生灭者象征着永恒。

人类这种最高的精神活动，艺术境界与哲理境界，是诞生于一个最自由最充沛的深心的自我。这充沛的自我，真力弥满，万象在旁，掉臂游行，超脱自在，需要空间，供他活动。（参见拙作《中西画法所表现的空间意识》）于是“舞”是它最直接、最具体的自然流露。“舞”是中国一切艺术境界的典型。中国的书法、画法都趋向飞舞。庄严的建筑也有飞檐表现着舞姿。杜甫《观公孙大娘弟子舞剑器行》首段云：

昔有佳人公孙氏，
一舞剑器动四方，
观者如山色沮丧，
天地为之久低昂……

天地是舞，是诗（诗者天地之心），是音乐（大乐与天地同和）。中国绘画境界的特点建筑在这上面。画家解衣盘礴，面对着一张空白的纸（表象着舞的空间），用飞舞的草情篆意谱出宇宙万形里的音乐和诗境。照相机所摄万物形体的底层在纸上是构成一片黑影。物体轮廓线内的纹理形象模糊不清。山上草树崖石不能生动地表出他们的脉络姿态。只在大雪之后，崖石轮廓林木枝干才能显出它们各自的弈弈的精神性格，恍如铺垫了一层空白纸，使万物以嵯峨突兀的线文呈露它们的绘画状态。所以中国画家爱写雪景（王维），这里是天开图画。

中国画家面对这幅空白，不肯让物的底层黑影填实了物体的“面”，取消了空白，像西洋油画；所以直接地在这一片虚白上挥毫运墨，用各式皴纹表现物的生命节奏。（石涛说：“笔之于皴也，开生面也。”）同时借取书法中的草情篆意或隶体表达自己心中的韵律，所绘出的是心灵所直接领悟的物态天趣，造化和心灵的凝合。自由潇洒的笔墨，凭线文的节奏，色彩的韵律，开径自行，养空而游，蹈光揖影，抟虚成实。

庄子说：“虚室生白。”又说：“唯道集虚。”中国诗词文章里都着重这空中点染，抟虚成实的表现方法，使诗境、词境里面有空间，有荡漾，和中国画面具同样的意境结构。

中国特有的艺术——书法，尤能传达这空灵动荡的意境。唐张怀瓘在他的《书议》里形容王羲之的用笔说：“一点一画，意态纵横，偃亚中间，绰有余裕。然字峻秀，类于生动，幽若深远，焕若神明，以不测为量者，书之妙也。”在这里，我们见到书法的妙境通于绘画，虚空中传出动荡，神明里透出幽深，超以象外，得其环中，是中国艺术的一切造境。

王船山在《诗绎》里说：“论画者曰，咫尺有万里之势，一势字宜着眼。若不论势，则缩万里于咫尺，直是《广舆记》前一天下图耳。五言绝句以此为落想时第一义。唯盛唐人能得其妙。如‘君家住何处，妾住在横塘，停船暂借问，或恐是同乡’，墨气所射，四表无穷，无字处皆其意也！”高日甫论画歌曰：“即其笔墨所未到，亦有灵气空中行。”笪重光说：“虚实相生，无画处皆成妙境。”三人的话都是注意到艺术境界里的虚空要素。中国的诗词、绘画、书法里，表现着同样的意境结构，代表着中国人的宇宙意识。盛唐王、孟派的诗固多空花水月的禅境；北宋人词空中荡漾，绵渺无际；就是南宋词人姜白石的“二十四桥仍在，波心荡冷月无声”，周草窗的“看画船尽入西泠，闲却半湖春色”，也能以空虚衬托实景，墨气所射，四表无穷。但就它渲染的境象说，还是不及唐人绝句能“无字处皆其意”，更为高绝。中国人对“道”的体验，是“于空寂处见流行，于流行处见空寂”，唯道集虚，体用不二，这构成中国人的生命情调和艺术意境的实相。

王船山又说：“工部（杜甫）之工在即物深致，无细不章。右丞（王维）之妙，在广摄四旁，圜中自显。”又说；“右丞妙手能使在远者近，抟虚成实，则心自旁灵，形自当位。”这话极有意思。“心自旁灵”表现于“墨气所射，四表无穷”，“形自当位”，是“咫尺有万里之势”。“广摄四旁，圜中自显”，“使在远者近，抟虚成实”，这正是大画家大诗人王维创造意境的手法，代表着中国人于空虚中创现生命的流行，絪缊的气韵。

王船山论到诗中意境的创造，还有一段精深微妙的话，是使我们领悟“中国艺术意境之诞生”的终极根据。他说：“唯此窅窅摇摇之中，有一切真情在内，可兴可观，可群可怨，是以有取于诗。然因此而诗则又往往缘景缘事，缘以往缘未来，经年苦吟，而不能自道。以追光蹑影之笔，写通天尽人之怀，是诗家正法眼藏。”“以追光蹑影之笔，写通天尽人之怀”，这两句话表出中国艺术的最后的理想和最高的成就。唐、宋人的诗词是这样，宋、元人的绘画也是这样。

尤其是在宋、元人的山水花鸟画里，我们具体地欣赏到这“追光蹑影之笔，写通天尽人之怀”。画家所写的自然生命，集中在一片无边的虚白上。空中荡漾着“视之不见、听之不闻、搏之不得”的“道”，老子名之为“夷”、“希”、“微”。在这一片虚白上幻现的一花一鸟、一树一石、一山一水，都负荷着无限的深意、无边的深情。（画家、诗人对万物一视同仁，往往很远的微小的一草一石，都用工笔画出，或在逸笔撇脱中表出微茫惨淡的意趣）万物浸在光被四表的神的爱中，宁静而深沉。深，像在一和平的梦中，给予观者的感受是一澈透灵魂的安慰和惺惺的微妙的领悟。

中国画的用笔，从空中直落，墨花飞舞，和画上虚白，溶成一片，画境恍如“一片云，因日成彩，光不在内，亦不在外，既无轮廓，亦无丝理，可以生无穷之情，而情了无寄”（借王船山评王俭《春诗》绝句语）。中国画的光是动荡着全幅画面的一种形而上的、非写实的宇宙灵气的流行，贯彻中边，往复上下。古绢的暗然无光尤能传达这种神秘的意味。西洋传统的油画填没画底，不留空白，画面上动荡的光和气氛仍是物理的目睹的实质，而中国画上画家用心所在，正在无笔墨处，无笔墨处却是飘渺天倪，化工的境界。（即其笔墨所未到，亦有灵气空中行）这种画面的构造是植根于中国心灵里葱茏絪缊，蓬勃生发的宇宙意识。王船山说得好：“两间之固有者，自然之华，因流动生变而成绮丽，心目之所及，文情赴之，貌其本荣，如所存而显之，即以华奕照耀，动人无际矣！”这不是唐诗宋画给予我们的印象吗？然而近代文人的诗笔画境缺乏照人的光彩，动人的情致，丰富的意象，这是民族心灵一时枯萎的征象么？

中国人爱在山水中设置空亭一所。戴醇士说：“群山郁苍，群木荟蔚，空亭翼然，吐纳云气。”一座空亭竟成为山川灵气动荡吐纳的交点和山川精神聚积的处所。倪云林每画山水，多置空亭，他有“亭下不逢人，夕阳澹秋影”的名句。张宣题倪画《溪亭山色图》诗云：“石滑岩前雨，泉香树杪风，江山无限景，都聚一亭中。”苏东坡《涵虚亭》诗云：“惟有此亭无一物，坐观万景得天全。”唯道集虚，中国建筑也表现着中国人的宇宙意识。

空寂中生气流行，鸢飞鱼跃，是中国人艺术心灵与宇宙意象“两镜相入”互摄互映的华严境界。倪云林诗云：

兰生幽谷中，

倒影还自照。

无人作妍媸，

春风发微笑。

希腊神话里水仙之神（Narcissus）临水自鉴，眷恋着自己的仙姿，无限相思，憔悴而死。中国的兰生幽谷，倒影自照，孤芳自赏，虽感空寂，却有春风微笑相伴，一呼一吸，宇宙息息相关，悦怿风神，悠然自足。（中西精神的差别相）

艺术的境界，既使心灵和宇宙净化，又使心灵和宇宙深化，使人在超脱的胸襟里体味到宇宙的深境。

唐朝诗人常建的《江上琴兴》一诗最能写出艺术（琴声）这净化深化的作用：

江上调玉琴，一弦清一心。

泠泠七弦遍，万木澄幽阴。

能使江月白，又令江水深。

始知梧桐枝，可以徽黄金。

中国文艺里意境高超莹洁而具有壮阔幽深的宇宙意识生命情调的作品也不可多见。我们可以举出宋人张于湖的一首词来，他的念奴娇《过洞庭湖》词云：

“洞庭青草近中秋，更无一点风色。玉界琼田三万顷，着我片舟一叶。素月分晖，明河共影，表里俱澄澈。悠悠心会，妙处难与君说。

“应念岭表经年，孤光自照，肝胆皆冰雪。短发萧疏襟袖冷，稳泛沧溟空阔。吸尽西江，细斟北斗，万象为宾客。（案：对空间之超脱）叩舷独啸，不知今夕何夕！（案：对时间之超脱）”

这真是“雪涤凡响，棣通太音，万尘息吹，一真孤露。”笔者自己也曾写过一首小诗，希望能传达中国心灵的宇宙情调，不揣陋劣，附在这里，借供参证：

“飙风天际来，绿压群峰暝。云罅漏夕晖，光写一川冷。悠悠白鹭飞，淡淡孤霞迥。系缆月华生，万象浴清影。”（《柏溪夏晚归棹》）

艺术的意境有它的深度、高度、阔度。杜甫诗的高、大、深，俱不可及。“吐弃到人所不能吐弃为高，含茹到人所不能含茹为大，曲折到人所不能曲折为深。”（刘熙载评杜甫诗语）叶梦得《石林诗话》里也说：“禅家有三种语，老杜诗亦然。如‘波漂菰米沉云黑，露冷莲房坠粉红’，为涵盖乾坤语。‘落花游丝白日静，鸣鸠乳燕青春深’，为随波逐浪语。‘百年地僻柴门迥，五月江深草阁寒’，为截断众流语。”涵盖乾坤是大，随波逐浪是深，截断众流是高。李太白的诗也具有这高、深、大。但太白的情调较偏向于宇宙境象的大和高。太白登华山落雁峰，说：“此山最高，呼吸之气，想通帝座，恨不携谢朓惊人句来，搔首问青天耳！”（语出《唐语林》）杜甫则“直取性情真”（杜甫诗句），他更能以深情掘发人性的深度，他具有但丁的沉着的热情和歌德的具体表现力。

李、杜境界的高、深、大，王维的静远空灵，都植根于一个活跃的、至动而有韵律的心灵。承继这心灵，是我们深衷的喜悦。

论雅俗共赏

作者简介

朱自清

朱自清（1898～1948年），原名自华，字佩弦，号秋实，祖籍浙江绍兴，生于江苏扬州。现代作家、学者、民主战士。曾留学英国，是“文学研究会”成员，长期在清华大学任教，从事创作与学术研究，最后成为一名坚强的民主战士。其著作共26种，约200万字。诗文合集有《踪迹》，散文集有《背影》、《欧游杂记》、《你我》，学术著作有《经典常谈》。尤以散文成就最高，被称为“至情之文”、“至美之文”。

作品简介

本文原载1947年11月18日《观察》第3卷第11期。五四新文化运动开启了中国新文学的阀门，新文化运动就是从通俗文学入手，引导新文学步入纯文学的殿堂。朱自清在本文中论述了当时中国文坛的这个发展态势。

选文

陶渊明有“奇文共欣赏，疑义相与析”的诗句，那是一些“素心人”的乐事，“素心人”当然是雅人，也就是士大夫。这两句诗后来凝结成“赏奇析疑”一个成语，“赏奇析疑”是一种雅事，俗人的小市民和农家子弟是没有份儿的。然而又出现了“雅俗共赏”这一个成语，“共赏”显然是“共欣赏”的简化，可是这是雅人和俗人或俗人跟雅人一同在欣赏，那欣赏的大概不会还是“奇文”罢。这句成语不知道起于什么时代，从语气看来，似乎雅人多少得理会到甚至迁就着俗人的样子，这大概是在宋朝或者更后罢。

原来唐朝的安史之乱可以说是我们社会变迁的一条分水岭。在这之后，门第迅速的垮了台，社会的等级不像先前那样固定了，“士”和“民”这两个等级的分界不像先前的严格和清楚了，彼此的分子在流通着，上下着。而上去的比下来的多，士人流落民间的毕竟少，老百姓加入士流的却渐渐多起来。王侯将相早就没有种了，读书人到了这时候也没有种了；只要家里能够勉强供给一些，自己有些天分，又肯用功，就是个“读书种子”；去参加那些公开的考试，考中了就有官做，至少也落个绅士。这种进展经过唐末跟五代的长期的变乱加了速度，到宋朝又加上印刷术的发达，学校多起来了，士人也多起来了，士人的地位加强，责任也加重了。这些士人多数是来自民间的新的分子，他们多少保留着民间的生活方式和生活态度。他们一面学习和享受那些雅的，一面却还不能摆脱或蜕变那些俗的。人既然很多，大家都是这样，也就不觉其寒碜；不但不觉其寒碜，还要重新估定价值，至少也得调整那旧有的标准与尺度。“雅俗共赏”似乎就是新提出的尺度或标准，这里并非打倒旧标准，只是要求那些雅士理会到或迁就些俗士的趣味，好让大家打成一片。当然，所谓“提出”和“要求”，都只是不自觉的看来是自然而然的趋势。

中唐的时期，比安史之乱还早些，禅宗的和尚就开始用口语记录大师的说教。用口语为的是求真与化俗，化俗就是争取群众。安史之乱后，和尚的口语记录更其流行，于是乎有了“语录”这个名称，“语录”就成为一种著述体了。到了宋朝，道学家讲学，更广泛的留下了许多语录；他们用语录，也还是为了求真与化俗，还是为了争取群众。所谓求真的“真”，一面是如实和直接的意思。禅家认为第一义是不可说的，语言文字都不能表达那无限的可能，所以是虚妄的。然而实际上语言文字究竟是不免要用的一种“方便”，记录文字自然越近实际的、直接的说话越好。在另一面这“真”又是自然的意思，自然才亲切，才让人容易懂，也就是更能收到化俗的功效，更能获得广大的群众。道学主要的是中国的正统的思想，道学家用了语录做工具，大大的增强了这种新的文体的地位，语录就成为一种传统了。比语录体稍稍晚些，还出现了一种宋朝叫做“笔记”的东西。这种作品记述有趣味的杂事，范围很宽，一方面发表作者自己的意见，所谓议论，也就是批评，这些批评往往也很有趣味。作者写这种书，只当做对客闲谈，并非一本正经，虽然以文言为主，可是很接近说话。这也是给大家看的，看了可以当做“谈助”，增加趣味。宋朝的笔记最发达，当时盛行，流传下来的也很多。目录家将这种笔记归在“小说”项下，近代书店汇印这些笔记，更直题为“笔记小说”；中国古代所谓“小说”，原是指记述杂事的趣味作品而言的。

那里我们得特别提到唐朝的“传奇”。“传奇”据说可以见出作者的“史才、诗笔、议论”，是唐朝士子在投考进士以前用来送给一些大人先生看，介绍自己，求他们给自己宣传的。其中不外乎灵怪、艳情、剑侠三类故事，显然是以供给“谈助”，引起趣味为主。无论照传统的意念，或现代的意念，这些“传奇”无疑的是小说，一方面也和笔记的写作态度有相类之处。照陈寅恪先生的意见，这种“传奇”大概起于民间，文士是仿作，文字里多口语化的地方。陈先生并且说唐朝的古文运动就是从这儿开始。他指出古文运动的领导者韩愈的《毛颖传》，正是仿“传奇”而作。我们看韩愈的“气盛言宜”的理论和他的参差错落的文句，也正是多多少少在口语化。他的门下的“好难”、“好易”两派，似乎原来也都是在试验如何口语化。可是“好难”的一派过分强调了自己，过分想出奇制胜，不管一般人能够了解欣赏与否，终于被人看做“诡”和“怪”而失败，于是宋朝的欧阳修继承了“好易”的一派的努力而奠定了古文的基础。——以上说的种种，都是安史乱后几百年间自然的趋势，就是那雅俗共赏的趋势。

宋朝不但古文走上了“雅俗共赏”的路，诗也走向这条路。胡适之先生说宋诗的好处就在“做诗如说话”，一语破的地指出了这条路。自然，这条路上还有许多曲折，但是就像不好懂的黄山谷，他也提出了“以俗为雅”的主张，并且点化了许多俗语成为诗句。实践上“以俗为雅”，并不从他开始，梅圣俞、苏东坡都是好手，而苏东坡更胜。据记载梅和苏都说过“以俗为雅”这句话，可是不大靠得住；黄山谷却在《再次杨明叔韵》一诗的“引”里郑重的提出“以俗为雅，以故为新”，说是“举一纲而张万目”。他将“以俗为雅”放在第一，因为这实在可以说是宋诗的一般作风，也正是“雅俗共赏”的路。但是加上“以故为新”，路就曲折起来，那是雅人自赏，黄山谷所以终于不好懂了。不过黄山谷虽然不好懂，宋诗却终于回到了“做诗如说话”的路，这“如说话”，的确是条大路。

雅化的诗还不得不回向俗化，刚刚来自民间的词，在当时不用说自然是“雅俗共赏”的。别瞧黄山谷的有些诗不好懂，他的一些小词可够俗的。柳耆卿更是个通俗的词人。词后来虽然渐渐雅化或文人化，可是始终不能雅到诗的地位，它怎么着也只是“诗馀”。词变为曲，不是在文人手里变，是在民间变的；曲又变得比词俗，虽然也经过雅化或文人化，可是还雅不到词的地位，它只是“词馀”。一方面从晚唐和尚的俗讲演变出来的宋朝的“说话”就是说书，乃至后来的平话以及章回小说，还有宋朝的杂剧和诸宫调等等转变成功的元朝的杂剧和戏文，乃至后来的传奇，以及皮簧戏，更多半是些“不登大雅”的“俗文学”。这些除元杂剧和后来的传奇也算是“词馀”以外，在过去的文学传统里简直没有地位；也就是说这些小说和戏剧在过去的文学传统里多半没有地位，有些有点地位，也不是正经地位。可是虽然俗，大体上却“俗不伤雅”，虽然没有什么地位，却总是“雅俗共赏”的玩艺儿。

“雅俗共赏”是以雅为主的，从宋人的“以俗为雅”以及常语的“俗不伤雅”，更可见出这种宾主之分。起初成群俗士蜂拥而上，固然逼得原来的雅士不得不理会到甚至迁就着他们的趣味，可是这些俗士需要摆脱的更多。他们在学习，在享受，也在蜕变，这样渐渐适应那雅化的传统，于是乎新旧打成一片，传统多多少少变了质继续下去。前面说过的文体和诗风的种种改变，就是新旧双方调整的过程，结果迁就的渐渐不觉其为迁就，学习的也渐渐习惯成了自然，传统的确稍稍变了质，但是还是文言或雅言为主，就算跟民众近了一些，近得也不太多。

至于词曲，算是新起于俗间，实在以音乐为重，文辞原是无关轻重的；“雅俗共赏”，正是那音乐的作用。后来雅士们也曾分别将那些文辞雅化，但是因为音乐性太重，使他们不能完成那种雅化，所以词曲终于不能达到诗的地位。而曲一直配合着音乐，雅化更难，地位也就更低，还低于词一等。可是词曲到了雅化的时期，那“共赏”的人却就雅多而俗少了。真正“雅俗共赏”的是唐、五代、北宋的词，元朝的散曲和杂剧，还有平话和章回小说以及皮簧戏等。皮簧戏也是音乐为主，大家直到现在都还在哼着那些粗俗的戏词，所以雅化难以下手，虽然一二十年来这雅化也已经试着在开始。平话和章回小说，传统里本来没有，雅化没有合适的榜样，进行就不易。《三国演义》虽然用了文言，却是俗化的文言，接近口语的文言，后来的《水浒》、

《西游记》、《红楼梦》等就都用白话了。不能完全雅化的作品在雅化的传统里不能有地位，至少不能有正经的地位。雅化程度的深浅，决定这种地位的高低或有没有，一方面也决定“雅俗共赏”的范围的小和大——雅化越深，“共赏”的人越少，越浅也就越多。所谓多少，主要的是俗人，是小市民和受教育的农家子弟。在传统里没有地位或只有低地位的作品，只算是玩艺儿；然而这些才接近民众，接近民众却还能教“雅俗共赏”，雅和俗究竟有共通的地方，不是不相理会的两橛了。

单就玩艺儿而论，“雅俗共赏”虽然是以雅化的标准为主，“共赏”者却以俗人为主。固然，这在雅方得降低一些，在俗方也得提高一些，要“俗不伤雅”才成；雅方看来太俗，以至于“俗不可耐”的，是不能“共赏”的。但是在什么条件之下才会让俗人所“赏”的，雅人也能来“共赏”呢？我们想起了“有目共赏”这句话。孟子说过“不知子都之姣者，无目者也”，“有目”是反过来说，“共赏”还是陶诗“共欣赏”的意思。子都的美貌，有眼睛的都容易辨别，自然也就能“共赏”了。孟子接着说：“口之于味也，有同嗜焉；耳之于声也，有同听焉；目之于色也，有同美焉。”这说的是人之常情，也就是所谓人情不相远。但是这不相远似乎只限于一些具体的、常识的、现实的事物和趣味。譬如北平罢，故宫和颐和园，包括建筑，风景和陈列的工艺品，似乎是“雅俗共赏”的，天桥在雅人的眼中似乎就有些太俗了。说到文章，俗人所能“赏”的也只是常识的，现实的。后汉的王充出身是俗人，他多多少少代表俗人说话，反对难懂而不切实用的辞赋，却赞美公文能手。公文这东西关系雅俗的现实利益，始终是不曾完全雅化了的。再说后来的小说和戏剧，有的雅人说《西厢记》诲淫，《水浒传》诲盗，这是“高论”。实际上这一部戏剧和这一部小说都是“雅俗共赏”的作品。《西厢记》无视了传统的礼教，《水浒传》无视了传统的忠德，然而“男女”是“人之大欲”之一，“官逼民反”，也是人之常情，梁山泊的英雄正是被压迫的人民所想望的。俗人固然同情这些，一部分的雅人，跟俗人相距还不太远的，也未尝不高兴这两部书说出了他们想说而不敢说的。这可以说是一种快感，一种趣味，可并不是低级趣味；这是有关系的，也未尝不是有节制的。“诲淫”、“诲盗”只是代表统治者的利益的说话。

十九世纪二十世纪之交是个新时代，新时代给我们带来了新文化，产生了我们的知识阶级。这知识阶级跟从前的读书人不大一样，包括了更多的从民间来的分子，他们渐渐跟统治者拆伙而走向民间。于是乎有了白话正宗的新文学，词曲和小说戏剧都有了正经的地位。还有种种欧化的新艺术。这种文学和艺术却并不能让小市民来“共赏”，不用说农工大众。于是乎有人指出这是新绅士也就是新雅人的欧化，不管一般人能够了解欣赏与否。他们提倡“大众语”运动。但是时机还没有成熟，结果不显著。抗战以来又有“通俗化”运动，这个运动并已经在开始转向大众化。“通俗化”还分别雅俗，还是“雅俗共赏”的路，大众化却更进一步要达到那没有雅俗之分，只有“共赏”的局面。这大概也会是所谓由量变到质变罢。

文学概论讲义

作者简介

老舍

老舍（1899～1966年），原名舒庆春，字舍予，老舍是笔名，满族，北京人，现代作家。五四时期开始白话创作。曾任英国伦敦大学东方学院中文讲师。回国后任齐鲁大学、山东大学教授。1951年被北京市人民政府授予“人民艺术家”称号。他的小说以浓郁的地方色彩、生动活泼的北京口语写成，通俗而不乏幽默，形成了老舍的风格，成为“京味小说”的开创者。

作品简介

本文选自《文学概论讲义》中的“中国历代文说”。老舍先生综合古今，以作家的视角，以开放的眼光，以西方文学理论为参照，对文学进行全面又独特的思考，讲文学的特质、文学的创造、文学的起源、文学的风格，分体裁论文学的形式，又谈文学的风气和倾向。此书不仅为研究老舍文学观的重要资料，也是一部难得的文学理论入门书。其文论说的主要对象不是“文学”，而是大而泛之的“文”；主要目的不在“文学”，而在如何利用“文学”。

选文

在第一讲里，我们略指出中国文士论文的错误，是横着摆列数条，没管它们在历史上的先后。现在我们再竖着看一看，把古今的重要文说略微讨论一下。

先秦文论：文学，不论中外，发达最早的是诗歌。像《诗序》里的“言之不足，故嗟叹之；嗟叹之不足，故咏歌之；咏歌之不足，不知手之舞之，足之蹈之也。”那样心有所感，发为歌咏，是在有文字之先，已有的事实。那么，我们先拿《诗经》来研究一下，似乎是当然的手续。《诗经》，据说是孔子删定的，这个传说的可靠与否，我们且不去管；孔子对于《诗经》很喜欢引用与谈论是个事实。

《诗》中的《风》本是“出于里巷歌谣之作，男女相与咏歌，各言其情也。”（朱熹）它们的文学价值也就在这里。可是孔子——一位注重礼乐、好谈政治的实利哲学家——对于《诗》的文学价值是不大注意的；他始终是说怎样利用它。他用“《诗》三百，一言以蔽之，曰：思无邪！”（《论语·为政篇》）定了读《诗》的方法；于是惹起后世注《诗》的人们对于《诗》的误解：“刺美风化”是他们替“思无邪”作辨证的工夫；对于《诗》本身的文学价值几乎完全忘却。这是在思想方面，他已把文学与道德掺和起来立论。再看他怎从其他方面利用《诗》：

“不学《诗》，无以言。”（《论语·季氏篇》）《诗》的用处是帮助修辞的。

“入其国，其教可知也。其为人也，温柔敦厚，诗教也。”（《礼记·经解篇》）这是以诗为政治的工具。

“小子何莫学夫诗？诗，可以兴，可以观，可以群，可以怨；迩之事父，远之事君；多识于鸟兽草木之名。”（《论语·阳货篇》）《诗》不但可以教给人们以事父事君之道，且可以当动植物辞典用！

这样，孔子既以《诗》为政治教育的工具，为一本有趣的教科书，所以他引用诗句时，也不大管诗句的真意，而是曲为比附，以达己意，正如古希腊诡辩家的利用荷马。铃木虎雄说得好：

> “孔子当解释诗，对于诗的原意特别注重把来安上一种政教上的特别的意义来应用。……例如述到逸诗：‘唐棣之华，偏其反而；岂不尔思，室是远而。’必评论说：‘未之思也夫！何远之有！’（《论语·子罕篇》）原篇虽是说男女相思，因居室远而相背的。对于这下一转语，可说是相思底程度不够，倘若真相思便没有所谓远这一回事的，恰如利用所谓：‘仁，远乎哉？我欲仁，斯仁至矣。’（《论语·述而篇》）的意义一样。政教下的谈话成了干燥无味（之谈，而）①由此得救了。又在《大学》里引《诗》云：‘邦畿千里，维民所止。’（《商颂·玄鸟》）《诗》云：‘缗蛮黄鸟，止于丘隅。’（《小雅·鱼藻之什缗蛮》）也说：‘于止，知其所知，可以人而不如鸟乎。’（《大学》）掇拾‘止’字以利用《大学》的‘止于至善。’……子夏问到《诗》里所说：‘巧笑倩兮，美目盼兮，素以为绚兮。’是怎样解释，孔子答以：‘绘事后素。’子夏遂说道：‘礼后乎？’（《论语·八佾篇》）孔子又说子夏是‘可与言诗’的。甚至称赞为‘起予者商也。’但这种问答诗底原意已被遗却，只是借诗以作为自己讲学上的说话而已。”（《中国古代文艺论史》第一编第四章）

这“巧笑倩兮，美目盼兮，素以为绚兮”，是何等的美！可惜孔子不是个创作家，不是个文学批评家，所以没有美的欣赏。有孔子这样引领在前，后世文人自然是忽略了文学本身的欣赏，而去看古文古诗中字字有深意，处处有训诫，于是文以载道明理便成了他们的信条。

周代诸子差不多都是自成一家之言。他们的文字虽然很好，像老子的简练，庄子的驰畅，可是他们很少谈到文学，而且有些藐视孔门的好古饰辞的，像“仲尼方且饰羽而画，从事华辞。”（《庄子·御寇篇》）之类。正是“老庄之作，管孟之流，盖以立意为宗，不以能文为本”（《文选序》）。只有孔子和他的几个门徒是以由考古传经而得致太平之术的，于是讨论诗文也成了他们的附带作业。他们是整理古著从而证明他们的哲学，对于文学的创作与认识是不大注意的。他们的功劳是保存了古礼古乐古诗，且加以研究；他们的坏处是把礼乐与文学全作了政治思想的牺牲品。“故正得失，动天地，感鬼神，莫近于诗。先王以是经夫妇，成孝敬，厚人伦，美教化，移风俗。”（《关雎序》）诗的用处越来越扩大了！他们能作得出：

“日月忽其不淹兮，春与秋其代序；惟草木之零落兮，恐美人之迟暮。

不抚壮而弃秽兮，何不改乎此度；乘骐骥以驰骋兮，来吾导夫先路。”（《离骚》）

用“善鸟香草以配忠贞，恶禽臭物以比谗佞，灵修美人以媲于君，宓妃佚女以譬贤臣，虬龙鸾凤以托君子，飘风云霓以为小人。”（王逸《楚辞章句·离骚序》）来解释《离骚》的，也是深受孔门说诗的毒——这点毒气至今也没扫除净尽！

汉魏六朝文论：汉代崇儒，能通一艺以上者，补文学掌故缺。六艺都是文学，失去独立的领域。这时候的传诗的人们，分头去宣传自家师说；《关雎》到底是说某夫人的事，《宛丘》到底是讥刺谁，是他们研究与争论的要点；《诗》已成了“经”，它的文学价值如何，没有什么人过问了。

这时代的文学作品要算赋最出风头。对于赋的批评有扬雄的：

“诗人之赋丽以则，辞人之赋丽以淫。”（扬子《法言·吾子篇》）

有司马相如的：

“合綦组以成文，列锦绣而为质，一经一纬，一宫一商，此赋之迹也。赋家之心，包括宇宙，总揽人物，斯乃得之于内，不可得而传。”（《西京杂记》）

前者由作家把赋分为两等——诗人的与辞人的；后者把赋的形体和作者的资格提道一下；二者全没说到赋在文学上的价值如何。

班固便简直不承认赋的价值，他说：

“……其后宋玉、唐勒。汉兴枚乘、司马相如，下及扬子云，竞为侈丽闳衍之词，没其讽谕之义。”（《汉书·艺文志》）

赋本来是一种极笨重的东西，“竞为侈丽闳衍之词”的判断是不错的；但是以失古诗讽谕之义来打倒它，仍是以实效立论，没有什么重要的意义。所以铃木虎雄说：

“自孔子以来至汉末，都是不能离开道德以观文学的，而且一般的文学者单是以鼓吹道德底思想作为手段而承认其价值的。但到魏以后却不然，文学底自身是有价值的底思想已经在这时期发生了。所以我以为魏底时代是中国文学史上的自觉时代。”（《中国古代文艺论史》第二编第一章）

那么，我们就看一看魏晋六朝的文说。

曹家父子有很高的文学天才，论文也有独到之处。在曹丕的《典论·论文》里，有三点可以叫我们注意的：

（一）他说：“夫文，本同而末异，盖奏议宜雅，书论宜理，铭诔尚实，诗赋欲丽。此四科不同，故能之者偏也；唯通才能备其体。”

这是清清楚楚指出文的内容不同，作法也就有别。说理的文自然以条理清楚为主，而诗赋便当写得美丽。他虽然没有说出为什么要如此，可是他真有了文学的欣赏，承认美是为文的要素之一。以前的人们是以体道而摹古，他现在是主张爱美的了。“魏之三祖，更尚文词。忽君子之大道，好雕虫之小艺。下之从上，有同影响，竞驰文华，遂成风俗。江左齐、梁，其弊弥甚：贵贱贤愚，唯矜吟咏。遂复遗理存异，寻虚逐微。竞一韵之奇，争一字之巧。连篇累牍，不出月露之行；积案盈箱，唯是风云之状。”（李谔《上书正文体》）这是后世守道明理者对“诗赋欲丽”的反攻，仍要把文学附属在道德之下，但适足以说明曹家父子对文学界的影响如何伟大了。

（二）《典论·论文》里又说：“年寿有时而尽，荣乐止乎其身。二者必至之常期，未若文章之无穷。是以古之作者，寄身于翰墨，见意于篇籍，不假良史之辞，不托飞驰之势，而声名自传于后。”

曹丕《与王朗书》里也说：“生有七尺之形，死惟一棺之土。惟立德扬名，可以不朽；其次莫如着篇籍。”

这些话虽然没有说出文学是认识生命、解释生命的，可是承认了为文学而生活是值得的。自然这里的名利计较还很深，但因求不朽之名以致力文章，实足以鼓舞起创作的兴趣与勇气。

（三）曹丕又说：“文以气为主。”气是什么？很难断定。但是我们至少可以从此语看出：为文的要件是由内心表现自己，不是为什么道什么理作宣传。这里至少是说文当以什么为主，不是文当说明什么；气必是在文内的，道理等是外来的。

以上三点虽仍未说明文学是什么，但是对于文学的认识，确已离开实效而专以文论文了。

以下讨论陆机的《文赋》：

陆机的《文赋》比近人的一开口便引“文，错画也”真够高明的多了。他开口便是：

“伫中区以玄览，颐情志于典坟。遵四时以叹逝，瞻万物而思纷。悲落叶于劲秋，喜柔条于芳春。心懔懔以怀霜，志眇眇而临云。”

这是说文是感物激情而发的，不是什么“文者务为有补于世”。有深刻的观察，有敏锐的情感，有触于内心，那创作欲便起了火焰，便欲罢不能的非写不可；那写出来的便是物我的联合。所以，

“其始也，皆收视反听，耽思傍讯，精骛八极，心游万仞。……谢朝华于已披，启夕秀于未振。观古今于须臾，抚四海于一瞬。”

心有所感，便若痴若狂。想象与思维的联合，使心灵荡漾在梦境里。那方寸之地，忽然与宇宙同样的广大，上帝似的在创造一切；忽然缩敛，像一丝花蕊般细嫩，在春风里吻着阳光。于是，

“笼天地于形内，挫万物于笔端。始踯躅于燥吻，终流离于濡翰。理扶质以立干，文垂条而结繁。信情貌之不差，故每变而在颜；思涉乐其必笑，方言哀而已叹。或操觚以率尔，或含毫而邈然。”

我们再看他对技术方面怎样说：

“诗缘情而绮靡，赋体物而浏亮，碑披文以相质，诔缠绵而凄怆……”这是体格不同，当配以相当的文字。

“其为物也多姿，其为体也屡迁。其会意也尚巧，其遣言也贵妍。暨音声之迭代，若五色之相宣。”这是文辞音声应求妍美。

“或寄辞于瘁音，言徒靡而弗华；混妍蚩而成体，累良质而为瑕……”这是一些文病。

但是为文到底有一定的规则没有呢？他不肯武断的说。他只说：

> “若夫丰约之裁，俯仰之形，因宜适变，曲有微情：或言拙而喻巧，或理朴而辞轻，或袭古而弥新，或沿浊而更清，或览之而必察，或研之而后精。”

这似乎是说：文无定法，技有巧拙，要在审事达情，必求其适了。

统观全文，可以看出两个要点来：一，文学是心灵的产物，没有心情的激动便没有创造的可能。这个说法又比曹丕的以求不朽之名为创作的动机确切多了。二，作文的手段，如文字的配置，音声的调和等，是必要的，不如是，文章便不会美好。

发于心灵，终于技术，这是《文赋》的要义。陆机虽没能逐条详加说明（假如他不用赋体作这篇文章，他一定会解说的更透彻一些；自然，也许因为不用赋体，它便不会传流到现在），可是这些指示，对文学已有了相当的体认了解。我们可以替他下一条文学定义：文学是以美好的文字为心灵的表现。

《后汉书》的著者范晔，主张“以意为主，以文传意”（《范晔狱中与诸甥侄书》）。同时他拿“性别宫商，识清浊，斯自然也”去讲究音调。

以意为主是重在讲说什么，便是要分别什么是该说的与什么是不该说的；这比以情为主的文学欣赏又低落了许多，因为文学的成功以怎样写出为主，说什么是次要的。况且传达“意”的自有哲学与科学，不必一定靠着文学。但是不论是文以情为主，还是以意为主，他们——陆机，范晔——都由作家的立场来说文的主干是什么，不是替别人宣传什么文学以外的东西了；他们也全以为音调的讲究为必要的。

音调的讲究渐渐成了文学的重要问题。在《南齐书·陆厥传》里说：

> “永明末，盛为文章。吴兴沈约，陈郡谢朓，琅琊王融，以气类相推毂；汝南周颙，善识声韵。约等文皆用宫商，以平上去入为四声，以此制韵，不可增减，世呼为‘永明体’。”

沈约是四声八病的首创者，这种讲究看着虽然很纤巧，但是中国言语本是“声的言语”；声的调配实是叫文章美好的要件。当这“盛为文章”的时代，由主义而谈到技术上去，是当然的步骤。这四声八病的规定，虽叫文人只留意技术方面，可是这不能不算对言语的认识有了进步；文学本来是以言语为表现工具的，怎样利用工具的研究是应有的。沈约答陆厥书里说：“自古辞人，岂不知宫羽之殊，商征之别。虽知五音之异，而其中参差变动，殊昧实多。故鄙意所谓比秘未睹者也。以此而推，则知前世文士，便未悟此处。”这明明是说声韵的分析与利用是一种新的发现。

这技术上的讲求，自然不算什么了不得的事，但足以证明那时候文学确是成了独立的艺术，一字一声也不许随便用了。这正像乐器的改善足以帮助音乐进步，光线颜色的研究叫画家更足以充分的表现。自然，专修美工具是不能产生出伟大作品的，但这不能不算是艺术进展中必有的一步。

现在我们看萧统的文说：他是很爱读书的人，他并且把所见过的文章选出来，作一部模范读本——《文选》。这个工作的第一步自然是要决定："什么是文"。他说：

> "若夫姬公之籍，孔父之书，与日月俱悬，鬼神争奥，孝敬之准式，人伦之师友；岂可重以芟夷，加之剪截！"（《文选序》）

他一面推崇姬、孔，一面暗示出这些经艺根本不能算作纯文学；于是托词不敢芟夷剪截，轻轻的推在一边。

还有："老庄之作，管孟之流，盖以立意为宗，不以能文为本。今之所撰，又以略诸。"说理讲哲学的著作，不是为爱好文学而作的，也就不取。（打倒了"以意为主"）。

"若贤人之美辞，忠臣之抗直，谋夫之话，辨士之端……盖乃事美一时，语流千载；概见坟籍，旁出子史。若斯之流，又亦繁博，虽传之简牍，而事异篇章。今之所集，亦所不取。"这是说事实虽美，毫无统系，而且不是文学上有意的创作品，也就放在一边。

"至于记事之史，系年之书，所以褒贬是非，纪别异同；方之篇翰，亦已不同。"史书是记载事实的，也不是纯粹文学作品，所以也不取。

那么，什么样的作品才合格呢?

只有：

"事出于沉思，义归乎翰藻"的方能被选。这个大胆的择取，便把经，史，子，杂说，全驱到文学的华室之外，把六艺即文学的说法根本推翻。有想象的，有整个表现的，有辞藻的，才能算文；不如此的不算。这个规定把"文"与"非文"从古籍里分析开，使在历史上与文学上"文"与"非文"截然分立，差不多像砌了一堵长墙，墙上写着：这边是文学，那边是文学以外的作品！这个"清党工作"真是非常勇敢的，大有益于文学独立的。

以下我们谈《文心雕龙》。

我们一提到文学理论与批评，似乎便联想到《文心雕龙》了。不错，它确乎是很丰富，很少见的一部文学评论。看它的内容多么花哨：

关于说明文学体质的有《原道》、《征圣》、《宗经》、《正纬》等篇。

分论文体格式的有《辨骚》、《明诗》、《乐府》、《诠赋》、《颂赞》、《祝盟》、《铭箴》……

讨论修辞与作文法理的有《神思》、《体性》、《风骨》、《通变》、《定势》、《情采》……

但是，我们设若细心的读这些篇文章，便觉得刘勰只是总集前人之说，给他所知道的文章体格，一一地作了篇骈俪文章，并没有什么新颖的创见。看他在《原道篇》里说：“傍及万品，动植皆文：龙凤以藻绘呈瑞，虎豹以炳蔚凝姿。云霞雕色，有逾画工之妙；草木贲华，无待锦匠之奇。”

这又是以“文”谈“文学”，根本没有明白他所要研究的东西的对象。

至于说：“夫以无识之物，郁然有彩，有心之器，其无文欤！”便牵强得可笑！动植物有“纹”，所以人类便当有“文”；那么牛羊有角，我们便应有什么呢?

在《宗经》里：“‘经’也者，恒久之至道，不刊之鸿教也。故象天地，效鬼神，参物序，制人纪；洞性灵之奥区，极文章之骨髓者也。”

经是文章的骨髓，自然文士便不许发表自家的意见，只许依经阐道了——文学也便呜呼哀哉了！不怪他评论《离骚》那样伟大的作品也是：

> “（故）其陈尧、舜之耿介，称汤、武之祗敬，典诰之体也；讥桀、纣之猖披，伤羿、浇之颠陨，规讽之旨也；虬龙以喻君子，云霓以譬谗邪，比兴之义也；每一顾而淹涕，叹君门之九重，忠怨之辞也：观兹四事，同于《风》、《雅》者也。”（《辨骚》）

这样以古断今，是根本不明白什么叫创作。《诗》是《诗》，《骚》是《骚》，何必非把新酒装在旧袋子里呢！

论到文章的体格，他先把字解释一下，如：“诗者持也”，“赋者铺也”，“颂者容也”等等。然后把作家含混的批评一句，如“孟坚《两都》，明绚以雅瞻。张衡《二京》，迅发以宏富。”等等。前者未曾论到文学的价值——赋到底是体物写志的好工具不是?后者批评作品含混无当，作者执笔为文时可以有一两个要义在心中为一篇的主旨；批评者便应多方面去立论，不能只拿一两句话断定好坏。

至于章表奏启本来是实用文字，史传诸子本是记事论理之文，它们的能作文学作品看，是因为它们合了文学的条件，不是它们必定都在文学范围之内。刘勰这样逐一说明，比萧统的把经史诸子放在文学范围之外的见识又低多了。

说到措辞与文章结构，这本来是没有一定义法的；修辞学不会叫人作出极漂亮的诗句，文章法则只足叫人多所顾忌因沿。法则永远是由经验中来的，经验当然是过去的，所以谈到“风骨”，他说：“若能确乎正式，使文明以健，则风清骨峻，篇体光华。”这“正式”是哪里来的?不是摹古么?说到“定势”，他便说：“旧练之才，则执正以驭奇：新学之锐，则逐奇而失正。势流不返，则文体遂弊。”这是说新学之锐，有所创立是极危险的。文学作品是个性的表现，每人有他自己的风格笔势，每篇文章自有独立的神情韵调；一定法程，便生弊病，所以《文心雕龙》的影响一定是害多利少的，因为它塞住了自由创造的大路。

总之，这本书有两大缺点。

一、刘勰的“道沿圣以垂文，圣因文而明道”是把文与道捏合在一处，是六朝文论的由盛而衰。

二、细分文体，而没认清文学的范围。空谈风神气势，并无深到的说明。

这么看，《文心雕龙》并不是真正的文学批评，而是一种文学源流、文学理论、修辞、作文法的混合物。它的好处是把秦汉以前至六朝的文说文体全收集来，作个总结。假如我们看清这一点，它便有了价值，因为它很可以供给我们一些研究古代文学的材料。假如拿它当作一本教科书，像欧洲早年那样读亚里士多德的《修辞学》与《诗学》，便很容易断章取义，把文学讲到歧途上去。刘勰自己也说：“铨序一文为易，弥纶群言为难。”和“同之与异，不屑古今；擘肌分理，唯务折衷。”这弥纶群言，是他的功劳；虽然有时是费力不讨好。这唯务折衷，便失去了创立新说的勇气。

和《文心雕龙》的结构不同，而地位差不多相等的，有钟嵘的《诗品》。前者是包罗一切的，后者是专论诗家的源流，并定其品次。王世贞说：“吾览钟记室《诗品》，折衷情文，裁量时代，可谓允矣，词亦奕奕发之；第所推源，出于何者，恐未尽然。”诚然，钟嵘对于各家作品强求来源，如李陵必出于《楚辞》，班婕妤又必发于李陵等，何所据而云然？他说：“使味之者无极，闻之者动心，是诗之至也。”本来是极精到的话；可是他又说：“诗有三艺焉：一曰兴，二曰比，三曰赋。文已尽而意有余，兴也。因物喻志，比也。直书其事，寓言写物，赋也。宏斯三义，酌而用之，干之以风力，润之以丹彩，”然后“味之者无极，闻之者动心，是诗之至也。”（《诗品序》）这分明是说以古体为主，加以自家的精力，才能成好诗；于是每评一人，便非指出他的来源不可。而且是来源越古的，品次也就越高——上品都是源出《国风》、《楚辞》与古诗的。这个用合古与否作评断的标准，是忘却了文学是表现时代精神而随时进展的。

至于评论各家也不完全以诗为主眼，如提到李陵，他说：“陵名家子，有殊才；生命不谐，声颓身丧。使陵不遭辛苦，其文亦何能如此？”这并没有论到李陵的诗的好处何在。就是以诗立论的，也嫌太空泛，如说曹植的诗是“骨气奇高，词彩华茂，情兼雅怨，体披文质，粲溢古今，卓尔不群。”如说嵇康是“颇似魏文，过于峻切，讦直露才，伤渊雅之致。然托喻清远，良有鉴裁，亦未失高流矣。”使我们对于这些诗人并没有什么深刻的了解，只觉得这是些泛泛的批语而已。本来一篇诗的完成就不是很简单的事，作家的人格，作风，情趣，技术都混合在一处；那么，只拿几个字来评定一个诗家的作品是极难的事，就是勉强的写出来，也往往是空洞的。况且，从诗的欣赏上立论，我们读诗的时候，它只给我们心灵的激动，并不叫我们随读随想哪一点是诗人的人格，哪一点是诗人的感情，而且是一个“整个”的。正如喝柠檬水一样，如果半瓶是苏打水，半瓶是柠檬汁，并没有调匀在一处，又有什么好喝呢。所以，就是有精细的分析，把诗人的一切从诗中剥脱出来，恐怕剥完了的时候，那诗的作用一点也不存在了。

钟嵘也知道："至乎吟咏情性，亦何贵于用事。'思君如流水'即是即目。'高台多悲风'亦惟所见。'清晨登陇首'羌无故实。'明月照积雪'，讵出经、史。观古今胜语，多非补假，皆由直寻。"（《诗品序》）如果他始终抱定这个"直寻"来批评，当然强寻源流的毛病便没有了，对于诗的欣赏也一定更深切了。

至于把诗人分成若干等级是极难妥当的事。设若不把什么是诗人先决定好，谁能公平的给诗人排列次序呢？同时，诗人所应具备的性格、能力与条件，又太多了，而且对这些条件又是一人一个看法，怎能规定出诗人到底是什么呢？就是找出诗人必备的条件，还有个难题，什么是诗呢？这是文学理论中最困难的两个问题；不试着解决这个，而凭个人的主张来评定诗人与诗艺的等次，是种很危险的把戏。

他对于声律的讲求，有很好的见解：

> "余谓文制，本须讽读，不可蹇碍。但令清浊通流，口吻调利，斯为足矣。"（《诗品序》）

如果他抱定"直寻"和"口吻调利"来写一篇诗论，当比他这样一一评论，强定品次强得多了。以情性的自发，成为音调自然的作品，岂不是很好的理论么。

以上这些论调，无论怎样不圆满，至少叫我们看得出：自魏以后，文学的研究与解释已成了独立的，这不能不算是一个大进步。

唐代文说：唐代是中国诗最发达的时代，有"诗中有画"的王维；有富于想象，从空飞来的李白；有纯任性灵，忠实描写的杜甫；有老妪皆解，名妓争唱的白居易；还有，哦，太多了，好像唐代的人都是诗人似的！在这么灿烂的诗国里，按理说应有很好的诗说发现了，而事实上谈文学的还是主张文以载道；好象作诗只是一种娱乐，无关乎大道似的。那以圣贤自居的韩愈是如此，那最会作诗的白居易也如此，看他《与元微之论作文大旨书》②里说：

> "诗之豪者，世称李、杜。李之作，才矣，奇矣，人不逮矣，索其风雅比兴，十无一焉……"

其实李白的好处，原在运用他自己的想象，不管什么风雅比兴，孰知在这里却被贬为不明谕讽之道了！

他又说："仆常痛诗道崩坏，忽忽愤发，或食辍哺，夜辍寝，不量才力，欲扶起之！"

这是表明他为诗的态度——不是要创造一家之言，而是志在补残葺颓。

他接着说：

> "及再来长安，又闻有军使高霞寓者，欲聘娼妓。妓大夸曰：'我诵得白学士《长恨歌》，岂同他妓哉？'由是增价。又足下书云：到通州日，见江馆柱间有题仆诗者，复何人哉？又昨过汉南日，适遇主人集众乐娱他宾，诸妓见仆来，指而相顾曰：'此是《秦中吟》、《长恨歌》主耳。'自长安抵江西，

三四千里，凡乡校、佛寺、逆旅、行舟之中，往往有题仆诗者，士庶、僧徒、孀妇、处女之口，每每有咏仆诗者。此诚雕虫之戏，不足为多！然今时俗所重，正在此耳。”

他的诗这样受欢迎，本来足以自豪了，他却偏说：“雕虫之戏，不足为多。”那么，他志在什么呢？在这里：

“仆志在兼济，行在独善；奉而始终之则为道，言而发明之则为诗。谓之讽谕诗，兼济之志也；谓之闲适诗，独善之义也。故览仆诗，知仆之道焉。其余杂律诗，或诱于一时一物，发于一笑一吟，率然成章，非平生所尚者。”（白居易《与元微之论作文大旨书》）

兼济与独善是道德行为，何必一定用诗作工具呢。恐怕那些在“士庶僧徒，孀妇处女之口”的，正是那发于一吟一笑的作品吧？

这个载道的运动，当然以“文起八代之衰，而道济天下之溺”的韩愈为主帅了。他的立论的基础是“道为内，文为外”。看他怎样告诉刘正夫：

“或问为文宜何师？必谨对曰：宜师古圣贤人。曰：古圣贤人所为书具存，辞皆不同，宜何师？必谨对曰：师其意，不师其辞。”（韩愈《答刘正夫书》）

这为文宜何师的口调，根本以文章为一种摹拟的玩艺，其结果当然是师古。所以他“学之二十余年矣，始者非三代两汉之书不敢观，非圣人之志不敢存。”这极端的崇古便非把自家的思想牺牲了不可。思想既有一定，那么文人还有什么把戏可耍呢？当然是师其意不师其辞了。把辞变换一下，不与古雷同，便算尽了创作的能事。其实，文章把思想部分除去，而只剩一些辞句——纵使极美——又有什么好处呢？

孔家的说诗，是以诗为教育政治的工具；到了韩愈，便直将文学与道德黏合在一处，成了不可分隔的，无道便无文学。

道到底是什么呢？由韩愈自己所下的定义看，是：

“博爱之谓仁，行而宜之之谓义，由是而之焉之谓道。”（《原道》）

他这个道不是怎么深奥的东西，如老子那无以名之的那一点。这个道是由仁与义的实行而获得的。这样，韩愈的思想根本不怎样深刻，又偏偏爱把这一些道德行为的责任交给文学，那怎能说得通呢！道德是伦理的，文学是艺术的，道德是实际的，文学是要想象的。道德的目标在善，文艺的归宿是美；文学嫁给道德怎能生得出美丽的小孩呢。柏拉图（Plato）是以文学为政治工具的，可是还不能不退一步说：

“假如诗能作责任的利器，正如它为给愉快的利器，正义方面便能多有所获得。”

但是，诗是否能这样脚踩两只船呢？善与美是否能这样相安无事呢？——这真是个问题！

“文起八代之衰”的功劳是在乎提高了散文的地位，但是这个运动的坏处是使“文”包括住文学，而把诗降落在散文之下；因为“文”是载道的工具，而诗——就是韩愈自己也有极美艳的诗句——总是脱不了歌咏性情，自然便不能冠冕堂皇的作文学的主帅了。因为这样看轻了诗，所以词便被视为诗馀，而戏曲也便没有什么重要的地位。诗与散文的分别，中国文论中很少说到的。这二者的区分既不清楚，而文以载道之说又始终未敲打破，于是诗艺往往要向散文求些情面，像白居易那样的“奉而始终之则为道，言而明之则为诗”，以求诗艺与散文有同等的地位，这是很可怜的。

那最善于作小品文字的柳宗元的游记等文字是何等的清峭自然，可是，赶到一说文学，他也是志在明道。他说：

> “及长，乃知文者以明道，是固不苟为炳炳烺烺，务彩色、夸声音而以为能也。凡吾所陈，皆自谓近道；而不知道之果近乎，远乎？吾子好道，而可吾文，或者其于道不远矣……本之《书》以求其质，本之《诗》以求其恒，本之《礼》以求其宜，本之《春秋》以求其断，本之《易》以求其动，此吾所以取道之原也。”（《答韦中立论师道书》）

有了取道之原，文章不美怎办呢？他说：

> “文有二道：辞令褒贬，本乎著述者也；导扬讽谕，本乎比兴者也。著述者流，盖出于《书》之谟、训，《易》之象、系，《春秋》之笔削；其要在于高壮广厚，词正而理备，谓宜藏于简册也。比兴者流，盖出于虞、夏之咏歌，殷、周之风雅；其要在于丽则清越，言畅而意美，谓宜流于谣诵也。兹二者，考其旨义，乖离不合。故秉笔之士，恒偏胜独得，而罕有兼者焉。”（《杨评事文集后序》）

这又似乎舍不得文采动听那一方面，而想要文质兼备，理词两存，纵然“道”是那么重要，到底他不敢把“美”完全弃掷不顾呀。

这种忸怩的论调实在不如司空图的完全以神韵说诗，看：

> “俯拾即是，不取诸邻，俱道适往，着手成春。如逢花开，如瞻岁新。真与不夺，强得易贫。幽人空山，过雨采苹。薄言情悟，悠悠天钧。”（《二十四诗品·自然》）

这是何等的境界！不要说什么道什么理了，这“情悟”已经够了。再看：

> “娟娟群松，下有漪流。晴雪满汀，隔溪渔舟。可人如玉，步屧寻幽，载瞻载止，空碧悠悠。神出古异，淡不可收：如月之曙，如气之秋。”（《清奇》）

这种具体的写出诗境，不比泛讲道德义法强么？他不说诗体怎样，效用怎样；他只说诗的味道有雄浑，有高古等等，完全从神韵方面着眼。这自然不足以说明诗的一切，可是很灵巧地画出许多诗境的图画，叫人深思神往；这比李白的“大雅久不作，吾衰竟谁陈？……我志在删述，垂晖映千春。希圣如有立，绝笔于获麟。”的以作诗为希圣希贤的道途要高尚多少倍呢！

宋代文说：宋朝词的发达，与白话的应用，都给文学开拓了新的途径；按理说这足以叫文人舍去道义，而创树新说了。可是，事实上作者仍是拿住“道”字不放手；那善于文词的欧阳修还是说：

> “夫学者未始不为道，而至者鲜焉。非道之于人远也，学者有所溺焉尔。盖文之为言，难工而可喜，易悦而自足，世之学者，往往溺之；一有工焉，则曰：‘吾学足矣’。甚者至弃百事不关于心，曰：‘吾文士也，职于文而已’；此其所以至之鲜也……圣人之文虽不可及，然大抵道胜者，文不难而自至也。”（《答吴充秀才书》）

“道胜，文不难自至”，真有些玄妙。文学是艺术的，怎能因为“道胜”便能成功呢？图画也是艺术的一枝，谁敢说：“道胜，画遂不难而至”呢？

王安石便说得更妙了：“尝谓文者，礼教治政云耳。”“‘言之不文，行之不远’云者，徒谓‘辞之不可以已也；非圣人作文之本意也’。”（《上人书》）这简截的把辞推开，而所谓文者只是一种有骨无肉的死东西。“且所谓文者，务为有补于世而已矣。所谓辞者，犹器之有刻镂绘画也。诚使巧且华，不必适用。诚使适用，亦不必巧且华。”假如这个说法不错，那“心在水精域，衣霑春雨时”便根本不算好诗；因为在水精域里有什么好？衣被春雨霑湿，岂不又须费事去晒干？

还是论诗的严羽有些见解：

> “大抵禅道惟在妙悟，诗道亦在妙悟。且孟襄阳学力下韩退之远甚，而其诗独出退之之上者，一味妙悟而已。惟悟乃为当行，乃为本色。……天下有可废之人，无可废之言。诗道如是也。……夫诗有别材，非关书也。诗有别趣，非关理也。然非多读书、多穷理，则不能极其至。所谓不涉理路、不落言筌者，上也。诗者，吟咏情性也。盛唐诸人惟在兴趣，羚羊挂角，无迹可求。故其妙处透彻玲珑，不可凑泊，如空中之音，相中之色，水中之月，镜中之像，言有尽而意无穷。”（《沧浪诗话·诗辨》）

只这几句已足压倒一切，这才是对诗有了真正了解！“诗之道在妙悟”，是的；诗是心声，诗人的宇宙是妙悟出来的宇宙；由妙悟而发为吟咏，是心中的狂喜成为音乐。只有这种天才，有这种经验，便能成为好句，所以“有可废之人，无可废之言”；道德与诗是全不相干的。道德既放在一边了，学理呢？学理是求知的，是逻辑的；诗是求感动的，属于心灵的；所以“妙不关于学理”。诗人的真实是经过想象浸洗过的，所以像水中之月，镜中之像。由兴趣而想象是诗境的妙悟；这么说诗，诗便是艺术的了。司空图和严羽真是唐宋两代谈文学的光荣。他们是在诗的生命中找出原理，到了不容易说出来的时候——谈艺术往往是不易直接说出来的——他们会指出诗“象”什么，这是真有了解之后，才能这样具体的指示出来。

宋代还有许多诗话的著作，但是没有像严羽这样切当的，在这里也就不多引用了。

元明清文说：元代的小说戏曲都很发达，可是对小说戏曲并没有怎么讨论过。王国维在他的《宋元戏曲史》里说："元杂剧之为一代之绝作，元人未之知也。明之文人，始激赏之；至有以关汉卿比司马子长者。"至于小说，直至金圣叹才有正式的欣赏宣传。元代文人的论断文学多是从枝节问题上着眼，像陈绎曾的《文筌》与《文说》，徐师曾的《文体明辨》等，都没有讨论到文学的重要问题上去。

到了明代，论文可分为两派：一派是注重格调的，一派是注重文章义法的。在前一派里，无论是论文是论诗，都是厌弃宋人的浅浮，而想复古，像李梦阳的诗宗盛唐，王世贞的"文必两汉，诗必盛唐"。他们的摹古方法是讲求格调，力求形式上的高古堂皇。李梦阳说：

> "诗至唐而古调亡矣。然自唐，调可歌咏，高者犹足被管弦。宋人主理不主调，于是唐调亦亡。黄陈师法杜甫，号大家；今其词艰涩不香色流动，如入神庙坐土木骸，即冠服与人等，谓之文可乎？夫诗比兴错杂，假物以神变者也。难言不测之妙，感触突发，流动情思，故其气柔厚，其声悠扬，其言切而不迫，故歌之心畅，而闻之者动也。宋人主理作理语，于是薄风云月露一切铲去不为。又作诗话教人，不复知诗矣。诗何尝无理，若专作理语何不作文而诗为耶？"（《缶音序》）

这段议论颇有些道理，末两句把诗与文的界分也说明了一点。设若他专从"难言不测之妙，感触突发……"上用工夫，他的作品当然是有可观的；可惜他只在形式上注意，并没有实行自家的理想，所以《四库总目·空同集提要》里说："句拟字摹，食古不化，亦往往有之。"

他对于文以载道也有很好的见解，他说："道，自道者也；有所为皆非也。"（李梦阳《道录序》）又说："古之文以行，今之文以葩；葩为词腴，行为道华。"（李梦阳《文箴》）根据这个道理，他攻击宋人的"无美恶皆欲合道传志"。他不小看"道"，但他决不愿因"道"而破坏了文学。但是，他因此而骂："宋儒兴，古之文废"，一方面攻击宋人，一方面又不敢大胆的去改造；只是一步跨过宋代，而向更古的古董取些形式上的模范；这是他的失败。

王慎中初谈秦汉，谓东京以下无可取。后来明白了欧曾作文的方法，尽焚旧作，一意师仿。这是第二派——由极端的师古，变为退步的摹拟，把宋文也加在模范文之内。那极端复古的是专在格调上注意；这唐宋兼收的注重讲求文章的兴法。茅坤的《八大家文钞》便把唐宋八家之文当作古文。归有光便是以五色圈点《史记》，以示义法。

这两派的毛病在摹古，虽然注意之点不同。所谓格调，所谓义法，全是枝节问题，未曾谈到文学的本身。《四库提要》里说得很到家："自李梦阳《空同集》出，以字句摹秦汉，而秦汉为窠臼。自坤《白华楼稿》出，以机调摹仿唐宋，而唐宋又为窠臼。”

到了清代，论诗的有王士祯之主神韵，沈德潜的重格调，袁枚的主性灵。王的注重得意忘言，平淡静远，是忘了诗人的情感不一定永是恬静的。“空山不见人，但闻人语响”自然是幽妙之境了，可是杜甫的《兵车行》也还是好诗。诗中有画自是中国诗的妙处，可是往往因求这个境界而缺乏了情感，甚至于带出颓废的气象，正如袁枚说：“阮亭于气魄、性情，俱有所短。”（《随园诗话》卷四）

沈德潜是重格调的，字面力求合古，立言一归于温柔敦厚。他对于古体近体都有所模范，而轻视元和以下的作品。他也被袁枚驳倒：“诗有工拙，而无古今。”（《答沈大宗伯论诗书》）他更极有趣的说明：“子孙之貌，莫不本于祖父，然变而美者有之，变而丑者亦有之；若必禁其不变，则虽造物亦有所不能。先生许唐人之变汉、魏，而独不许宋人之变唐，惑也！”沈的主张温柔敦厚，袁枚也有很好的驳辩，他说：“艳诗宫体，自是诗家一格。孔子不删郑、卫之诗，而先生独删次回之诗，不已过乎！”又说：“夫《关雎》即艳诗也，以求淑女之故，至于辗转反侧，使文生于今遇先生，危矣哉！”（《再答沈大宗伯书》）

袁枚可以算作中国最大的文学批评家。他对神韵说，只承认神韵是诗中的一格，但是不适宜于七言长篇等。对格调说，他不承认诗体是一成不变的。对诗有实用说，他便提出性灵来压倒实用。看他怎样主张性灵：

> “诗者，人之性情也。近取诸身而足矣。”（《随园诗话·补遗》卷一）
>
> “凡作诗者，各有身分，亦各有心胸。”（《随园诗话》）卷四）
>
> “凡作诗，写景易，言情难。何也？景从外来，目之所触，留心便得；情从心出，非有一种芬芳悱恻之怀，便不能哀感顽艳。然亦各人性之所近。”（《随园诗话》卷六）

他有了这种见解，所以他敢大胆的批评，把格调神韵等都看作片面的问题，不是诗的本体论。有了这种见解，他也就敢说：“诗有工拙，而无古今”的话了。这样的主张是空前的，打倒一切的；他只认定性灵，认定创造，那么，诗便是从心所欲而为言，无须摹仿，无须拘束；这样，诗才能自由，而文艺的独立完全告成了。

在论诗的方面有了袁枚，把一切不相干的东西扫除了去，可惜清代没有一个这样论文的人。一般文人还是舍不得“道”字，像姚鼐的“天地之道，阴阳刚柔而已。文者天地之精英，而阴阳刚柔之发也。”（《复鲁絜非书》）曾国藩的“古之知道者，未有不明于文字者也。”（《与刘孟容书》）这类的话，我们已经听得太多，可以不再引了。总之，他们作文的目的还是为明道，作文的义法也取之古人；内容外表两有限制，自然产生不出伟大的作品。值得一介绍的，只有阮元和章学诚了。

阮元说：

> “昭明所选，名之曰文，盖必文而后选也，非文则不选也。经也，子也，

史也，皆不可专名之为文也。”（《书梁昭明太子文选序后》）

这是照着昭明太子的主张，说明一下什么是文。他又说：

“为文章者，不务协音以成韵，修词以达远，使人易诵易记；而惟以单行之语，纵横恣肆，动辄千言万字；不知此乃古人所谓直言之言，论难之语，非言之有文者也，非孔子之所谓文也。《文言》数百字，几于字字用韵。孔子于此发明乾坤之蕴，诠释四德之名；几费修词之意，冀达意外之言。要使远近易诵，古今易传。……不但多用韵，抑且多用偶。……凡偶，皆文也。于物，两色相偶而交错之，乃得名曰文；文即象其形也。”（《文言说》）

这是说明文必须讲究辞藻对偶，不这样必是直言，不是文。自然非骈俪不算文，固属偏执；可是专以文为载道之具，忽略了文章的美好方面，也是个毛病。况且，设若美是文艺的要素，阮元的主张——虽然偏执——且较别家的只讲明理见道亲切一些了。

章学诚的攻击文病是非常有力的，看他讥笑归有光的以五色圈点《史记》：

“……五色标识，各为义例，不相混乱：若者为全篇结构，若者为逐段精采，若者为意度波澜，若者为精神气魄，以例分类，便于拳服揣摩，号为古文秘传。……夫立言之要，在于有物。古人着为文章，皆本于中之所见，初非好为炳炳烺烺，如锦工绣女之矜夸采色已也。富贵公子，虽醉梦中不能作寒酸求乞语；疾痛患难之人，虽置之丝竹华宴之场，不能易其呻吟而作欢笑；此声之所以肖其心，而文之所以不能彼此相易，各自成家者也。今舍己之所求，而摩古人之形似，是杞梁之妻善哭其夫，而西家偕老之妇，亦学其悲号；屈子之自沉汨罗，而同心一德之朝，其臣亦宜作楚怨也，不亦傎乎！”（《文史通义·文理》）

再看他攻击好用古字的人们：

“唐末五代之风诡矣！称人不名不姓，多为谐隐寓言。观者乍览其文，不知何许人也。如李曰‘陇西’，王标‘琅琊’，虽颇乖忤，犹曰着郡望也。庄姓则称漆园，牛姓乃称‘太牢’，则诙嘲谐剧，不复成文理矣！”（《文史通义·繁称》）

看他指摘文人的死守古典，而忘记了所写的是什么。

“文人固能文矣，文人所书之人，不必尽能文也。叙事之文，作者之言也；为文为质，惟其所欲，期如其事而已矣。记言之文，则非作者之言也；为文为质，期于适如其人之言，非作者所能自主也。……抑思善相夫者，何必尽识‘鹿车’‘鸿案’；善教子者，岂皆熟记‘画荻’‘丸熊’。自文人胸有成竹，遂致闺修皆如板印。与其文而失实，何如质以传真也！”（《文史通义·古文十弊》）

这些议论都是非常痛快，非常精到的。可惜，谈到文学本身，他还是很守旧的，如“战国之文皆源出于六艺”，又是牵强的找文学来源。“至战国而文章之变尽。至战国而后世之文体备”便是塞住文学的去路。他好像是十分明白摹古的弊病，而同时没有胆气去评断古代作品的真价值；这或者是因为受了传统思想的束缚，不敢叛经背道，所以只能极精切的指出后世文士的毛病，而不敢对文学本身有所主张。因此，他甚至连文集也视为不合于古：

> “呜呼！著作衰而有文集，典故穷而有类书。学者贪于简阅之易，而不知实学之衰；狃于易成之名，而不知大道之散。”（《文史通义·文集》）

古无文集，后人就不应刊刻文集，未免太固执了；难道古人不会印刷术，今人也就得改用竹帛篆写吗?

最近的文说：新文学的运动，到如今已经有四五十年的历史，最显著而有成绩的是“五四”后的白话文学运动。白话文学运动，从这个名词上看，就知道这是文学革命的一个局部问题；是要废弃那古死的文字，而来利用活的言语，这是工具上的问题，不是讨论文学的本身。胡适先生在主张用白话的时候，提出些具体的办法：

> 一、不做“言之无物”的文字。
>
> 二、不做“无病呻吟”的文字。
>
> 三、不用典。
>
> 四、不用套语烂调。
>
> 五、不讲究对仗。
>
> 六、不做不合文法的文字。
>
> 七、不摹仿古人。
>
> 八、不避俗语俗字。

这仍是因为提倡利用白话，而消极地把旧文学的弊病提示出来，指出新文学所应当避免的东西。中国文学经过这番革命，新诗，小说，小品文学，戏剧等才纷纷作建设的尝试。但是，倘若我们细细考验这些作品，我们不能说新文学已把这“八不主义”做到；有许多新诗是不用中国典故了，可是，改用了许多古代希腊罗马神话中的故事与人物，还是用典，不过是换了典故的来源。“言之无物”与“无病呻吟”的作品也还很多，不合文法的文字也比比皆是。这种现象，在文学革命期间，或者是不可避免的；其重要原因，还是因为这个文学革命运动是局部的，是消极的，而没有在“文学是什么”上多多的思虑过。就是有一些讨论到文学本身的，也不过是把西洋现成的学说介绍一下，我们自己并没有很大的批评家出来评判指导，所以到现在伟大的作品还是要期之将来的。

最近有些人主张把“文学革命”变成“革命文学”，以艺术为宣传主义的工具，以文学为革命的武器。这种主张是现代的文艺思潮。它的立脚点是一切唯物，以经济史观决定文学的起源与发展。俄国革命成功了，无产阶级握有政权，正在建设普罗列太里列③的文化。文艺是文化中的一要事，所以该当扫除有产阶级的产物，而打着新旗号为第四阶级宣传。

这种手段并不是新鲜的，因为柏拉图在他的《理想国》中也是想以文艺放在政治之下，而替政治去工作。就是中国的“文以载道”也有这么一点意味，虽然中国人的“道”不是什么具体的政治主义，可是拿文艺为宣传的工具是在态度上相同的。这种办法，不管所宣传的主义是什么和好与不好，多少是叫文艺受损失的。以文学为工具，文艺便成为奴性的；以文艺为奴仆的，文艺也不会真诚的伺候他。亚里士多德是比柏拉图更科学一点，他便以文艺谈文艺；在这一点，谁也承认他战胜了柏拉图。普罗文艺中所宣传的主义也许是很精确的，但是假如它们不能成为文艺，岂非劳而无功？他们费了许多工夫证实文艺是社会的经济的产儿，但这只能以此写一本唯物文学史，和很有兴趣的搜求出原始文艺的起源；对于文学的创造又有什么关系呢？文艺作品的成功与否，在乎它有艺术的价值没有，它内容上的含蕴是次要的。因此，现在我们只听见一片呐喊，还没见到真正血红的普罗文艺作品，那就是说，他们有了题目而没有能交上卷子；因为他们太重视“普罗”而忘了“文艺”。

注释

①括号中的字为校注者所加。②即白居易《与元九书》。③现译为无产阶级。

中国建筑史

作者简介

梁思成

梁思成（1901～1972年），我国近代杰出的建筑学家和建筑教育家。著名学者梁启超之子，出生于日本东京，原籍广东新会。主持中华人民共和国国徽、人民英雄纪念碑的设计，系统地调查、整理、研究了中国古代建筑的历史和理论，著有《中国建筑史》、《中国雕塑史》。

作品简介

本文是梁思成《中国建筑史》的序言《为什么研究中国建筑》。梁思成在文中论述了中国传统建筑对于现代建筑学的重要意义。

选文

研究中国建筑可以说是逆时代的工作。近年来中国生活在剧烈的变化中趋向西化，社会对于中国固有的建筑及其附艺多加以普遍的摧残。虽然对于新输入之西方工艺的鉴别还没有标准，对于本国的旧工艺，已怀鄙弃厌恶心理。自“西式楼房”盛行于通商大埠以来，豪富商贾及中产之家无不深爱新异，以中国原有建筑为陈腐。他们虽不是蓄意将中国建筑完全毁灭，而在事实上，国内原有很精美的建筑物多被拙劣幼稚的所谓西式楼房或门面取而代之。主要城市今日已拆改逾半，芜杂可哂，充满非艺术之建筑。纯中国式之秀美或壮伟的旧市容，或破坏无遗，或仅余大略。市民毫不觉可惜。雄峙已数百年的古建筑（Historical landmark），充沛艺术特殊趣味的街市（Local colar），为一民族文化之显著表现者，亦常在“改善”的旗帜之下完全牺牲。近如去年甘肃某县为扩宽街道，“整顿”市容，本不需拆除无数刻工精美的特殊市屋门楼，而负责者竟悉数加以摧毁，便是一例。这与在战争炮火下被毁者同样令人伤心，国人多熟视无睹。盖这种破坏，三十余年来已成为习惯也。

市政上的发展，建筑物之新陈代谢本是不可免的事。但即在抗战之前，中国旧有建筑荒顿破坏之范围及速率，亦有甚于正常的趋势。这现象有三个明显的原因：一、在经济力量之凋敝，许多寺观衙署，已归官有者，地方任其自然倾圮，无力保护；二、在艺术标准质疑时失掉指南，公私宅第园馆街楼，自西艺浸入后忽被轻视，拆毁剧烈；三、缺乏视建筑为文物遗产之认识，官民均少爱护旧建的热心。

在此时期中，也许没有力量能及时阻挡这破坏旧建的狂潮。在新建设方面，艺术的进步也还有培养知识及技术的时间问题。一切时代趋势是历史因果，似乎含着不可免的因素。幸而同在这时代中，我国也产生了民族文化的自觉，搜集实物，考证过往，已是现代的治学精神，在传统的血流中另求新的发展，也成为今日应有的努力。中国建筑既是延续了两千余年的一种工程技术，本身已造成一个艺术系统，许多建筑物便是我们文化的表现，艺术的大宗遗产。除非我们不知尊重这古国灿烂文化，如果有复兴国家民族的决心，对我国历代文物，加以认真整理及保护时，我们便不能忽略中国建筑的研究。

以客观的学术调查与研究唤醒社会，助长保存趋势，即使破坏不能完全制止，亦可逐渐减杀。这工作即使为逆时代的力量，它却与在大火之中抢救宝器名画同样有急不容缓的性质。这是珍护我国可贵文物的一种神圣义务。

中国金石书画素得士大夫之重视。各朝代对它们的爱护欣赏，并不在于文章诗词之下，实为吾国文化精神悠久不断之原因。独是建筑，数千年来，完全在技工匠师之手。其艺术表现大多数是不自觉的师承及演变之结果。这个同欧洲文艺复兴以前的建筑情形相似。这些无名匠师，虽在实物上为世界留下许多伟大奇迹，在理论上却未为自己或其创造留下解析或夸耀。因此一个时代过去，另一时代继起，多因主观上失掉兴趣，便将前代伟创加以摧毁，或同于摧毁之改造。亦因此，我国各代素无客观鉴赏前人建筑的习惯。在隋唐建设之际，没有对秦汉旧物加以重视或保护。北宋之对唐建，明清之对宋元遗构，亦并未知爱惜。重修古建，均以本时代手法，擅易其形式内容，不为古物原来面目着想。寺观均在名义上，保留其创始时代，其中殿宇实物，则多任意改观。这倾向与书画仿古之风大不相同，实足注意。自清末以后突来西式建筑之风，不但古物寿命更无保障，连整个城市，都受打击了。

如果世界上艺术精华，没有客观价值标准来保护，恐怕十之八九均会被后人在权势易主之时，或趣味改向之时毁损无余。在欧美，古建实行的保存是比较晚近的进步。十九世纪以前，古代艺术的破坏，也是常事。幸存的多赖偶然的命运或工料之坚固。十九世纪中，艺术考古之风大炽，对任何时代及民族的艺术才有客观价值的研讨。保存古物之觉悟即由此而生。即如此次大战，盟国前线部队多附有专家，随军担任保护沦陷区或敌国古建筑之责。我国现时尚在毁弃旧物动态中，自然还未到他们冷静回顾的阶段。保护国内建筑及其附艺，如雕刻壁画均须萌芽于社会人士客观的鉴赏，所以艺术研究是必不可少的。

今日中国保存古建之外，更重要的还有将来复兴建筑的创造问题。欣赏鉴别以往的艺术，与发展将来创造之间，关系若何我们尤不宜忽视。

西洋各国在文艺复兴以后，对于建筑早已超出中古匠人不自觉的创造阶段。他们研究建筑历史及理论，作为建筑艺术的基础。各国创立实地调查学院，他们颁发研究建筑的旅行奖金，他们有美术馆博物院的设备，又保护历史性的建筑物任人参观，派专家负责整理修葺。所以西洋近代建筑创造，同他们其它艺术，如雕刻，绘画，音乐或文学，并无二致，都是合理解与经验，而加以新的理想，作新的表现的。

我国今后新表现的趋势又若何呢?

艺术创造不能完全脱离以往的传统基础而独立。这在注重画学的中国应该用不着解释。能发挥新创都是受过传统熏陶的。即使突然接受一种崭新的形式。根据外来思想的影响，也仍然能表现本国精神。如南北朝的佛教雕刻，或唐宋的寺塔，都起源于印度，非中国本有的观念，但结果仍以中国风格造成成熟的中国特有艺术，驰名世界。艺术的进境是基于丰富的遗产上，今后的中国建筑自亦不能例外。

无疑的，将来中国将大量采用西洋现代建筑材料与技术。如何发扬光大我民族建筑技艺之特点，在以往都是无名匠师不自觉的贡献，今后却要成近代建筑师的责任了。如何接受新科学的材料方法而仍能表现中国特有的作风及意义，老树上发出新枝，则真是问题了。

欧美建筑以前有“古典”及“派别”的约束，现在因科学结构，又成新的姿态，但它们都是西洋系统的嫡裔。这种种建筑同各国多数城市环境毫不抵触。大量移植到中国来，在旧式城市中本来是过分唐突，今后又是否让其喧宾夺主，使所有中国城市都不留旧观？这问题可以设法解决，亦可以逃避。到现在为止，中国城市多在无知匠人手中改观。故一向的趋势是不顾历史及艺术的价值，舍去固有风格及固有建筑，成了不中不西乃至于滑稽的局面。

一个东方老国的城市，在建筑上，如果完全失掉自己的艺术特性，在文化表现及观瞻方面都是大可痛心的。因这事实明显的代表着我们文化衰落，以致于消灭的现象。四十年来，几个通商大埠，如上海、天津、广州、汉口等，曾不断的模仿欧美次等商业城市，实在是反映着外国人经济侵略时期。大部分建设本是属于租界里的外国人的，中国市民只随声附和而已。这种建筑当然不含有丝毫中国复兴精神之迹象。

今后为适应科学动向，我们在建筑上虽仍同样的必需采用西洋方法，但一切为自觉的建设。由有学识，有专门技术的建筑师，担任指导，则在科学结构上有若干属于艺术范围的处置必有一种特殊的表现。为着中国精神的复兴，他们会作美感同智力掺合的努力。这种创造的火炬已在抗战前燃起。所谓“宫殿式”新建筑就是一例。

但因为最近建筑工程的进步，在最清醒的建筑理论立场上看来，“宫殿式”的结构已不合于近代科学及艺术的理想。“宫殿式”的产生是由于欣赏中国建筑的外貌。建筑师想保留壮丽的琉璃屋瓦，更以新材料及技术将中国大殿轮廓约略模仿出来。在形式上它模仿清代官衙，在结构及平面上它又仿西洋古典派的普通组织。在细项上窗子的比例多半属于西洋系统，大门栏杆又多模仿国粹。它是东西制度勉强的凑合，这两制度又大都属于过去的时代。它最像欧美所曾盛行的“仿古建筑”（period architecture），因为糜费侈大，它不常适用于中国一般经济情形，所以也不能普遍。有一些“宫殿式”的尝试，在艺术上的失败可拿文章作比喻。它们犯的是堆砌文字，抄袭章句，整篇结构不出于自然，辞藻也欠雅驯。但这种努力是中国精神的抬头，实有无穷意义。

世界建筑工程对于钢铁及化学材料之结构愈有彻底的了解，近来应用愈趋简洁。形式为部署逻辑。部署又为实际问题最美最善的答案，已为建筑艺术的抽象理想。今后我们自不能同这理想背道而驰。我们还要进一步重新检讨过去建筑结构上的逻辑；

如同致力于新文学的人还要明了文言的结构文法一样。表现中国精神的途径尚有许多，“宫殿式”只是其中之一而已。

要能提炼旧建筑中所包含的中国元素，我们需增加对旧建筑结构系统及平面部署的认识。构架的纵横承托或联络，常是有机的组织，附带着才是轮廓的钝锐，彩画雕饰，及门窗细项的分配诸点。这些工程上及美术上措施常表现着中国的智慧及美感，值得我们研究。许多平面部署，大的到一城一市，小的到一宅一园，都是我们生活思想的答案，值得我们重新剖视。我们有传统习惯和趣味：家庭组织，生活程度，工作，游憩，以及烹饪，缝纫，室内的书画陈设，室外的庭院花木，都不与西人相同。这一切表现的总表现曾是我们的建筑。现在我们不必削足就履，将生活来将就欧美的部署，或张冠李戴，颠倒欧美建筑的作用。我们要创造适合于自己的建筑。

在城市街心如能保存古老堂皇的楼宇，夹道的树荫，衙署的前庭，或优美的牌坊，比较用洋灰建造卑小简陋的外国式喷水池或纪念碑实在合乎中国的身份，壮美得多。且那些仿制的洋式点缀，同欧美大理石富于“雕刻美”的街心建置相较起来，太像东施效颦，有伤尊严。因为一切有传统的精神，欧美街心伟大石造的纪念性雕刻物是由希腊而罗马而文艺复兴延续下来的血统，魄力极为雄厚，造诣极高，不是我们一朝一夕所能望其项背的。我们的建筑师在这方面所需要的是参考我们自己艺术藏库中的遗宝。我们应该研究汉阙，南北朝的石刻，唐宋的经幢，明清的牌楼，以及零星碑亭，泮池，影壁，石桥，华表的部署及雕刻，加以聪明的应用。

艺术研究可以培养美感，用此驾驭材料，不论是木材，石块，化学混合物，或钢铁，都同样的可能创造有特殊富于风格趣味的建筑。世界各国在最新结构原则下造成所谓“国际式”建筑；但每个国家民族仍有不同的表现。英，美，苏，法，荷，比，北欧或日本都曾造成他们本国特殊作风，适宜于他们个别的环境及意趣。以我国艺术背景的丰富，当然有更多可以发展的方面。新中国建筑及城市设计不但可能产生，且当有惊人的成绩。

在这样的期待中，我们所应作的准备当然是尽量搜集及整理值得参考的资料。

以测量绘图摄影各法将各种典型建筑实物作有系统秩序的纪录是必须速做的。因为古物的命运在危险中，调查同破坏力量正好像在竞赛。多多采访实例，一方面可以做学术的研究，一方面也可以促社会保护。研究中还有一步不可少的工作。便是明了传统营造技术上的法则。这好比是在欣赏一国的文学之前，先学会那一国的文字及其文法结构一样需要。所以中国现存仅有的几部术书，如宋李诫《营造法式》，《清工部工程做法则例》，乃至坊间通行的《鲁班经》等等，都必须有人能明晰地用现代图解译释内中工程的要素及名称，给许多研究者以方便。研究实物的主要目的则是分析及比较冷静的探讨其工程艺术的价值，与历代作风手法的演变。知己知彼，温故知新，已有科学技术的建筑师增加了本国的学识及趣味，他们的创造力量自然会在不自觉中雄厚起来。这便是研究中国建筑的最大意义。

文化随笔

近代以来，因为有了西方文化的对照，便产生了把中国的文化作为一个整体来反思这个问题。进行中西文化比较研究，最终的目的是如实地认识与对待中西文化各自的长短利弊，这是中国实现文化变革的重要条件。本篇主要选录了梁漱溟的《东西文化及其哲学》、陈独秀的《新文化运动是什么》、辜鸿铭的《中国人的精神》、梁启超的《中国国民之品格》、林语堂的《中国人的国民性》、季羡林的《一个老知识分子的心声》、柏杨的《中国人与酱缸》、金庸的《金庸的中国历史观》。

东西文化及其哲学

作者简介

梁漱溟

梁漱溟（1893～1988年），著名思想家、哲学家、教育家、社会活动家、爱国民主人士，著名学者，主要研究人生问题和社会问题，现代新儒家的早期代表人物之一，有“中国最后一位儒家”之称。原名焕鼎，字寿铭、萧名、漱溟，后以其字行世。原籍广西桂林，出生于北京。20世纪30年代初发表《中国民族自救运动之最后觉悟》和《乡村建设理论》，主张以“乡村建设”取代中国共产党领导的中国革命。他曾将自己一生的思想发展分为三个时期：西方功利派、佛教出世主义、儒学。

作品简介

1921年出版的《东西文化及其哲学》一书，对中国、印度、西方三个文化系统的特点及其在世界文化发展史上的地位作了系统的分析，预测了世界文化未来的趋势，对儒学的前途作了乐观的估价。梁漱溟还著有《中国文化要义》、《印度哲学概论》等。本文节选自《东西文化及其哲学》第五章的后八节内容，颇能反映他的“世界文化三期重现理论”。

选文

对世界未来文化的推测

以下将试为推测世界未来文化大约是什么样子。于此，我们自先去推测最近未来的文化，然后乃论及其后又将怎样。在这里，我们自又先去总揽着大体指定最近未来文化的根本态度，然后略分物质生活、社会生活、精神生活三方面去说一说。

说到最近未来所要持的态度，我们又不能不有个分别，就是：世界最近未来文化的根本态度是一个样子；从此刻到最近未来文化的开幕其态度又是一个样子。我们已经说过事实的变迁于文化变迁上至关重要，而现在的事实则在经济；（附注：以后不在经济）在经济未得改正时，第二路态度是难容于其下的，而且必待社会大改造成功向前改造环境的路子始算是走到尽头处，否则，就尚未走完。所以虽然现在西方态度的变端已见，然其变出的态度仍旧含有西方色彩在内，并不能为斩截的中国态度。这就是说：他们虽然已经很要改过那种算帐逐物有所为而为的态度，但自己见不到，事实又不容，倾向所在仍旧是含那色彩，不能斩截改掉。大约他们现在态度的变化不过从单着眼个体，而为我的变转到也着眼他人而为社会；从单着眼物质幸福的变转到也着眼精神真趣；从单着眼现在的变转到也着眼未来，如颉德所说，如罗素所说，如陈仲甫先生在他最近代思想与近代思想对照表内所列，一致的都是这般模样。这样把目标拓展到大处远处，自然比那只看个人现实福利的较为合理而且安稳——照以前那样最易致失望、空虚之感、厌烦、人生动摇溃裂。罗素在他论结婚问题时说的很好：

“两个人的互相亲爱未免太狭，未免太与社会无关，所以不能把爱情的自身当作人生的主要目的。只靠爱他，不能获得活动力的充实源泉，不能得有充分的先见之明，所以不能使人生成为究竟满足的人生。爱情有时很为浓厚，不过不久就归于淡薄，因为淡薄所以不能令人满足，他迟早必成为反顾的，成为死的欢乐之墓，而不能成为新的生活之源泉。无论何种目的，只要是单在一种感情中实现的，就免不了这种弊害。唯一的精当目的，只是向着将来的目的，只是永远不能圆满实现的目的，只是时常继长增高的目的，只是依缘人类的无限潜力而成为无限的目的，再者爱情必须与这种无限的目的结合起来，才有了他所能有的真挚意味。”

我也赞成这为社会为未来的态度，可以使人生继续有勇气；但他实在只是过渡时间——从西洋旧路过渡到未来路上——的一种态度。西洋的路在此刻本没走完，然即如西洋旧路而不变，则亦不能开辟未来文化之新局，所以这样变化变化真是很恰好，很必要。却是这全不出物我辗转相寻之私，而人生的重心始终倾欹在外。在未来文化中的人生态度，固无所谓为个人，也无所谓为社会；固无所谓为现在，也无所谓为未来；完全超脱了这些而无所为；固然不着眼在小处近处，也不着眼在大处远处；无论什么也不在他眼里，而是全然不看的——也就全然无所倾欹。有人以为这恐怕是理想；其实不然，这是趋势所必至。

我记得胡适之先生本着他们实际主义的老话，说：旁人不是乐天主义，便是厌世主义；我们既不乐天，也不厌世，乃是改良主义或淑世主义。其实这三种主义就分别代表了三方——中国、印度、西洋——的态度；西洋人自始就是淑世派——所谓改造环境的路子，并不待今日詹姆士、杜威之出头提倡。不过詹姆士、杜威是圆成了西洋人这条路的，犹如佛家之于印度的路，孔家之于中国的路；这话并非特别恭维杜威他们，因为他们实在把那条路作到很深稳、很圆满、很恰好的地步。却是等他们出来把这条路讲究到好处，这条路也就快完了。无论如何，他再也不是解救现在西洋人沉疴的药。在未来世界完全是乐天派的天下，淑世主义过去不提。这情势具在，你已不必辩，辩也无益。我并不是说，到那时什么事从此不再改良，或从此人将不再作改造环境的事；我是说那时人将不复持那样的人生态度。向外逐物，分别目的与手段，有所为而为，行为多受知识的支配，都与改造派态度不相离的（试看詹姆士、杜威书便知）；然俱今人所厌绝了。只有与此相反的新风气如倭铿、罗素、泰戈尔之所倡导，方兴未艾，为乐天派第一高手的孔子开其先。乐天是那时人生的根本态度；在这根本态度之下依旧可以作改造环境的事，并不相妨；乃至去分别目的与手段有所为而为也都不相妨。

就生活三方面推说未来文化

以下分就文化的物质生活、社会生活、精神生活三方面简单着一为推说：

（一）物质生活一面　今日不合理的经济根本改正是不须说的；此外则不敢随便想设。我于这上也毫无研究，所以说不出什么来；只不过基尔特一派的主张有好多惹我注意之处，使我很倾向于他。大约那时人对于物质生活比今人（指西洋人）一定恬淡许多而且从容不迫，很像中国人从来的样子；因此那时社会上，物质生活的事业也就退处于从属地位，不同现在之成为最主要的；那么，便又是中国的模样。在生产上，必想法增进工作的兴趣，向着艺术的创造这一路上走；那么，又与中国尚个人天才艺术的采色相合（参看第二章）。这些都是现在大家意向所同，似无甚疑问；还有基尔特派中一部人有恢复手工业的意思，这就不敢妄测，恐事实上很难的。假使当真恢复手工业而废置大机械，那么，又太像中国从来不用机械用手工的样子了。

（二）社会生活一面　在这一面，如今日不合理的办法也不能不改变。不论是往时的专制独裁或近世的共和立宪，虽然已很不同，而其内容有不合理之一点则无异。这就是说他们对大家所用统驭式的办法，有似统驭动物一般。现在要问，人同人如何才能安安生生的共同过活？仗着什么去维持？不用寻思，现前哪一事不仗着法律。现在这种法律下的共同过活是很用一个力量统合大家督迫着去做的，还是要人算帐的，人的心中都还是计较利害的，法律之所凭藉而树立的，全都是利用大家的计较心去统驭大家。关于社会组织制度等问题，因我于这一面的学术也毫无研究，绝不敢轻易有所主张；但我敢说，这样统驭式的法律在未来文化中根本不能存在。如果这样统驭式的法律没有废掉之可能，那改正经济而为协作共营的生活也就没有成功之可能。因为在统驭下的社会生活中人的心理，根本破坏了那个在协作共营生活之所须的心理。所以倘然没有所理想的未来文化则已，如其有之，统驭式的法律就必定没有了。仿佛记得陈仲甫先生在《新青年》某文中说那时偷懒的人如何要责罚，污秽的工作或即令受罚人去作，或令污秽工作的人就工作轻减些。其言大概如此，记不清楚，总之他还是藉刑赏来统驭大众的老办法。殊不知像这类偷懒，和嫌恶污秽无人肯作等事，都出于分别人我而计较算帐的心理，假使这种心理不能根本祛除，则何时待有这些事而后生问题，将触处都是问题而协作共营成为不可能；现在不从怎样泯化改变这种心理处下手，却反而走刑赏统驭的旧路，让这种心理益发相引继增，岂非荒谬糊涂之至。以后只有提高了人格，靠着人类之社会的本能，靠着情感，靠着不分别人我，不计较算帐的心理，去作如彼的生活，而后如彼的生活才有可能。近世的人是从理智的活动，认识了自己。走为我向前的路而走到现在的，从现在再往下走，就变成好像要翻过来的样子，从情感的活动，融合了人我，走尚情谊尚礼让不计较的路——这便是从来的中国人之风。刑赏是根本摧残人格的，是诱导恶劣心理的，在以前或不得不用，在以后则不得不废；——这又合了从来孔家之理想。从前儒家法家尚德尚刑久成争论，我当初也以为儒家太迂腐了，为什么不用法家那样简捷容易的办法？瞎唱许多无补事实的滥调做什么？到今日才晓得孔子是一意的要保持人格，一意的要莫破坏那好的心理，他所见的真是与前人不同。以后既不同统驭式的法律而靠着尚情无我的心理了，那以，废法之外更如何进一步去陶养性情，自是很要紧的问题。近来谈社会问题的人如陈仲甫、俞颂华诸君忽然觉悟到宗教的必要。本来人的情志方面就是这宗教与美术两样东西，而从来宗教的力量大于美术，不着重这面则已，但着重这面总容易倾在宗教而觉美术不济事。实亦从来未有舍开宗教利用美术而作到非常伟大功效如一个大宗教者，有之，就是孔子的礼乐。以后世界是要以礼乐换过法律的、全符合了孔家宗旨而后已。因为舍掉礼乐绝无第二个办法，宗教初不相宜，寻常这些美术也不中用。宗教所培养的心理并不适合我们作这生活之所须，而况宗教在这期文化中将为从来未有之衰微，其详如后段讲精神生活所说。脱开宗教气息的美术较为合宜，但如果没有一整统的哲学来运用他而作成一套整的东西，则不但不济事，且也许就不合宜。这不是随便藉着一种事物（宗教或美术）提起了感情，沉下去计较，可以行的；这样也许很危险，都不一定。最微渺复杂难知的莫过于人的心理，没有澈见人性的学问不能措置到好处。礼乐的制作恐怕是天下第一难事。只有孔子在这上边用过一番心，是个先觉。世界上只有两个先觉：佛是走逆着去解脱本能路的先觉；孔子是走顺着调理本能路的先觉。以后局面不能不走以理智调理本能的路，已经是铁案如山，那就不得不请教这先觉的孔子。我虽不敢说以后就整盘的把孔子的礼乐搬出来用，却大体旨趣就是那个样子，你想避开也不成的。还有我们说过在这时期男女恋爱是顶大问题，并且是顶烦难没法对付的，如果不是礼乐把心理调理到恰好，那直不得了；余如后说。

（三）精神生活一面　我们已说过在这时，人类便从物质的不满足时代转到精神不安宁的时代，而尤其是男女恋爱问题容易引起情志的动摇，当然就很富于走入宗教的动机。在人类情感未得充达时节，精神的不宁也就不著；在男女问题缺乏高等情意的时节也不致动摇到根本；但此际情感必得充达和男女问题必进于高等情意都是很明的，那么，予人生以勖慰的宗教便应兴起。但是不能。这些动机和问题大半还不是非成功宗教不可的——另有非成功宗教不可的动机与问题；并且顺成宗教的缘法不具，逆阻宗教的形势绝重。宗教就是人类的出世倾向之表现，从这种倾向要将求超绝与神秘。神秘是这时必很时尚的——我指那一种趣味，因为是时尚直觉的时代。但超绝则绝对说不通，而且感情上也十分排拒；因为知识发展的步骤还不到，感情解放活动之初亦正违乎这种意向。宗教的根本要件全在超越现前之一点是既经说过的，所以我敢断言一切所有的宗教不论高低都要失势，在甚于今；宗教这条路定然还是走不通。但是宗教既走不通，将走哪条路呢？这些动机将发展成什么东西，或这些问题将由怎样而得应付？这只有辟出一条特殊的路来：同宗教一般的具奠定人生勖慰情志的大力，却无藉乎超绝观念，而成功不含出世倾向的宗教；同哲学一般的解决疑难，却不仅为知的一边事，而成功一种不单是予人以新观念并实予人以新生命的哲学。这便是什么路？这便是孔子的路，而倭铿、泰戈尔一流亦概属之。这时艺术的盛兴自为一定之事，是我们可以推想的；礼乐的复兴也是我们已经推定的；虽然这也都能安顿了大部分的人生，但吃紧的还仗着这一路的哲学作主脑。孔子那求仁的学问将为大家所讲究，中国的宝藏将于是宣露。而这一路哲学之兴，收拾了一般人心，宗教将日益寖微，要成了从来所未有的大衰歇。说到这里，又恰与中国的旧样子相合；世界上宗教最微弱的地方就是中国，最淡于宗教的人是中国人，而此时宗教最式微，此时人最淡于宗教；中国偶有宗教多出于低等动机，其高等动机不成功宗教而别走一路，而此时便是这样别走一路，其路还即是中国走过的那路；中国的哲学几以研究人生占他的全部，而此时的哲学亦大有此形势；诸如此类，不必细数。除了科学的研究此时不致衰替为与中国不同外，以及哲学艺术当然以进化之久总有胜过中国之点外，那时这精神生活一面大致是中国从来派头，必不容否认。

一般对未来文化的误看

以上对于世界文化大致推定是那个样子。以他对近世西洋文化而看，是确然截然为根本的改换。所改换过的全然就是中国的路子，无论如何不能否认。但是一般人的议论——其实是毫无准据的想象——异口同声说世界未来文化必是融合了东西两方文化而产生的；两方文化各有所偏，而此则得其调和适中的。这全因为他们心思里有根本两谬点，试为剖说：

一、他们只去看文化的呆面目而不留意其活形势——根本精神，不晓得一派文化之所以为一派文化者固在此而不在彼；由有此谬误，就想着未来文化的成份总于这两方文化各有所取，所以说是二者融合产生的了。其实这一派根本精神和那一派根本精神何从融合起呢？未来文化只可斩截的改换，而照现在形势推去，亦实将斩截的改换，所改换的又确为独属于中国一派；这不但你不信，就如我在未加推勘时亦万万不信。

二、他们感于两方文化各有各的弊害，都不很合用；就从他心里的愿望，想着得一个尽善恰好的，从此便可以长久适用他。不晓得一文化原是一态度或一方向；态度和方向没有不偏的，就都有其好的地方，都有其不好地方；无所谓哪个文化就是好的文化，合用的文化，哪个文化就是不好的文化，不合用的文化。由有此谬误，就想着未来文化总当要调和两偏而得其适中，成一个新的好文化了。其实一态度其初都好，沿着走下来才见出弊害，或遇到他不合用的时际，就得变过一态度方行；而又沿着走下去，还得要再变一态度。想要这次把他调和适中，弄到恰好，那安得而有此事呢？未来文化只可明确的为一个态度，而从现在形势推去，亦实将明确的换过一个态度，所换过的又确乎偏为从前中国人的那一个态度；此诚无论什么人所想不到的。

世界文化三期重现说

质而言之，世界未来文化就是中国文化的复兴；有似希腊文化在近世的复兴那样。人类生活只有三大根本态度，如我在第三章中所说：由三大根本态度演为个别不同的三大系文化，世界的三大系文化实出于此。论起来，这三态度都因人类生活中的三大项问题而各有其必要与不适用，如我前面历段所说，最妙是随问题的转移而变其态度——问题问到哪里，就持哪种态度；却人类自己在未尝试经验过时，无从看得这般清楚而警醒自己留心这个分际。于是古希腊人、古中国人、古印度人，各以其种种关系因缘凑合不觉就单自走上了一路，以其聪明才力成功三大派的文明——迥然不同的三样成绩。这自其成绩论，无所谓谁家的好坏，都是对人类有很伟大的贡献。却自其态度论，则有个合宜不合宜；希腊人态度要对些，因为人类原处在第一项问题之下；中国人态度和印度人态度就嫌拿出的太早了些，因为问题还不到。不过希腊人也并非看清必要而为适当之应付，所以西洋中世纪折入第三路一千多年。到文艺复兴乃始拣择批评的重新去走第一路，把希腊人的态度又拿出来。他这一次当真来走这条路，便逼直的走下去不放手，于是人类文化上所应有的成功如征服自科、科学、德谟克拉西都由此成就出来，即所谓近世的西洋文化。西洋文化的胜利，只在其适应人类目前的问题，而中国文化印度文化在今日的失败，也非其本身有什么好坏可言，不过就在不合时宜罢了。人类文化之初，都不能不走第一路，中国人自也这样，却他不待把这条路走完，便中途拐弯到第二路上来；把以后方要走到的提前走了，成为人类文化的早熟。但是明明还处在第一问题未了之下，第一路不能不走，哪里能容你顺当去走第二路？所以就只能委委曲曲表出一种暧昧不明的文化——不如西洋化那样鲜明；并且耽误了第一路的路程，在第一问题之下的世界表现出很大的失败。不料虽然在以前为不合时宜而此刻则机运到来。盖第一路走到今日，病痛百出，今世人都想抛弃他，而走这第二路，大有往者中世纪人要抛弃他所走的路而走第一路的神情。尤其是第一路走完，第二问题移进，不合时宜的中国态度遂达其真必要之会。于是照样也拣择批评的重新把中国人态度拿出来。印度文化也是所谓人类文化的早熟；他是不待第一路第二路走完而径直拐到第三路上去的。他的行径过于奇怪，所以其文化之价值始终不能为世人所认识（无识的人之恭维不算数）；既看不出有什么好，却又不敢菲薄。一种文化都没有价值，除非到了他的必要时；即有价值也不为人所认识，除非晓得了他所以必要的问题。他的问题是第三问题，前曾略说。而最近未来文化之兴，实足以引进了第三问题，所以中国化复兴之后将继之以印度化复兴。于是古文明之希腊、中国、印度三派竟于三期间次第重现一遭。我并非有意把他们弄得这般齐整好玩，无奈人类生活中的问题实有这么三层次，其文化的路径就有这么三转折，而古人又恰好把这三路都已各别走过，所以事实上没法要他不重现一遭。吾自有见而为此说，今人或未必见谅，然吾亦岂求谅于今人者。

在最近未来第二态度复兴；以后顺着走下去，怎样便引进了第三问题，这还要说一两句。我们已经看清现在将以直觉的情趣解救理智的严酷，乃至处处可以见出理智与直觉的消长，都是不得不然的。这样，就从理智的计虑移入直觉的真情，未来人心理上实在比现在人逼紧了一步，如果没有问题则已，如有问题，那么，这个问题就对他压迫的非常之紧。从孔家的路子更是引入到真实的心理，那么，就是紧辏。当初藉以解救痛苦的是他，后来贻人以痛苦的亦即是他；前人之于理智，后人之于直觉，都是这样。在人类是时时那里自救，也果然得救，却是皆适以自杀，第三问题是天天接触令人的眼睑而令人若无所见的，到那情感益臻真实之后，就成了满怀唯一问题。而这问题本是不得解决的，一边非要求不可，一边绝对不予满足，弄得左右无丝毫回旋余地！此其痛苦为何如？第三期的文化也就于是产生；所谓印度人的路是也。从孔子的路原是扫空一切问题的，因为一切问题总皆私欲；却是出乎真情实感的则不能，出乎这真情实感的问题在今日也能扫空，却是在那将来则不能。像这类出乎真情实感的第三问题在今日则随感而应，过而不留，很可以不成为问题；如果执着不舍必是私欲，绝非天理之自然。在将来那时别无可成为问题的，不必你去认定一个问题而念念不忘，他早已自然而然的把这一个问题摆在你的眼前，所以就没有法子扫空了。关于第三期文化的开发，可说的话还很多；但我不必多说了，就此为止。本来印度人的那种特别生活差不多是一种贵族的生活，非可遍及于平民，只能让社会上少数居优越地位，生计有安顿的人，把他心思才力用在这个上边。唯有在以后的世界大家的生计都有安顿，才得容人人来作。于自己于社会均没妨碍。这也是印度化在人类以前文化中为不自然的，而要在某文化步段以后才顺理之证。

我们现在应持的态度

我们推测的世界未来文化既如上说，那么我们中国人现在应持的态度是怎样才对呢？对于这三态度何取何舍呢？我可以说：

第一，要排斥印度的态度，丝毫不能容留；

第二，对于西方文化是全盘承受，而根本改过，就是对其态度要改一改；

第三，批评的把中国原来态度重新拿出来。

这三条是我这些年来研究这个问题之最后结论，几经审慎而后决定，并非偶然的感想；必须把我以上一章通通看过记清，然后听我以下的说明，才得明白。或请大家试取前所录李超女士追悼会演说词，和民国八年出版的《唯识述义》序文里一段，与现在这三条参照对看，也可寻出我用意之深密而且决之于心者已久。《唯识述义》序文一段录后：

“印度民族所以到印度民族那个地步的是印度化的结果，你曾留意吗？如上海刘仁航先生同好多的佛学家，都说佛化大兴可以救济现在的人心，可以使中国太平不乱。我敢告诉大家，假使佛化大兴，中国之乱便无已；且慢胡讲者，且细细商量商量看！”

现在我们要去说明这结论，不外指点一向致误所由，和所受病痛，眼前需要，和四外情势，并略批评旁人的意见，则我的用意也就都透出了。照我们历次所说，我们东方文化其本身都没有什么是非好坏可说，或什么不及西方之处；所有的不好不对，所有的不及人家之点，就在步骤凌乱，成熟太早，不合时宜。并非这态度不对，是这态度拿出太早不对，这是我们唯一致误所由。我们不待抵抗得天行，就不去走征服自然的路，所以至今还每要见厄于自然。我们不待有我就去讲无我。不待个性申展就去讲屈己让人，所以至今也未曾得从种种威权底下解放出来。我们不待理智条达，就去崇尚那非论理的精神，就专好用直觉，所以至今思想也不得清明，学术也都无眉目。并且从这种态度就根本停顿了进步，自其文化开发之初到他数千年之后，也没有什么两样。他再也不能回头补走第一路，也不能往下去走第三路；假使没有外力进门，环境不变，他会要长此终古！譬如西洋人那样，他可以沿着第一路走去，自然就转入第二路；再走去，转入第三路；即无中国文明或印度文明的输入，他自己也能开辟他们出来。若中国则绝不能，因为他态度殆无由生变动，别样文化即无由发生也。从此简直就没有办法；不痛不痒真是一个无可指名的大病。及至变局骤至，就大受其苦，剧痛起来。他处在第一问题之下的世界，而于第一路没有走得几步，凡所应成就者都没有成就出来；一旦世界交通，和旁人接触，哪得不相形见绌？而况碰到的西洋人偏是个专走第一路大有成就的，自然更禁不起他的威棱，只有节节失败，忍辱茹痛，听其蹴踏，仅得不死。国际上受这种种欺凌已经痛苦不堪，而尤其危险的，西洋人从这条路上大获成功的是物质的财，他若挟着他大资本和他经济的手段，从经济上永远制服了中国人，为他服役，不能翻身，都不一定。至于自己眼前身受的国内军阀之蹂躏，生命财产无半点保障，遑论什么自由，生计更穷得要死，试去一看下层社会简直地狱不如；而水旱频仍，天灾一来，全没对付，甘受其虐；这是顶惨切的三端，其余种种太多不须细数。然试就所有这些病痛而推原其故，何莫非的的明明自己文化所贻害；只缘一步走错，弄到这般天地！还有一般无识的人硬要抵赖不认，说不是自己文化不好，只被后人弄糟了，而叹惜致恨于古圣人的道理未得畅行其道。其实一民族之有今日结果的情景，全由他自己以往文化使然：西洋人之有今日全由于他的文化，印度人之有今日全由于他的文化，中国人之有今日全由于我们自己的文化，而莫从抵赖；也正为古圣人的道理行得几分，所以才致这样，倒不必恨惜。但我们绝不后悔绝无怨尤；以往的事不用回顾；我们只爽爽快快打主意现在怎样再往下走就是了。

我们致误之由和所受痛苦略如上说，现在应持何态度差不多已可推见；然还须把眼前我们之所需要和四外情势说一说。我们需要的很多，用不着一样一样去数。但怎样能让个人权利稳固社会秩序安宁，是比无论什么都急需的。这不但比无论什么都可宝贵，并且一切我们所需的，假使能得到时，一定要从此而后可得。我们非如此不能巩固国基，在国际上成一个国家；我们非如此不能让社会上一切事业得以顺着进行。若此，那么将从如何态度使我们可以作到，不即可想了吗？再看外面情势，西洋人也从他的文化而受莫大之痛苦，若近若远，将有影响于世界的大变革而开辟了第二路文化。从前我们有亡国灭种的忧虑，此刻似乎情势不是那样，而旧时富强的思想也可不作。那么，如何要鉴于西洋化弊害而知所戒，并预备促进世界第二路文化之实现，就是我们决定应持态度所宜加意的了。以下我们要略批评现在许多的人意向是否同我们现在所审度的相适合。

现在普通谈话有所谓新派旧派之称：新派差不多就是倡导西洋化的；旧派差不多就是反对这种倡导的——因他很少积极有所倡导；但我想着现在社会上还有隐然成一势力的佛化派。我们先看新派何如？新派所倡导的总不外乎陈仲甫先生所谓“赛恩斯”与“德谟克拉西”和胡适之先生所谓“批评的精神”（似见胡先生有此文，但记不清）；这我们都赞成。但我觉得若只这样都没给人以根本人生态度；无根的水不能成河，枝节的作法，未免不切。所以蒋梦麟先生《改变人生态度》一文，极动我眼目；却是我不敢无批评无条件的赞成。又《新青年》前几卷原也有几篇倡导一种人生的文章，陈仲甫先生并有其《人生真义》一文；又倡导赛恩斯、德谟克拉西、批评的精神之结果也会要随着引出一种人生。但我对此都不敢无条件赞成。因为那西洋人从来的人生态度到现在已经见出好多弊病，受了严重的批评，而他们还略不知拣择的要原盘拿过来。虽然这种态度于今日的西洋人为更益其痛苦，而于从来的中国人则适可以救其偏，却是必要修正过才好。况且为预备及促进世界第二路文化之开辟，也要把从来的西洋态度变化变化才行。这个修正的变化的西洋态度待我后面去说。

旧派只是新派的一种反动；他并没有倡导旧化。陈仲甫先生是攻击旧文化的领袖；他的文章，有好多人看了大怒大骂，有些人写信和他争论。但是怒骂的止于怒骂，争论的止于争论，他们只是心理有一种反感而不服，并没有一种很高兴去倡导旧化的积极冲动。尤其是他们自己思想的内容异常空乏，并不曾认识了旧化的根本精神所在，怎样禁得起陈先生那明晰的头脑，锐利的笔锋，而陈先生自然就横扫直摧，所向无敌了。记得陈先生在《每周评论》上作《孔教研究》曾一再发问：

> “既然承认孔教在法律上、政治上、经济上都和现代社会人心不合；不知道我们还要尊崇孔教的理由在哪里？
>
> 除了君臣父子夫妇之道及其他关于一般道德之说明，孔子的精神真相真意究竟是什么？”

他原文大意，是说：孔子的话不外一种就当时社会打算而说的，和一种泛常讲道德的话；前一种只适用于当时社会，不合于现代社会，既不必提；而后一种如教人信实、教人仁爱、教人勤俭之类，则无论哪地方的道德家谁都会说，何必孔子？于此之外孔子的真精神，特别价值究竟在哪点？请你们替孔教抱不平的说给我听一听。这样锋利逼问，只问的旧派先生张口结舌——他实在说不上来。前年北京大学学生出版一种《新潮》，一种《国故》，仿佛代表新旧两派；那《新潮》却能表出一种西方精神，而那《国故》只堆积一些陈旧骨董而已。其实真的国故便是中国故化的那一种精神——故人生态度？那些死板板烂货也配和人家对垒吗？到现在谈及中国旧化便羞于出口，孔子的道理成了不敢见人的东西，只为旧派无人，何消说得！因为旧派并没有倡导旧化，我自无从表示赞成；而他们的反对新化，我只能表示不赞成，他们的反对新化并不彻底：他们也觉得社会一面不能不改革，现在的制度也只好承认，学术一面太缺欠，西洋科学似乎是好的；却总像是要德谟克拉西精神、科学精神为折半的通融。莫处处都一贯到底。其实这两种精神完全是对的；只能为无条件的承认；即我所谓对西方化“全盘承受”。怎样引进这两种精神实在是当今所急的；否则，我们将永此不配谈人格，我们将永此不配谈学术。你只要细审从来所受病痛是怎样，就知道我这话非激。所以我尝叹这两年杜威、罗素先到中国来，而柏格森、倭铿不曾来，是我们学术思想界的大幸；如果杜威、罗素不曾来，而柏格森、倭铿先来了，你试想于自己从来的痼疾对症否?

在今日欧化蒙罩的中国，中国式的思想虽寂无声响，而印度产的思想却居然可以出头露面。现在除掉西洋化是一种风尚之外，佛化也是范围较小的一种风尚；并且实际上好多人都已倾向于第三路的人生。所谓倾向第三路人生的就是指着不注意图谋此世界的生活而注意别有所注的人而说；如奉行吃斋、念佛、唪经、参禅、打坐等生活的人和扶乩、拜神、炼丹、修仙等的人，不论他为佛教徒，或佛教以外的信者，或类此者，都统括在内。十年来这样态度的人日有增加，滔滔皆是：大约连年变乱和生计太促，人不能乐其生，是最有力的外缘，而数百年来固有人生思想久已空乏，何堪近年复为西洋潮流之所残破，旧基骤失，新基不立，惶惑烦闷，实为其主因。至于真正是发大心的佛教徒，确乎也很有其人，但百不得一。我对于这种态度——无论其为佛教的发大心或萌乎其它鄙念——绝对不敢赞成；这是我全书推论到现在应有的结论。我先有几句声明，再申论我的意思。我要声明，我现在所说的话是替大家设想，不是离开大家而为单独的某一个人设想。一个人可以有为顾虑大家而牺牲他所愿意的生活之好意，但他却非负有此义务，他不管大家而从其自己所愿是不能非议的。所以我为某一个人打算也许赞成他作佛家的生活亦未可定。如果划一定格而责人以必作这样人生，无论如何是一个不应该。以下我略说如何替大家设想即绝对不赞成第三态度之几个意思：

一、第三态度的提出，此刻还早的很，是极显明的。而我们以前只为一步走错，以致贻误到那个天地（试回头看上文），此刻难道还要一误再误不知鉴戒吗？你一个人去走，我不能管；但如你以此倡导于社会，那我便不能不反对。

二、我们因未走第一路便走第二路而受的病痛，从第三态度将有所补救呢，还是要病上加病？我们没有抵抗天行的能力，甘受水旱天灾之虐，是将从学佛而得补救，还是将从学佛而益荒事功？我们学术思想的不清明，是将从学佛而得药治，还是将从学佛而益没有头绪？国际所受的欺凌，国内武人的横暴，以及生计的穷促等等我都不必再数。一言总括，这都是因不像西洋那样持向前图谋此世界生活之态度而吃的亏，你若再倡导印度那样不注意图谋此世界生活之态度，岂非要更把这般人害到底?

三、我们眼前之所急需的是宁息国内的纷乱，让我们的生命财产和其他个人权利稳固些；但这将从何种态度而得作到？有一般人——如刘仁航先生等——就以为大家不要争权夺利就平息了纷乱，而从佛教给人一服清凉散，就不复争权夺利，可以太平。这实在是最错误的见解，与事理真相适得其反。我们现在所用的政治制度是采自西洋，而西洋则自其人之向前争求态度而得生产的，但我们大多数国民还依然是数千年来旧态度，对于政治不闻不问，对于个人权利绝不要求，与这种制度根本不适合；所以才为少数人互竞的掠取把持，政局就翻覆不已，变乱遂以相寻。故今日之所患，不是争权夺利，而是大家太不争权夺利；只有大多数国民群起而与少数人相争，而后可以奠定这种政治制度，可以宁息累年纷乱，可以获持个人生命财产一切权利，如果再低头忍受，始终打着逃反避乱的主意，那么就永世不得安宁。在此处只有赶紧参取西洋态度，那屈己让人的态度方且不合用，何况一味教人息止向前争求态度的佛教？我在《唯识述义》序文警告大家："假使佛化大兴，中国之乱便无已。"就是为此而发。我希望倡导佛教的人可怜可怜湖南湖北遭兵乱的人民，莫再引大家到第三态度，延长了中国人这种水深火热的况味！

四、怎样促进世界最近未来文化的开辟，是看过四外情势而知其必要；但这是第一路文化后应有的文章，也是唯他所能有的文章；照中国原样走去，无论如何所不能有的，何况走印度的第三路？第一路到现在并未走完，然单从他原路亦不能产出；这只能从变化过的第一态度或适宜的第二态度而得辟创；其余任何态度都不能。那么，我们当然反对第三态度的倡导。

我并不以人类生活有什么好，而一定要中国人去作；我并不以人类文化有什么价值，而一定要中国人把他成就出来；我只是看着中国现在这样子的世界，而替中国人设想如此。我很晓得人类是无论如何不能得救的，除非他自己解破了根本二执——我执、法执。却是我没有法子教他从此而得救，除非我反对大家此刻的倡导。因为你此刻拿这个去倡导，他绝不领受。人类总是往前奔的，你扯他也扯不回来，非让他自己把生活的路走完，碰到第三问题的硬钉子上，他不死心的。并且他如果此刻领受，也一定是不很好的领受——动机不很好。此刻社会上归依佛教的人，其归依的动机很少是无可批评的，其大多数全都是私劣念头。藉着人心理之弱点而收罗信徒简直成为彰明的事。最普通的是乘着世界不好的机会，引逗人出世思想；因人救死不赡，求生不得，而要他解脱生死：其下于此者，且不必说。这便是社会上许多恶劣宗教团体的活动也跟着佛教而并盛的一个缘故。再则，他此刻也绝不能领受。当此竞食的时代，除非生计有安顿的人，一般都是忙他的工作，要用工夫到这个，是事实所不能。他既绝不领受，又绝不能领受，又不会为好动机的领受，那么几个是从此而得救的呢？还有那许多人就是该死吗？既不能把人渡到彼岸，却白白害得他这边生活更糟乱，这是何苦？不但祸害人而且糟蹋佛教。佛教是要在生活美满而后才有他的动机，像这样求生不得，就来解脱生死，那么求生可得，就用他不着了。然在此刻倡导佛教，其结果大都是此一路，只是把佛教弄到鄙劣湖涂为止。我们非把人类送过这第二路生活的一关，不能使他从佛教而得救，不能使佛教得见其真，这是我的本意。

孔与佛恰好相反：一个是专谈现世生活，不谈现实生活以外的事；一个是专谈现世生活以外的事，不谈现世生活。这样，就致佛教在现代很没有多大活动的可能，在想把佛教抬出来活动的人，便不得不谋变更其原来面目。似乎记得太虚和尚在《海潮音》一文中要藉着“人天乘”的一句话为题目，替佛教扩张他的范围到现世生活里来。又仿佛刘仁航和其他几位也都有类乎此的话头。而梁任公先生则因未曾认清佛教原来怎么一回事的缘故，就说出“禅宗可以称得起为世间的佛教应用的佛教”的话（见《欧游想影录》）。他并因此而总想着拿佛教到世间来应用；以如何可以把贵族气味的佛教改造成平民化，让大家人人都可以受用的问题，访问于我。其实这个改造是作不到的事，如果作到也必非复佛教。今年我在上海见着章太炎先生，就以这个问题探他的意见。他说，这恐怕很难；或者不立语言文字的禅宗可以普及到不识字的粗人，但普及后，还是不是佛教，就不敢说罢了。他还有一些话，论佛教在现时的宜否，但只有以上两句是可取的。总而言之，佛教是根本不能拉到现世来用的；若因为要拉他来用而改换他的本来面目，则又何苦如此糟蹋佛教？我反对佛教的倡导，并反对佛教的改造。

我提出的态度

于是我将说出我要提出的态度。我要提出的态度便是孔子之所谓“刚”。刚之一义也可以统括了孔子全部哲学，原很难于短时间说得清。但我们可以就我们所需说之一点，而以极浅之话表达他。大约“刚”就是里面力气极充实的一种活动。孔子说“吾未见刚者”。“刚”原是很难作到的。我们似乎不应当拿一个很难作到的态度提出给一般人；因为你要使这个态度普遍的为大家所循由，就只能非常粗浅，极其容易，不须加持循之力而不觉由之者，才得成功。但我此处所说的刚，实在兼括了艰深与浅易两极端而说。刚也是一路向，于此路向可以入的浅，可以入的深；所以他也可以是一非常粗浅极其简易的。我们自然以粗浅简易的示人，而导他于这方向，如他有高的可能那么也可自进于高。我今所要求的，不过是要大家往前动作，而此动作最好要发于直接的情感，而非出自欲望的计虑。孔子说：“枨也欲，焉得刚”，大约欲和刚都像是很勇的往前活动；却是一则内里充实有力，而一则全是假的——不充实，假有力：一则其动为自内里发出。一则其动为向外逐去。孔子说的“刚毅木讷近仁”全露出一个人意志高强，情感充实的样子；这样人的动作大约便都是直接发于情感的。我们此刻无论为眼前急需的护持生命财产个人权利的安全而定乱入治，或促进未来世界文化之开辟而得合理生活，都非参取第一态度，大家奋往向前不可，但又如果不根本的把他含融到第二态度的人生里面，将不能防止他的危险，将不能避免他的错误，将不能适合于今世第一和第二路的过渡时代。我们最好是感觉着这局面的不可安而奋发；莫为要从前面有所取得而奔去。我在李超女士追悼会即已指给大家这个态度，说：“要求自由，不是计算自由有多大好处便宜而要求，是感觉着不自由的不可安而要求的。”但须如此，即合了我所说刚的态度；刚的动只是真实的感发而已。我意不过提倡一种奋往向前的风气，而同时排斥那向外逐物的颓流。我在那篇里又说：“那提倡欲望，虽然也能使人往前动作，但我不赞成。”现在还不外那一点意思。施今墨先生对我说的“只要动就好”，现在有识的人多能见到此；但我们将如何使人动？前些年大家的倡导，似乎都偏欲望的动，现今稍稍变其方向到情感的动这面来，但这只不过随着社会运动而来的风气，和跟着罗素创造冲动占有冲动而来的滥调；并没有两面看清而知所拣择，所以杂乱纷歧，含糊不明，见不出一点方向，更不及在根本上知所从事。这两年来种种运动，愈动而人愈疲顿，愈动而人愈厌苦，弄到此刻衰竭欲绝，谁也不高兴再动，谁也没有法子再动，都只为胡乱由外面引逗欲望，激励情感，为一时的兴奋，而内里实际人人所有只欲望派的人生念头，根本原就不弄得衰竭烦恼不止。动不是容易的，适宜的动更不是容易的。现在只有先根本启发一种人生，全超脱了个人的为我，物质的歆慕，处处的算帐，有所为的而为，直从里面发出来活气——罗素所谓创造冲动——含融了向前的态度，随感而应，方有所谓情感的动作，情感的动作只能于此得之。只有这样向前的动作才真有力量，才继续有活气，不会沮丧，不生厌苦，并且从他自己的活动上得了他的乐趣。只有这样向前的动作可以弥补了中国人夙来缺短，解救了中国人现在的痛苦，又避免了西洋的弊害，应付了世界的需要，完全适合我们从上以来研究三文化之所审度。这就是我所谓刚的态度，我所谓适宜的第二路人生。本来中国人从前就是走这条路，却是一向总偏阴柔坤静一边，近于老子，而不是孔子阳刚乾动的态度；若如孔子之刚的态度，便为适宜的第二路人生。

今日应再创讲学之风

明白的说，照我意思是要如宋明人那样再创讲学之风，以孔颜的人生为现在的青年解决他烦闷的人生问题，一个个替他开出一条路来去走。一个人必确定了他的人生才得往前走动，多数人也是这样；只有昭苏了中国人的人生态度，才能把生机剥尽死气沉沉的中国人复活过来；从里面发出动作，才是真动。中国不复活则已，中国而复活，只能于此得之，这是唯一无二的路。有人以清代学术比作中国的文艺复兴，其实文艺复兴的真意义在其人生态度的复兴，清学有什么中国人生态度复兴的可说？有人以五四而来的新文化运动为中国的文艺复兴；其实这新运动只是西洋化在中国的兴起，怎能算得中国的文艺复兴？若真中国的文艺复兴，应当是中国自己人生态度的复兴，那只有如我现在所说可以当得起。

蒋百里先生对我说，他觉得新思潮新风气并不难开，中国数十年来已经是一开再开，一个新的去，一个新的又来，来了很快的便已到处传播，却总是在笔头口头转来转去，一些名词变换变换，总没有什么实际干涉，真的影响出来；如果始终这样子，将永无办法；他的意思似乎需要一种似宗教非宗教像倭铿所倡的那种东西，把人引入真实生活上来才行。这话自是不错，其实用不着他求，只就再创讲学之风而已。现在只有踏实的奠定一种人生，才可以真吸收融取了科学和德谟克拉西两精神下的种种学术种种思潮而有个结果；否则我敢说新文化是没有结果的。至于我心目中所谓讲学，自也有好多与从前不同处；最好不要成为少数人的高深学业，应当多致力于普及而不力求提高。我们可以把孔子的路放得极宽泛、极通常，简直去容纳不合孔子之点都不要紧。孔子有一句“极高明而道中庸”的话，我想拿来替我自己解释。我们只去领导大家走一种相当的态度而已；虽然遇到天分高的人不是浅薄东西所应付得了，然可以“极高明”而不可以“道高明”。我是先自己有一套思想再来看孔家诸经的；看了孔经，先有自己意见再来看宋明人书的；始终拿自己思想作主。由我去看，泰州王氏一路独可注意；黄梨洲所谓“其人多能赤手以搏龙蛇”，而东崖之门有许多樵夫、陶匠、田夫，似亦能化及平民者。但孔子的东西不是一种思想，而是一种生活；我于这种生活还隔膜，容我尝试得少分，再来说话。

世界的态度

其实我提出的这态度并不新鲜特别，巧妙希罕，不过就是现在世界上人当此世界文化过渡时代所要持的态度。我所谓情感的动，不但于中国人为恰好，于世界上人也恰好，因为我本是就着大家将转上去的路指说出而已。

新文化运动是什么

作者简介

陈独秀

陈独秀（1879～1942年），五四运动主将，中国共产党创始人之一。字仲甫，安徽怀宁人。早年留学日本。1915年在上海创办《新青年》（第一卷名《青年杂志》），提倡民主与科学，抨击封建的伦理道德。1917年发表《文学革命论》，提倡反映现实的新文学。同年任北京大学文科学长。1918年冬和李大钊创办《每周评论》，倡导新文化，是五四新文化运动的主将之一。五四运动后，接受和宣传马克思主义，由激进民主主义者转向马克思主义者。1920年8月，在上海首先成立中国共产党上海发起组。1921年7月，在中国共产党第一次全国代表大会上，被选为党的中央局书记。后被选为党的第二、第三届中央执行委员会委员长，第四、第五届中央委员会总书记。第一次国内革命战争期间，犯了右倾投降主义错误，放弃无产阶级对统一战线、农民运动、尤其是军队的领导权，致使革命在敌人的突然袭击下遭到惨重失败。1927年7月12日被共产国际责令停职，同年"八七"会议上被正式解除总书记的职务。1929年11月被开除出党。同年12月，与彭述之等在上海成立托派组织"无产者社"。1931年5月，在上海纠合"中国共产党左派反对派"，任书记。1932年被南京国民政府逮捕，抗日战争爆发后获释。1942年病故于四川江津。著有《独秀文存》。

作品简介

本文原载于1920年4月1日《新青年》第七卷第五号。陈独秀在文中阐述了"新文化运动"的具体内涵：科学、人道。这是新文化运动代表性的作品之一。

选文

"新文化运动"这个名词，现在我们社会里很流行。究竟新文化的内容是些什么，倘然不明白他的内容，会不会有因误解及缺点而发生流弊的危险，这都是我们赞成新文化运动的人应该注意的事呵！

要问"新文化运动"是什么，先要问"新文化"是什么；要问"新文化"是什么，先要问"文化"是什么。

文化是对军事、政治（是指实际政治而言，至于政治哲学仍应该归到文化）、产业而言，新文化是对旧文化而言。文化的内容，是包含着科学、宗教、道德、美术、文学、音乐这几样；新文化运动，是觉得旧的文化还有不足的地方，更加上新的科学、宗教、道德、文学、美术、音乐等运动。

科学有广狭二义：狭义的是指自然科学而言，广义的是指社会科学而言。社会科学是拿研究自然科学的方法，用在一切社会人事的学问上，象社会学、伦理学、历史学、法律学、经济学等，凡用自然科学方法来研究、说明的都算是科学，这乃是科学最大的效用。我们中国人向来不认识自然科学以外的学问，也有科学的权威；向来不认识自然科学以外的学问，也要受科学的洗礼；向来不认识西洋除自然科学外没有别种应该输入我们东洋的文化；向来不认识中国的学问有应受科学洗礼的必要。我们要改去从前的错误，不但应该提倡自然科学，并且研究、说明一切学问（国故也包括在内）都应该严守科学方法，才免得昏天黑地乌烟瘴气的妄想、胡说。现在新文化运动声中，有两种不祥的声音：一是科学无用了，我们应该注重哲学；一是西洋人现在也倾向东方文化了。各国政治家、资本家固然利用科学做了许多罪恶，但这不是科学本身的罪恶。科学无用，这句话不知从何说起？我们的物质生活上需要科学，自不待言，就是精神生活离开科学也很危险。哲学虽不是抄集各种科学结果所能成的东西，但是不用科学的方法下手研究、说明的哲学，不知道是什么一种怪物！杜威博士在北京现在演讲的《现代的三个哲学家》：一个是美国的詹姆士，一个是法国的柏格森，一个是英国罗素，都是代表现代思想的哲学家；前两个是把哲学建设在心理学上面，后一个是把哲学建设在数学上面，没有一个不采用科学方法的。用思想的时候，守科学方法才是思想，不守科学方法便是诗人的想象或愚人的妄想、想象，妄想和思想大不相同。哲学是关于思想的学问，离开科学谈哲学，所以现在有一班青年，把周、秦诸子，儒、佛、耶、回，康德、黑格尔横拉在一起说一阵昏话，便自命为哲学大家，这不是怪物是什么？西洋文化我们固然不能满意，但是东方文化我们更是领教了，他的效果人人都是知道的，我们但有一毫一忽羞恶心，也不至以此自夸。西洋人也许有几位别致的古董先生怀着好奇心要倾向他，也许有些圆通的人拿这话来应酬东方的土政客，以为他们只听得懂这些话，也许有些人故意这样说来迎合一般朽人的心理，但是主张新文化运动的青年，万万不可为此呓语所误。"科学无用了"，"西洋人倾向东方文化了"，这两个妄想倘然合在一处，是新文化运动一个很大的危机。

宗教在旧文化中占很大的一部分，在新文化中也自然不能没有他。人类的行为动作，完全是因为外部的刺激，内部发生反应。有时外部虽有刺激，内部究竟反应不反应，反应取什么方法，知识固然可以居间指导，真正反应进行的司令，最大的部分还是本能上的感情冲动。利导本能上的感情冲动，叫他浓厚、挚真、高尚，知识上的理性，德义都不及美术、音乐、宗教的力量大。知识和本能倘不相并发达，不能算人间性完全发达。所以詹姆士不反对宗教，凡是在社会上有实际需要的实际主义者都不应反对。因为社会上若还需要宗教，我们反对是无益的，只有提倡较好的宗教来供给这需要，来代替那较不好的宗教，才真是一件有益的事。罗素也不反对宗教，他预言将来须有一新宗教。我以为新宗教没有坚固的起信基础，除去旧宗教传说的附会的非科学的迷信，就算是新宗教。有人嫌宗教是他力，请问扩充我们知识的学说，利导我们情感的美术、音乐，那一样免了他力？又有人以为宗教只有相对价值，没有绝对的价值，请问世界上什么东西有绝对价值？现在主张新文化运动的人，既不注意美术、音乐，又要反对宗教，不知道要把人类生活弄成一种什么机械的状况，这是完全不曾了解我们生活活动的本源，这是一桩大错，我就是首先认错的一个人。

我们不满意于旧道德，是因为孝悌的范围太狭了。说什么爱有等差，施及亲始，未免太猾头了。就是达到他们人人亲其亲、长其长的理想世界，那时社会的纷争恐怕更加利害；所以现代道德的理想，是要把家庭的孝悌扩充到全社会的友爱。现在有一班青年却误解了这个意思，他并没有将爱情扩充到社会上，他却打着新思想新家庭的旗帜，抛弃了他的慈爱的、可怜的老母。这种人岂不是误解了新文化运动的意思？因为新文化运动是主张教人把爱情扩充，不主张教人把爱情缩小。

通俗易解是新文学的一种要素，不是全体要素。现在欢迎白话文的人，大半只因他通俗易解，主张白话文的人，也有许多只注意通俗易解。文学、美术、音乐，都是人类最高心情的表现，白话文若是只以通俗易解为止境，不注意文学的价值，那便只能算是通俗文，不配说是新文学，这也是新文化运动中一件容易误解的事。

欧美各国学校里、社会里、家庭里，充满了美术和音乐的趣味自不待言，就是日本社会及个人的音乐、美术及各种运动、娱乐，也不象我们中国人的生活这样干燥无味。有人反对妇女进庙烧香，青年人逛新世界，我却不以为然，因为他们去烧香、去逛新世界，总比打麻雀好。吴稚晖先生说：“中国有三种大势力，一是孔夫子，一是关老爷，一是麻先生。”我以为麻先生的势力比孔、关两位还大，不但信仰他的人比信仰孔、关的人多，而且是真心信仰，不象信仰孔、关的还多半是装饰门面。平时长、幼、尊、卑、男、女的界限很严，只有麻先生的力量可以叫他们鬼混做一团。

他们如此信仰这位麻先生虽然是邪气，我也不反对，因为他们去打麻雀，还比吸鸦片烟好一点。鸦片烟、麻雀牌何以有这般力量叫我们堕落到现时的地步？这不是偶然的事，不是一个简单的容易解决的问题，不是空言劝止人不要吸烟、打牌可以有效的。那吸烟、打牌的人，也有他们的一面理由：因为我们中国人社会及家庭的音乐、美术及各种运动娱乐一样没有，若不去吸烟、打牌，资本家岂不要闲死，劳动者岂不要闷死？所以有人反对郑曼陀的时女画，我以为可以不必；有人反对新年里店家打十番锣鼓，我以为可以不必；有人反对大舞台、天蟾舞台的皮簧戏曲，我以为也可以不必。表现人类最高心情的美术、音乐，到了郑曼陀的时女画、十番锣鼓、皮簧戏曲这步田地，我们固然应该为西洋人也要来倾向的东方文化一哭；但是倘若并这几样也没有，我们民族的文化连美术、音乐的种子都绝了，岂不更加可悲！所以蔡孑民先生曾说道：“新文化运动莫忘了美育”。前几天我的朋友张申甫给我的一封信里也说道：“宗教本是发宣人类的不可说的最高的情感（罗素谓之‘精神’Spirit）的，将来恐怕非有一种新宗教不可。但美术也是发宣人类最高的情感的（罗丹说：‘美是人所有的最好的东西之表示，美术就是寻求这个美的。’就是这个意思）。而且宗教是偏于本能的，美术是偏于知识的，所以美术可以代宗教，而合于近代的心理。现在中国没有美术真不得了，这才真是最致命的伤。社会没有美术的趣味，所以社会是干枯的，种种东西都没有美术的趣味，所以种种东西都是干枯的，又何从引起人的最高情感？中国这个地方若缺知识，还可以向西方去借，但若缺美术，那便非由这个地方的人自己创造不可。”

关于各种新文化运动中的误解及缺点，上面已略略说过。另外还有应该注意的三件事：

一、新文化运动要注重团体的活动。美公使说中国人没有组织力，我以为缺乏公共心才没有组织力。忌妒独占的私欲心，人类都差不多，西洋人不比中国人特别好些；但是因为他们有维持团体的公共心牵制，所以才有点组织能力，不象中国人这样涣散。中国人最缺乏公共心，纯然是私欲心用事，所以遍政界、商界、工界、学界，没有十人以上不冲突、三五年不涣散的团体。最近学生运动里也发生了无数的内讧，和南北各派政争遥遥相映。新文化运动倘然不能发挥公共心，不能组织团体的活动，不能造成新集合力，终究是一场失败，或是效力极小。中国人所以缺乏公共心，全是因为家族主义太发达的缘故。有人说是个人主义妨碍了公共心，这却不对。半聋半瞎的八十衰翁，还要拼着老命做官发财，买田置地，简直是替儿孙做牛马，个人主义决不是这样。那卖国贪赃的民贼，也不尽为自己享乐，有许多竟是省吃俭用的守财奴。所以我以为戕贼中国人公共心的不是个人主义，中国人的个人权利和社会公益，都做了家庭的牺牲品。“各人自扫门前雪，不管他人瓦上霜。”这两句话描写中国人家庭主义独盛、没有丝毫公共心，真算十足了。

二、新文化运动要注重创造的精神。创造就是进化，世界上不断的进化只是不断的创造，离开创造便没有进化了。我们不但对于旧文化不满足，对于新文化也要不满足才好；不但对于东方文化不满足，对于西洋文化也要不满足才好；不满足才有创造的余地。我们尽可前无古人，却不可后无来者；我们固然希望胜过我们的父亲，我们更希望我们不如我们的儿子。

三、新文化运动要影响到别的运动上面。新文化运动影响到军事上，最好能令战争止住，其次也要叫他做新文化运动的朋友不是敌人。新文化运动影响到产业上，应该令劳动者觉悟他们自己的地位，令资本家要把劳动者当做同类的“人”看待，不要当做机器、牛马、奴隶看待。新文化运动影响到政治上，是要创造新的政治理想，不要受现实政治的羁绊。譬如中国的现实政治，什么护法，什么统一，都是一班没有饭吃的无聊政客在那里造谣生事，和人民生活、政治理想都无关系，不过是各派的政客拥着各派的军人争权夺利，好象狗争骨头一般罢了。他们的争夺是狗的运动。新文化运动是人的运动；我们只应该拿人的运动来轰散那狗的运动，不应该抛弃我们人的运动去加入他们狗的运动！

中国人的精神

作者简介

辜鸿铭（1857～1928年），字汤生，福建同安人。他生在南洋，学在西洋，婚在东洋，仕在北洋。精通英、法、德、拉丁、希腊、马来西亚等9种语言，获13个博士学位，倒读英文报纸嘲笑英国人，说美国人没有文化，第一个将中国的《论语》、《中庸》用英文和德文翻译到西方。凭三寸不烂之舌，向日本首相伊藤博文大讲孔学，与文学大师列夫·托尔斯泰书信来往，讨论世界文化和政坛局势，被印度圣雄甘地称为“最尊贵的中国人”。一生著述颇丰，且多用流利的英文写成，其目的即在于使西方人了解，并通过了解进而尊重中国文化。

辜鸿铭

作品简介

本文为节选。1915年，辜鸿铭出版了用英文写成的《中国人的精神》，用自己的笔维护了中国文化的尊严，改变了部分西方人对中国的偏见。此书一出，轰动西方，后被译为多种文字。

选文

我曾听说一位外国朋友这样说过：作为外国人，在日本居住的时间越长，就越发讨厌日本人。相反，在中国居住的时间越长，就越发喜欢中国人。这位外国友人曾久居日本和中国。我不知道这样评价日本人是否合适，但我相信在中国生活过的诸位都会同意上述对中国人的判断。一个外国人在中国居住的时间越久，就越喜欢中国人，这已是众所周知的事实。中国人身上有种难以形容的东西。尽管他们缺乏卫生习惯，生活不甚讲究；尽管他们的思想与性格有许多缺点，但仍然赢得了外国人的喜爱，而这种喜爱是其他任何民族所无法得到的。我已经把这种难以形容的东西概括为温良或文雅。如果我不为这种温良或文雅正名的话，那么在外国人的心中它就可能被误认为中国人体质和道德上的缺陷——温顺和懦弱。这里再次提到的温良或文雅，就是我曾给诸位展示过的源于同情心或真正人类智能的温良或文雅——既不是源于推理，也非产自本能，而是源于同情心——来源于同情的力量。那么，中国人又是何以具备了这种同情的力量的呢?

我在这里将冒昧地给诸位一个解答——或者说是一个假设。诸位愿意的话，或许可以将其视为中国人具有同情力量的秘密所在。中国人之所以有这种力量、这种强大的同情的力量，乃是因为他们完全或几乎完全地过着一种心灵的生活。中国人的全部生活是一种情感（feeling）的生活——这种情感既不是来源于感官直觉意义上的那种情感，也不是来源于你们所说的神经系统奔腾的情欲那种意义上的情感，而是一种产生于我们人性的深处——心灵的激情或人类之爱的那种意义上的情感。实际上，正是由于真正的中国人太过注重心灵或情感的生活，以至于可以说他有时是过多地忽视了生活在这个由肉体和灵魂组成的世界上人所应该的、甚至是一些必不可少的需要。中国人之所以对缺乏优美和不甚清洁的生活环境不甚在意，原因正在于此。这才是正确合理的解释。当然这是题外话了。

中国人具有同情的力量——因为他们完全过一种心灵的生活——一种情感的生活。我在这里举两个例子加以证明。我的第一个例子是：在坐的诸位或许有人知道——我在武昌的一位好朋友和同僚，曾任外务部尚书的梁敦彦。梁先生告诉我，当他最早被任命为汉口道台时，心中充满了希望，并且发誓要努力奋斗成为一个达官贵人、享有顶戴花翎。他得到这个职务时很快乐并不是因为他多么在乎这顶戴花翎，也不是他从此可以发财，那时我们在武昌都很穷。他快乐的原因，乃是他的升迁能够讨他在广东的老母亲之欢心。这就是我所说的中国人所过的心灵的生活——一种情感的生活、一种人类之爱的生活。

另一个例子是在海关的苏格兰朋友告诉我的。他说他曾经有过一个中国仆人，那是一个十足的流氓，不但说谎、敲诈，而且还经常去赌博。但当我的这位朋友在一个偏僻的口岸染上伤寒，且身边无一个朋友能照料他时，他的仆人、那个十足的流氓却来精心地侍候他，使他获得了从最好的朋友、最亲的亲属那里都无法得到的照顾。《圣经》中谈到一位妇女时曾说："多给他们一些宽恕吧，因为他们爱得是那样深。"我想这句话不仅适用于那位中国仆人，而且适用于一般的中国人。在中国生活的外国人耳闻目睹了中国人在习惯和性格上的缺陷与不足，但仍然乐意与中国人相处，就是因为中国人有着一颗爱心。这也就是我曾说过的，他们过着一种心灵的生活，一种情感的或人类之爱的生活的缘故。

现在我们已经掌握了解开中国人同情心之谜的线索——同情的力量给予了真正的中国人以同情感和人类的智慧，造就了他们那难以言表的温良或文雅。下面让我们对这根线索或假设进行一下检验。看看顺着这根中国人的心灵生活的线索，能否解释前面我曾提到过的两个例子那一类孤立的事实，和解释中国人的实际生活中所表现出来的一般特征。

首先，我们来看看中国的语言。因为中国人过着一种心灵的生活，所以，我说中国的语言也就是一种心灵的语言。一个很明显的事实就是：那些生活在中国的外国人，其儿童和未受教育者学习中文比成年人和受过教育者要容易得多。原因何在？就在于儿童和未受教育者是用心灵来思考和使用语言。相反，受过教育者，特别是受过理性教育的现代欧洲人，他们是用大脑和智力来思考和使用语言的。事实上，外国的知识分子之所以感到中国的语言如此难学，正是由于他们受过太多的教育，受到过多的理性与科学的熏陶。有一种关于极乐世界的说法也同样适用于对中国语言的学习："除非你变成一个孩子，否则你就难以学会它。"

其次，我们再指出一个众所周知的、中国人日常生活中的事实：中国人具有惊人的记忆力。其秘密何在？就在于中国人是用心而非用脑去记忆。用具有同情力量的心灵记事，既柔且黏，如胶似漆，远胜于既干且硬的大脑或理解力去记。举例来说，我们当中的绝大多数人童年的记忆要强过成年，原因就在于儿童就像中国人一样，是用心而非用脑去记忆。

接下来的例子，依旧是体现在中国人日常生活中并得到大家承认的一个事实——中国人讲礼貌。中国一向被视为礼仪之邦，那么其礼貌的本质是什么？就是体谅、照顾他人的感情。中国人有礼貌是因为他们过着一种心灵的生活。他们完全了解自己的这份情感，很容易将心比心、推己及人，显示出体谅、照顾他人情感的特性。中国人的礼貌虽然不像日本人的那样繁杂周全，但它是令人愉快的。正如法语所绝妙表达的，它是La politesse du coeur：一种发自内心的礼貌。相反，日本人的礼貌尽管周全，却令人不快。对此，我已经听到了一些外国人的抱怨。这种礼貌或许应该被称为排练式的礼貌——如剧院排戏一样，需要死记硬背。它不是发自内心、出于自然的礼貌。事实上，日本人的礼貌是一朵没有芳香的花，而真正的中国人的礼貌则是发自内心、充满了一种类似于名贵香水般——instar unguenti fragrantis——奇异的芬芳。

最后，让我们再举出关于一个中国人特性的例子，即他们缺乏精确的习惯。这是由阿瑟·史密斯提出并使之得以扬名的一个观点。那么，中国人缺少精确性的原因又何在呢？我说依然是因为他们过着一种心灵生活的缘故。心灵是纤细而敏感的，它不像头脑或智力那样僵硬、刻板，你不能指望心也像头脑或智力一样，去思考那些死板、精确的东西。至少那样做是极为困难的。实际上，中国的毛笔或许可以被视为中国人精神的象征。用毛笔书写绘画非常困难，好像也难以精确，但是一旦掌握了它，你就能够得心应手，创造出美妙优雅的书画来，而用西方坚硬的钢笔是无法获得这种效果的。

以上有关中国人生活的几个简单的例子，是任何人，甚至是对中国人一无所知的人也能观察到并认同和理解的。通过这些例子，我已经充分证明了这样一个假设：中国人过着一种心灵的生活。

正是由于中国人过着一种心灵的生活、一种像孩子一样的生活，以致他们在生活方式的许多方面，竟是那样的简单和淳朴。的确，作为一个伟大民族，一个在世界上生活了如此长久的民族，中国人至今在许多方面保持如此原始的淳朴之态，这是一个值得注意的事实。而正是这一点，使得中国一些浅薄的出洋留学生认为中国人未能使文明得到任何发展，中国文明是一种停滞的文明。必须承认，就中国人的智力发展而言，在一定程度上的确是被人为地限制了。众所周知，在有些领域中国人只取得很少甚至根本没有什么进步。这不仅有自然方面的，也有纯粹抽象科学方面的，诸如数学、逻辑学、形而上学。实际上欧洲语言“科学”与“逻辑”二词，是无法在中文里找到完全对等的词加以表达的。像孩童一样过着心灵生活的中国人，对抽象的科学没有丝毫兴趣，因为在这方面心灵与情感无计可施。事实上，每一件无需心灵与情感参与的事，诸如统计表一类的工作，都会引起中国人的反感。如果说统计图表和抽象科学只是引起了中国人的反感，那么欧洲人现在所从事的所谓科学研究，那种为了证明一种科学理论而不惜去摧残、肢解生物体的所谓科学，则使中国人感到恐怖、并遭到了他们的抑制。

我承认单就中国人的智识生活而言，是在一定程度上受到了人为的限制。今天的中国人仍然过着孩童的、心灵的生活。就此而言，中华民族这一古老的民族，在其生活方式的许多方面，目前仍然呈现出如此的原始和淳朴之相。但有一点，诸位务必牢记，这个淳朴的民族，虽然过着一种心灵的生活，虽然在许多方面尚显幼稚，但他却有着一种思想和理性的力量，而这是一般原初民族所不具备的。这种思想和理性的力量，使得中国人成功地解决了社会生活、政府以及文明中许多复杂而困难的问题。我敢冒昧断言，无论是古代还是现代的欧洲民族，都未能取得像中国人这样辉煌的成就，他们不仅将亚洲大陆上的大部分人口置于一个庞大帝国的统治之下，而且维持了它的和平。

实际上，我在此要指出的是：中国人最美妙的特质并非他们过着一种心灵的生活。所有处于原初阶段的民族都过着一种心灵的生活。正如我们大家都知道的一样，欧洲中世纪的基督教徒们也同样过着一种心灵的生活。马修·阿诺德就说过："中世纪的基督教诗人就是靠心灵和想象来生活的。"中国人最优秀的特质，其实是当他们过着心灵的生活、像孩子一样生活时，却同时具有为中世纪基督教徒或其他任何原始民族所没有的思想与理性的力量。换言之，中国人最美妙的特质就是：作为一个有着悠久历史的成熟民族，一个有着成年人理性智慧的民族，他们至今仍然能够过着孩子般的生活——一种心灵的生活。

因此，与其说中国人的发展受到了着阻碍，还不如说她是一个永远不衰老的、青春常驻的民族。简言之，作为一个民族，中国人最美妙的特质就在于他们拥有了永葆青春的秘密。

现在我们可以回答最初提出的问题了——什么是真正的中国人？我们已经知道，真正的中国人就是有着赤子之心和成年人的智慧、过着心灵生活的这样一种人。简言之，真正的中国人既拥有成年人的智慧而又童心未泯。因此中国人的精神乃是一种永葆青春的精神，是不朽的民族魂。那么，这种使民族不朽、永远年轻的秘密又何在呢？诸位一定还记得在篇首我曾经说过：是同情的或真正的人类的智能造就了中国式的人之类型，从而形成了真正的中国人那种难以言表的温文尔雅。这种真正的人类的智能，是同情与智能的有机结合。它使人的心与脑得以调和。一言以蔽之，它是心灵与理智的和谐。因此，如果说中华民族之精神是一种青春永葆的精神、是不朽的民族魂，那么，民族不朽的秘密，就是中国人心灵与理智的完美谐和。

中国国民之品格

作品简介

本文发表于1903年3月12日《新民》第27号。在文中，作者指出中国国民的品格存在着一定缺陷。有删节。

梁启超

选文

品格者，人之所以为人，藉以自立于一群之内者也。人必保持其高尚之品格，以受他人之尊敬，然后足以自存，否则人格不具，将为世所不齿。个人之人格然，国家之人格亦何莫不然。

国有三等：一曰受人尊敬之国，其教化、政治卓然冠绝于环球，其声明文物烂然震眩于耳目，一切举动，悉循公理，不必夸耀威力，而邻国莫不爱之重之。次曰受人畏慑之国，教化、政治非必其卓绝也，声明文物非必其震眩也，然挟莫强之兵力，虽行以无道，犹足以鞭笞群雄，而横绝地球。若是者，邻国虽疾视不平，亦且侧目重足，动色而群相震慑。至其下者，则薾然不足以自立，坐听他人之蹴踏操纵，有他动而无自动，其在世界，若存若亡矣。若是者，曰受人轻侮之国。

第一种国，以文明表著，如美者也；第二种国，以武力雄视，如俄者也；第三种国，文明武力皆无足道，如埃及、印度、越南、朝鲜者也。国于天地者殆以百数，然第其国势，不出三者。我中国固国于大地之一国也，三者其何以自处?

中国者，文明之鼻祖也，其开化远在希腊、罗马之先。二千年来，制度文物，灿然照耀于大地，微特东洋诸国之浴我文化而已，欧洲近世物质进化，所谓罗盘针、火药、印刷之三大发明，亦莫非传自支那，丐东来之余沥。中国文明之早，固世界所公认矣。至于武功之震铄，则隋、唐之征高丽，元之伐日本，明之讨越南，兵力皆远伸于国外；甚者二千年前，汉武帝凿通西域，略新疆、青海诸地，绝大漠，逾天山，越帕米尔高原，度小亚细亚，而威力直达于地中海之东岸。读支那人种之侵略史，东西人所不能不色然以惊者也。数百年来，文明日见退化，五口通商而后，武力且不足以攘外，老大帝国之丑声，嚣然不绝于吾耳。昔之浴我文化者，今乃诋为野蛮半化矣；昔之慑我强盛者，今乃诋为东方病夫矣。乃者翦藩属，割要港，议瓜分，夺主权，曩之侮以空言者，今且侮以实事，肆意凌辱，咄咄逼人。彼白人之视我，曾埃及、印度诸国之不若！祖国昔日之名誉光荣一旦扫地以尽，遂自第一第二之位置，陨然堕落于三等。谁实为之，而至于此！

且夫四百余州之地，未尝狭于曩时也；人口之蕃殖，其数几倍于百年以前。然东西诸国，乃以三等之国遇我者，何也？曰：人之见礼于人也，不视其人之衣服、文采，而视其人之品格；国之见重于人也，亦不视其国土之大小、人口之众寡，而视其国民之品格。我国民之品格，一埃及、印度人之品格也，其缺点多矣。不敢枚举，举其大者。

一、爱国心之薄弱。支那人无爱国心，此东西人诋我之恒言也。吾闻而愤之耻之，然反观自省，诚不能不谓然也。我国国民，习为奴隶于专制政体之下，视国家为帝王之私产，非吾侪所与有，故于国家之盛衰兴败，如秦人视越人之肥瘠，漠然不少动于心，无智愚贤不肖，皆皇然为一家一身之计。吾非敢谓身家之不当爱也，然国者身家之托属，苟非得国家之藩楣，以为之防其害患，谋其治安，则徒挈此无所托属之身家，累累若丧家之狗，“皮之不存，毛将焉附？”势必如犹太人之流离琐尾，不能一日立于天壤之间。然非先牺牲其身家之私计，竭力以张其国势，则必不能为身家之藩椐，为我防害患而谋治安。故夫爱国云者，质言之，直自爱而已。人而不知自爱，固禽兽之不若矣，人而禽兽不若，尚何品格之足言耶？尚何品格之足言耶？

二、独立性之柔脆。独立有二义：一曰有自力而不倚赖他力，一曰有主权而不服从他权。然倚赖为因，服从为果。孩稚仰保姆之哺抱，故受其指挥；奴隶待主人之豢养，故服其命令。孩稚、奴隶，二者皆未具人格者也。若夫完具人格之人，则不倚赖他人而可以自立，自不肯服从他人而可以自由，苟或侵辱其主权，则必奋起抗争，虽至糜首粉身，必不肯损辱丝毫之权利，以屈服于他人主权之下。此人道之所以尊贵，而国权之所由张盛也。荷兰蕞尔之国耳，见围于路易十四，窘蹙无以自存，其国民强立不挠，乃尽撤堤防，决北海之洪流以灌没其国，宁举全国之土地、财产、家室、坟墓，尽掷之巨浸之中，宁漂流无归，保独立于舰队之上，必不肯屈志辱身，隶人藩属，受他族之辖治，以污玷人民之名誉，损辱国家之主权。呜呼！读荷法之战史，其国民雄伟之品格，犹令人肃然起敬，悚然动容！我国民不自树立，柔媚无骨，惟奉一庇人宇下之主义，暴君污吏之压制也服从之，他族异种之羁轭也亦服从之；但得一人之母我，则不惜为之子，但得一人之主我，则不惮为之奴；昨日抗为仇敌，而今日君父矣，今日鄙为夷狄，而明日神圣矣。读二十四朝易姓之史，睹庚子以来京津之事，不自知其赧愧汗下也。品格之污下贱辱，至此极矣！

三、公共心之缺乏。人者，动物之能群者也。置身物竞之场，独力必不足以自立，则必互相提携，互相防卫，互相救恤，互相联合，分劳协力，联为团体以保治安。然团体之公益，与个人之私利，时相枘凿而不可得兼也，则不可不牺牲个人之私利，以保持团体之公益。然无法律以制裁之，无刑罚以驱迫之，惟恃此公德之心以维此群治。故公德盛者其群必盛，公德衰者其群必衰，公德者诚人类生存之基本哉！我国人同此人类，非能逃于群外也，然素缺于公德之教育，风俗日习于浇漓。故上者守一自了主义，断断然束身寡过，任众事之废堕芜秽，群治之弛纵败坏，惟是塞耳瞑目，不与闻公事以为高；下者则标“为我”为宗旨，先私利而后公益，嗜利无耻，乘便营私；又其甚者，妨公益以牟私利，倾轧同类，独谋垄断，乃至假外人之威力以晙剥同胞，为他族之怅鬼以搏噬同种，谋丝毫之小利，图一日之功名，不惜歼其群以为之殉。呜呼！道德之颓荡至此，早亦不仁之甚。可谓为人道之蟊贼者矣。

中国人的国民性

作者简介

林语堂

林语堂（1895～1976年），著名作家、学者。原名林和乐，后改为林玉堂、林语堂，福建龙溪人，早年留学美国、德国。创办《论语》，成为“论语派”的主要代表，提倡“闲适幽默”的小品文。曾主编过《人世间》、《宇宙风》等刊物。著有《剪拂集》、《大荒集》、《锦秀集》、《国语词典》等，代表长篇小说有《京华烟云》等。

作品简介

本文原载于《林语堂著译人生小品集》(浙江文艺出版社，1990年版)，文中论述了林语堂对中国人国民性的看法。

选文

一

中国向来称为老大帝国。这老大二字有深意存焉，就是既老又大。老字易知，大字就费解而难明了。所谓老者第一义就是年老之老。今日小学生无不知中国有五千年的历史，这实在是我们可以自负的。无论这五千年中是怎样混法，但是五千年的的确确被我们混过去了。一个国家能混过上下五千年，无论如何是值得敬仰的。国家和人一样，总是贪生想活，与其聪明而早死，不如糊涂而长寿。中国向来提倡敬老之道，老人有什么可敬呢？是敬他生理上一种成功，抵抗力之坚强；别人都死了，而他偏还活着。这百年中，他的同辈早已逝世，或死于水，或死于火，或死于病，或死于匪，灾旱寒暑攻其外，喜怒忧乐侵其中，而他能保身养生，终是胜利者。这是敬老之真义。敬老的真谛，不在他德高望重，福气大，子孙多，倘使你遇到道旁一个老丐，看见他寒穷，无子孙，德不高望不重，遂不敬他，这不能算为真正敬老的精神。所以敬老是敬他的寿考而已。对于一个国家也是这样。中国有五千年连绵的历史，这五千年中多少国度相继兴亡，而他仍存在；这五千年中，他经过多少的旱灾水患，外敌的侵凌，兵匪的蹂躏，还有更可怕的文明的病毒，假使在于神经较敏锐的异族，或者早已灭亡，而中国今日仍存在，这不能不使我们赞叹的。这种奇迹，只可意会，不可言传。同时老字还有旁义。就是“老气横秋”，“脸皮老”之老。人越老，脸皮总是越厚。中国这个国家，年龄总比人家大，脸皮也比人家厚。年纪一大，也就倚老卖老，荣辱祸福都已置之度外，不甚为意。张山来说得好："少年人须有老成人之识见，老成人须有少年人之襟怀"。就是少年识见不如老辈，而老辈襟怀不如少年。少年人志高气扬，鹏程万里，不如老马之伏枥就羁。所以孔子是非常反对老年人之状况的。一则曰"不知老之将至"，再则曰"老而不死是为贼"，三则曰"及其老也，戒之在得"。戒之在得是骂老人之贪财，容易患了晚年失节之过。俗语说"鸨儿爱钞，姐儿爱俏"，就是孔子的意思。姐儿是讲理想主义者，鸨儿是讲现实主义者。

大是伟大之义。中国人谁想中国真伟大啊！其实称人伟大，就是不懂之意。以前有黑人进去听教师讲道，人家问他意见如何，他说"伟大啊"。人家问他怎样伟大，他说"一个字也听不懂"。不懂时就伟大，而同时伟大就是不可懂。你看路上一个同胞，或是洗衣匠，或是裁缝，或是黄包车夫，形容并不怎样令人起敬起畏。然而试想想他的国度曾经有五千年历史，希腊罗马早已亡了，而他巍然获存。他所代表的中国，虽然有点昏沉老耄，国势不振，但是他有绵长的历史，有古远的文化，有一种处世的人生哲学，有文学，美术，书画，建筑足以西方媲美。别人的种族，经过几百年文明，总是腐化，中国的民族还能把河南犹太民族吸引同化。这是西洋民族所未有的事。中国的历史比他国有更长的不断的经过，中国的文化也比他国能够传遍较大的领域。据实用主义的标准讲，他在优胜劣败的战场上是胜利者，所以这文化，虽然有许多弱点，也有竞存的效果。所以你越想越不懂，而因为不懂，所以你越想中国越伟大起来了。

二

老实讲，中国民族经过五千年的文明，在生理上也有相当的腐化，文明生活总是不利于民族的。中国人经过五千年的叩头请揖让跪拜，五千年说"不错，不错，"所以下巴也缩小了，脸庞也圆滑了。一个民族五千年中专说"啊！是的，是的，不错，不错，"脸庞非圆起来不可。江南为文化之区，所以江南也多小白脸。最容易看出的是毛发与皮肤。中国女人比西洋妇人皮肤嫩，毛孔细，少腋臭，这是谁都承认的。

还有一层，中国民族所以生存到现在，也一半靠外族血脉的输入，不然今日恐尚不止此颓唐萎靡之势。今日看看北方人与南方人体格便知此中的分别。南人不必高兴，北人不必着慌，因为所谓"纯粹种族"在人类学上承认"神话"，今日国中就没人能指出谁是"纯粹中国人"。中国历史，每八百年必有王者兴，其实不是因为王者，是因为新血之加入。世界没有国家经过五百年以上而不变乱的；其变乱之源就是因为太平了四五百年，民族就腐化，户口就稠密，经济就穷窘，一穷就盗贼瘟疫相继而至，非革命不可。所以每八百年的周期中，首四五百年是太平的，后二三百年就是内乱兵匪，由兵匪起而朝代灭亡，始而分裂，继而迁都，南北分立，终而为外族所克服，克服之后，有了新血脉然后又统一，文化又昌盛起来。周朝八百年是如此。先统一后分裂，再后楚并诸侯南方独立，再后灭于秦。由秦至隋也是约八百年一期，汉晋是比较统一，到了东晋便五胡乱华，到隋才又统一。由隋至明也是约八百年，始而太平，国势大振，到南宋而渐微，到元而灭。由明到清也是一期，太平五百年已过，我们只能希望此后变乱的三百年不要开始，这曾经有人做过很详细的统计。总而言之，北方人种多受外族的混合，所以有北方之强，为南人所无。你看历代建朝帝王都是出于长江以北，没有一个出于长江以南。所以中国人有句话，叫做，吃面的可以做皇帝，而吃米的不能做皇帝。曾国藩不幸生于长江以南，又是湖南产米之区，米吃得太多，不然早已做皇帝了。再精细考究，除了周武王、秦始皇及唐太祖生于西北陇西以外，历朝开国皇帝都在陇海路附近，安徽之东，山东之西，江苏之北，河北之南。汉高祖生于江北，晋武帝生于河南，宋太祖出河北，明太祖出河南。所以江淮盗贼之薮，就是皇帝发祥之地。你们谁有女儿，要求女婿或是要学吕不韦找邯郸姬生个皇帝儿，求之陇海路上之三等车中，可也。考之近日武人，山东出了吴佩孚、张宗昌、孙传芳、卢永祥。河北出了齐燮元、李景琳、强之江、鹿钟麟。河南出一袁世凯，险些儿就登了龙座，安徽也出了冯玉祥、段祺瑞。江南向来没有产过名将，只出了几个很好的茶房。

三

但是虽有此南北之分，与外族对立而言，中国民族尚不失为有共同的特殊个性。这个之来由，有的由于民种，有的由于文化，有的是由于经济环境得来的。中国民族也有优点，也有劣处，若俭朴，若爱自然，若勤俭，若幽默，好的且不谈，谈其坏的。为国与为人一样，当就坏处着想，勿专谈己长，才能振作。有人要谈民族文学也可以，但是夸张轻狂，不自检省，终必灭亡。最要紧是研究我们的弱点何在，及其弱点之来源。

我们姑先就这三个弱点：忍耐性，散慢性及老猾性，研究一下，并考其来源。我相信这些都是一种特殊文化及特殊环境的结果，不是上天生就华人，就是这样忍辱含垢，这样不能团结，这样老猾奸诈。这有一方法可以证明，就是人人在他自己的经历，可以体会出来。本来人家说屁话，我就反对；现在人家说屁话，我点头称善曰：“是啊，不错不错。”由此度量日宏而福泽日深。由他人看来，说是我的修养工夫进步。不但在我如此，其实人人如此。到了中年的人，若肯诚实反省，都有这样修养的进步。二十岁青年都是热心国事，三十岁的人都是“国事管他娘”。我们要问，何以中国社会使人发生忍耐，莫谈国事，及八面玲珑的态度呢？我想含忍是由家庭制度而来，散慢放逸是由于人权没有保障，而老猾敷衍是由于道家思想。自然各病不只一源，而且其中各有互相关系；但为讲解得清楚便利，可以这样暂时分个源流。

忍耐，和平，本来也是美德之一。但是过犹不及；在中国忍辱含垢，唾面自干已变成君子之德。这忍耐之德也就成为国民之专长。所以西人来华传教，别的犹可，若是白种人要教黄种人忍耐和平无抵抗，这简直是太不自量而发热昏了。在中国，逆来顺受已成为至理名言，弱肉强食，也几乎等于天理。贫民遭人欺负，也叫忍耐，四川人民预缴三十年课税，结果还是忍耐。因此忍耐乃成为东亚文明之特征。然而越“安排吃苦”越有苦可吃。若如中国百姓不肯这样地吃苦，也就没有这么许多苦吃。所以在中国贪官剥削小百姓，如大鱼吃小鱼，可以张开嘴等小鱼自己游进去，不但毫不费力，而且甚合天理。俄国有个寓言，说一日有小鱼反对大鱼的歼灭同类，就对大鱼反抗，说“你为什么吃我？”大鱼说：“那么，请你试试看。我让你吃，你吃得下去么？”这大鱼的观点就是中国人的哲学，叫做守己安分。小鱼退避大鱼谓之“守己”，退避不及游入大鱼腹中谓之“安分”。这也是吴稚晖先生所谓“相安为国”，你忍我，我忍你，国家就太平无事了。

这种忍耐的态度，我想是由大家庭生活学来的。一人要忍耐，必先把脾气炼好，脾气好就忍耐下去。中国的大家庭生活，天赋给我们练习忍耐的机会，因为在大家庭中，子忍其父，弟忍其兄，妹忍其姊，侄忍叔，妇忍姑，妯娌忍其妯娌，自然成为五代同堂团圆局面。这种日常生活磨练影响之大，是不可忽略的。这并不是我造谣。以前张公艺九代同堂，唐高宗到他家问何诀。张公艺只请纸连写一百个“忍”字。这是张公艺的幽默，是对大家庭制度最深刻的批评。后人不察，反拿百忍当传家宝训。自然这也有道理。其原因是人口太多，聚在一起，若不相容，就无处翻身，在家在国，同一道理。能这样相忍为家者，自然也能相安为国。

在历史上，我们也可证明中国人明哲保身莫谈国事决非天性。魏晋清谈，人家骂为误国。那时的文人，不是隐逸，便是浮华，或者对酒赋诗，或者炼丹谈玄，而结果有永嘉之乱，这算是中国人最消极最漠视国事之一时期，然而何以养成此普遍清谈之风呢？历史的事实，可以为我们明鉴。东汉之末，子大夫并不是如此的。太学生三万人常常批评时政，是谈国事，不是不谈的。然而因为没有法律的保障，清议之权威抵不过宦官的势力，终于有党锢之祸。清议之士，大遭屠杀，或流或刑，或夷其家族，杀了一次又一次。于是清议之风断，而清谈之风成，聪明的人或故为放逸浮夸，或沉湎酒色，而达到酒德颂的时期。有的避入山中，蛰居子屋，由窗户传食。有的化为樵夫，求其亲友不要来访问，以避耳目。竹林七贤出，而大家以诗酒为命。刘伶出门带一壶酒，叫一人带一铁锹，对他说“死便埋我”，而时人称贤。贤就是聪明，因为他能佯狂，而得善终。时人佩服他，如小龟佩服大龟的龟壳的坚实。

所以要中国人民变散慢为团结，化消极为积极，必先改此明哲保身的态度，而要改明哲保身的态度，非几句空言所能济事，必改造使人不得不明哲保身的社会环境，就是给中国人民以公道法律的保障，使人人在法律范围之内，可以各开其口，各做其事，各展其才，各行其志。不但扫雪，并且管霜。换句话说，要中国人不象一盘散沙，根本要着，在给与宪法人权之保障。但是今日能注意到这一点道理，真正参悟这人权保障与我们处世态度互相关系的人，真寥如晨星了。

一个老知识分子的心声

作者简介

季羡林（1911~2009年），东方学学者、印度语言文学专家、翻译家、散文家。山东清平（今临清市）人。多年致力于东方学，特别是印度学的研究、开拓工作。在语言学领域，对印度中世纪语言（包括阿育王碑铭用语、巴利语、俗语和混合梵语）形态学、原始佛教语言和吐火罗语的语义研究均有开创意义；在文学方面，他直接从梵文翻译了《沙恭达罗》、《五卷书》、《优哩婆湿》、《罗摩衍那》等印度古典名著，还从巴利文、英文和德文翻译了一些文学作品。

季羡林

作品简介

本文节选自其全新集结出版的散文集《忆往述怀》。

选文

按我出生的环境，我本应该终生成为一个贫农。但是造化小儿却偏偏要播弄我，把我播弄成一个知识分子。从小知识分子把我播弄成一个中年知识分子；又从中年知识分子把我播弄成一个老知识分子。现在我已经到了望九之年，耳虽不太聪，目虽不太明，但毕竟还是“难得糊涂”，仍然能写能读，焚膏继晷，兀兀穷年，仿佛有什么力量在背后鞭策着自己，欲罢不能。眼前有时闪出一个长队的影子，是北大教授按年龄顺序排成了的。我还没有站在最前面，前面还有将近二十来个人。这个长队缓慢地向前迈进，目的地是八宝山。时不时地有人“捷足先登”，登的不是泰山，而就是这八宝山。我暗暗下定决心：决不抢先加塞，我要鱼贯而进。什么时候鱼贯到我面前，我就要含笑挥手，向人间说一声“拜拜”了。

干知识分子这个行当是并不轻松的。在过去七八十年中，我尝够酸甜苦辣，经历够了喜怒哀乐。走过了阳关大道，也走过了独木小桥。有时候，光风霁月，有时候，阴霾蔽天。有时候，峰回路转，有时候，柳暗花明。金榜上也曾题过名，春风里也曾得过意，说不高兴是假话。但是，一转瞬间，就交了华盖运，四处碰壁，五内如焚。原因何在呢？古人说：“人生识字忧患始”，这实在是见道之言。“识字”，当然就是知识分子了。一戴上这顶帽子，“忧患”就开始向你奔来。是不是杜甫的诗：“儒冠多误身”？“儒”，当然就是知识分子了，一戴上儒冠就倒霉。我只举这两个小例子，就可以知道，中国古代的知识分子们早就对自己这一行腻味了。“诗必穷而后工”，连作诗都必须先“穷”。“穷”并不一定指的是没有钱，主要指的也是倒霉。不倒霉就作不出好诗，没有切身经历和宏观观察，能说得出这样的话吗？司马迁《太史公自序》说："昔西伯拘羑里，演《周易》；孔子厄陈蔡，作《春秋》；屈原放逐，著《离骚》；左公失明，厥有《国语》；孙子膑脚，而论兵法；不韦迁蜀世传《吕览》；韩非囚秦，《说难》、《孤愤》；《诗》三百篇，大抵圣贤发愤之所为作也。"司马迁算了一笔清楚的账。

世界各国应该都有知识分子。但是，根据我七八十年的观察与思考，我觉得，既然同为知识分子，必有其共同之处，有知识，承担延续各自国家的文化的重任，至少这两点必然是共同的。但是不同之处却是多而突出。别的国家先不谈，我先谈一谈中国历代的知识分子，中国有五六千年或者更长的文化史，也就是有五六千年的知识分子。我的总印象是：中国知识分子是一种很奇怪的群体，是造化小儿加心加意创造出来的一种"稀有动物"。虽然十年浩劫中，他们被批为"一心只读圣贤书"的"修正主义"分子。这实际上是冤枉的。这样的人不能说没有，但是，主流却正相反。几千年的历史可以证明，中国知识分子最关心时事，最关心政治，最爱国。这最后一点，是由中国历史环境所造成的。在中国历史上，没有哪一天没有虎视眈眈伺机入侵的外敌。历史上许多赫然有名的皇帝，都曾受到外敌的欺侮。老百姓更不必说了。存在决定意识，反映到知识分子头脑中，就形成了根深蒂固的爱国心。"天下兴亡，匹夫有责"，不管这句话的原形是什么样子，反正它痛快淋漓地表达了中国知识分子的心声。在别的国家是没有这种情况的。

然而，中国知识分子也是极难对付的家伙。他们的感情特别细腻、敏锐、脆弱、隐晦。他们学富五车，胸罗万象。有的或有时自高自大，自以为"老子天下第一"；有的或有时却又患了弗洛伊德①讲的那一种"自卑情结"（inferiority complex）。他们一方面吹嘘想"究天人之际，通古今之变"，气魄贯长虹，浩气盈宇宙。有时却又为芝麻绿豆大的一点小事而长吁短叹，甚至轻生，"自绝于人民"。关键问题，依我看，就是中国特有的"国粹"——面子问题。"面子"这个词儿，外国文没法翻译，可见是中国独有的。俗话里许多话都与此相关，比如"丢脸"、"真不要脸"、"赏脸"，如此等等。"脸"者，面子也。中国知识分子是中国国粹"面子"的主要卫道士。

尽管极难对付，然而中国历代统治者哪一个也不得不来对付。古代一个皇帝说："马上得天下，不能马上治之！"真是一针见血。创业的皇帝决不会是知识分子，只有像刘邦、朱元璋等这样一字不识的，不顾身家性命，"厚"而且"黑"的，胆子最大的地痞流氓才能成为开国的"英主"。否则，都是磕头的把兄弟，为什么单单推他当头儿？可是，一旦创业成功，坐上金銮宝殿，这时候就用得着知识分子来帮他们治理国家。不用说国家大事，连定朝仪这样的小事，刘邦还不得不求助于知识分子叔孙通。朝仪一定，朝廷井然有序，共同起义的那一群铁哥儿们，个个服服帖帖，跪拜如仪，让刘邦"龙心大悦"，真正尝到了当皇帝的滋味。

同面子表面上无关实则有关的另一个问题，是中国知识分子的处世问题，也就是隐居或出仕的问题。中国知识分子很多标榜自己无意为官，而实则正相反。一个最有典型意义又众所周知的例子就是“大名垂宇宙”的诸葛亮。他高卧隆中，看来是在隐居，实则他最关心天下大事，他的“信息源”看来是非常多的。否则，在当时既无电话电报，甚至连写信都十分困难的情况下，他怎么能对天下大势了如指掌，因而写出了有名的《隆中对》呢？他经世之心昭然在人耳目，然而却偏偏让刘先主三顾茅庐然后才出山“鞠躬尽瘁”。这不是面子又是什么呢？

我还想进一步谈一谈中国知识分子的一个非常古怪、很难以理解又似乎很容易理解的特点。中国古代知识分子贫穷落魄的多。有诗为证：“文章憎命达。”文章写得好，命运就不亨通；命运亨通的人，文章就写不好。那些靠文章中状元、当宰相的人，毕竟是极少数。而且中国文学史上根本就没有哪一个伟大文学家中过状元。《儒林外史》是专写知识分子的小说。吴敬梓真把穷苦潦倒的知识分子写活了。没有中举前的周进和范进等的形象，真是入木三分，至今还栩栩如生。中国历史上一批穷困的知识分子，贫无立锥之地，决不会有面团团的富家翁相。中国诗文和老百姓嘴中有很多形容贫而瘦的穷人的话，什么“瘦骨嶙峋”，什么“骨瘦如柴”，又是什么“瘦得皮包骨头”，等等，都与骨头有关。这一批人一无所有，最值钱的仅存的“财产”就是他们这一身瘦骨头。这是他们人生中最后的一点“赌注”，轻易不能押上的，押上一输，他们也就“涅槃”了。然而他们却偏偏喜欢拼命，喜欢拼这一身瘦老骨头。他们称这个为“骨气”。同“面子”一样，“骨气”这个词儿也是无法译成外文的，是中国的国粹。要举实际例子的话，那就可以举出很多来。《三国演义》中的祢衡，就是这样一个人，结果被曹操假手黄祖给砍掉了脑袋瓜。近代有一个章太炎，胸佩大勋章，赤足站在新华门外大骂袁世凯，袁世凯不敢动他一根毫毛，只好钦赠美名“章疯子”，聊以挽回自己的一点面子。

中国这些知识分子，脾气往往极大。他们又仗着“骨气”这个法宝，敢于直言不讳。一见不顺眼的事，就发为文章，呼天叫地，痛哭流涕，大呼什么“人心不古，世道日非”，又是什么“黄钟毁弃，瓦釜雷鸣”。这种例子，俯拾即是。他们根本不给当政的最高统治者留一点面子，有时候甚至让他们下不了台。须知面子是古代最高统治者皇帝们的命根子，是他们的统治和尊严的最高保障。因此，我就产生了一个大胆的“理论”：一部中国古代政治史至少其中一部分就是最高统治者皇帝和大小知识分子互相利用又互相斗争，互相对付和应付，又有大棒，又有胡萝卜，间或甚至有剥皮凌迟的历史。

在外国知识分子中，只有印度的同中国的有可比性。印度共有四大种姓，为首的是婆罗门。在印度古代，文化知识就掌握在他们手里，这个最高种姓实际上也是他们自封的。他们是地地道道的知识分子，在社会上受到普遍的尊敬。然而却有一件天大的怪事，实在出人意料。在社会上，特别是在印度古典戏剧中，少数婆罗门却受到极端的嘲弄和污蔑，被安排成剧中的丑角。在印度古典剧中，语言是有阶级性的。梵文只允许国王、帝师（当然都是婆罗门）和其他高级男士们说，妇女等低级人物只能说俗话。可是，每个剧中都必不可缺少的丑角也竟是婆罗门，他们插科打诨，出尽洋相，他们只准说俗语，不许说梵文。在其他方面也有很多嘲笑婆罗门的地方。这有点像中国古代嘲笑“腐儒”的做法。《儒林外史》中就不缺少嘲笑“腐儒”——也就是落魄的知识分子——的地方。鲁迅笔下的孔乙己也是这种人物。为什么中印同出现这个现象呢？这实在是一个有趣的研究课题。

我在上面写了我对中国历史上知识分子的看法。本文的主要目的就是写历史，连鉴往知今一类的想法我都没有。倘若有人要问：“现在怎样呢？”因为现在还没有变成历史，不在我写作范围之内，所以我不答复，如果有人愿意去推论，那是他们的事，与我无干。

最后我还想再郑重强调一下：中国知识分子有源远流长的爱国主义传统，是世界上哪一个国家也不能望其项背的。尽管眼下似乎有一点背离这个传统的倾向，例证就是苦心孤诣千方百计地想出国，有的甚至归化为“老外”，永留不归。我自己对这个问题的看法是：这只能是暂时的现象，久则必变。就连留在外国的人，甚至归化了的人，他们依然是“身在曹营心在汉”，依然要寻根，依然爱自己的祖国。何况出去又回来的人渐渐多了起来呢？我们对这种人千万不要“另眼相看”，当然也大可不必“刮目相看”。只要我们国家的事情办好了，情况会大大地改变的。至于没有出国也不想出国的知识分子占绝对的多数。如果说他们对眼前的一切都很满意，那不是真话。但是爱国主义在他们心灵深处已经生了根，什么力量也拔不掉的。甚至泰山崩于前，迅雷震于顶，他们会依然热爱我们这伟大的祖国。这一点我完全可以保证。只举一个众所周知的例子，就足够了。如果不爱自己的祖国，巴老为什么以老迈龙钟之年，呕心沥血来写《随感录》呢？对广大的中国老、中、青知识分子来说，我想借用一句曾一度流行的，我似非懂又似懂的话：爱国没商量。

我生平优点不多，但自谓爱国不敢后人，即使把我烧成了灰，每一粒灰也还是爱国的。可是我对于当知识分子这个行当却真有点谈虎色变。我从来不相信什么轮回转生。现在，如果让我信一回的话，我就恭肃虔诚祷祝造化小儿，下一辈子无论如何也别再播弄我，千万别再把我播弄成知识分子。

注释

①弗洛伊德（Sigmund Freud，1856～1939年），奥地利精神病医生、精神分析学派的创始人。主要著作有《梦的解释》、《性欲理论三讲》、《图腾与禁忌》、《自我和本我》等。

中国人与酱缸

作者简介

柏杨（1920～2008年），台湾知名作家。原名郭定生，后改名为郭立邦。祖籍河南辉县，生于河南开封。1949年前往台湾。自20世纪50年代初，用郭衣洞之名开始创作，1960年用笔名柏杨写杂文，揭露中国文化的病态与台湾社会的黑暗面。1969年因“大力水手事件”入狱，1977年获释，身居囹圄长达九年之久。一生著述丰厚，有《中国人史纲》、《丑陋的中国人》、《柏杨版资治通鉴》等，以尖锐的思想和辛辣的批判独树一帜。

柏杨

作品简介

本文是柏杨于1981年8月16日在美国纽约华府孔子大厦演讲词，原载于1981年8月19日至21日纽约《北美日报》。

选文

今天主席给我的题目是《中国人与酱缸》，如果这是一个学术讨论会，我们就要先提出来，什么是中国人？什么是酱缸？我想我不再提出来了，因为这是一个画蛇添足的事情。世界上往往有一种现象是：人人都知道的事，如果把它加一个定义的话，这事的内容和形式却模糊了，反而不容易了解真相，在这种情况之下，讨论不容易开始。

记得一个故事，一个人问一位得道的高僧——佛教认为人是有轮回转生的，说：“我现在的生命既是上辈子的转生，我能不能知道我上辈子是个什么样的人？既是下辈子又要转生，能不能告诉我下辈子又会转生什么样的人？”这位得道高僧告诉他四句话：“欲知前世因，今生受者是；欲知后世果，今生做者是。”假定你这辈子过的是很快乐的生活，你前辈子一定是个正直宽厚的人。假定你这辈子有无穷的灾难，这说明你上辈子一定做了恶事。这个故事给我们很大的启示。在座的先生小姐，如果是佛教徒的话，一定很容易接受，如果不是佛教徒的话，当然不认为有前生后世，但请你在哲理上观察这段答问。

我的意思是，这故事使我们连想到中国文化。在座各位，不管是哪一个国籍的人，大多数都有中国血统，这个血统不是任何方法可以改变的。不高兴是如此，高兴也是如此。我们所指的中国人是广义的，并不是指某一个特定地区，而只指血统。

中国人近两百年来，一直有个盼望，盼望我们的国家强大，盼望我们的民族成为世界上最优秀的民族。但是，多少年以来，我们一直衰弱，我们一直受到外人的歧视，原因在什么地方？当然我们自己要负责任。但是，从文化上追寻的话，就会想到刚才所说的那个故事，为什么我们到今天，国家还不强大，人民还受这么多灾难？从无权无势的小民，到有权有势的权贵，大家方向都是一样的，都有相同的深切盼望，也有相同的深切沮丧。

我记得小时候，老师向我们说："国家的希望在你们身上。"但是我们现在呢？轮到向青年一代说了："你们是国家未来的希望。"这样一代一代把责任推下去，推到什么时候？海外的中国人，对这个问题更加敏感，也盼望得更为殷勤。今天我们国家遭到这样的苦难，除了我们自己未能尽到责任以外，传统文化给我们的包袱是很沉重的，这正是所谓前生因，今世果。

前天我在波士顿博物馆，看到里面陈列着我们祖母时代的缠足的鞋子。我亲身的经验是，像我这样年纪的妇女，在她们小时侯都是缠足的，现在你们年轻人听来简直难以想像。为什么我们文化之中，会产生这种残酷的东西？竟有半数的中国人受到这种迫害，把双脚裹成残废，甚至骨折，皮肉腐烂，不能行动。而在我们历史上，竟长达一千年之久。我们文化之中，竟有这种野蛮部分！而更允许它保留这么长的时间，没有人说它违背自然，有害健康，反而大多数男人还认为缠小脚是值得赞美的。而对男人的迫害呢？就是宦官。根据历史记载，宋王朝以前，但凡有钱有权人家，都可自己阉割奴仆。这种事情一直到十一世纪，也就是宋朝开始后，才被禁止。这种情形，正说明我们文化里有许多不合理性的成分。而在整个历史发展的过程中，不合理性的成分，已到了不能控制的程度。

任何一个民族的文化，都像长江大河，滔滔不绝的流下去，但因为时间久了，长江大河里的许多污秽肮脏的东西，像死鱼、死猫、死耗子，开始沉淀，使这个水不能流动，变成一潭死水，愈沉愈多，愈久愈腐，就成了一个酱缸，一个污泥坑，发酸发臭。

说到酱缸，也许年轻朋友不能了解。我是生长在北方的，我们家乡就有很多这种东西，我不能确切知道它是用什么原料做的，但各位在中国饭馆吃烤鸭的那种作料就是酱。酱是不畅通的，不像黄河之水天上来那样澎湃。

由于死水不畅，再加上蒸发，使沉淀的浓度加重加厚。我们的文化，我们的所谓前生因，就是这样。

中国文化中最能代表这种特色的是"官场"。过去知识分子读书的目的，就在做官。这个看不见摸不到的"场"，是由科举制度形成，一旦读书人进入官场之后，就与民间成为对立状态。那个制度之下的读书人，唯一的追求标的，就是做官，所谓"书中自有颜如玉，书中自有黄金屋"。读书可以做官，做了官就有美女和金钱。从前人说，行行出状元，其实除了读书人里有状元，其他人仍是不值一文的工匠。那时候对其他阶层的人，有很多制度，不能穿某种衣服，不能乘某种车子。封建社会一切都以做官的人的利益为前提。封建社会控制中国这么久，发生这么大的影响和力量，在经济上的变化比较小，在政治上却使我们长期处在酱缸文化之中，特征之一就是以官的标准为标准，以官的利益为利益，因而变成一种一切标的指向"政治挂帅"，使我们的酱缸文化更加深、更加浓。

这种长期酱在缸底的情形，使我们中国人变得自私、猜忌。我虽然来美国只是短期旅行，但就我所看到的现象，觉得美国人比较友善，比较快乐，经常有笑容。我曾在中国朋友家里看到他们的孩子，虽然很快乐，却很少笑，是不是我们中国人面部肌肉构造不一样？还是我们这个民族太阴沉？

由于民族的缺乏朝气，我们有没有想到，造成这样的性格，我们自己应该负起责任？中国人的人际之间，互相倾轧，绝不合作。这使我想起了一个日本侦探长训练他的探员，要求他属下看到每一个人，都要怀疑他是不是盗贼。这种心理状态用于训练刑事警察是好的，但是中国人心里却普遍的有这种类似情况：对方是不是想从我这里得到什么好处？形成彼此间的疑惧，这种疑惧使中国人变成一盘散沙。

我们是这样大的一个国家，有资源，有人口，八亿或者十亿，能够同心协力的话，我们在亚洲的情况，哪里会不及日本？

由于长期专制封建社会制度的斫丧，中国人在这个酱缸里酱得太久，我们的思想和判断，以及视野，都受酱缸的污染，跳不出酱缸的范围。年代久远下来，使我们多数人丧失了分辨是非的能力，缺乏道德的勇气，一切事情只凭情绪和直觉反应，而再不能思考。一切行为价值，都以酱缸里的道德标准和政治标准为标准。因此，没有是非曲直，没有对错黑白。在这样的环境里，对事物的认识，很少去进一步地了解分析。在长久的因循敷衍下，终于来了一次总的报应，那就是"鸦片战争"。

鸦片战争是外来文化横的切入，对中国人来说，固然是一次"国耻纪念"，但从另一角度看，也未尝不是一次大的觉醒。日本对一些事情的观察，跟我们似乎不同。十八世纪时，美国曾经击沉了日本两条船，使日本打开门户，日本人认为这件事给他们很大的益处，他们把一种耻辱，当做一种精神的激发。

事实上，我们应该感谢鸦片战争，如果没有鸦片战争，现在会是一种什么情况？至少在座的各位，说不定头上还留着一根辫子，女人还缠着小脚，大家还穿着长袍马褂，陆上坐两人小轿，水上乘小舢板。如果鸦片战争提早三百年前发生，也许中国改变得更早一些，再往前推到一千年前发生的话，整个历史就会完全不一样。所以我认为这个"国耻纪念"，实际上是对我们酱缸文化的强大冲击，没有这一次冲击，中国人还一直深深地酱在酱缸底层，最后可能将窒息而死。

鸦片战争是一个外来文化横的切入，这使我们想到，在中国历史上，清王朝是个最好的时代，如果鸦片战争发生在明王朝的话，中国会承受不住，情形将大不一样。西方现代化的文明，对古老的中国来说，应该是越早切入越好。这个大的冲击，无疑是对历史和文化的严厉挑战，它为我们带来了新的物质文明，也为我们带来了新的精神文明。

所谓物质文明，像西方现代化的飞机、大炮、汽车、地下铁等等，我们中国人忽然看到外面有这样的新世界，有那么多东西和我们不一样，使我们对物质文明重新有一种认识。再说到精神文明，西方的政治思想、学术思想，也给我们许多新的观念和启示。过去我们不知道有民主、自由、人权、法治，这一切都是从西方移植过来的产品。

以前中国人虽有一句话，说“人命关天”，其实，人命关不关天，看发生在谁身上。如果说发生在我身上，我要打死一个人的话，当然关天。但如果凶手是有权势的人，人命又算得什么？所以还是要看这关系到谁的问题。古圣人还有一句话，说“民为贵，君为轻”，这不过是一种理想，在中国从没有实现过。以前的封建时代，一个王朝完了，换另一个王朝，制度并没有改变。把前朝推翻，建立了新朝，唯一表示他不同于旧王朝的，就是烧房子，把前朝盖的皇宫宝殿烧掉，自己再造新的，以示和前朝不同。他们烧前朝房子的理由，是说前朝行的是暴政，自己行的是仁政，所以“仁政”要烧“暴政”的房子。如此一代一代下来，并不能在政治思想上有任何新的建树，而只以烧房子来表示不同。这使我们中国这个古老的国家，几千年竟没有留下来几栋古老建筑。

中国政治思想体系中，也有一些理想的东西，是接近西方的，例如“王子犯法，与庶民同罪”这样的话，但这也不过只是一种希望和幻想罢了。事实上，这是根本不可能的事，王子犯法绝对不会和庶民同罪的，中国人向来不知道民主、自由、法治这回事。虽然以前有人说，我们也有自由，可以骂皇帝，但我们的自由极为有限，在统治者所允许的范围内，有那么一点点自由。人民或许可以骂皇帝，但得偷偷地背地里骂。自由的范围很狭小，当然可以有胡思乱想的自由，但是民主、法治等等观念，却完全没有。

中华民族是世界上最伟大的民族之一，当然，我们在感情上也不得不这样认为，否则就难以活下去了。但世界上还有另一个伟大的民族，就是盎格鲁撒克逊。这个民族为世界文明建立了钢架，像他们的议会制度、选举制度，和司法独立、司法陪审制度等等，为人类社会，建立了一个良好结构，这是它对文明所做出的最大贡献，也是西方社会能够在政治上走向合理公平的原因之一。

一切好的东西，都要靠我们自己争取，不会像上帝伊甸园一样，什么都已经安排好了。中国人因为长期生活在酱缸之中，日子久了，自然产生一种苟且心理，一面是自大炫耀，另一面又是自卑自私。记得以前看过一部电影，忘记了影片的名字，一个贵妇人，她某一面是美丽、华贵、被人崇拜，另一面却是荒淫、无耻、下流，她不能把这双重人格统一起来，后来心理医生终于使她面对现实，她只好自杀。我们检讨自己病历的时候，是不是敢面对现实，用健康的心理，来处理我们自己的毛病？

我们应该学会反省，中国人往往不习惯于理智反省，而习惯于情绪的反省。例如夫妻吵架，丈夫对太太说，你对我不好。太太把菜往桌上一掼，说："我怎么对你不好？我对你不好，还做菜给你吃？"这动作就是一种不友善的表示，这样的反省，还不如不反省。

自从西方文化切入以后，中国在政治思想上固然起了变化，在道德观念上也起了变化。以前，丈夫打老婆是家常便饭，现在你要打一下，试试看！年轻朋友很幸运的是，传统之中一些堕落的文化，已被淘汰了不少，不但在政治上道德上如此，在所有文化领域中，如艺术、诗歌，文学、戏剧、舞蹈，都起了变化和受到影响。

一说起西洋文化、西洋文明，准有人扣帽子，说"崇洋媚外"。我认为崇洋有什么不可以？人家的礼义确实好过我们的粗野，人家的枪炮确实好过我们的弓箭。如果朋友之中，学问道德种种比自己好，为什么不可以崇拜他？中国人没有赞美别人的勇气，却有打击别人的勇气。由于我们的酱缸文化博大精深，遂使中国人"橘逾淮则枳"。橘子在原来的地方种植生长出来，又大又甜，但移植到另一个地方去，却变成又小又酸了，这是水土不服。我有一位朋友，他就是在我坐牢的十年中，一直营救我的孙观汉先生，他曾将山东省大白菜种子，带到匹兹堡来种，但种出来的菜，完全不是原来的样子。

可是日本人就有一种本事，学什么，像什么，而中国人学什么，不像什么。日本人这种精神了不起，他可以学人家的优点，学得一模一样。中国人只会找出借口，用"不合国情"做挡箭牌，使我们有很好的拒绝理由。甲午战前，日本人到中国海军参观，看见我们的士兵把衣服晒在大炮上面，就确定这种军队不能作战。我们根本不打算建立现代化观念，把一切我们不想做的事，包括把晒在大炮上的衣服拿开，也都推说"不合国情"。

像台北的交通问题，原是最简单不过的事，多少年来，却一直解决不了。我想如果对违规的人施以"重罚"，几次下来也就好了。但有人提出来应该要教导他们"礼让"，认为礼让才适合我们国情。我们已经礼让得太久了，被坑得太深了，还要再礼让到什么时候？我们设了一个行人穿越马路时的"斑马线"，"斑马线"本来是保护行人的，结果很多人葬身在"斑马线"上。我有个朋友在台北开车时横冲直闯，到美国来后常常接到罚单，罚得他头昏眼花，不得不提高注意。就像交通规则，这么简单的事，中国也有，可是立刻扭曲。一说起别国的长处，就有人号叫说"崇洋媚外"。事实上，美国、法国、英国、日本，他们有好的，我们就应该学。他们不好的，就不应该学，就是这么简单明了！

有位美国人写过一本书《日本能，为什么我们不能？》，并没有人说这位教授崇洋媚外。由此可知，酱缸文化太深太浓，已使中国人丧失了消化吸收的能力，只一味沉湎在自己的情绪之中。一位朋友开车时往往突然地按一下喇叭，我问他为什么？他开玩笑说："表示我不忘本呀！"我们希望我们有充足的智慧认清我们的缺点，产生思考的一代，能够有判断和辨别是非的能力，才能使我们的酱缸变淡、变薄，甚至变成一坛清水，或一片汪洋。

中国人非常情绪化，主观理念很强，对事情的认识总是以我们所看见的表象做为判断标准。我们要养成看事情全面的、整体的概念。很多事情从各个不同的角度发掘，就比从一个角度探讨要完全。两点之间的直线最短，这是物理学上的；在人生历程上，最短距离往往是曲线的。所以成为一个够格的鉴赏家，应是我们追求的目标。有鉴赏能力的社会，才能提高人们对事物好坏的分辨。以前我曾看见过老戏剧家姜妙香的表演，他已经六十多岁了，脸上皱纹纵横，简直不堪入目。可是，这对他艺术的成就，没有影响。当他唱《小放牛》的时候，你完全忘了他苍老的形象。大家有鉴赏分辨的能力之后，邪恶才会敛迹。好像我柏杨的画和梵高的画放在一起，没有人能够分别，反而说："柏杨的画和梵高的画一样！"那么，真正的艺术家会受到很大的打击，社会上也就永远没有够水平的艺术作品。

中国虽然是个大国，但中国人包容的胸襟不够，心眼很小。前天我在肯尼迪机场搭飞机，在机上小睡了一个钟头，醒来后飞机仍没有开，打听之下，才知道他们在闹罢工。我惊异的发现，旅客秩序很好，大家谈笑自如，这如果发生在台湾，情形可能就不一样了。旅客准跑去争吵："怎么还不起飞？怎么样？难道吃不饱？闹什么罢工？罢工你还卖票？"他们是从另一个角度看：如果我是领航员，说不定我也参加罢工。从这里面也可以看见所谓大国民的气度，美国这个国家的包容性很大，它不但包容这么多肤色和种族，还包容了不同的语言和不同的风俗习惯，甚至包容了我们中国人的粗野。

这种风度说明一个大国的包容性，像里根和卡特在电视上辩论的时候，彼此之间各人发表政见，并没有做出粗野攻击。里根并没说，你做了几年总统，只知道任用私人！卡特也没有说，你没有从政经验，这个国家你治理得好呀？双方都表现了极好的风度，这就是高度的民主质量。

我对政治没有兴趣，也不特别鼓励大家都参与政治，但如果有兴趣参与，就应该参与，因为政治是太重要了。不管你是干什么的，一条法律颁布下来，不但金钱没有保障，连自由、生命也没有保障。

但我们不必人人参与，只要有鉴赏的能力，也是一样。这种鉴赏，不但在政治、文学、艺术上，即便是绘画吧，鉴赏的水平也决定一切。那些不够格的，像我柏杨，就得藏拙，只敢偷偷地画，不敢拿出来，否则别人一眼看出来高下，会说："你这是画什么玩意儿，怎么还敢叫人看？"有了真正鉴赏的能力，社会上才有好坏标准，才不至于什么事都可打个马虎眼儿，大家胡混，酱在哪里，清浊不分，高下不分，阻碍我们的发展和进步。

我的这些意见，是我个人的感想，提出来和大家讨论，还请各位指教，并且非常感谢各位。

金庸的中国历史观

——金庸北大演讲录

作者简介

金庸

金庸（1924年～），原名查良镛，笔名姚馥兰、林欢，浙江海宁人，报业家、当代武侠小说家。金庸作品富于民族主义和爱国主义思想，在浑厚的中国主体文化意蕴中注入了现代意识，在传统的小说风格中引进了西方小说技巧，确立了新的创作规范，发展了武侠的文艺特性，成为新派武侠小说的一代宗师。他在广阔而严峻的背景下，描写了波澜壮阔的英雄故事，展现武侠世界的瑰姿逸态，气象万千，格调奇崛幽峭，富于幽默谐趣。主要武侠作品有《书剑恩仇录》、《雪山飞狐》、《倚天屠龙记》、《射雕英雄传》、《神雕侠侣》、《天龙八部》、《笑傲江湖》、《鹿鼎记》等15部，以及《金庸作品集》。

作品简介

1994年，金庸赴北京大学访问，并接受北京大学授予他的名誉教授称号，在授奖仪式上，他作了此演讲。本文阐述了他对中国历史的看法。本文原载《明报月刊》1994年12月号。

选文

中国文明不断消长

现在我是北京大学的一分子了，可以称大家为同学了。我衷心感谢北京大学给了我很高的荣誉，授予我名誉教授的称号。北大是我从小就很仰慕的大学。我的亲伯父就是北大的毕业生，故乡人大多不知道他的学问如何，但听说他是北大毕业生，便都肃然起敬。我念初中时候的班主任也是北大毕业生，他学识渊博，品格崇高，对我很爱护。虽然现在时隔五六十年了，我还常常想念他。

北京大学在“五四”运动中起了领导作用，整个近代中国社会的进步与发展是与北大师生的重大贡献分不开的。每当我们想到北大，就会想到开明开放的蔡元培校长，想到眼光远大的马寅初校长，想到许许多多的大思想家、科学家、作家、学者、教授以及跟北大有关系的大学问家们。北京大学有许多优良的传统，其中最重要的，一是对国家、社会的深切关怀；二是有容乃大的自由的学术空气。最近几年我在牛津大学住了很长一段时间，我感到，牛津大学自由开放的学术空气和博大精深的学术研究是世界一流的，但牛津大学的老师、学生对于国家、对于社会、对于人民的关怀和牺牲，目前却大大不及北京大学的师生。抗战时期，我考大学，第一志愿就是报考西南联大，西南联大是由北大、清华和南开三所大学合办的。我有幸被录取了。或许可以说，我早已是北大的一分子了。不过那时因为我没有钱，西南联大又在昆明，路途遥远。没法子去，所以我不能较早地与北大同学结缘。今天我已作为北大的一分子，跟大家是一家人了，因此感到莫大的荣幸。

我一生主要从事新闻工作。作为新闻工作者，对每一门学问都须懂得一点，但所知都是些皮毛，很肤浅。专家、教授则不同了，他们对某一门学问有钻研，懂得很深。这是两种不同的接触知识的方式。我是新闻工作者，当教授是全然没有资格的。但幸亏我是“名誉教授”。名誉教授就没有关系了，话讲错了也无所谓。我下面要讲的话，真的是要向各位老师和朋友们请教的，这不是客套。在中国学问上要请教最好的老师，当然只有到北大来，没有别的地方可去。

我今年春天去过绍兴，到兰亭王羲之以前写字的地方。那里的人要我写字，我说在王羲之的地方怎么可以写字呢？但他们非要我写不可，我只好写了八个字：“班门弄斧，兰亭挥毫”。班门弄斧很狂妄，在兰亭挥毫就更加狂妄了。这次到北大，说好要做两次演讲，我自己写了16个字：“班门弄斧，兰亭挥毫，草堂题诗”，在大诗人杜甫家里题诗。第四句是：“北大讲学。”

大家希望听我讲小说，其实写小说并没有什么学问，大家喜欢看也就过去了。我对历史倒是有点兴趣。今天我想简单地讲一个问题，就是中华民族如此长期地、不断地发展壮大，到底有何道理，有哪些规律？这几年我常在英国牛津大学，对英国文学、英国历史和中国历史很有兴趣。大家都知道，英国20世纪影响最大的一位历史学家名叫汤因比，他写了一部很长很长的《历史研究》。他在这部书中分析了很多世界上的文明，说明世界上的很多文明都在历史进程中衰退或消亡了，直到现在仍真正兴旺发达的文明只有两个，一个是西方的欧美文明，一个是东方的中国文明。而中国文明历史悠久且连续不断，则又是世界唯一的。虽然古代有的文明历史比中国早，有的文明范围比中国大，如巴比伦的文明、埃及的文明、希腊罗马的文明，但这些文明却因遇到外力的打击，或者自己腐化而逐渐衰退、消亡了。他说：一种文明总会遇到外来的挑战，如果该文明能很好地应付这个挑战，就能继续发展；如果不能很好地应付挑战，就会衰退，甚至消亡。这里也有多种情况：一种是遇到强大外族的打击，整个民族被杀光杀尽，消灭了；一种是民族内部长期僵化，没有改革，没有进化，像活的木乃伊，结果衰落了；有的则因自己的腐化而垮台；还有一种就是分裂，国家内战不休。

我们的国歌中有一句："中华民族到了最危险的时候。"这句话是在抗战前后写的，它表示了一种忧患意识。那时候我国遭受外族敌人的侵略，处境确实非常危险。在座的各位同学年纪轻，不知道，你们的爸爸妈妈就知道了。我同在座的雷洁琼大姐、周南社长等都经历过这段艰难而危险的时刻。就我看来，我国历史上遭受外族侵略的危险时期有七个：第一是西周末年到春秋战国时期东西南北受到的外族进攻；第二是秦汉时期匈奴的进攻，时间长达四百年之久；第三是魏晋时鲜卑等五胡的进犯，时间也有四百年；第四是隋唐时期突厥和吐蕃的侵犯，时间约三百年；第五是五代、南北宋时期契丹、女真及西夏的侵犯，时间大概也是四百年；第六是元、明、清时期蒙古、满族的侵犯；第七是近代西方帝国主义和日本帝国主义的侵略。

中国历史发展规律

纵观中国历史，大概可以看到这样一个规律，我们的民族先是统一强盛，后来慢慢腐化，组织力量衰退。此时如果出现一些改革，那么就会中兴。如果改革失败了，或者自己腐化了，那么外族敌人就会入侵。在外族入侵的时候，我们民族有个很特殊的现象，就是外族的入侵常常是我们民族的转机。以上所讲的我们民族七次大的危机，又都是七次大的转机。历史上常常是外族人来了之后，我们华夏民族就跟它同化、融合，一旦同化、融合了，我们华夏民族就壮大起来，统一起来，之后可能又腐化了，衰退了，或者分裂了。外族人来了，我们民族再融合，又壮大，如此循环往复。其他国家民族遇到外族入侵，要么打赢，要是打不赢，这个国家或民族就会垮台。我们中华民族遇到外族入侵时，常常能把外族打退，打不退的情况也很多，但却很难被征服。这是因为一方面我们有一股韧力，一股很顽强的抵抗力量；一方面我们又很开放，在文化上同它们融合在一起，经过一段时间，大家变成一个民族，我们的民族从此又壮大起来。

我在温哥华英属哥伦比亚大学获颁名誉教授时，也曾讲到这个问题以及其他一些中国的历史问题。加拿大的一些教授觉得我的这些观念比较新，并讨论为什么中国可以融合外族，而西方就融合不了。我想其中第一个原因是我国一开始就是农业社会，生产力比较高、技术比较先进，有强大的经济力量可以发展文化；第二个原因是从西周开始，我们已有了一个严密的宗法社会制度，后世讲到中国封建社会，总认为封建的宗法制度很束缚人的思想，很束缚人的行为，其实这种宗法制度也有它的历史作用，我们民族由于有了严密的继承制度，从而避免了内部的争斗和战争。一些游牧民族本来很强盛，但往往在关键的时候闹分裂。父亲死后，他的两个儿子或者三个儿子抢父亲的位子坐，罗马也有这种情况。一抢位子，就要打架，就要内乱。本来很强盛的部落、部族或者民族，一分裂，就要自己打自己。我们民族从西周开始，虽然自己内部斗争也不断有，但基本上还是遵循世袭制度，即父亲死了，嫡长子继位，这是当时中华民族发展的一个重要制度。一个社会的基本法律制度固定了，社会就会很稳定，内部斗争就会大大减少，这也是民族强盛的重要环节。

还有一个重要环节，就是我们对外族是很开放的。从历史上看，中国很长很长的时候是外族统治的，如北魏。其实隋唐也有很大很大的少数民族的成份，主要是鲜卑人。有一个情况不知各位想到没有，我的小说中写过一个人叫“独孤求败”，独孤求败很骄傲，他一生与人比剑比武从没有输过，所以他改个名叫求败，希望失败一次，但却总没有败过。这个“独孤”就是鲜卑人。“鲜卑”这两个字，有些学者说“西伯利亚”就是“鲜卑利亚”，鲜卑人原本住在西伯利亚那一带。但这不是很一致的意见。北周的时候，有个人叫独孤信，他有很多女儿，其中大女儿嫁给了北周的皇帝，第四个女儿嫁给了唐高祖的父亲，第七个女儿嫁给了隋文帝。所以唐高祖和隋炀帝是表兄弟，唐太宗李世民则应叫隋炀帝为表叔。他们都有鲜卑的血统。唐太宗李世民的妈妈姓窦，是鲜卑人。唐太宗的皇后姓长孙，长孙和窦都是鲜卑人的姓。皇后的哥哥长孙无忌是唐朝很有名的宰相，他也是鲜卑人了。据我初步统计，唐朝宰相至少有2、3人是胡人，其中主要是鲜卑人。那时候说“胡人”就像我们现在说“洋人”一样，没有歧视的意思。在唐朝，有2、3个外国人当“国务院总理”，可见唐朝对外国人一点也不歧视。再说汉朝，汉武帝与匈奴交战，匈奴分裂投降了。其中一个匈奴王子叫金日磾，很受汉武帝重用。汉武帝死后，他的身后大事交给两个人，一个是霍光，一个就是金日磾。由此可见，我们民族壮大的重要原因就是非常开放。

我在武侠小说里写了中国武术怎样厉害，实际上是有些夸张了。中国人不太擅长打仗，与外国人打仗时，输的多，赢的少。但是我们有耐力，这次打不赢没关系，我们长期跟你干，打到后来，外国人会分裂的。如匈奴很厉害，我们打他不过。汉高祖曾在山西大同附近被匈奴人围困，无法脱身。他的手下便献了一条妙计，去向匈奴皇后说，汉人漂亮的小姐很多，你如果把汉朝皇帝抓来，把汉人打垮了，俘虏了大批汉人中的漂亮女人，你这个皇后就要糟糕了。匈奴皇后中了这个诡计，便退兵了。匈奴后来分为南北，南匈奴投降了汉朝，北匈奴则向西走，一部分到了英国，以至灭亡了整个西罗马帝国。有意思的是，匈奴的一半被中国抵抗住了，投降了，另外一半却把整个欧洲打垮了。隋唐时期的突厥也是如此，他们分为东突厥和西突厥。东突厥向隋唐王朝投降了，慢慢地被华夏民族所融合。西突厥则向西行，来到了土耳其。后来土耳其把东罗马帝国打垮了。把整个君士坦丁堡占了下来，直到现在。所以我们不要一提起历史就认为我们民族不行，其实我们民族真正不行，只是16世纪以后的三四百年的事情。最近我在牛津大学的一次聚餐会上遇到一位很有名的研究东亚经济的学者，他和我谈到中国经济的发展前途时说，中国的经济自古以来就很发达，人均收入一直是全世界第一，只是到了16世纪以后才慢慢被英国赶上去，而国民总收入却是到了1820年才被英国超过。中国国力居世界领先的地位竟保了两三千年之久。那位学者对中国经济前途非常乐观，他说大概到2020年时，中国的国民经济收入又会是全世界第一，并能长期保持下去，恐怕至少在那之后的四五十年内没有任何国家能够赶得上。我听了之后很兴奋，问他是否有数据？他列举了很多统计数字。他是专家，不会随口乱说。我觉得他的分析是很有道理的。实际上我们中国古代在科学技术方面一直是很先进的，到宋朝尤其先进，大大超过了欧洲。那时我们的科技发明，欧洲是远远赶不上的，如造纸、印刷、火药、罗盘等在宋朝已经非常兴旺发达了。现在大家用的钞票也是中国发明的，在宋朝时代就已经开始使用了。那时我们的金融制度相当先进，货币的运用相当成熟。那么欧洲人什么时候才开始转机的呢？应该说是到了中国的明朝，从那时起，中国开始落后了。我想其中原因，一个是政治上的专制，对人民的思想控制很严，一点也不自由开放，动不动满门抄斩，株连九族，吓得人们不敢乱说乱动，全部权力控制在皇帝一人手里。另一个原因就是明朝对付不了日本倭寇的入侵，便异想天开，实行所谓海禁，把航海的船只全部烧掉，以为如此一来就能断绝与倭寇的来往，饿死倭寇。这是对日本完全不了解。这种愚蠢的禁令，当然是永乐皇帝之后、郑和下西洋之后的事情了。明朝一实行封锁，整个国力便开始衰退。与此同时，西方科学却开始发展，工业革命也开始了。有一个有趣的时间值得注意，那就是16世纪初的1517年，德国马丁·路德公然否定教皇的权威，反对神权控制，就在这个时候，我国明朝的正德皇帝下江南。正德皇帝是个很无聊、很腐化的昏君，他下江南干了许多荒淫无耻的勾当。大家知道，在隋朝、唐朝，中国是很富强的，到了宋朝、元朝也还可以，那时候科学发达，交通方便，对外开放。而欧洲正是封闭的时候，一切都由教廷控制，学术思想不自由。你说地球围绕太阳转，他却要你坐牢，一切都是封闭的。到了16世纪，欧洲自由开放了，科学发明开始了，可中国反而长期封锁起来了。这是最大的历史教训。

今天讲了这么多，无非是要大家明确两个观念，那就是改革和开放。中华民族之所以这样壮大，靠的就是改革和开放。当我们遇到困难的时候，内部要积极进行改革，努力克服困难，改革成功了，我们的民族就会中兴。同时我们还要对外开放，这点更为重要，因为中国人有自信心，我们自信自己的民族很强大，外来的武力或外来的文化我们都不害怕。

另有一个重要观念，今天没有时间详谈。我认为过去的历史家都说蛮夷戎狄、五胡乱华、蒙古人、满洲人侵略中华，大好山河沦亡于异族等，这个观念要改一改。我想写几篇历史文章，说少数民族也是中华民族的一分子，北魏、元朝、清朝只是少数派执政，谈不上中华亡于异族，只是“轮流做庄”。满洲人建立清朝执政，肯定比明朝好得多。这些观念我在小说中发挥得很多，希望将来写成学术性文字。

上面我讲到的那位英国历史学家汤因比在他初期写《历史研究》这部大著作的时候，并没有非常重视中国。到他快去世的时候，他得出一个结论：世界的希望寄托于中国文明和西方文明的结合。他认为西方文明的优点在于不断地发明、创造、追求、向外扩张，是“动”的文化。中国文明的优点在于和平，就好象长城，处于守势，平稳，调和，是“静”的文化。现在许多西方学者都认为，地球就这样大了，无止境地追求、扩充，是不可能的，也是不可取的。今后只能接受中国的哲学，要平衡，要和谐，民族与民族之间要相互协作，避免战争。由于科学的发展，核武器的出现，今后的世界大战将不可思议。一些疯狂的人也许执意要打核战争，殊不知这种战争的结局将是人类的同归于尽。这种可能性不能说没有，我所接触到的西方学者目前对打核战争都不太担心，他们最担心的是三个问题：第一是自然资源不断地被浪费；第二是环境污染；第三是人口爆炸。这三个问题将关系到人类的前途。所以，现在许多西方人把希望寄托于中国，他们希望了解中国，了解中国的哲学。他们认为中国的平衡、和谐、团结的哲学思想、心理状态可能是解决整个人类问题的关键。

最近牛津有一个十分盛大的宴会，伦敦《泰晤士报》前总编辑李斯·莫格勋爵也参加了。他曾谈到，19世纪世界的经济中心在伦敦，20世纪初转到了纽约，到了战后70年代、80年代则转到了东京，而21世纪肯定要转到中国。至于这个中心是中国的北京还是上海，依我看，在北京或在上海都不是问题，只要是在中国就很好。

科学技术

科学技术可以创造奇迹，可以让人的思维更加开阔，甚至可以改变历史进程。《氾胜之书》是我国现存最早的一部农书；《九章算术》被誉为“算经之首”；《水经注》历来有“宇宙未有之奇书”之美誉；《齐民要术》是我国现存最早、最完整、最全面、最系统的农业科学著作，也是世界上最早的农业科学著作之一；《茶经》是世界上最早的茶叶专著；《梦溪笔谈》有“中国科技史上里程碑”之称；《天工开物》有“农业手工业技术的百科全书”之称；《海国图志》综述了各国历史、地理及中国应采取的对外政策。此外，竺可桢的《为什么中国古代没有产生自然科学》和杨振宁的《美与物理学》等也可以开阔读者之眼界。

氾胜之书

作者简介

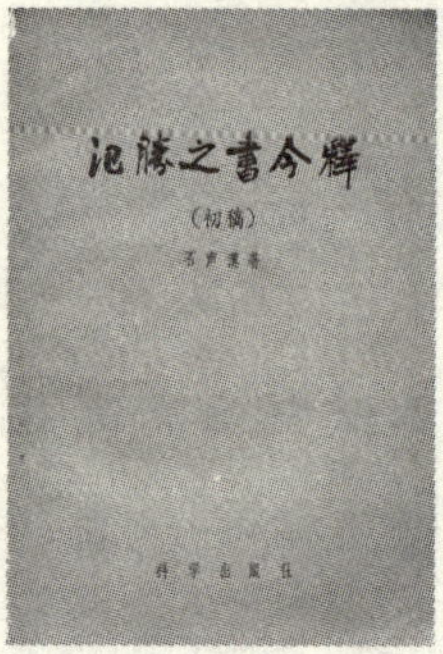

《氾胜之书今释》书影

氾胜之，又名氾胜，生卒年不详，西汉氾水（今曹县北部）人。古代著名农学家。他在汉成帝时为议郎，知农事，后官至黄门侍郎。他曾以轻车使者的名义在三辅（今陕西平原）指导农业生产，使该地区获得丰收。

作品简介

氾胜之总结自己在三辅指导农业生产的经验，并参考古代有关农业的文献，整理成一部农书《氾胜之书》。该书记载了精耕细作创高产的耕作技术。它是我国现存最早的一部农书，对传统农学产生了深远影响。

选文

耕　田

凡耕之本，在于趣时①，和土②，务粪泽③，早锄早获。

春冻解，地气始通，土一和解。夏至，天气始暑，阴气始盛，土复解。夏至后九十日，昼夜分，天地气和。以此时耕田，一而当五，名曰膏泽④，皆得时功。

春地气通，可耕坚硬强地黑垆土，辄平摩其块以生草，草生复耕之，天有小雨复耕和之，勿令有块以待时。所谓强土⑤而弱之也。

春候地气始通：椓橛⑥木长尺二寸，埋尺，见其二寸：立春后，土块散，上没橛，陈根可拔。此时二十日以后，和气去，即土刚。以时耕，一而当四。和气去耕，四不当一。

杏始华荣⑦，辄耕轻土弱土⑧。望杏花落，复耕。耕辄藺之。草生，有雨泽，耕重藺⑨之。土甚轻者，以牛羊践之。如此则土强。此谓弱土而强之也。

春气未通，则土历适不保泽，终岁不宜稼，非粪不解。慎无旱耕。须草生，至可耕时，有雨即耕，土相亲，苗独生，草秽烂，皆成良田。此一耕而当五也。不如此而旱耕，块硬，苗秽同孔出，不可锄治，反为败田。秋无雨而耕，绝土气，土坚垎⑩，名曰腊田。及盛冬耕，泄阴气，土枯燥，名曰脯田。脯田与腊田，皆伤田，二岁不起稼，则一岁休之。

凡麦田，常以五月耕，六月再耕，七月勿耕，谨摩平以待种时。五月耕，一当三。六月耕，一当再。若七月耕，五不当一。

冬雨雪止，辄以蔺之，掩地雪，勿使从风飞去；后雪复蔺之；则立春保泽，冻虫死，来年宜稼。

得时之和，适地之宜，田虽薄恶，收可亩十石。

注释

①趣时：不误农时。 ②和土：消灭土块，以保持土壤的肥沃与水分。 ③务粪泽：施肥和灌溉，保持土壤的肥沃与水分。 ④膏泽：肥美湿润。 ⑤强土：坚硬的土壤。 ⑥椓橛：打木桩。 ⑦杏始华荣：杏花开放的季节，指春天。 ⑧弱土：柔软的土壤。 ⑨蔺：通“躏”，踩，踏之意。 ⑩土坚垎：土壤板结而坚硬。

区田法①

汤有旱灾，伊尹作为区田，教民粪种，负水浇稼。

区田以粪气为美，非必须良田也。诸山陵近邑高危倾阪及丘城上，皆可为区田。

区田不耕旁地，庶尽地力。

凡区种，不先治地，便荒地为之。

以亩为率②，令一亩之地，长十八丈，广四丈八尺；当横分十八丈作十五町③；町间分十四道，以通人行，道广一尺五寸；町皆广一丈五寸，长四丈八尺。尺直横凿町作沟，沟一尺，深亦一尺。积壤于沟间，相去亦一尺。尝悉以一尺地积壤，不相受，令弘作二尺地以积壤。

种禾黍于沟间，夹沟为两行，去沟两边各二寸半，中央相去五寸，旁行相去亦五寸。一沟容四十四株。一亩合万五千七百五十株。种禾黍，令上有一寸土，不可令过一寸，亦不可令减一寸。

凡区种麦，令相去二寸一行。一行容五十二株。一亩凡九万三千五百五十株。麦上土令厚二寸。

凡区种大豆，令相去一尺二寸。一行容九株。一亩凡六千四百八十株。

区种荏，令相去三尺。

胡麻相去一尺。

区种，天旱常溉之，一亩常收百斛。

上农夫区，方深各六寸，间相去九寸。一亩三千七百区。一日作千区。区种粟二十粒，美粪一升，合土和之。亩用种二升。秋收区别三升粟，亩收百斛。丁男长女治十亩。十亩收千石。岁食三十六石，支二十六年。

中农夫区，方九寸，深六寸，相去二尺。一亩千二十七区。用种一升。收粟五十一石。一日作三百区。

下农夫区，方九寸，深六寸，相去三尺。一亩五百六十七区。用种半升。收二十八石。一日作二百区。

区中草生，茇之。区间草以刬刬④之，若以锄锄。苗长不能耘之者，以钊镰比地刈⑤其草矣。

注释

①区田：指在田里按一定距离开沟挖穴，将种子播入期间的一种农作法。便于小范围内深耕细作，集中施肥灌水，发挥作物最大的生产能力，提高单位面积产量。同时扩大耕地面积，把耕地扩展到不易开垦的山丘坡地。②率：计算。③町：古代的地积单位。④刬刬：用铲子铲。⑤刈：割。

九章算术

作品简介

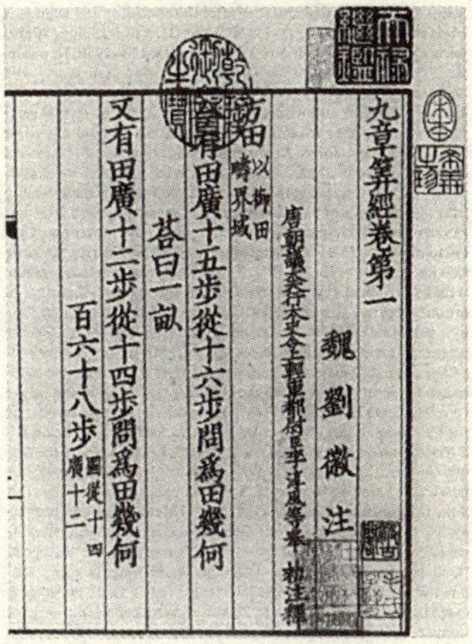
九章筭經卷第一　魏劉徽注
唐朝議大夫行太史令上輕車都尉臣李淳風等奉勅注釋
方田以御田疇界域
今有田廣十五步從十六步問爲田幾何
荅曰一畝
又有田廣十二步從十四步問爲田幾何
百六十八步

《九章算术》书影

《九章算术》是现在有传本的、最古老的一部中国数学书，作者名氏已不可考，它的编纂年代大约是在东汉初期。全书共分9章，系统总结了战国、秦汉时期的数学成就，含分数、四则运算和比例计算，还有各种面积、体积的计算方法以及利用勾股定理进行测量，一次方程、二次方程的解法和开平方、开立方的方法等。特别是在世界数学史上，第一次记载了负数的概念和正负数加减的运算法则。书中还涉及几何学的内容，构成了完整的数学体系。《九章算术》对中国古代数学的发展所产生的影响，巨大而深远。它不仅在中国数学史上有很高的地位，同时也影响到朝鲜、日本，被译成多种文字出版发行。

选文

方　田①

方田以御田畴界域。

今有田广十五步，从十六步。问为田几何？答曰：一亩。又有田广十二步，从十四步。问为田几何？答曰：一百六十八步。方田术曰：广从步数相乘得积步。以亩法二百四十步除之，即亩数。百亩为一顷。

今有十八分之十二。问约之得几何？答曰：三分之二。又有九十一分之四十九。问约之得几何？答曰：十三分之七。约分术曰：可半者半之，不可半者，副置分母子之数，以少减多，更相减损，求其等也。以等数约之。

今有九分之八，减其五分之一。问余几何？答曰：四十五分之三十一。又有四分之三，减其三分之一。问余几何？答曰：十二分之五。减分术曰：母互乘子，以少减多，余为实，母相乘为法，实如法而一。

今有八分之五，二十五分之十六。问孰多？多几何？答曰：二十五分之十六多，多二百分之三。又有九分之八，七分之六。问孰多？多几何？答曰：九分之八多，多六十三分之二。又有二十一分之八，五十分之十七。问孰多？多几何？答曰：二十一分之八多，多一千五十分之四十三。课分术曰：母互乘子，以少减多，余为实，母相乘为法，实如法而一，即相多也。

注释

①方田：即以边线长短求田地面积的方法。

粟　米①

今有粟一斗。欲为粝米。问得几何？答曰：为粝米六升。

术曰：以粟求粝米，三之，五而一。

今有粟七斗九升，欲为御米。问得几何？答曰：为御米三斗三升、五十分升之九。

术曰：以粟求御米，二十一之，五十而一。

今有粟二斗三升，欲为粝饭。问得几何？答曰：为粝饭三斗四升半。

术曰：以粟求粝饭，三之，二而一。

今有出钱一万三千九百七十，买丝一石二钧二十八斤三两五铢。欲其贵贱两率②之，问各几何？答曰：其一石一钧一十七斤一十四两一铢，两、四钱。其一钧一十斤五两四铢，两、五钱。

其率术曰：各置所买石、钧、斤、两以为法，以所率乘钱数为实，实如法而一。不满法者反以实减法，法贱实贵。

今有出钱一万三千九百七十，买丝一石二钧二十八斤三两五铢。欲其贵贱铢率之，问各几何？答曰：其一钧二十斤六两十一铢，五铢、一钱。其一石一钧七斤一十二两一十八铢，六铢、一钱。

反其率术曰：以钱数为法，所率为实，实如法而一。不满法者反以实减法，法少，实多。二物各以所得多少之数乘法实，即物数。

注释

①粟米：粮食交易的计算方法。②率：比例。

衰　分①

今有甲持钱五百六十，乙持钱三百五十，丙持钱一百八十，凡三人俱出关，关税百钱。欲以钱数多少衰出之，问各几何？答曰：甲出五十一钱一百九分钱之四十一。乙出三十二钱一百九分钱之一十二。丙出一十六钱一百九分钱之五十六。

术曰：各置钱数为列衰，副并为法，以百钱乘未并者，各自为实，实如法得一钱。

今有女子善织，日自倍，五日织五尺。问日织几何？答曰：初日织一寸、三十一分寸之十九。次日织三寸、三十一分寸之七。次日织六寸、三十一分寸之十四。次日织一尺二寸、三十一分寸之二十八。次日织二尺五寸三十一分寸之二十五。

术曰：置一、二、四、八、十六为列衰，副并为法，以五尺乘未并者，各自为实，实如法得一尺。

今有丝一斤，价直二百四十。今有钱一千三百三十八，问得丝几何？答曰：五斤八两一十二铢五分铢之四。

术曰：以一斤价数为法，以一斤乘今有钱数为实，实如法得丝数。

今有取保一岁，价钱二千五百。今先取一千二百，问当作日几何？答曰：一百六十九日二十五分日之二十三。

术曰：以价钱为法，以一岁三百五十四日乘先取钱数为实，实如法得日数。

注释

①衰分：从大渐差而小。

少 广①

今有田广一步半。求田一亩，问从几何？答曰：一百六十步。

术曰：下有半，是二分之一。以一为二，半为一，并之得三，为法。置田二百四十步，亦以一为二乘之，为实。实如法得从步。

今有积一千五百一十八步四分步之三。问为圆周几何？答曰：一百三十五步。

今有积三百步。问为圆周几何？答曰：六十步。

术曰：置积步数，以十二乘之，以开方除之，即得周。

注释

① 少广：由已知长方形面积或长方体体积，求其一边之长的方法。

商 功①

今有城下广四丈，上广二丈，高五丈，袤一百二十六丈五尺。问积几何？答曰：一百八十九万七千五百尺。

今有垣下广三尺，上广二尺，高一丈二尺，袤二十二丈五尺八寸。问积几何？答曰：六千七百七十四尺。

今有堤下广二丈，上广八尺，高四尺，袤一十二丈七尺。问积几何？答曰：七千一百一十二尺。

冬程人功四百四十四尺。问用徒几何？答曰：一十六人一百一十一分人之二。

术曰：并上下广而半之。以高若深乘之，又以袤乘之，即积尺。以积尺为实，程功尺数为法，实如法而一，即用徒人数。

今有穿渠上广一丈八尺，下广三尺六寸，深一丈八尺。袤五万一千八百二十四尺问积几何？答曰：一十七万四千五百八十五尺六寸。

秋程人功三百尺，问用徒几何？答曰：三万三千五百八十二人。功内少一十四尺四寸，一千人先到，问当受袤几何？答曰：一百五十四丈三尺二寸八十一分寸之八。

术曰：以一人功尺数，乘先到人数为实。以一千人一日功为实，立实为功。并渠上下广而半之，以深乘之，为法。以渠广深之立实为功。实如法得袤尺。

注释

①商功：测量体积，计算工程用工的方法。

勾 股①

今有勾三尺，股四尺，问为弦几何？答曰：五尺。

今有弦五尺，勾三尺，问为股几何？答曰：四尺。

今有股四尺，弦五尺，问为勾几何？答曰：三尺。

术曰：勾股各自乘，并而开方除之，即弦。又股自乘。以减弦自乘，其余、开方除之，即勾。又勾自乘，以减弦自乘，其余、开方除之，即股。

今有山居木西，不知其高。山去木五十三里，木高九丈五尺。人立木东三里，望木末通与山峰斜平。人自高七尺。问山高几何？答曰：一百六十四丈九尺六寸大半寸。

术曰：置木高减人自高七尺。此以木高减人自高七尺，余有八丈八尺，为勾率。人去木三里，为股率。山去木五十三里为见股。以木余以乘五十三里为实。以人去木三里为法。实如法而一，所得，加木高即山高。此术勾股之义。

注释

①勾股：古称直角三角形夹直角的两条边，短边为勾，长边为股。又称立竿测太阳高度时的标竿为股，日影为勾。

水经注

作者简介

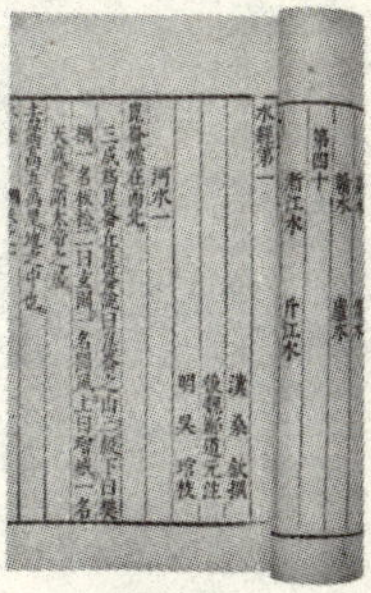

《水经注》书影

郦道元（约466或472～527年），字善长，北魏范阳（今河北省涿县）人。北魏地理学家、文学家。仕途30余年，任中央和地方官员，后被萧宝寅害于雍州。历览群书，文笔传神。每至一处便"访渎搜渠"，观察水道等地理现象。著有《水经注》。

作品简介

《水经注》是中国第一部以记载河道水系为主的综合性地理著作。中国古代有一部记载河流的专著，叫《水经》，《水经注》是为《水经》一书作的注解，内容包括了自然地理和人文地理的各个方面。《水经注》虽属于地理著作，但描写委婉曲折，文字峻洁明丽，文学上也有较高成就。

选文

江水（节选）

江水又东迳巫峡。杜宇①所凿，以通江水也。郭仲产云：按《地理志》②，巫山在县西南，而今县东有巫山，将郡、县居治无恒故也。江水历峡东迳新崩滩。此山，汉和帝永元十二年③崩，晋太元二年④又崩，当崩之日，水逆流百余里，涌起数十丈。今滩上有石，或圆如箪⑤，或方似屋，若此者甚众，皆崩崖所陨，致怒湍流，故谓之新崩滩。其颓岩所余，比之诸岭，尚为竦桀⑥。其下十余里有大巫山，非惟三峡所无，乃当抗峰岷、峨，偕岭衡、疑，其翼附群山，并槩⑦青云，更就霄汉⑧，辨其优劣耳。神孟涂所处。《山海经》曰：夏后启之臣孟涂，是司神于巴⑨，巴人讼于孟涂之所，其衣有血者执之，是请生。居山上，在丹山西。郭景纯⑩云：丹山在丹阳，属巴。丹山西即巫山者也。又帝女居焉，宋玉所谓天帝之季女，名曰瑶姬，未行而亡，封于巫山之阳，精魂为草，寔为灵芝。所谓巫山之女，高唐之阻，旦为行云，暮为行雨，朝朝暮暮，阳台之下。旦早视之，果如其言，故立为庙，号朝云焉。其间首尾百六十里，谓之巫峡，盖因山为名也。

注释

① 杜宇：传说中古代蜀国国王，号称望帝。 ②《地理志》：班固《汉书》中

的内容，两卷，是第一部以“地理”命名的著作，也是历代记述疆域政区的始祖。③即公元100年。④即公元379年。⑤箪：古代用来盛饭食的盛器。以竹或苇编成，圆形，有盖。⑥竦桀：高耸突出。⑦槩：相摩，连接。⑧宵汉：天空。⑨巴：指四川。⑩郭景纯：郭璞，两晋时期的著名学者。

自三峡七百里中，两岸连山，略无阙处①。重岩迭嶂，隐天蔽日，自非亭午夜分，不见曦月。至于夏水襄陵②，沿泝阻绝③。或王命急宣，有时朝发白帝④，暮到江陵⑤，其间千二百里，虽乘奔御风，不以疾也。春冬之时，则素湍绿潭，回清倒影⑥，绝巘⑦多生怪柏，悬泉瀑布，飞漱⑧其间，清荣峻茂，良多趣味。每至晴初霜旦，林寒涧肃，常有高猿长啸。属引⑨凄异，空谷传响，哀转久绝。故渔者歌曰：“巴东⑩三峡巫峡长，猿鸣三声泪沾裳。”

注释

①阙：通“缺”。②夏水襄陵：夏季江水上涨，溢上丘陵。语出《尚书·尧典》：“汤汤洪水方割，荡荡怀山陵。”襄：上。陵：大的土山。③沿泝：顺流而下曰“沿”，逆流而上为“泝”。④白帝：白帝城，在今四川奉节东。⑤江陵：今湖北江陵。⑥回清：回旋的清波。⑦绝巘：山峰。⑧漱：倾泻。⑨属：连续。引：延长。⑩巴东：指今四川云阳、奉节、巫山一带。

齐民要术

作者简介

贾思勰，生卒年不详，北魏农学家。山东益都（今山东寿光）人。一生致力于农业研究，查阅了大量资料，广泛收集民间谚语，访问有经验的农民，并亲自种植农作物，进行实地观察。

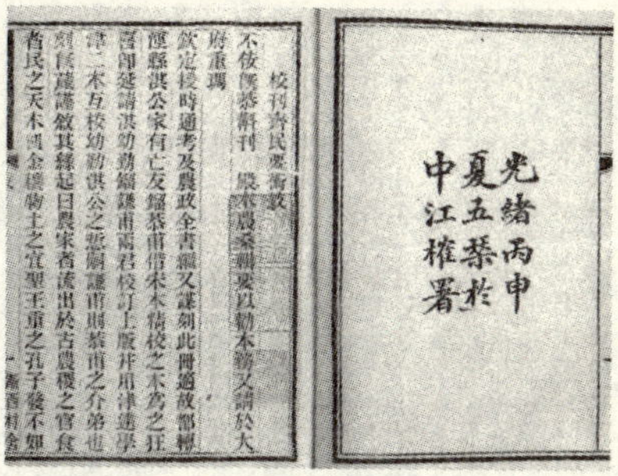

《齐民要术》书影

作品简介

贾思勰所编著的《齐民要术》是我国现存最早、最完整、最全面、最系统的农业科学著作，也是世界上最早的农业科学著作之一。它比较系统地总结了黄河中、下游地区北魏和北魏以前农业生产技术的成就，初步建立了农业科学体系，在世界农业科学发展史上占有重要地位。

选文

《齐民要术》序

盖神农为耒耜①，以利②天下。尧命四子：“敬授民时。”舜命后稷：“食为政首。”禹制土田，万国作乂③；殷周之盛，诗书所述，要在安民，富而教之。

《管子》曰：“一农不耕，民有饥者；一女不织，民有寒者。”“仓廪实④，知礼节；衣食足，知荣辱。”丈人⑤曰：“四体不勤，五谷不分，孰为夫子？”传曰：“人生在勤，勤则不匮。”古语曰：“力能胜贫，谨能胜祸。”盖言勤力可以不贫，谨身可以避祸。”故李悝为魏文侯作尽地力之教，国以富强；秦孝公用商君急耕战之赏，倾夺邻国而雄⑥诸侯。

《淮南子》曰：“圣人不耻身之贱也，愧道之不行也；不忧命之长短，而忧百姓之穷。是故禹为治水，以身解⑦于阳盱之河；汤由苦旱⑧，以身祷⑨于桑林之祭⑩。”神农憔悴，尧瘦臞，舜黎黑，禹胼胝⑪。由此观之，则圣人之忧劳⑫百姓，亦甚矣。故自天子以下至于庶人，四肢不勤，思虑不用，而事治求赡⑬者，未之闻也。”“故田者不强，囷仓⑭不盈；将相不强，功烈⑮不成。”

仲长子⑯曰：“天为之时，而我不农，谷亦不可得而取之。青春至焉，时雨降焉，始之耕田，终之簠簋⑰，惰者釜之，勤者钟之。矧⑱夫不为，而尚乎食也哉？”谯子[19]曰："朝发而夕异宿，勤则菜盈倾筐。且苟有羽毛，不织不衣；不能茹[20]草饮水，不耕不食。安可以不自力哉？"

晁错曰："圣王在上，而民不冻不饥者，非能耕而食之，织而衣之，为开其资财之道也。""夫寒之于衣，不待轻煖；饥之于食，不待甘旨。饥寒至身，不顾廉耻。一日不再食则饥，终岁不制衣则寒。夫腹饥不得食，体寒不得衣，慈母不能保其子，君亦安能以有民？""夫珠玉金银，饥不可食，寒不可衣；粟、米、布、帛，一日不得而饥寒至。是故明君贵五谷而贱金玉。"刘陶[21]曰："民可百年无货[22]，不可一朝有饥，故食为至急。"陈思王[23]曰："寒者不贪尺玉，而思短褐[24]；饥者不愿千金而美一食。千金尺玉至贵，而不若一食短褐之恶者[25]，物时有所急也。"诚哉言乎！

神农、仓颉，圣人者也；其于事也，有所不能矣。故赵过始为牛耕，实胜耒耜之利；蔡伦立意造纸，岂方[26]缣牍之烦？且耿寿昌之常平仓，桑弘羊之均输法，益国利民，不朽之术也。谚曰："智如禹汤，不如尝更[27]。"是以樊迟请学稼，孔子答曰："吾不如老农。"然则圣贤之智，犹有所未达，而况于凡庸者乎？

注释

①耒耜：古代翻土用的农具。②利：让……利用。③乂：治理。④仓廪：粮仓。⑤丈人：老人。《论语·微子》载荷蓧老人批评孔子的话。⑥雄：称雄于。⑦解：作人质。⑧苦旱：大旱。⑨祷：祷告。⑩祭：通"际"。⑪胼胝：手脚上的老茧。⑫忧劳：担忧操劳。⑬求赡：需求得到满足。⑭囷仓：粮仓。⑮功烈：功业。⑯仲长子：东汉时期的仲长统。⑰篅篙：古代盛粮的器具，此引申为收获。⑱矧：何况。⑲谯子：三国时期的谯周。⑳茹：吃。㉑刘陶：东汉末年人。㉒货：钱。㉓陈思王：三国时期的曹植。㉔短褐：粗麻短衣。㉕恶者：不值钱的东西。㉖方：比。㉗尝更：亲自经历。

猗顿，鲁穷士，闻陶朱公富，问术焉。告之曰："欲速富，畜五牸①。"乃畜牛羊，子息万计②。九真、庐江，不知牛耕，每致困乏。任延、王景，乃令铸作田器，教之垦辟，岁岁开广③，百姓充给④。燉煌不晓作耧犁，及种，人牛功力既费，而收谷更少。皇甫隆乃教作耧犁，所省庸力过半，得谷加五。又燉煌俗，妇女作裙，挛缩⑤如羊肠，用布一匹。隆又禁改之，所省复不赀⑥。茨充为桂阳令，俗不种桑，无蚕织丝麻之利，类皆以麻枲头贮衣。民惰窳⑦，少麤⑧履，足多剖裂血出，盛冬，皆然火燎炙⑨。充教民益种桑、柘，养蚕，织履，复令种纻麻。数年之间，大赖其利，衣履温暖。今江南知桑蚕织履，皆充之教也。五原土宜麻枲，而俗不知织绩；民冬月无衣，积细草卧其中，见吏则衣草而出。崔寔为作纺绩织纴之具以教，民得以免寒苦。安在不教乎？

黄霸为颍川，使邮亭乡官，皆畜鸡豚，以赡⑩鳏寡贫穷者；及务耕桑，节用，殖财，种树。鳏寡孤独，有死无以葬者，乡部书言⑪，霸具为区处：某所大木可以为棺，某亭豚子可以祭。吏往，皆如言。龚遂为渤海，劝民务农桑，令口种一树榆，百本虃，五十本葱，一畦韭，家二母彘⑫，五鸡。民有带持刀剑者，使卖剑买牛，卖刀买犊。曰："何为带牛佩犊？"春夏不得不趣田亩，秋冬课收敛，益蓄果实、菱、芡，吏民皆富实。召信臣为南阳，好为民兴利，务在富之。躬⑬劝农耕，出入阡陌，止舍离乡亭，稀有安居。时行视郡中水泉，开通沟渎，起水门提阏⑭凡数十处，以广溉灌，民得其利，蓄积有余。禁止嫁娶送终奢靡，务出于俭约，郡中莫不耕稼力田。吏民亲爱信臣，号曰"召父"。僮种为不其令，率民养一猪，雌鸡四头，以供祭祀，死买棺木。颜斐为京兆，乃令整阡陌，树桑果；又课以闲月取材，使得转相教匠作车；又课民无牛者，令畜猪，投贵时卖，以买牛。始者，民以为烦，一二年间，家有丁车大牛，整顿丰足。王丹家累千金，好施与，周人之急。每岁时农收后，察其强力收多者，辄历载酒肴，从而劳之，便于田头树下，饮食劝勉之，因留其余肴而去。其惰孏⑮者，独不见劳，各自耻不能致丹；其后无不力田者，聚落⑯以至殷富。杜畿为河东，课民畜牸牛草马⑰，下逮鸡豚，皆有章程，家家丰实。此等，岂好为烦扰而轻费损哉？盖以庸人之性，率之则自力，纵之则惰窳耳。

注释

①牸：指母畜。 ②子息万计：繁殖的牛羊数以万计。 ③开广：开垦扩大耕田面积。 ④充给：富裕。 ⑤挛缩：皱折相连的样子。⑥不赀：无法计算。 ⑦惰窳：懒惰。 ⑧麤：即"粗"。 ⑨燎炙：烘烤。 ⑩赡：赡养。 ⑪乡部：乡村的行政机构。书言：书面报告。 ⑫彘：猪。 ⑬躬：亲自。 ⑭水门提阏：水闸。 ⑮惰孏：懒惰。 ⑯聚落：村落。 ⑰草马：母马。

故《仲长子》曰："丛林之下，为仓庾之坻①；鱼鳖之堀②，为耕稼之场者，此君长所用心也。是以太公封，而斥卤③播嘉谷，郑白④成，而关中无饥年。盖食鱼鳖，而薮泽之形可见，观草木，而肥硗之势可知。"又曰："稼穑不修，桑果不茂，畜产不肥，鞭之可也。杝落⑤不完，垣墙不牢，扫除不净，笞之可也。此督课⑥之方也。且天子亲耕，皇后亲蚕，况夫田父，而怀窳惰乎？"

李衡于武陵龙阳汎洲上作宅，种甘橘千树。临死，敕儿曰："吾州里有千头木奴，不责汝衣食，岁上一匹绢，亦可足用矣。"吴末，甘橘成，岁得绢数千匹。恒称太史公所谓"江陵千树橘，与千户侯等"者也。樊重欲作器物，先种梓漆，时人嗤⑦之。然积以岁月，皆得其用，向之笑者，咸求假⑧焉。此种殖之不可已已也。谚曰："一年之计，莫如树谷；十年之计，莫如树木。"此之谓也。

《书》曰："稼穑之艰难。"《孝经》曰："用天之道，因地之利，谨身节用，以养父母。"《论语》曰："百姓不足，君孰与足？"汉文帝曰："朕为天下守财矣，安敢妄用哉！”孔子曰：“居家理，治可移于官。”然则家犹国，国犹家，是以家贫则思良妻，国乱则思良相，其义一也。

夫财货之生，既艰难矣，用之又无节；凡人之性，好懒惰矣，率之又不笃⑨。加以政令失所，水旱为灾，一谷不登，胔腐⑩相继。古今同患，所不能止也，嗟乎！且饥者有过甚之愿，渴者有兼量之情。既饱而后轻食，既暖而后轻衣。或由年谷丰穰，而忽于蓄积；或由布帛优赡，而轻于施与。穷窘⑪之来，所由有渐。故《管子》曰：“桀有天下而用不足；汤有七十二里而用有余。天非独为汤雨菽粟也。”盖言用之以节。《仲长子》曰：“鲍鱼之肆，不自以气为臭；四夷之人，不自以食为异；生习使之然也。居积习之中，见生然之事，夫孰自知非者也？斯何异蓼⑫中之虫，而不知蓝⑬之甘乎？”

今采捃⑭经传，爰⑮及歌谣，询之老成，验之行事⑯。起自耕农，终于醯醢⑰，资生⑱之业，靡不毕书，号曰《齐民要术》。凡九十二篇，为为十卷。卷首皆有目录，于文虽烦，寻览差易⑲。其有五谷果蓏，非中国所殖者，存其名目而已，种莳之法，盖无闻焉。舍本逐末，贤哲所非；日富岁贫，饥寒之渐，故商贾之事，阙而不录。花草之流，可以悦目，徒有春花，而无秋实，匹诸⑳浮伪，盖不足存。

鄙意晓示家童，未敢闻之有识，故丁宁㉑周至，言提其耳，每事指斥，不尚浮辞。览者无或嗤焉。

注释

①坻：高丘。 ②堀：通“窟”，洞穴。 ③斥卤：盐碱地。 ④郑白：指战国末年秦国开凿的郑国渠与汉代武帝时开凿的白渠。 ⑤杝落：篱笆。 ⑥督课：监督检查。 ⑦嗤：讥笑。 ⑧假：借。 ⑨不笃：不得力。 ⑩胔腐：腐烂的尸体。⑪穷窘：穷困窘迫。 ⑫蓼：辣蓼，带有辛味。 ⑬蓝：蓼蓝，带有甜味。 ⑭采捃：收集。 ⑮爰：又。 ⑯行事：实践。 ⑰醯醢：指酿造、腌制各法。 ⑱资生：谋生。 ⑲差易：比较容易。 ⑳匹诸：诸如此类。 ㉑丁宁：嘱咐。

茶经

作者简介

陆羽（733～804年），字鸿渐，自号桑翁，又号竟陵子，唐朝复州竟陵（今湖北天门）人。唐代茶叶专家，世称“茶圣”。他对茶叶有浓厚的兴趣，长期实施调查研究，熟悉茶树栽培、育种和加工技术，并擅长品茗，写成了世界上第一部茶学专著《茶经》，另著有《四悲诗》、《天之未明赋》等。

陆羽

作品简介

《茶经》是中国第一部系统地总结唐代及唐代以前有关茶事的综合性茶业著作，也是世界上第一部茶书。书中叙述唐代及唐代以前的茶叶历史、产地、茶的功效、栽培、采制、煎煮、饮用的知识技术，是中国古代最完备的一部茶书，使茶叶生产从此有了比较完整的科学依据，对茶叶生产的发展起过一定的推动作用。

选文

茶之源

茶者，南方之嘉木也。一尺、二尺乃至数十尺。其巴山峡川，有两人合抱者，伐而掇之①。其树如瓜芦，叶如栀子，花如白蔷薇，实如栟榈②，蒂如丁香，根如胡桃。

其字，或从草，或从木，或草木并。其名，一曰茶，二曰槚③，三曰蔎④，四曰茗⑤，五曰荈⑥。

其地，上者生烂石，中者生砾壤，下者生黄土。凡艺⑦而不实，植而罕茂。法如种瓜，三岁可采。野者上，园者次。阳崖阴林，紫者上，绿者次。笋者上，芽者次。叶卷上，叶舒次⑧。阴山坡谷者，不堪采掇，性凝滞⑨，结瘕⑩疾。

茶之为用，味至寒，为饮。最宜精行俭德之人。若热渴、凝闷、脑疼、目涩、四肢烦、百节不舒，聊四五啜，与醍醐、甘露抗衡也。

采不时，造不精，杂以卉莽⑪，饮之成疾，茶为累也。亦犹人参。上者生上党⑫，中者生百济⑬，新罗，下者生高丽⑭。有生泽州、易州、幽州、檀州⑮者，为药无效，况非此者？设服荠苨⑯使六疾不瘳⑰。知人参为累，则茶累尽矣。

注释

①伐：砍下枝条。掇：拾拣。 ②栟榈：即棕榈。 ③槚：苦茶。 ④蔎：四川西南地区的人把茶叫做蔎。 ⑤茗：晚采的茶叶。 ⑥荈：晚采的茶叶。 ⑦艺：指种植技术。 ⑧叶卷上，叶舒次：叶片成卷状者质量好，舒展平直者质量差。 ⑨凝滞：凝结不散。 ⑩瘕：腹中肿块。 ⑪卉莽：野草。 ⑫上党：唐时郡名，治所在今山西长治市。 ⑬百济、新罗：唐时位于朝鲜半岛上的两个小国。 ⑭高丽：唐时周边小国之一，即今朝鲜。 ⑮泽州、易州、幽州、澶州：皆为唐时州名。治所分别在今山西晋城、河北易县、北京市区北，北京市怀柔一带。 ⑯荠苨：一种根形似人参的植物。 ⑰六疾不瘳：六疾，指人遇阴、阳、风、雨、晦、明得的多种疾病。瘳：痊愈。

茶之造

凡采茶在二月、三月、四月之间。

茶之笋者，生烂石沃土，长四五寸，若薇蕨始抽①，凌露采焉②。茶之芽者，发于丛薄③之上，有三枝、四枝、五枝者，选其中枝颖拔者采焉。

其日，有雨不采，晴有云不采；晴，采之、蒸之、捣之、拍之、焙之、穿之、封之、茶之干矣。

茶有千万状，卤莽而言，如胡人靴者，蹙缩然；犎牛臆者④，廉襜然⑤；浮云出山者，轮菌然⑥；轻飙拂水者，涵澹然。有如陶家之子，罗膏土以水澄泚之；又如新治地者，遇暴雨流潦之所经；此皆茶之精腴。有如竹箨⑦者，枝干坚实，艰于蒸捣，故其形籭簁然⑧；有如霜荷者，茎叶凋沮，易其状貌，故厥状委萃然；此皆茶之瘠老者也。

自采至于封，七经目。自胡靴至于霜荷，八等。或以光黑平正言嘉者，斯鉴之下也。以皱黄坳垤⑨言嘉者，鉴之次也。若皆言嘉及皆言不嘉者，鉴之上也。何者？出膏者光，含膏者皱；宿制者则黑，日成者则黄；蒸压则平正，纵之则坳垤。此茶与草木叶一也。

茶之否臧⑩，存于口诀。

注释

①薇蕨：薇、蕨，都是野菜。抽：发芽。 ②凌露：沾带露水。 ③丛薄：灌木、杂草丛生的地方。 ④犎牛：野牛。臆：指牛胸肩部位的肉。 ⑤廉襜：指牛胸前有像人衣服前襟上细微的褶皱。 ⑥轮菌：亦作“轮囷”，盘旋屈曲之意。 ⑦竹箨：竹笋的外壳。 ⑧籭簁：皆为竹器。 ⑨坳垤：土地低下处叫坳，小土堆叫垤。形容茶饼表面的凸凹不平。 ⑩否臧：即好坏。

茶之煮

凡炙茶，慎勿于风烬间炙，熛焰如钻，使炎凉不均。持以逼火，屡其翻正，候炮出培塿状虾蟆背①，然后去火五寸。卷而舒，则本其始又炙之。若火干者，以气熟止。日干者，以柔止。

其始，若茶之至嫩者，蒸罢热捣，叶烂而芽笋存焉。假以力者，持千钧杵亦不之烂，如漆科珠②，壮士接之，不能驻其指。及就，则似无穰骨也。炙之，则其节若倪倪如婴儿之臂耳。既而，承热用纸囊贮之，精华之气无所散越，候寒末之。

其火，用炭，次用劲薪。其炭曾经燔炙，为膻腻所及，及膏木败器不用之。古人有劳薪之味③，信哉！

其水，用山水上，江水中，井水下。其山水拣乳泉、石池漫流者上；其瀑涌湍漱，勿食之，久食令人有颈疾。又多别流于山谷者，澄浸不泄，自火天至霜郊以前④，或潜龙蓄毒于其间，饮者可决之，以流其恶，使新泉涓涓然，酌之。其江水取去人远者。井水取汲多者。

其沸，如鱼目⑤，微有声，为一沸；缘边如涌泉连珠，为二沸；腾波鼓浪，为三沸。已上水老不可食也。初沸水合量，调之以盐味，谓弃其啜余，无乃䤼槛而钟其一味乎，第二沸出水一瓢，以竹策环激汤心，则量末当中心而下。有顷，势若奔涛溅沫，以所出水止之，而育其华也。

凡酌，置诸碗，令沫饽均。沫饽，汤之华也。华之薄者曰沫，厚者曰饽，轻细者曰花。如枣花漂漂然于环池之上；又如回潭曲渚青萍之始生；又如晴天爽朗，有浮云鳞然。其沫者，若绿钱浮于水湄⑥；又如菊英堕于樽俎之中⑦。饽者，以滓煮之，及沸，则重华累沫，皤皤然若积雪耳⑧。《荈赋》所谓“焕如积雪，烨若春芙⑨”，有之。

第一煮水沸，弃其沫之上有水膜如黑云母，饮之则其味不正。其第一者为隽永，或留熟以贮之，以备育华救沸之用。诸第一与第二、第三碗次之，第四、第五碗外，非渴甚莫之饮。

凡煮水一升，酌分五碗，乘热连饮之，以重浊凝其下，精英浮其上。如冷，则精英随气而竭，饮啜不消亦然矣。

茶性俭⑩，不宜广，广则其味黯淡。且如一满碗，啜半而味寡，况其广乎！

其色缃⑪也，其馨𣋉也，其味甘，槚也；不甘而苦，荈也；啜苦咽甘，茶也。

注释

①炮：烘烤。培：小土堆。塿：蛤蟆背，有很多丘泡。 ②如漆科珠：意思是用漆斗量珍珠，滑溜难量。科：用斗量。 ③劳薪之味：用旧车轮之类烧烤，食物会有异味。 ④火天：酷暑时节。霜郊：秋末冬初霜降大地。在农历九月下旬。 ⑤如鱼

目：水初沸时，水面有许多小气泡，像鱼眼。⑥水湄：有水草的河边。⑦樽俎：樽是酒器，俎是砧板，这里指各种餐具。⑧皤皤然：满头白发的样子，这里形容白色水沫。⑨烨若春芙：光辉明亮，就像春花。⑩茶性俭：比喻茶叶中可溶于水的物质不多。俭：俭朴无华。⑪缃：浅黄色。

饮茶

翼而飞，毛而走，呿而言①，此三者俱生于天地间，饮啄以活，饮之时义远矣哉！至若救渴，饮之以浆；蠲忧忿②，饮之以酒；荡昏寐，饮之以茶。

茶之为饮，发乎神农氏③，闻于鲁周公④。齐有晏婴⑤，汉有扬雄、司马相如⑥，吴有韦曜⑦，晋有刘琨、张载、远祖纳、谢安、左思之徒⑧，皆饮焉。滂时浸俗，盛于国朝，两都并荆俞间⑨，以为比屋之饮。

饮有粗茶、散茶、末茶、饼茶者。乃斫、乃熬、乃炀、乃舂，贮于瓶缶之中，以汤沃焉，谓之痷⑩茶。或用葱、姜、枣、桔皮、茱萸、薄荷之等，煮之百沸，或扬令滑，或煮去沫，斯沟渠间弃水耳，而习俗不已。

于戏！天育有万物，皆有至妙，人之所工，但猎浅易。所庇者屋，屋精极；所著者衣，衣精极；所饱者饮食，食与酒皆精极之。茶有九难：一曰造，二曰别，三曰器，四曰火，五曰水，六曰炙，七曰末，八曰煮，九曰饮。阴采夜焙，非造也。嚼味嗅香，非别也。膻鼎腥瓯，非器也。膏薪庖炭，非火也。飞湍壅潦⑪，非水也。外熟内生，非炙也。碧粉缥尘，非末也。操艰搅遽⑫，非煮也。夏兴冬废，非饮也。

夫珍鲜馥烈者，其碗数三；次之者，碗数五。若座客数至五，行三碗；至七，行五碗；若六人以下，不约碗数，但阙一人而已，其隽永补所阙人。

注释

①呿而言：开口说话的人类。呿：张口。②蠲：免除。③神农氏：传说中的上古三皇之一，教民稼穑，号神农，后世尊为炎帝。④鲁周公：即周公，因其封国在鲁，又称鲁周公。后人伪托周公作《尔雅》，讲到茶。⑤晏婴：春秋时期齐国名相。⑥扬雄、司马相如：扬雄、司马相如都是西汉著名文学家。⑦韦曜：字弘嗣，三国时东吴大臣。⑧晋有刘琨、张载、远祖纳、谢安、左思之徒：刘琨是西晋将军。张载是西晋文学家。远祖纳，即陆纳，东晋时任吏部尚书。陆羽与其同姓，故尊为远祖。谢安是东晋名臣。左思是东晋著名文学家。⑨两都并荆俞间：两都，长安和洛阳。荆州：治所在今湖北江陵。俞：渝州，治所在今四川重庆一带。⑩痷：病。⑪飞湍壅潦：飞湍，飞奔的急流。壅潦：停滞的积水。潦：雨后积水。⑫操艰搅遽：操作艰难、慌乱。遽：惶恐。

梦溪笔谈

作者简介

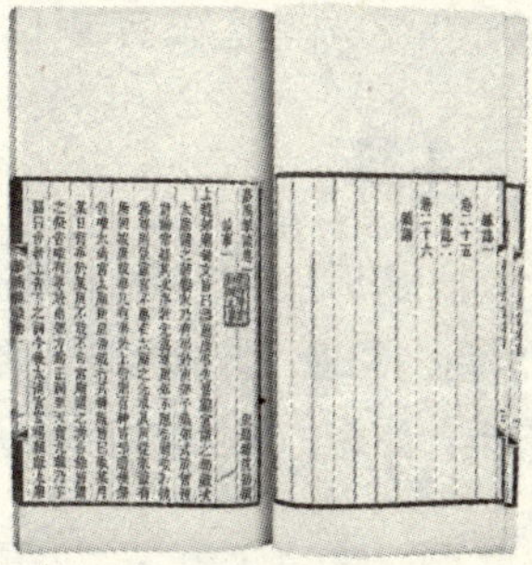

《梦溪笔谈》书影

沈括（1031～1095年），字存中，钱塘（今浙江杭州）人。宋代科学家、政治家和军事家。曾参与王安石变法，出使契丹，着有《梦溪笔谈》以及农学著作《梦溪忘怀录》（已佚）、医学著作《良方》等。

作品简介

《梦溪笔谈》内容涉及天文、数学、物理、化学、生物、地理、医学、地质、气象、工程技术、文学、史事、音乐和美术等，记述了我国古代许多科技成就，其中不少成就在当时世界科学技术领域中居于领先的地位，如毕昇发明活字印刷等，也包括沈括自己的一些科学创见。因此，该书被视为中国科学技术史上里程碑式的典籍。

选文

治平元年①，常州日禺②时，天有大声如雷，乃一大星几如月，见于东南。少时而又震一声，移着③西南。又一震，而坠在宜兴县民许氏园中。远近皆见，火光赫然照天，许氏藩篱皆为所焚。是时火息，视地中只有一窍如杯大，极深，下视之，星在其中荧荧然④，良久渐暗，尚热不可近。又久之，发其窍，深三尺余乃得一圆石，犹热，其大如拳，二头微锐，色如铁，重亦如之。州守郑伸得之，送润州⑤金山寺，至今匣藏，游人到则发视。王无咎为之传甚详。

注释

①治平元年：1064年，治平是宋英宗的年号。 ②日禺：太阳落山。 ③移着：移动到。 ④荧荧然：微光闪烁的样子。 ⑤润州：今江苏镇江。

庆历①中，河决北都商胡②，久之未塞，三司度支副使郭申锡亲住董作。凡塞河决垂③合，中间一埽④谓之“合龙门”，功全在此。是时屡塞不合，时合楷门埽长六十步，有水工高超者献议，以谓“埽身太长，人力不能压，埽不至水底，故河流不断而绳缆多绝。今当以六十步为三节，每节埽长二十步，中间以索连属之。方先下第一节，待其至底，方压第二、第三。旧工争之，以为不可，云：“二十步埽不能断漏，徒用三节，所费当倍而决不塞。”超谓之曰：“第一埽水信未断，然势必杀半。压第二埽，止用半力，水纵未断，不过小漏耳。第三节乃平地施工，足以尽人力。处置三节既定，即上两节自为浊泥所淤，不烦人功。”申锡主前议，不听超说。是时贾魏分帅北门，独以超之言为然，阴遣数千人于下流收漉流埽。既定而埽果流，而河决愈甚，申锡坐谪⑤。卒用超计，商胡方定。

注释

①庆历：宋仁宗的年号。②河：黄河。决：决堤。商胡：今河南濮阳北。③垂：即将。④埽：旧时治河，将秫秸、石块、树枝捆扎成圆柱形用以堵口或护岸的东西。⑤坐：处罚。谪：降职并外放。

版印书籍，唐人尚未盛为之，自冯瀛王①始印《五经》，已后典籍，皆为版本。庆历中，有布衣毕昇，又为活版。其法用胶泥刻字，薄如钱唇，每字为一印，火烧令坚。先设一铁板，其上以松脂腊和纸灰之类冒之，欲印则以一铁范置铁板上，乃密布字印。满铁范为一板，持就火炀②之，药稍熔，则以一平板按其面，则字平如砥③。若止印三二本，未为简易；若印数十百千本，则极为神速。常作二铁板，一板印刷，一板已自布字，此印者才毕，则第二板已具。更互用之，瞬息可就。每一字皆有数印，如“之”、“也”等字，每字有二十余印，以备一板内有重复者。不用则以纸贴之，每韵为一贴，木格贮之。有奇字素无备者，旋刻之，以草火烧，瞬息可成。不以木为之者，文理有疏密，沾水则高下不平，兼与药相粘，不可取。不若燔④土，用讫再火令药熔，以手拂之，其印自落，殊不沾污。昇死，其印为予群从所得，至今保藏。

注释

①冯瀛王：即冯道，五代时人。②炀：烘烤。③砥：磨刀石。④燔：焚烧。

天工开物

作者简介

宋应星（1587年～？），字长庚，江西奉新人。明代著名科学家。著有《天工开物》。

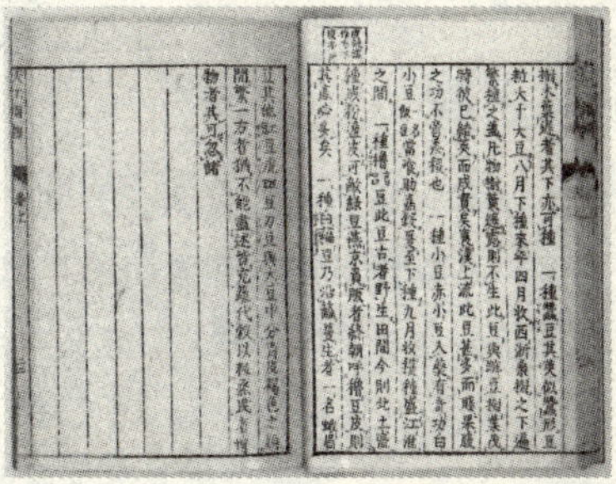

《天工开物》书影

作品简介

《天工开物》从科学技术和生产实践出发，总结了工农业生产方面长期积累的经验和知识，成为中国古代科技史上一部里程碑式的名著，在世界科技史上也是一部珍贵的书籍。

选文

甘 嗜①

宋子曰：气至于芳，色至于艶，味至于甘，人之大欲存焉。芳而烈，艶而艳，甘而甜，则造物有尤异之思矣。世间作甘之味，十八产于草木，而飞虫竭力争衡，采取百花酿成佳味，使草木无全功。孰主张是，而颐养遍于天下哉？

蔗 种

凡甘蔗有二种，产繁闽、广间，他方合并得其十一而已。似竹而大者为果蔗，截断生啖，取汁适口，不可以造糖。似荻②而小者为糖蔗，口啖即棘伤唇舌，人不敢食，白霜、红砂③，皆从此出。凡蔗古来中国不知造糖，唐大历间，西僧邹和尚游蜀中遂宁始传其法。今蜀中种盛，亦自西域渐来也。

凡种荻蔗，冬初霜将至将蔗斫伐，去杪④与根，埋藏土内（土忌洼窒⑤聚水湿处）。雨水前五六日，天色晴明即开出，去外壳，斫断约五六寸，以两个节为率。密布地上，微以土掩之，头尾相枕，若鱼鳞然。两芽平放，不得一上一下，致芽向土难发。芽长一二寸，频以清粪水浇之，俟长六七寸，锄起分栽。

凡栽蔗必用夹沙土，河滨洲土为第一。试验土色，掘坑尺五许，将沙土入口尝味，味苦者不可栽蔗。凡洲土近深山上流河滨者，即土味甘，亦不可种。盖山气凝寒，则他日糖味亦焦苦。去山四五十里，平阳⑥洲土择佳而为之（黄泥脚地，毫不可为）。

凡栽蔗治畦，行阔四尺，犁沟深四寸。蔗栽沟内，约七尺列三丛，掩土寸许，土太厚则芽发稀少也。芽发三四个或六七个时，渐渐下土，遇锄耨[7]时加之。加土渐厚，则身长根深，庶免欹[8]倒之患。凡锄耨不厌勤过，浇粪多少视土地肥硗[9]。长至一二尺，则将胡麻或芸苔枯浸和水灌，灌肥欲施行内。高二三尺则用牛进行内耕之。半月一耕，用犁一次垦土断旁根，一次掩土培根，九月初培土护根，以防斫后霜雪。

注释

①明末宋应星的《天工开物·甘嗜》记载了甘蔗的栽培技术以及制糖设备和工艺过程，具有相当高的科学价值，其中关于用石灰澄清法处理蔗汁的工艺，至今仍是世界公认的最经济的方法。 ②荻：草本植物，与芦同类。 ③白霜、红砂：指白糖、红糖。 ④杪：植物的末端。 ⑤窐：低洼处。 ⑥平阳：平坦。 ⑦锄耨：锄土薅草。 ⑧欹：歪斜。 ⑨硗：土质坚硬瘠薄。

造白糖

凡闽、广南方，经冬老蔗，用车同前法。笮[1]汁入缸，看水花为火色。其花煎至细嫩，如煮羹沸，以手捻试，粘手则信来矣。此时尚黄黑色，将桶盛贮，凝成黑沙。然后以瓦溜[2]（教陶家烧造）置缸上。共溜上宽下尖，底有一小孔，将草塞住，倾桶中黑沙于内。待黑沙结定，然后去孔中塞草，用黄泥水淋下。其中黑滓入缸内，溜内尽成白霜。最上一层厚五寸许，洁白异常，名曰洋糖（西洋糖绝白美，故名）。下者稍黄褐。

造冰糖者将洋糖煎化，蛋青澄去浮滓，候视火色。将新青竹破成篾片，寸斩撒入其中。经过一宵，即成天然冰块。造狮、象、人物等，质料精粗由人。凡白糖有五品，“石山[3]”为上，“团枝”次之，“瓮鉴”次之，“小颗”又次，“沙脚”为下。

注释

①笮：榨。 ②瓦溜：中国古代制砂糖用的一种陶器。其原理是利用糖膏自身重力来分离糖蜜，取得砂糖。 ③石山：形状像山石的花纹一样。

海国图志

作者简介

魏源

魏源（1794～1857年），原名远达，字默深，一字墨生，又字汉士，湖南邵阳人。晚清思想家、文学家，中国近代向西方寻求救国真理的先行者之一。1814年到北京从刘逢禄学习“公羊春秋”，后与龚自珍齐名。他讲求经世致用，对当时思想界中占统治地位的宋学（理学）和汉学（考据学）进行了批判。他在鸦片战争前即认为鸦片贸易是使中国民穷财尽的重要原因，主张严禁鸦片输入。鸦片战争期间，参与筹划浙东的抗英斗争。鸦片战争后，对清政府衰弱和列强强盛的原因进行艰苦的探索，提出强国御侮的思想，主张“师夷之长技以制夷”。这些思想主张是近代中国资产阶级维新变法运动的前驱。

作品简介

魏源根据《四洲志》及其他中外文献资料，综述各国历史、地理及中国应采取的对外政策，编写成《海国图志》一书，初版50卷，后增为100卷。

《海国图志》在中国近代史学史上是第一部较为详尽、系统的世界史地著作。书中征引中外古今近百种资料，系统地介绍了世界各国的地理位置和历史沿革等史地知识。所记各国气候、物产、交通贸易、民情风俗、文化教育、中外关系、宗教、历法、科学技术等，都超过了前书。所以有人说《海国图志》是国人谈世界史地的开山之作。

选文

《海国图志》序

《海国图志》六十卷，何所据？一据前两广总督林尚书①所译西夷之《四洲志》②，再据历代史志，及明以来岛志，及近日夷图夷语，钩稽③贯串，创榛辟莽，前驱先路。大都东南洋、西南洋④，增于原书者十之八；大小西洋、北洋、外大西洋⑤，增于原书者十之六。又图以经之，表以纬之，博参群议以发挥之。

注释

①即林则徐。鸦片战争爆发前，林则徐被任为钦差大臣去广东禁烟，他为了了解外国的情况，组织翻译了外国的报纸和书籍，他主持汇编的《四洲志》一书，记述了

世界五大洲30多个国家的地理和历史。后来，林则徐把《四洲志》的全部资料送给好友魏源，魏源在《四洲志》的基础上写成《海国图志》。 ②《四洲志》：即英国人慕端撰写的《地理全志》。 ③钩稽：钩，相牵引。稽，相和。 ④东南洋、西南洋：指日本、南洋群岛一带。 ⑤大、小西洋：指欧洲北洋：指俄罗斯。外大西洋：指美国。

何以异于昔人海图之书？曰：彼皆以中土人谈西洋，此则以西洋人谈西洋也。是书何以作？曰：为以夷攻夷而作，为师夷长技以制夷而作。《易》曰："爱恶相攻而吉凶生，远近相取而悔吝①生，情伪相感而利害生。"故同一御敌，而知其形与不知其形，利害相百焉；同一款②敌，而知其情与不知其情，利害相百焉。古之驭外夷者，诹③以敌形，形同几席，诹以敌情，情同寝馈④。然则执此书即可驭外夷乎？曰：唯唯否否！此兵机也，非兵本也。有形之兵也，非无形之兵也。明臣⑤有言："欲平海上之倭患，先平人心之积患。"人心之积患如之何？非水非火。非刃非金，非沿海之奸民，非吸烟贩烟之莠民⑥。故君子读《云汉》、《车攻》⑦，先于《常武》、《江汉》⑧，而知二雅⑨诗人之所发愤；玩卦爻内外消息，而知《大易》⑩作者之所忧患。愤与忧，天道所以倾否而之泰也；人心所以违寐⑪而之觉也；人才所以革虚而之实也。

注释

①悔吝：悔恨。 ②款：接待。 ③诹：探询。 ④寝馈：睡觉和吃饭。 ⑤明臣：明代的大臣。 ⑥莠民：刁民。 ⑦《诗经》中赞美周王勤政爱民的诗篇。 ⑧《诗经》中歌颂周王征发外敌的诗篇。 ⑨二雅：大雅、小雅。《诗经》的两种体裁。 ⑩即《周易》。 ⑪违：违背。寐：邪恶。

昔准噶尔跳踉于康熙、雍正之两朝①，而电埽②于乾隆之中叶。夷烟流毒，罪万准夷。吾皇仁勤，上符列祖，天时人事，倚伏相乘③，何患攘剔④之无期？何患奋武之无会⑤？此凡有血气者所宜愤悱⑥，凡有耳目心知者所宜讲画也。去伪去饰，去畏难，去养痈⑦，去营窟⑧，则人心之寐患祛⑨。其一。以实事程⑩实功，以实功程实事，艾⑪三年而蓄之，网临渊而结之，毋冯河⑫，毋画饼⑬，则人才之虚患祛。其二。寐患去而天日昌，虚患去而风雷行。《传》曰⑭："孰荒于门，孰治于田，四海既均，越裳⑮是臣。"序《海国图志》。

注释

①指新疆准噶尔民族的内乱。 ②电埽：比喻快速扫除。 ③倚伏相乘：事物不断变化影响。 ④攘剔：排斥去除。 ⑤会：机会。 ⑥愤悱：思虑蕴积。 ⑦养痈：得毒疮却怕痛，不敢割去，最终会酿成大患。 ⑧营窟：比喻经营藏身之处。 ⑨祛：去掉。 ⑩程：衡量。 ⑪艾：养护。 ⑫冯河：涉水过河。 ⑬画饼：比喻徒有虚名。 ⑭《传》曰：韩愈的《琴操十首》。 ⑮越裳：古代南海国名。

为什么中国古代没有产生自然科学

作者简介

竺可桢

竺可桢（1890～1974年），字藕舫，浙江上虞人。杰出的气象学家、地理学家、教育家。创建了中国第一个地学系，最先在中国开设了地学通论、气象学、世界气候和世界地理等课程，领导创建了中国第一个气象研究所和首批气象台站。著有《物候学》、《竺可桢文集》等。

作品简介

本文摘自《竺可桢文集》。作者在文中探讨了中国古代为什么没有产生自然科学的原因，认为中国古代是以农业为核心的社会，工商业无法发展，所以缺乏近代自然科学发展的大环境。

选文

为什么中国古代没有产生自然科学这个问题，近两年来很引起人们的注意。不但国人有许多议论发表，即欧美人士亦注意到这个问题。各人的意见虽有不同，但归纳起来，大多数统以为中国古代没有产生自然科学，并不是因为中国人先天的没有这种能力，而是由于我国历史上环境不适宜的缘故，在《科学与技术》期刊上，陈立先生《我国科学不发达之心理分析》一文里的结论是："中国科学之不发达，我曾溯源于（一）拟人思想的泛生论，（二）没有工具思想的直观方法，（三）没有逻辑，（四）没有分工，（五）客观与主观的混淆，（六）理智的不诚实等等。但这一切我都指出，系反映着客观社会的组织。在宗法阶段的社会，便只有宗法社会的思想。"

去年浙江大学夏令讲习会，钱宝琮先生《吾国自然科学不发达的原因》演说里有这样几句话："我国历史上亦曾提倡过科学，而科学所以不为人重视者，实因中国人太重实用。如历法之应用早已发明。对于地圆之说，亦早知之。然因不再继续研究其原理，以致自然科学不能继续发展，而外国人则注重实用之外，尚能继续研究由无用而至有用，故自然科学能大有发展。为什么我国民族太注重实用呢？实由地理，社会文化环境使然。中国为大陆文化，人多以农业为主，只希望能自给自足之经济。"

同样，中英科学合作馆，英国李约瑟博士，在民三十三年湄潭举行中国科学社成立三十周年纪念大会演讲里，亦以为近世科学之不能产生于中国，乃以囿于环境，即地理上，气候上，经济上和社会上的四种阻力。地理方面，中国为大陆国，向来是闭关自守，固步自封，和西方希腊、罗马、埃及之海洋文化不同。气候方面，亦以大陆性甚强，所以水旱灾患容易发生，不得不有大规模的灌溉制度，而官僚化封建势力遂无以扫除。中国经济和社会方面，秦朝以来，官僚士大夫专政阶段停留甚长，社会生产少有进展，造成商人阶级的没落。使中产阶级人民无由抬头，初期资本主义无由发展。而近世科学则与资本主义同将产生。

抗战前数年，德籍犹太人维特福格尔（K. A. Wittfogel）在他的研究中国社会的著作中，有一段专讲“中国为什么没有产生自然科学”。他开始提出一个问题，他说：“半封建主义的欧洲，在经营规模并不大于中华帝国，甚至往往小于中华工业生产的基础上，完成了许多的科学发明和贡献。这一切显然是表示了初期资本主义的各种特征，狂热地催促小资产阶级去积蓄势力的环境下所完成的。拉狄克（P. Dirac）在《中国历史上的根本问题》中曾经指出欧洲产业革命以前的西欧社会关系，和中国的这种关系有某种根本的差别。若不承认这种见解，则中国环境既和欧洲产业革命以前的环境一样，那为什么不引起了科学的萌芽和科学的发展呢？”对于这个问题他的答案是：“除了历史科学、语言科学和哲学而外，中国只在天文学和数学方面得到了真正科学上的成就。而就整个情形看来，那和工业生产的形成有关的自然科学，不过停滞于搜集经验法则的水准罢了。……汉代或汉代以前的中国，为什么在数学上和天文学方面达到了较高的水准？假定这些科学的产生，是建筑在各种大规模的治水工程和水利工程上的社会秩序需要上，那么只有这个时代才是这些科学的成立时期吧？”接着他说：“中国思想家们的智力，并没有用在那可以形成机械学体系的各种工业生产问题上面，并没有把处理这些问题作为根本的紧急任务。这个远东大国的根本智能，集中到了其他的课题，即农业秩序所产生的，及直接和农业秩序有关的，或在观念上反映着农业秩序的各种课题。”他的结论是：“他们在这里还不能够从亚细亚社会和欧洲社会的关联中，检讨亚细亚社会为什么不能以解体过程中的欧洲中世纪的半封建主义那样的方法和程度，去推进大规模的工业经营。我们仅仅确认这个事实，即是精密的自然科学的停滞，是和这种工业上的停滞互相平行的。……中国自然科学各部门所以只有贫弱的发达，并非由于偶然，而是那些妨碍自然科学发达的障碍所必然造成的结果。”

上述四位作者对于本问题的结论，统归根到中国旧社会之不适宜于产生自然科学。钱宝琮、李约瑟和维特福格尔三位先生一致主张是农业社会的制度在作梗，陈立先生的意见是由于宗法社会的组织。两者的意见实是二而一。因为宗法社会只有以农业为经济核心时才能维持，才能发展。

据京都大学教授森谷克己的意见，宗法社会的功能是，（一）祭祀祖宗，（二）逢年逢节时合族的聚餐，（三）亲族的丧服，（四）同宗不婚的习惯，而最重要的是（五）他的经济功能，即古时所谓“兄弟异居而同财，有余则归之于宗，不足则资于宗”一族内财产之有无相通办法。森谷克己又说：“在中国原始的姓氏社会的诸职能，在宗法下是很多保存着的。在这里就出现了中国社会进化之一特性。”农民安土重迁，可以和邻县邻村的人老死不相往来，所以容易保持宗法社会制度。到了工商业逐渐发达，天下之大，随处可为家庭，宗法社会的制度，即无以维持。《吕氏春秋·尚农篇》对于这点说得很透彻：“民农则其产复；其产复则重徙；重徙则死其处，而无二虑……民舍本而事末，则其产约；其产约，则轻迁徙；轻迁徙则国家有患，皆有远志，无有居德。”人民到皆有远志无有居德的时候，宗法社会决难维持了。

我们若承认了中国古代自然科学之所以不发达，是由于中国社会农业势力之伟大，和工商业之不发达，接着就发生第二个问题：为什么在中国历史上农业社会能保持这种压倒的势力如此之久？英国拉斯基教授说：“政治哲学必须以历史哲学为基础。历史上一个国家、一个民族的兴衰存亡，治史者各有各的观点。类皆持之有故，言之成理。或者以为出于天命，或一种不可阻抑的势力，如黑格尔即作如此观；或者以为由于天气之变动，如热带宜于独裁，温带宜于民主；亦有把历史当作几个伟大人物的成功或失败事业史观者……但是经济生产方法的改进，最足以左右一切历史上的变动。”拉斯基又说：“历史上变动最快的时代，亦就是经济生产方法变动最大的时代；历史上稳定的时代，亦即是经济生产方法比较固定的时代。”他而且举了文艺复兴，产业革命和二十世纪初叶几个时期作为欧洲生产方法变动最大时期，亦是思想最灿烂时期。我们从经济生产的观点来研究欧洲近世科学之兴起，方能了解十六七世纪欧洲科学之进步，决非偶然之事。一般人以为近世科学起源于伽利略、牛顿几个伟大杰出人才，实是大误。自从1492年哥伦布发现新大陆以后，西欧工商业大为活跃。海洋中船只之驾驶，需要专门工程知识；贸易繁盛，金币不足应付，矿冶迅速发展，而开矿时又发生许多问题，急待解决。在十五世纪末，欧洲已有了十六种机器为矿中去水的用途。航行发达，望远镜与罗盘针之制造日趋于精密。经纬之测定，又要天文知识。到1660年左右，英国有一班学者，专门为了好奇心所驱使，来集会讨论研究一切事物，自宇宙以迄虫鱼。这就是英国皇家学会的起头。英国皇家学会之所以成立于十七世纪中叶，亦非偶然之事。因当时富商巨贾之特兴，造成了一个有闲阶级，时常往来旅行，他们的目的并不是孳孳为利，而是为求知心所驱使。这实在为近世科学之开端。

我们了解了近代科学和社会进化的关系，再来看我国历史上是否有一个时代可以奖励工商业的发达，初期资本主义的兴起，使中产阶级能起而与专制封建势力相抗衡，如同十六七世纪欧洲新兴势力之与封建宗教相奋斗呢？历览二三千年我国历史，只有在战国到西汉中叶一个时期有此可能性，而这个时期亦是中国思想史、科学史上最灿烂的一个时期。马乘风《中国经济史》里说道：“因为战国时代之经济发展，所以随之以政治组织和意识形态亦均活跃异常。在中国文化史上来看，除了近代欧化势力东渐以外，几乎找不出一个时代，能够与战国之百家争鸣万壑奔流相比。”张荫麟《中国史纲》中亦说：“自从春秋以来，交通日渐发达，商业日渐进步，商人阶级在社会日占势力。儒家法家虽统主张加以严厉裁制，——但汉代统一中国后，一方面废除关口和桥梁通过税，一方面开放山泽，听人民垦殖，给工商业以发展的机会。此时牛耕逐渐推行，加以政府的放任，蓬勃之气象，为此后直至海通以前，我国工商界没有超出过的。”在汉代文景二帝时候，商人的势力最大，当时富商往往也是大地主，专川泽之利，管山川之饶，他们的生活，据晁错说：“衣必文绣，食必粱肉，……因其富厚，交通王侯；力过吏势，以利相倾；千里遨游，冠盖相望，乘坚策肥，履丝曳缟。”继文景而君临帝国的汉武是一位好大喜功的人。自从他即位后第二年，即派张骞去西域。从建元六年到元狩元年，十六年间，专力排击匈奴，计九次出塞，所斩获人数在十五万人以上，把河西走廊改设武威、酒泉二郡。从元狩四年到太初五年，十七年中，又把南越、朝鲜、西南夷收为郡县。汉武开拓疆域，论时间与范围统是空前的。与西欧相比，这正如哥伦布发现新大陆，开辟了广大殖民地，使工商业大可发展。据张荫麟云："张骞使西域以后，各国继续报聘，为郡国英豪或市井无赖辟了新的出路。"照理论讲，文景之世商人势力既如此庞大，而接续汉武又开拓疆域，使工商业更有用武之地，那么初期资本主义就应该产生，而近代科学亦应该见萌芽了。但历史告诉我们，事实并不如此。这其原因又何在呢？

地理的环境是有关系的，若是西域不是一片荒漠，而是一块沃土，如欧洲的乌克兰或是茫茫大海如大西洋，那大概我们历史上的发展就要大不相同。但这种推想，不能解决目前所讨论的问题。灌溉的制度和君主专制政权之确立，是平行不背的；但不是树立君主专制政权重要的因素。从战国时代魏西门豹凿十二渠，韩郑国为秦凿泾水渠，蜀李冰等筑灌县水渠，直到汉武帝在关中凿六渠，这期间水利的事业的确大有发展。黑格尔、恩格斯、马克思和马札尔辈统主张水利工事的统制，建立了中国专制政权。李约瑟和维特福格尔亦多少抱这种见解。但建立秦汉专制政权的因素，决不只此一端，马乘风举出（一）财政的管理及田赋的征收，（二）常备军之训练和调动，（三）各地执行民法和刑法的衙门，（四）专门选拔为皇帝作愚民政策，为国家做辨护士的考试和选拔制度。这四者对于确立秦汉专制政权统比灌溉水利事业更加有力量。

但究竟哪一种势力能最有效地建树了帝王的政权，摧残了商业的发展，毁灭了近代科学的萌芽呢？这我们不能不根据历史上的事实。在春秋时代，商业尚未发达，当时帝王并不感觉到商人夺取政权的威胁，所以《左传》有"务材顺农，通商惠工"之说；《国语》有"轻关易道，通商宽农"之语。那时农工商尚不分厚薄高下。春秋时代经商的子贡，不失为孔子大弟子，太史公《货殖列传》称："子贡结驷连骑，束帛之币，以聘请侯。所至国君无不分庭与之抗礼。夫使孔子名布扬于天下者，子贡先后之也。此所谓得势而益彰者乎。"到了战国，铁器已普遍应用到农耕上；施肥的方法盛行，大规模的灌溉事业亦统建设起来；农业生产大大的增加，商业亦随之以活跃。自越之计然、秦之商秧以后，重农抑商，以农为本商为末之议论勃兴。汉代初期，工商业更有长足之进步。富商之衣食住，拟于王侯；收养豪杰，权倾人主。当时的知识阶级如贾谊、董仲舒之流，就统主张严厉地裁抑商人。但是裁抑自裁抑，舆论自舆论，而文景之世，商业势力仍然继长增高。所以晁错叹息道："法律贱商人，而商人已富贵矣。法律贵农人，而农人已贫贱矣。"汉武开拓疆土，本可使工商业更形繁荣；但是相反的，商业于汉武之世反形凋落。这是因为根据了重农抑商的政策。武帝厉行了三种制度，使商人统濒于破产。第一是商人加算，与听人告缗，始于元狩三年。明邱浚《世吏正纲》卷四云："古者关市之征，盖恶其专利，就征其税，非隐度其所积之多少，而取之也。武帝于元光五年，既算其行者之车，至是又并算民车，且及舡焉；凡民不为吏不为三老骑士，苟有轻车，皆一算。商贾则倍之，舡五丈以上者出一算。匿而能告者以半畀之。匿而被告者称告缗。"自告缗令施行后，据说中产以上的商人，大抵破产。第二是商人不得名田。汉初富商大贾，亦多为大地主，或投资农村，如蜀宛氏之规陂池。商人不得名田，即不得置产业；使商贾与大地主绝缘，商业资本遂以偏枯。第三是将当时最大的私人企业，盐和铁收归国营。这也是元狩三年的事，置盐宫凡二十八郡，铁官凡四十郡，设有私铸铁器及鬻盐者，钛左趾，没入其器物。据《史记·货殖列传》，秦汉之交的几位大富翁，以职业而论，多为矿冶。我们把《货殖列传》的几个富翁，列举起来。猗顿用盐起家；郭纵以铁冶与王者相埒富；巴蜀寡妇清传丹穴，擅利数世，秦始皇为筑怀清；蜀卓氏用铁冶富秦破赵……至僮千人，田池财猎之乐拟于人君。此外以冶铁致富者尚有程郑，宛孔氏，曹邴氏。惟白圭以善观时变，如今日之投机家，操纵市场。宣曲任氏以窖藏致富，乃今所谓囤积居奇。此外则齐师史以运输致富，乌氏倮以畜牧致富。假定司马迁这统计可靠的话，那么以盐铁起家致富的，在当时富翁总数里，十一个中要占到七个。自盐铁归为国有，这类财产就要被收没了。从上面所叙述之事实看来，自春秋到汉初三百年中，我国商业有欣欣向荣的趋势，到汉武帝国势昌盛的时代，正应该继续发展，以达到像西洋初期资本主义的阶段，却为汉武帝重农抑商的经济政策所打断了。

从战国到汉初，一方面是工商业发达时期，一方面亦是中国思想上最灿烂的一个时期。诸子百家各种学说，统在此时出现，好比西方纪元前六百年到二百年时代的希腊。战国时代中国思想之所以突然解放，亦有其社会之背景。张荫麟说道："当封建时代的前期，贵族不独专有政权和田土，并且专有知识。闲暇和教育，是他们所独享的。在封建制度演化中，贵族的后裔，渐渐有降力平民的，知识遂渗入民间。"（《中国史纲》第六章）马乘风亦说："战国时代以前，知识是贵族所独占的，贵族与农奴处于绝对不同的生活状态之下。到了战国时代，因为阶级关系的变动，昔日隶属关系之羁绊，已被打破，所以平民而求知识就成为可能的事了。"（《中国古代经济史》第一册第二百六十一页）因为求知识之机会由上层阶级推广至于中层，甚至于下层阶级，思想就骤然解放，而突然发生异彩，一时学说并陈。但何以在这思想解放的时代，科学的思潮不能发展？对于宇宙的观感，天然事物的剖析，中国赶不上希腊呢？对于这一点，张荫麟先生亦有很好的解答。在《论中西文化的差异》这篇文章里，他说道："中西文化的一个根本差异，是中国人对实际的活动的兴趣，远在其对于纯粹活动兴趣之上。以亚里士多德的《尼哥麦其亚伦理学》和我国的《大学》、《中庸》来比，是极饶兴趣的事。亚里士多德认为至善的活动，是无所为而为的真理的观玩。至善的生活，是无所为而为地观玩真理的生活。《大学》所谓止于至善，则是为人君止于仁，为人臣止于敬，为人子止于孝，为人父止于慈，与国人交止于信，这差别还不够明显么？中国人讲好德如好色，而绝不说爱智，爱天。西方人说爱智爱天，而绝不说好德如好色。"荫麟先生所指出这中西文化在价值意识的差异，是极重要的一点，荫麟先生很谦虚他说："我不知道有什么事实可以解释这价值意识上的差异。"据作者的意见，以为这也是因为中国社会一直以农业为核心的关系。希腊社会曾经经过游牧时代。她是一个半岛，沿岸布满了无数的小岛，所滨的海是内海，而非大洋，和海外来往是很便利的，所以商业从头即易于发达。我们是一个大陆国家，长江以北沿岸极少岛屿，一入茫茫大海，就毫无归宿。从殷墟时候起，即以农为主要经济生产。中国有史以来，并不知用奶酪。天上星宿，只有龙、凤、牛、龟，而没有畜牧时代主要的产业：山羊或绵羊。中国古代是否经过一个畜牧时代是疑问。即使经过亦必年代很久远，或是时间很短促。从殷商到汉初，经过至少一千二百年以农业经济为核心的社会，其束缚人民的思想、习惯、个性的势力自然非常雄厚。以农业为中心的社会，人民个性的好处是诚朴、稳重、和平和坚忍；他的缺点是愚昧、自私、乏冒险心和不能合作。到如今，我们民族还仍然反映这种优点和缺点。《吕氏春秋·尚农》篇云："古先圣王之所以理其民者，先务于农；农非徒为地利也，贵其志也。民农则朴，朴则易用，易用则边境安，主位尊。民农则重，重则少私义，少私义则公法立，力专一。……民舍本而事末，则好智；好智则多诈；多诈则巧法令，以是为非，以非为是。"古代帝王就利用这理论来提倡重农抑商。农业社会势力大，求知之心不能发达，而科学思想亦无以发展。

照上面所讲，希腊古代求知之精神既如此充足，为何希腊亦只能发达科学到一定阶段，而近世科学亦终不能实现呢？这其中重要因素，是由于奴隶制度盛行于希腊。所以古代希腊一班哲人，如发明几何学之毕达哥拉斯，主张原子论之德漠克利特以及苏格拉底、柏拉图辈，虽有闲暇以沉思其高尚之理想，而不愿胼手胝足以作实验。而近世科学，非手脑并用不行，英国拉伟教授说："有闲阶级思想上之努力，可以得到理论上之发展；但有闲阶级不愿动手。奴隶阶级可以作实际之工作，但不敢奖励使之了解高深之理论。埃及、希腊、罗马之所以对科学上、机械上贡献之有限度者，正以此数国社会上阶层之结构。"故据伟大哲学家亚里士多德之意见，生产劳动者不具有公民资格。希腊社会组织为有阶层的。希腊人之奴隶，即希腊人之机器。只需奴隶之代价便宜，即不需另觅代替品。反观我国社会情形，亦和希腊相似，孟子谓劳心者役人，劳力者役于人。士大夫阶级是劳心者，而农民苦力是劳力者。这样阶层机构，迄今还存在。长衫阶级以及学农学工的大学生，仍认动手做工为可耻，这种观念不改变，中国自然科学亦难望能发达。

归根起来讲，中国农村社会的机构和封建思想，使中国古代不能产生自然科学。而此种机构，此种思想，到如今还大部遗留着。人民一受教育，就以士大夫阶级自居，不肯再动手。在学校所习科目，只问其出路之好，待遇之丰，更不校量科目之基本训练如何，个人之兴趣如何。把利害之价值放在是非价值之上。而社会上一般提倡科学的人们，亦只求科学之应用。怪不得维特福格尔说："在现在的日益走向解体过程中的中国，上层阶级和最高官厅，也对于自然科学发生兴趣，加以奖励。但他们所怀抱的意义，和西洋完全不同，这是千真万确的事，谁也不能否认。"据容闳所著《西学东渐记》，谓同治六年，曾文正公方初定捻匪回到上海，去就南京两江总督任，极注意于其亲自手创之江南制造厂。文正见之，大为欢喜。容闳因劝其设立兵工学校，以期中国将来不必需用外国机器及外国工程师，大为文正所赞许。从曾文正到现在，我们提倡科学已近八十年，而仍有人主张"西学为用，中学为体"或类似的谬论。希望原子弹之发现，能打破这班人的迷梦，而使中国科学入于光明灿烂的境界。

美与物理学

作者简介

杨振宁

杨振宁（1922年～），著名物理学家。1951年与李政道教授合作，于1956年共同提出弱相互作用中宇称不守恒原理，因而与李政道共获1957年诺贝尔物理学奖。这一原理彻底改变了人类对对称性的认识，促成了此后几十年物理学界对对称性的关注。

作品简介

2001年4月26日，杨振宁应邀在清华大学举行了名为《美与物理学》的演讲，文稿整理后发表在《二十一世纪》上。

选文

十九世纪物理学的三项最高成就是热力学、电磁学与统计力学。其中统计力学奠基于麦克斯韦（J. Maxwell）、波耳兹曼（L. Boltzmann）与吉布斯（W. Gibbs）的工作。波耳兹曼曾经说过：

一位音乐家在听到几个音节后，即能辨认出莫扎特（Mozart）、贝多芬（Beethoven）或舒伯特（Schubert）的音乐。同样，一位数学家或物理学家也能在读了数页文字后辨认出柯西（Cauchy）、高斯（Gauss）、雅可比（Jacobi）、亥姆霍兹（Helmholtz）或克尔期豪夫（Kirchhoff）的工作。

对于他的这一段话也许有人会发生疑问：科学是研究事实的，事实就是事实，哪里会有什么风格？关于这一点我曾经有过如下的讨论：

让我们拿物理学来讲吧。物理学的原理有它的结构。这个结构有它的美和妙的地方。而各个物理学工作者，对于这个结构的不同的美和妙的地方，有不同的感受。因为大家有不同的感受，所以每位工作者就会发展他自己独特的研究方向和研究方法。也就是说他会形成他自己的风格。

今天我的演讲就是要尝试阐述上面这一段话。我们先从两位著名物理学家的风格讲起。

一、狄拉克

狄拉克（P. Dirac）是二十世纪一位大物理学家。关于他的故事很多。譬如：有一次狄拉克在普林斯顿大学演讲，演讲完毕，一位听众站起来说：“我有一个问题请回答：我不懂怎么可以从公式(2)推导出来公式(5)。”狄拉克不答。主持者说：“狄拉克教授，请回答他的问题。”狄拉克说：“他并没有问问题，只说了一句话。”

这个故事所以流传极广是因为它确实描述了狄拉克的一个特点：话不多，而其内含有简单、直接、原始的逻辑性。一旦抓住了他独特的、别人想不到的逻辑，他的文章读起来便很通顺，就像“秋水文章不染尘”，没有任何渣滓，直达深处，直达宇宙的奥秘。

狄拉克最了不得的工作是1928年发表的两篇短文，写下了狄拉克方程：

$(pc\alpha + mc^2\beta)\psi = E\psi$。(D)

这个简单的方程式是惊天动地的成就，是划时代的里程碑：它对原子结构及分子结构都给予了新的层面和新的极准确的了解。没有这个方程，就没有今天的原子、分子物理学与化学。没有狄拉克引进的观念就不会有今天医院里通用的核磁共振成像（MRI）技术，不过此项技术实在只是狄拉克方程的一项极小的应用。

狄拉克方程“无中生有、石破天惊”地指出为什么电子有“自旋”（spin），而且为什么“自旋角动量”是1/2而不是整数。初次了解此中奥妙的人都无法不惊叹其为“神来之笔”，是别人无法想到的妙算。当时最负盛名的海森伯（W. Heisenberg）看了狄拉克的文章，无法了解狄拉克怎么会想出此神来之笔，于1928年5月3日给泡利（W. Pauli）写了一封信描述了他的烦恼：“为了不持续地被狄拉克所烦扰，我换了一个题目做，得到了一些成果。”（按：这成果是另一项重要贡献：磁铁为什么是磁铁。）

狄拉克方程之妙处虽然当时立刻被同行所认识，可是它有一项前所未有的特性，叫做“负能”现象，这是大家所绝对不能接受的。狄拉克的文章发表以后三年间关于负能现象有了许多复杂的讨论，最后于1931年狄拉克又大胆提出“反粒子”理论（Theory of Antiparticles）来解释负能现象。这个理论当时更不为同行所接受，因而流传了许多半羡慕半嘲弄的故事。直到1932年秋安德森（C. D. Anderson）发现了电子的反粒子以后，大家才渐渐认识到反粒子理论又是物理学的另一个里程碑。

二十世纪的物理学家中，风格最独特的就数狄拉克了。我曾想把他的文章的风格写下来给我的文、史、艺术方面的朋友们看，始终不知如何下笔。去年偶然在香港《大公报》“大公园”一栏上看到一篇文章，其中引了高适在《答侯少府》中的诗句：“性灵出万象，风骨超常伦。”我非常高兴，觉得用这两句诗来描述狄拉克方程和反粒子理论是再好没有了：一方面狄拉克方程确实包罗万象，而用“出”字描述狄拉克的灵感尤为传神。另一方面，他于1928年以后四年间不顾玻尔（N. Bohr）、海森伯、泡利等当时的大物理学家的冷嘲热讽，始终坚持他的理论，而最后得到全胜，正合“风骨超常伦”。

可是什么是“性灵”呢？这两个字联起来字典上的解释不中肯。若直觉地把“性情”、“本性”、“心灵”、“灵魂”、“灵感”、“灵犀”、“圣灵”（Ghost）等加起来似乎是指直接的、原始的、未加琢磨的思路，而这恰巧是狄拉克方程之精神。刚好此时我和香港中文大学童元方博士谈到《二十一世纪》1996年6月号钱锁桥的一篇文章，才知道袁宏道（和后来的周作人，林语堂等）的“性灵论”。袁宏道说他的弟弟袁中道的诗是“独抒性灵，不拘格套”，这也正是狄拉克作风的特征。“非从自己的胸臆流出，不肯下笔”，又正好描述了狄拉克的独创性！

二、海森伯

比狄拉克年长一岁的海森伯是二十世纪另一位大物理学家，有人认为他比狄拉克还要略高一筹。他于1925年夏天写了一篇文章，引导出了量子力学的发展。38年以后科学史家库恩（T. Kuhn）访问他，谈到构思那个工作时的情景。海森伯说：

> 爬山的时候，你想爬某个山峰，但往往到处是雾……你有地图，或别的索引之类的东西，知道你的目的地，但是仍堕入雾中。然后……忽然你模糊地，只在数秒钟的功夫，自雾中看到一些形象，你说：“哦，这就是我要找的大石。”整个情形自此而发生了突变，因为虽然你仍不知道你能不能爬到那块大石，但是那一瞬间你说：“我现在知道我在什么地方了。我必须爬近那块大石，然后就知道该如何前进了。”

这段谈话生动地描述了海森伯1925年夏摸索前进的情形。要了解当时的气氛，必须知道自从1913年玻尔提出了他的原子模型以后，物理学即进入了一个非常时代：牛顿（I. Newton）力学的基础发生了动摇，可是用了牛顿力学的一些观念再加上一些新的往往不能自圆其说的假设，却又可以准确地描述许多原子结构方面奇特的实验结果。奥本海默（J. R. Oppenheimer）这样描述这个不寻常的时代：

> 那是一个在实验室里耐心工作的时代，有许多关键性的实验和大胆的决策，有许多错误的尝试和不成熟的假设。那是一个真挚通讯与匆忙会议的时代，有许多激烈的辩论和无情的批评，里面充满了巧妙的数学性的框架方法。
>
> 对于那些参加者，那是一个创新的时代，自宇宙结构的新认识中他们得到了激奋，也尝到了恐惧。这段历史恐怕永远不会被完全记录下来。要写这段历史须要有像写奥迪帕斯（Oedipus）或写克伦威尔（Cromwell）那样的笔力，可是由于涉及的知识距离日常生活是如此遥远，实在很难想象有任何诗人或史家能胜任。

1925年夏天，23岁的海森伯在雾中摸索，终于摸到了方向，写了上面所提到的那篇文章。有人说这是三百年来物理学史上继牛顿的《数学原理》以后影响最深远的一篇文章。

可是这篇文章只开创了一个摸索前进的方向，此后两年间还要通过玻恩（M. Born）、狄拉克、薛定谔（E. Schr o dinger）、玻尔等人和海森伯自己的努力，量子力学的整体架构才逐渐完成。量子力学使物理学跨入崭新的时代，更直接影响了二十世纪的工业发展，举凡核能发电、核武器、激光、半导体组件等都是量子力学的产物。

1927年夏，25岁尚未结婚的海森伯当了莱比锡（Leipzig）大学理论物理系主任。后来成名的布洛赫（F. Bloch，核磁共振机制创建者）和特勒（E. Teller，“氢弹之父”，我在芝加哥大学时的博士学位导师）都是他的学生。他喜欢打乒乓球，而且极好胜。第一年他在系中称霸。1928年秋自美国来了一位博士后，自此海森伯只能屈居亚军。这位博士后的名字是大家都很熟悉的——周培源。

海森伯所有的文章都有一共同特点：朦胧、不清楚、有渣滓，与狄拉克的文章的风格形成一个鲜明的对比。读了海森伯的文章，你会惊叹他的独创力（originality），然而会觉得问题还没有做完，没有做干净，还要发展下去；而读了狄拉克的文章，你也会惊叹他的独创力，同时却觉得他似乎已把一切都发展到了尽头，没有什么再可以做下去了。

前面提到狄拉克的文章给人“秋水文章不染尘”的感受。海森伯的文章则完全不同。二者对比清浊分明。我想不到有什么诗句或成语可以描述海森伯的文章，既能道出他的天才的独创性，又能描述他的思路中不清楚、有渣滓、有时似乎茫然乱摸索的特点。

三、物理学与数学

海森伯和狄拉克的风格为什么如此不同？主要原因是他们所专注的物理学内涵不同。为了解释此点，请看图1所表示的物理学的三个部门和其中的关系：唯象理论（phenomenological theory）(2)是介乎实验(1)和理论架构(3)之间的研究。(1)和(2)合起来是实验物理，(2)和(3)合起来是理论物理，而理论物理的语言是数学。

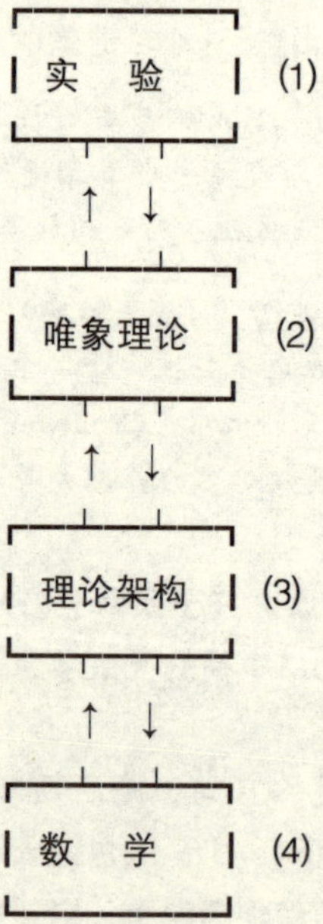

图1 物理学的三个领域

物理学的发展通常自实验(1)开始，即自研究现象开始。关于这一发展过程，我们可以举很多大大小小的例子。先举牛顿力学的历史为例。布拉赫（T. Brahe）是实验天文物理学家，活动领域是(1)。他做了关于行星轨道的精密观测。后来开普勒（J. Kepler）仔细分析布拉赫的数据，发现了有名的开普勒三大定律。这是唯象理论②。最后牛顿创建了牛顿力学与万有引力理论，其基础就是开普勒的三大定律。这是理论架构(3)。

再举一个例子：通过十八世纪末、十九世纪初的许多电学和磁学的实验(1)，安培（A. Ampère）和法拉第（M. Faraday）等人发展出了一些唯象理论(2)。最后由麦克斯韦归纳为有名的麦克斯韦方程（即电磁学方程），才步入理论架构(3)的范畴。

另一个例子：十九世纪后半叶许多实验工作(1)引导出普朗克（M. Planck）1900年的唯象理论(2)。然后经过爱因斯坦（A. Einstein）的文章和上面提到过的玻尔的工作等，又有一些重要发展，但这些都还是唯象理论(2)。最后通过量子力学之产生，才步入理论架构(3)的范畴。

海森伯和狄拉克的工作集中在图1所显示的哪一些领域呢？狄拉克最重要的贡献是前面所提到的狄拉克方程（D）。海森伯最重要的贡献是海森伯方程，是量子力学的基础：

$$pq - qp = -ih \quad (H)$$

这两个方程都是理论架构③中之尖端贡献。二者都达到物理学的最高境界。可是写出这两个方程的途径却截然不同：海森伯的灵感来自他对实验结果①与唯象理论②的认识，进而在摸索中达到了方程式（H）。狄拉克的灵感来自他对数学④的美的直觉欣赏，进而天才地写出他的方程（D）。他们二人喜好的，注意的方向不同，所以他们的工作的领域也不一样，如图2所示。（此图也标明玻尔、薛定谔和爱因斯坦的研究领域。爱因斯坦兴趣广泛，在许多领域中，自(2)至(3)至(4)，都曾做出划时代的贡献。）

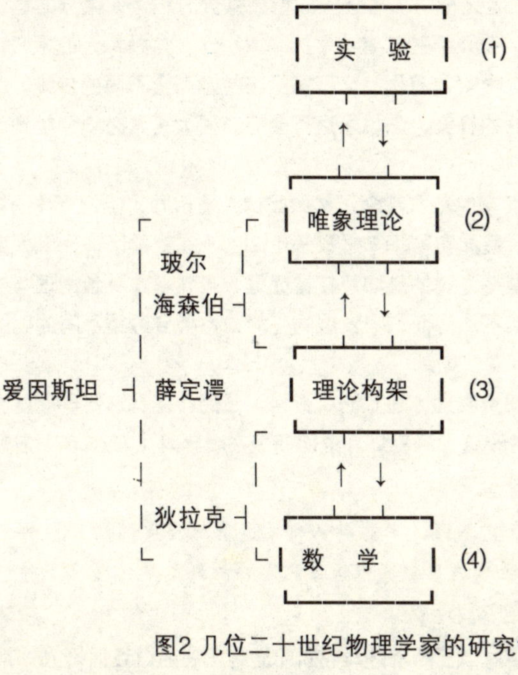

图2 几位二十世纪物理学家的研究领域

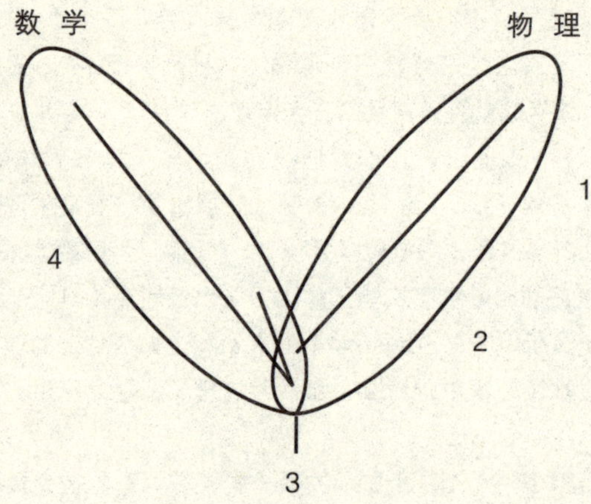

图3

海森伯从实验(1)与唯象理论(2)出发：实验与唯象理论是五光十色、错综复杂的，所以他要摸索，要犹豫，要尝试了再尝试，因此他的文章也就给读者不清楚、有渣滓的感觉。狄拉克则从他对数学的灵感出发：数学的最高境界是结构美，是简洁的逻辑美，因此他的文章也就给读者"秋水文章不染尘"的感受。

让我补充一点关于数学和物理的关系。我曾经把二者的关系表示为两片在茎处重叠的叶片（图3）。重叠的地方同时是二者之根，二者之源。譬如微分方程、偏微分方程、希尔伯特空间、黎曼几何和纤维丛等，今天都是二者共享的基本观念。这是惊人的事实，因为首先达到这些观念的物理学家与数学家曾遵循完全不同的路径，完全不同的传统。为什么会殊途同归呢？大家今天没有很好的答案，恐怕永远不会有，因为答案必须牵扯到宇宙观、知识论和宗教信仰等难题。

必须注意的是在重叠的地方，共享的基本观念虽然如此惊人地相同，但是重叠的地方并不多，只占二者各自的极少部分。譬如实验(1)与唯象理论(2)都不在重叠区，而绝大部分的数学工作也在重叠区之外。另外值得注意的是即使在重叠区，虽然基本观念物理与数学共享，但是二者的价值观与传统截然不同，而二者发展的生命力也各自遵循不同的茎脉流通。

常常有年青朋友问我，他应该研究物理，还是研究数学。我的回答是这要看你对哪一个领域里的美和妙有更高的判断能力和更大的喜爱。爱因斯坦在晚年时（1949年）曾经讨论过为什么他选择了物理。他说：

> "在数学领域里，我的直觉不够，不能辨认哪些是真正重要的研究，哪些只是不重要的题目。而在物理领域里，我很快学到怎样找到基本问题来下功夫。"

年青人面对选择前途方向时，要对自己的喜好与判断能力有正确的自我估价。

四、美与物理学

物理学自(1)到(2)到(3)是自表面向深层的发展。表面有表面的结构，有表面的美。譬如虹和霓是极美的表面现象，人人都可以看到。实验工作者作了测量以后发现虹是42° 的弧，红在外，紫在内；霓是50° 的弧，红在内，紫在外。这种准确规律增加了实验工作者对自然现象的美的认识。这是第一步(1)。进一步的唯象理论研究(2)使物理学家了解到这42° 与50° 可以从阳光在水珠中的折射与反射推算出来，此种了解显示出了深一层的美。再进一步的研究更深入了解折射与反射现象本身可从一个包容万象的麦克斯韦方程推算出来，这就显示出了极深层的理论架构(3)的美。

牛顿的运动方程、麦克斯韦方程、爱因斯坦的狭义与广义相对论方程、狄拉克方程、海森伯方程和其他五六个方程是物理学理论架构的骨干。它们提炼了几个世纪的实验工作与唯象理论的精髓，达到了科学研究的最高境界。它们以极度浓缩的数学语言写出了物理世界的基本结构，可以说它们是造物者的诗篇。

这些方程还有一方面与诗有共同点：它们的内涵往往随着物理学的发展而产生新的、当初所完全没有想到的意义。举两个例子：上面提到过的十九世纪中叶写下来的麦克斯韦方程是在本世纪初通过爱因斯坦的工作才显示出高度的对称性，而这种对称性以后逐渐发展为二十世纪物理学的一个最重要的中心思想。另一个例子是狄拉克方程。它最初完全没有被数学家所注意，而今天狄拉克流型（Dirac Manifold）已变成数学家热门研究的一个新课题。

学物理的人了解了这些像诗一样的方程的意义以后，对它们的美的感受是既直接而又十分复杂的。

它们的极度浓缩性和它们的包罗万象的特点也许可以用布雷克（W. Blake ）的不朽名句来描述：

To see a World in a Grain of Sand

And a Heaven in a Wild Flower.

Hold Infinity in the palm of your hand

And Eternity in an hour.

它们的巨大影响也许可以用蒲柏（A. Pope）的名句来描述：

Nature and nature's law lay hid in night:

God said, let Newton be! And all was light.

可是这些都不够，都不够全面地道出学物理的人面对这些方程的美的感受。缺少的似乎是一种庄严感，一种神圣感，一种初窥宇宙奥秘的畏惧感。我想缺少的恐怕正是筹建哥德式（Gothic）教堂的建筑师们所要歌颂的崇高美、灵魂美、宗教美、最终极的美。

特别启事

本书在编辑过程中，引用了许多译作或原作，资料来源较为广泛，有些年代久远，由于时间紧张，未能一一与作品的版权所有人取得联系，获得相应的授权，恳请相关人士给予谅解，并致以衷心感谢！凡认定自己为本书某一作品的版权所有者，敬请及时与我们（bj-btsd@163.com）联系，并提供可靠证明材料，届时将会获得合理报酬。